SEM PERDER A RAIZ

Corpo e cabelo como símbolos
da identidade negra

SEM PERDER A RAIZ

Corpo e cabelo como símbolos da identidade negra

Nilma Lino Gomes

3ª edição, revista e ampliada

Coleção Cultura Negra e Identidades

autêntica

Copyright © 2006 Nilma Lino Gomes
Copyright © 2006 Autêntica Editora

Todos os direitos reservados pela Autêntica Editora. Nenhuma parte desta publicação poderá ser reproduzida, seja por meios mecânicos, eletrônicos, seja via cópia xerográfica, sem a autorização prévia da Editora.

COORDENADORA DA COLEÇÃO CULTURA NEGRA
E IDENTIDADES
Nilma Lino Gomes

CONSELHO EDITORIAL
*Marta Araújo (Universidade de Coimbra);
Petronilha Beatriz Gonçalves e Silva (UFSCAR);
Renato Emerson dos Santos (UERJ);
Maria Nazareth Soares Fonseca (PUC Minas);
Kabengele Munanga (USP)*

EDITORAS RESPONSÁVEIS
*Rejane Dias
Cecília Martins*

REVISÃO
*Vera Lúcia de Simoni Castro
Bruna Emanuele Fernandes*

PROJETO GRÁFICO DA CAPA
Alberto Bittencourt
(Sobre imagem de StockPhotos)

DIAGRAMAÇÃO
Camila Sthefane Guimarães

**Dados Internacionais de Catalogação na Publicação (CIP)
(Câmara Brasileira do Livro, SP, Brasil)**

Gomes, Nilma Lino
  Sem perder a raiz : corpo e cabelo como símbolos da identidade negra / Nilma Lino Gomes. -- 3. ed. rev. amp. -- Belo Horizonte : Autêntica Editora, 2020. -- (Coleção Cultura Negra e Identidades)

  ISBN 978-85-513-0604-8

  1. Características nacionais brasileiras 2. Identidade social - Brasil 3. Mestiçagem 4. Mestiçagem - Brasil 5. Negros - Brasil - Identidade racial I. Título. II. Série.

19-25945   CDD-305.800981

Índices para catálogo sistemático:
1. Brasil : Identidade nacional : Aspectos sociais 305.800981
2. Brasil : Identidade negra : Relações raciais : Aspectos sociais 305.800981
3. Brasil : Mestiçagem : Etnologia cultural : Sociologia 305.800981

Iolanda Rodrigues Biode - Bibliotecária - CRB-8/10014

Belo Horizonte
Rua Carlos Turner, 420
Silveira . 31140-520
Belo Horizonte . MG
Tel.: (55 31) 3465 4500

São Paulo
Av. Paulista, 2.073 . Conjunto Nacional
Horsa I . 23º andar . Conj. 2310-2312
Cerqueira César . 01311-940 . São Paulo . SP
Tel.: (55 11) 3034 4468

www.grupoautentica.com.br

À Betina Borges, Cleonice, Paulo, José Carlos,
Juraci, Márcio, Dora, Flávia, Núbia e Jacqueline,
cabeleireiras e cabeleireiros étnicos cujas
histórias e experiências estão contidas neste livro.
Às clientes e aos clientes entrevistados.
Aos modelos e às modelos dos salões étnicos.
A todos os funcionários e funcionárias
dos salões pesquisados.
Dedico-lhes este trabalho, por me terem deixado
partilhar de momentos de sua vida, pela rica
convivência durante os anos de trabalho de
campo. Conhecê-los tem sido, para mim, um
aprendizado intelectual e de vida.

Ao cabeleireiro e amigo Paulo Eustáquio Santos,
in memoriam.

Agradecimentos

A Kabe, meu orientador, pela amizade e confiança no meu trabalho. A sua história de vida, competência e sensibilidade me inspiram e me ensinam muito. Obrigada pelo seu compromisso junto à comunidade negra.

À professora e amiga Lusia Pereira (*in memorian*), a primeira pessoa a acreditar na pertinência do objeto da pesquisa que agora publico.

Minha família: D. Glória, minha mãe; Normélia, minha irmã; Jarbas e João Carlos, meus irmãos. Continuo aprendendo com vocês os sábios ensinamentos sobre ser mulher negra. Sinto-me orgulhosa de fazer parte de uma família negra, que sempre me estimulou a ter orgulho da raça.

Aos olhos negros que me veem de perto.

Sr. Geraldo André e D. Glória porque sei e sinto o seu amor, cuidado e orientação nos momentos mais importantes da minha vida.

Eliane Marta, querida amiga. Há quanto tempo estamos juntas nesta estrada? Obrigada pela sintonia, pela orientação, pela confiança no meu trabalho, pelas conversas divertidas, intelectuais e, sobretudo, pelo prazer de tê-la como amiga.

Minhas alunas e meus alunos do curso de Pedagogia, da Faculdade de Educação da UFMG, com quem aprendo na relação pedagógica os desafios trazidos pelo campo da educação, pela questão racial e de gênero.

Aos(às)alunos(as), professores(as) do Programa Ações Afirmativas na UFMG e do Observatório da Juventude da UFMG por tudo o que me ensinam, por tudo o que aprendemos juntos e pela nossa luta pela construção de mais espaços para os(as) negros(as) e para os(as) jovens dentro da Universidade e da sociedade.

Ao movimento negro: meu lugar de aprendizado.

SUMÁRIO

17   Prefácio à terceira edição

23   Prefácio

27   **Introdução**
       Os espaços e os sujeitos
       Lidando com o cabelo crespo no espaço dos salões e na vida
       Estética, projetos políticos e salões étnicos
       Cabelo e subjetividade
       O caminho percorrido

PARTE I
UNIVERSOS PESQUISADOS E SUAS MÚLTIPLAS VOZES

51   **O lugar onde esta história começou: os salões étnicos**
       Salão Beleza Negra – Betina Borges
       Salão Preto e Branco – Cortes Modernos
       Salão Dora Cabeleireiros – União de Todas as Raças
       Beleza em Estilo – Salão Unissex

PARTE II
O PROCESSO DE REJEIÇÃO/ACEITAÇÃO/ RESSIGNIFICAÇÃO DO CORPO E DO CABELO

135   **Negro, corpo e cabelo: rejeição, aceitação e ressignificação**
       Algumas raízes históricas do movimento rejeição/aceitação
       As representações sobre o negro e a boa aparência:
       equacionando ou acirrando o conflito
       Conflito rejeição/aceitação: marcas inscritas na subjetividade do negro

PARTE III
CORPO E CABELO COMO SÍMBOLOS DA BELEZA E DA IDENTIDADE NEGRA

187 Cabelos crespos: dos tempos da Ebanon ao visual fashion

Cabelo e trajetória de vida

O cabelo do negro como um estilo político

O cabelo como estilo de vida

Vivendo na "pele" as tensões da realidade racial

Cabelo e autoimagem: uma nova lida para o negro

249 Nos contornos do corpo

O corpo visto e vivido na cultura

Imagens do corpo negro

Os salões étnicos e as experiências sensoriais

Cabelo e cor da pele: uma dupla inseparável

Negro, cabelo e cor da pele: uma relação permeada de conflitos

297 Beleza negra e expressão estética

A beleza como categoria estética culturalmente construída

A construção cultural das categorias estéticas e a questão racial

Algumas reflexões sobre a arte negra e a expressão estética ocidental

Penteados "afros": continuidade e recriação de elementos
culturais africanos no Brasil

Breve trajetória sobre o cabelo do negro

A manipulação do cabelo como continuidade de
elementos culturais africanos

351 Conclusão

359 Fotos

379 Glossário

385 Referências

ÍNDICE DE FOTOS

359   **Foto 1.** Salão Beleza Negra (fachada)

359   **Foto 2.** Salão Beleza Negra (cartão pessoal de Betina Borges/ logomarca)

359   **Foto 3.** Capa da pasta dos participantes do V Congresso Étnico de Cabeleireiros/1999

360   **Foto 4.** Folheto de divulgação da 13ª Noite da Beleza Negra/1999

360   **Foto 5.** Projeto Adote um Morro (equipe do Salão Beleza Negra corta o cabelo de pessoas do bairro Taquaril)/1999

360   **Foto 6.** Desfile: Beleza Negra do 3º Milênio (V Congresso Étnico de Cabeleireiros/1999)

360   **Foto 7.** Feira Étnica/1999: Anjos Negros na passarela

361   **Foto 8.** A cabeleireira Betina Borges (Salão Beleza Negra)

361   **Foto 9.** Rua Rio de Janeiro, onde está localizada a Galeria Praça Sete, na qual se encontra o Salão Preto e Branco

361   **Foto 10.** Placa do Salão Preto e Branco

362   **Foto 11.** Salão Preto e Branco (cartão pessoal de Juraci Dias/ logomarca)

362   **Foto 12.** Os cabeleireiros no cotidiano do Salão Preto e Branco. Em primeiro plano, JC, seguido de Juraci e Márcio

362   **Foto 13.** Público assiste atento à apresentação do Salão Preto e Branco durante o I Congresso Mineiro de Beleza Solidário às Vítimas das Enchentes do Estado/2000

363 **Foto 14.** Apresentação do trabalho de Márcio durante o I Congresso Mineiro de Beleza Solidário às Vítimas das Enchentes do Estado/2000

363 **Foto 15.** Apresentação de Juraci durante o I Congresso Mineiro de Beleza Solidário às Vítimas das Enchentes do Estado/2000

363 **Foto 16.** A destreza de JC, realizando em público um dos seus modelos de corte afro: o bad boy

363 **Foto 17.** Corte feito por JC para o cartaz de divulgação do Salão Beleza Negra no seu V Congresso Étnico de Cabeleireiros

364 **Foto 18.** Galeria (ou Shopping) São Vicente. No último andar localiza-se o Salão Dora Cabeleireiros

364 **Foto 19.** Placa de Divulgação

364 **Foto 20.** Vista interna do Salão Dora Cabeleireiros no ano 2000. Ao fundo, Dora atende uma cliente

365 **Foto 21.** Público assiste trabalho ao ar livre e gratuito de Dora na programação Brasil de Todos os Tons/abril de 2001 – Parque Municipal de Belo Horizonte

365 **Foto 22.** Dora e Ana Maria, da Via Afro, durante desfile do Salão realizado no Batuque Brasil/abr. 2000 e desfile do Dora Cabeleireiros no SESC Tupinambás/2000 (desfile da 3ª idade)

366 **Foto 23.** Durante o curso, a cabeleireira Dora Alves leva clientes como modelo ou escolhe, dentre as/os integrantes, uma pessoa para aplicar os produtos e realizar penteados

366 **Foto 24.** Banner do Salão Dora Cabeleireiros

366 **Foto 25.** Cartão pessoal de Dora

366 **Foto 26.** Noite Africana apoiada pelo Salão Dora Cabeleireiros/2000. Dora encontra-se à direita. No centro está Marlene Silva, dançarina e professora de dança afro em Belo Horizonte

366 **Foto 27.** A cabeleireira Dora Alves (Salão Dora Cabeleireiros)

367 **Foto 28.** Localização do Salão Beleza em Estilo

367 **Foto 29.** Momento de formação da cabeleireira Núbia durante o curso ministrado pela Dudley University no Brasil. (Foto cedida pela cabeleireira Núbia)

367 **Foto 30.** Placa do Salão Beleza em Estilo

368 **Foto 31.** Cartão pessoal das cabeleireiras do Salão Beleza em Estilo

368 **Foto 32.** Jack e Paulo (Beleza em Estilo) durante a Feira Mineira da Beleza/2000

368 **Foto 33.** Da esquerda para a direita: Jack (Beleza em Estilo), JC (Salão Preto e Branco) e Núbia (Beleza em Estilo), durante a Feira Mineira da Beleza/2000

368 **Foto 34.** Desfile do Salão Dora Cabeleireiros

369 **Foto 35.** Desde cedo as crianças são educadas, por meio de participação nos desfiles e manipulação do cabelo, para a valorização da beleza negra

369 **Foto 36.** Cabelo masculino após o processo de texturização – trabalho realizado pelo cabeleireiro Juraci, do Salão Preto e Branco/2000

369 **Foto 37.** Modelo de trança jamaicana para crianças: Revista Raça Brasil Especial – ano 1, n. 1

369 **Foto 38.** Modelo de trança africana (ou "agarradinha") feito no cabelo de crianças: Revista Raça Brasil Especial – ano 1, n. 1

370 **Foto 39.** Penteados do ano 2000 no estilo afro ou black power. Revista Etnic, n. 8, mar./abr. 2000

370 **Foto 40.** Estudantes do Spelman College (1972) usando penteados no estilo black power. Revista Ebony, março 2001

370 **Foto 41.** Modelo masculino usando penteado no estilo dreadlocks ou rastafari. Revista Etnic, n. 8, mar./abr. 2000

370 **Foto 42.** Modelo usando penteado no estilo dreadlocks. Revista Raça Brasil Especial Cabelos Crespos – ano 1, n. 1

371 **Foto 43.** Paulo (in memoriam), cabeleireiro do Salão Beleza Negra, realizando um corte afro durante o 6º Congresso Étnico de Cabeleireiros/2000

371 **Foto 44.** Anúncio publicado na Revista Etnic – ano 3, n. 15

371 **Foto 45.** Anúncio publicado na Revista Etnic – ano 3, n. 15

372 **Foto 46.** Anúncio da Cosmoétnica – Feira Internacional da Cultura e Beleza Negra. No centro, modelos negros com vários tipos de cortes e penteados. Revista Etnic – ano 3, n. 15

372 **Foto 47.** Anúncios publicados na Revista Etnic – ano 3, n. 14

372 **Foto 48.** Entrevista com o empresário Nilton Ribeiro publicada na Revista Etnic – ano 3, n.15

373 **Foto 49.** Anúncio publicado na Revista Etnic – n. 10, jul./ago. 2000

373 **Foto 50.** Revista Etnic, n. 13, jan./fev. 2001. p. 32

373 **Foto 51.** Revista Etnic, n. 13, jan./fev. 2001. p. 33

374 **Foto 52.** Revista Etnic, n. 7, jan./fev. 2000. p. 15

374 **Foto 53.** Revista Etnic, n. 9, mai./jul. 2000. p. 35

374 **Foto 54.** Revista Etnic, n. 9, mai./jul. 2000. p. 13

375 **Foto 55.** Propaganda de produto étnico exposta durante a Feira Mineira da Beleza/1999

375 **Foto 56.** Painel colocado na parede do Salão Beleza em Estilo, feito com propaganda de produto étnico

375 **Foto 57.** Revista Etnic, n. 7, jan./fev. 2000. p. 9

376 **Foto 58.** Revista Etnic, ano 3, n. 16, p. 9

376 **Foto 59.** Revista Cabelos e Cia. Especial Beleza Negra – n. 5, maio/2000. p. 51

376 **Foto 60.** Capa da Revista Etnic, n. 9, mai./jul. 2000

377 **Foto 61.** Da esquerda para a direita, as cabeleireiras Jaqueline e Núbia (Salão Beleza em Estilo): cabelos relaxados, com cortes modernos e acabamento em Marcel (foto cedida pelas cabeleireiras)

377 **Foto 62.** Núbia no 25º Festival Nacional de Cabeleireiros. O penteado ficou em 3º lugar na categoria "penteados afro", RJ, 1999 (foto cedida pela cabeleireira)

377 **Foto 63.** Paulo Santos (Salão Beleza em Estilo) desenvolvendo um penteado com ferro Marcel (foto cedida pelo cabeleireiro)

378 **Foto 64.** Revista Raça Brasil – Especial Cabelos Crespos, ano 1, n. 1. p. 17

378 **Foto 65.** Modelo de trança contemporânea. Revista Braids & More, spring, 2002. p. 58

378 **Foto 66.** Penteado afro contemporâneo. Revista Braids & More, spring, 2002. p. 30

378 **Foto 67.** Penteado afro contemporâneo. Revista Braids & More, spring, 2002. p. 20

Prefácio à terceira edição

Em 2002, quando concluí a tese de doutorado que deu origem a este livro, não imaginava o quanto o debate sobre corpo e cabelo como ícones identitários assumiria uma importância incrível como reflexão epistemológica e prática política da população negra brasileira, em especial das mulheres, jovens e meninas negras.

Durante o meu doutorado, realizei reflexões sobre os dilemas das mulheres com seus corpos, em particular aquelas cuja cor de pele é considerada mais preta no contexto brasileiro e de alguns grupos étnicos de países africanos. Destaquei a tensão e a rejeição de mulheres de ascendência oriental em relação aos seus corpos, muitas vezes buscando, por meio de cirurgias plásticas e outros mecanismos, ter os olhos com um formato amendoado, assim como os das ocidentais – ou, diga-se de passagem, os das mulheres brancas ocidentais.

Destaquei em meu trabalho de pesquisa como a discussão por mim realizada sobre corpo negro e cabelo crespo teve como ponto de partida perspectivas políticas, estéticas e epistemológicas contidas numa vasta produção de mulheres negras norte-americanas ativistas e intelectuais. Essas leituras e reflexões teóricas foram expandidas, ampliadas durante a realização de trabalho de campo em salões de beleza étnicos na cidade de Belo Horizonte.

E foi exatamente esse espaço, considerado atípico como campo de pesquisa para algumas pesquisadoras e pesquisadores da área da educação, que se mostrou potente e rico em experiências, vivências e práticas, articulando ao corpo negro e ao cabelo crespo as mais diversas dimensões: estéticas, políticas, educativas, familiares, identitárias, mercadológicas, entre outras.

Os salões de beleza étnicos me apresentaram, de forma densa e reflexivamente instigante, aspectos que marcam a minha trajetória pessoal e política como mulher negra: a significação do corpo negro no contexto do racismo e o lugar identitário e estratégico do cabelo crespo nesse processo. Como afirmo nas discussões realizadas neste livro, a questão não é com o cabelo em si, mas com os significados que historicamente lhe foram atribuídos no contexto do racismo.

O cabelo crespo figura como um importante símbolo da presença africana e negra na ancestralidade e na genealogia de quem o possui. Mesmo que a cor da pele seja mais clara ou mesmo branca, a textura crespa do cabelo, em um país miscigenado e racista, é sempre vista como um estigma negativo da mistura racial e, por conseguinte, é colocada em um lugar de inferioridade dentro das escalas corpóreas e estéticas construídas pelo racismo ambíguo brasileiro. Mesmo que a textura crespa do cabelo não seja exclusiva dos povos africanos, o racismo lhe impõe um reducionismo perverso, e a sociedade brasileira aprendeu a olhá-la como sinal não só de mistura, mas a parte considerada socialmente e "biologicamente" inferior da mestiçagem.

Aprendi tudo isso vivendo e convivendo com as cabeleireiras, os cabeleireiros, as clientes, os clientes, as funcionárias e os funcionários dos salões de beleza étnicos de Belo Horizonte. Essa convivência se deu tanto no ambiente profissional quanto em suas vidas cotidianas, nas entrevistas realizadas, nos eventos nos quais eu os acompanhava.

Ao defender a tese, no Programa de Pós-Graduação em Antropologia Social da Universidade de São Paulo (USP), em 2002, ouvi de um dos arguidores da banca de defesa: "Quando vi o tema da sua tese fiquei curioso sobre o que viria pela frente. Mas, ao ler o material, fiquei impressionado como poderia caber tanta coisa num simples fio de cabelo".

Sim, um simples fio de cabelo diz muito. A antropologia e a história dos corpos nos revelam o quanto o cabelo assume lugar de importância nas mais diferentes culturas e no contexto das técnicas corporais. Na realidade, o que deu uma especificidade temática exemplar à minha tese é o fato de vivermos no Brasil, e em outros lugares do mundo, um racismo direcionado às pessoas negras que, por mais que seu suposto respaldo científico tenha sido desmascarado e rejeitado, ainda permanece latente nos meios acadêmicos e na vida social, cultural e política.

Esse mesmo racismo afeta de forma contundente e perversa as suas vítimas e exalta os que o praticam, colocando-os dentro da redoma de vidro da branquitude. Ao proteger as pessoas brancas e elegê-las como padrão universal de beleza, inteligência, competência e civilidade, o racismo inculca e gera, em suas vítimas, um sentimento antagônico a todos esses atributos. Essa negatividade é expressada principalmente em seus corpos, na superfície de sua pele e no tipo de cabelo. Quanto mais preta é a cor da pele e mais crespo é o cabelo, mais as pessoas que possuem tais características são desvalorizadas e ensinadas a se desvalorizar, não só esteticamente, mas também enquanto seres humanos. O racismo e a branquitude, ao operarem em conjunto, lançam dardos venenosos sobre a construção da identidade negra e tentam limitar os indivíduos negros, sobretudo as crianças e as mulheres que, ao se mirarem no espelho, veem aquilo que ele – o racismo – coloca à sua frente.

Mas quem consegue apontar a falácia desse processo deseducativo? As negras e os negros organizados desde a escravidão, as associações negras, o movimento negro, os de mulheres negras, os de juventude negra contemporâneos, os quilombolas e os mais diversos espaços sociais construídos por pessoas negras com o objetivo de superar o racismo e valorizar a cultura, a religiosidade, a estética e a ancestralidade negras. E é nesse contexto que insiro os salões étnicos.

Esses salões se complexificaram e se profissionalizaram. Ao longo dos dezessete anos transcorridos desde a defesa de minha tese de doutorado, alguns deles fecharam suas portas, outros novos foram abertos. Também foi sendo configurada uma série de outros espaços para a comunidade negra, e foram surgindo cada vez mais sujeitos preocupados com a valorização da estética, da corporeidade negra e do cabelo crespo. São as trançadeiras a domicílio, que sempre existiram, mas que nos últimos dez anos têm sido um grupo integrado por um público cada vez mais jovem, que não somente atende nas casas, mas também em seus quintais, nos finais de semana.

São também os jovens os que mais têm se profissionalizado e feito diferentes tipos de cortes, considerados mais "radicais", em cabelos crespos masculinos. Têm atendido em suas barbearias e salões estabelecidos em bairros periféricos e nas garagens de suas casas, onde atendem uma clientela juvenil, negra e periférica, principalmente aqueles ligados às cenas cultural, musical e artística.

As jovens negras, nos últimos dez anos, passaram a assumir a negritude inscrita em seus cabelos como forma de afirmação identitária. Extrapolam o usual das práticas de beleza nos salões étnicos dos seus bairros ou do centro da cidade; Além disso, realizam suas práticas estéticas em domicílio e passam a se aliar a movimentações, geralmente urbanas, de afirmação do cabelo crespo e, consequentemente, do corpo e da identidade negra.

Surgem movimentos como a Marcha do Orgulho Crespo, realizada em diversas cidades brasileiras, e eventos como Empoderamento Crespo e Encrespa Geral, nos quais o cabelo crespo passa por um processo de revalorização e ressignificação. Os penteados têm ficado cada vez mais criativos, assim como os cortes, os adereços, o uso de turbantes. São iniciativas de jovens negras, em movimento.

No entanto, essas mulheres negras jovens não necessariamente atuam em movimentos de mulheres negras, movimentos feministas, movimentos estudantis ou de partidos políticos; elas realizam e constroem um outro tipo de política e conseguem falar de forma mais direta a muitas outras jovens negras que, aos poucos, aceitam o desafio de iniciar um processo de transição capilar e assumem seu cabelos crespos. Esse é um processo que não é fácil, pois vai na contramão dos padrões estéticos hegemônicos reforçados pela branquitude e pelo racismo.

Cortar os cabelos alisados é um processo complexo e doloroso, que faz parte de uma transformação que não é só física e estética, mas, sobretudo, identitária. Significa passar a ser olhada de forma atravessada pela família, que muitas vezes impôs à então criança negra o alisamento e a fez pensar que só assim seria aceita e considerada bonita socialmente. A sociedade brasileira durante muito tempo e, até hoje, reforça esses padrões. Na escola e em empregos pertencentes a determinados ramos profissionais, chega-se ao extremo da demissão ou da não escolha de um bom currículo devido ao fato de o candidato negro deixar a sua estética negra fluir livremente, manifestando-se em sua aparência. Várias são as denúncias de impedimento de estudantes negros, crianças e adolescentes de entrarem nas escolas com seus cabelos crespos soltos, ocasiões em que comumente bilhetes da coordenação pedagógica dessas instituições são enviados para as mães, questionando-as sobre o modo como os cabelos de suas filhas e filhos são penteados.

Em alguns relacionamentos afetivo-sexuais, a situação de rejeição do cabelo crespo chega a extremos. Há situações narradas por mulheres negras – pretas e pardas –nas quais lhes é imposto o uso do cabelo alisado, de alongamentos ou tranças e, até mesmo, de perucas que encubram a textura crespa. O não aceite dessa condição por meio da adoção de uma postura política e crítica tem implicações sérias, indo desde a violência doméstica, assédio moral, chegando até a rompimentos de relacionamentos.

No contexto atual, as jovens negras se organizam por meio das redes sociais e têm construído espaços virtuais e presenciais de apoio mútuo. Blogs, páginas no Facebook, uma infinidade de páginas e imagens no Instagram, vídeos gravados por *youtubers* negras, marchas, passeatas e eventos com essa temática hoje se disseminam pelo Brasil. As plataformas virtuais com essa temática são acessadas por um número enorme de seguidoras.

Páginas da web norte-americanas e de outros países com objetivos semelhantes também são acionadas, construindo-se assim uma rede de contatos internacionais entre essa juventude negra, ajudando no aprendizado e na compreensão de novos idiomas e criando relacionamentos pessoais em uma sociedade que tende cada vez mais a uma vida mediada pela tecnologia, pelas novas mídias e suas estratégias. Essas estratégias tecnológicas também dialogam com o mercado e, muitas vezes, atuam como espaço de propaganda de produtos étnicos de marcas brasileiras e estrangeiras, terminando por se transformar em fontes de renda não formal em um contexto no qual o trabalho formal tem estado cada vez mais escasso e sofrido todas as investidas capitalistas para a sua precarização.

A realização da minha tese e a publicação deste livro me trouxeram mais um desafio. Após o término da pesquisa, fui convidada pela Mazza Edições, de Belo Horizonte, para prestar uma homenagem a uma das cabeleireiras entrevistadas, reconhecida como uma importante ativista em prol do direito à estética negra: Betina Borges. A homenagem foi o desafio, para mim, de conseguir contar a sua história por meio de um livro de literatura infantil. Após relutar um pouco, diante de tão desafiadora tarefa, aceitei.

E, assim, em 2009, surgiu o livro *Betina*, o qual foi selecionado pelo Programa Nacional Biblioteca da Escola (PNBE), em 2010. Atualmente, tenho observado que uma série de outros livros de literatura infantil e infantojuvenil com a temática dos cabelos crespos e da estética negra vêm encantando e reeducando crianças negras e brancas. E, mais do que isso, vêm sendo adotados pelas escolas, transformados em peças de teatro nas escolas e na cena artística, trazendo para a sociedade um olhar afirmativo e positivo sobre a corporeidade negra.

Todo esse processo faz parte de uma série de estratégias de superação do racismo. São múltiplas e complexas as formas pelas quais hoje as questões do cabelo crespo e do corpo negro têm se colocado para a sociedade brasileira. Do ponto de vista da investigação e da produção de conhecimento, esses têm se tornado temas potentes.

Muitas são as dissertações, teses, artigos, livros, vídeos, palestras e oficinas sobre isso que vêm sendo realizados nas mais diversas partes do Brasil.

Nas minhas viagens dentro e fora do país, sempre encontro alguém que me fala de um trabalho tematizando as questões do cabelo crespo e do corpo negro, que me presenteia com produções bibliográficas, CD´s, vídeos, livros de literatura infantil e infantojuvenil. Fico maravilhada e me sinto honrada de ter contribuído para o avanço da discussão acerca dessa temática com a realização da minha pesquisa de doutorado.

Sou grata ao meu querido mestre e amigo, professor Kabengele Munanga, por ter aceito me orientar em um momento no qual várias pessoas desconfiaram do meu tema de pesquisa. A boa aceitação do meu trabalho acadêmico sempre será compartilhada com ele e dedicada à supervisão com a qual me brindou.

Não posso dizer que fui pioneira ao abordar tal tema no campo da Antropologia. Como cito nas referências bibliográficas, a monografia de graduação da pesquisadora Ângela Figueiredo (Universidade Federal do Recôncavo da Bahia – UFRB) e o artigo do pesquisador Jocélio Teles dos Santos (Universidade Federal da Bahia – UFBA), já existiam e tratavam do assunto. O meu trabalho segue nessa linha, sendo, no entanto, a primeira tese de doutorado em Antropologia Social com essa abordagem, ampliando-a e aprofundando-a em sua inter-relação com a corporeidade negra, buscando no continente africano referências ancestrais e atualizando a discussão com as mudanças que vêm ocorrendo no século XXI. Para além disso, problema-tizando as especificidades da estética negra e a politização da mesma pelo Movimento Negro e os de mulheres negras brasileiros.

Uma vez que as primeiras edições de *Sem perder a raiz* estão esgotadas, vários foram os pedidos para sua reedição no formato impresso, mesmo que a anterior estivesse ainda disponível no formato *e-book*. Sendo assim, é com prazer que, por meio dessa reflexão introdutória, eu coloco, mais uma vez, essa produção à disposição das leitoras e dos leitores, aproveitando para agradecer às pessoas que acompanham a minha produção e insistiram para que este livro voltasse a circular novamente.

Muito obrigada a todas e a todos pelo carinho, reconhecimento do meu trabalho, pelas sugestões e críticas construtivas e, principalmente, por me permitirem ver que nunca estarei só na luta antirracista.

Nilma Lino Gomes

Prefácio

O corpo humano com suas características perceptíveis, como a cor da pele, do cabelo e dos olhos; a textura do cabelo; os traços morfológicos, tais como o formato do nariz, dos lábios, do queixo, do crânio etc., fornece a matéria-prima a partir da qual foi formulada a teoria racialista. Sendo esta última definida pela hierarquização das chamadas raças branca, amarela e negra. No pensamento dos racistas, a cor preta é tida como uma essência que escurece, tingindo negativamente a mente, o espírito, as qualidades morais, intelectuais e estéticas das populações não-brancas, em especial as negras.

Desde a construção da ideologia racista, a cor branca com seus atributos nunca deixou de ser considerada como referencial da beleza humana com base na qual foram projetados os cânones da estética humana. Por uma pressão psicológica visando à manutenção e à reprodução dessa ideologia que, sabe-se, subentende a dominação e a hegemonia "racial" de um grupo sobre os outros, os negros introjetaram e internalizaram a feiura do seu corpo forjada contra eles, enquanto os brancos internalizavam a beleza do seu corpo forjada em seu favor.

Visto desse ângulo, "nosso" corpo e seus atributos constituem o suporte e a sede material de qualquer processo de construção da identidade. Através das relações "raciais" no Brasil como em outras partes do mundo marcadas pelas práticas racistas, aos negros foi atribuída uma identidade corporal inferior que eles introjetaram, e os brancos se autoatribuíram uma identidade corporal superior. Ora, para libertar-se dessa inferiorização, é preciso reverter a imagem negativa do corpo negro, através de um processo de desconstrução da imagem anterior e reconstrução de uma nova imagem positiva. Ou seja, construir novos cânones da beleza e da estética que dão positividade às características corporais do negro. O caminho seria reassumir a negritude pelo resgate das técnicas e artes relacionadas com o corpo a partir do repertório das artes corporais africanas, não apenas no sentido de uma continuidade, mas também no sentido de uma operação de decodificação/recodificação e reinterpretação no universo da diáspora africana.

O corpo humano como motivo de arte é uma realidade inerente a todas as culturas e civilizações. Pintura corporal, maquiagem, tatuagem, mutilação, perfuração de nariz e lábios, decorações, vestimentas típicas, bijuterias, joias, estilos de penteados etc. ilustram essa tendência universal do corpo como objeto de beleza e estética.

No *Sem perder a raiz: corpo e cabelo como símbolos da identidade negra*, livro resultante de sua tese de doutorado, defendida no Departamento de Antropologia da Faculdade de Filosofia, Letras e Ciências Humanas da Universidade de São Paulo em 2002, a Dra. Nilma Lino Gomes se debruça justamente sobre o processo de construção da identidade negra a partir de atividades estéticas desenvolvidas nos universos dos chamados Salões Étnicos na cidade de Belo Horizonte. Sua minuciosa pesquisa mostra como esse processo é uma trama vivida de maneira tensa, conflituosa e ambígua. Para alguns, mudar o cabelo negro graças às novas técnicas de "relaxamento" e ao uso de novos cosméticos pode significar a fuga do corpo negro e a busca de um novo corpo que se assemelharia com o referencial branco de beleza. A respeito, não há muito tempo que o uso do "pente quente" e dos cremes químicos nocivos para alisar o cabelo deixou de ser prática em alguns países da diáspora negra e no próprio continente negro. Em alguns países africanos, chegou-se até a usar certos cremes para clarear a pele. O que mostra até onde pode ir o processo de alienação do corpo negro simbolizado pela cor e pela textura do cabelo.

O cabelo é analisado, na obra da Profª. Nilma Lino Gomes, não apenas como parte do corpo individual e biológico, mas, sobretudo, como corpo social e linguagem; como veículo de expressão e símbolo de resistência cultural. É nessa direção que ela interpreta a ação e as atividades desenvolvidas nos salões étnicos de Belo Horizonte a partir da manipulação do cabelo crespo, baseando-se sobre os penteados de origem étnica africana recriados e reinterpretados, como formas de expressão estética e identitária negra. Essas atividades são acompanhadas de conversas, discursos e verbalizações durante os quais os frequentadores dos salões aprendem não apenas a gostar do seu corpo e dos seus cabelos, mas também a lidar com eles graças a um tratamento diferenciado. A conscientização sobre as possibilidades positivas do seu cabelo oferece uma notável contribuição no processo de reabilitação do corpo negro e na reversão das representações negativas presentes no imaginário herdado de uma cultura racista que destrói a estima do corpo negro. Esses salões, aponta o livro, não funcionam apenas para satisfazer às vaidades individuais, mas constituem espaços coletivos onde são desenvolvidas conscientemente estratégias de sobrevivência e resistência identitária. Ou seja, existe certo conteúdo político-ideológico implícito no trabalho desenvolvido pelos salões étnicos que foram objeto de pesquisa da Dra. Nilma.

Sem perder a raiz: corpo e cabelo como símbolos da identidade negra nos convida a uma viagem interessante nas profundezas da problemática da identidade negra, viagem essa que fará descobrir coisas que até agora não pudemos enxergar apesar dos resultados das pesquisas tradicionais e do discurso do militante sobre o assunto. Como ela mesma aponta, sem abrir mão de sua responsabilidade como intelectual e autora do livro, a sua voz no texto se mistura com as vozes dos sujeitos da pesquisa, configurando uma espécie de coautoria, que faz uma grande diferença com outros trabalhos já realizados no Brasil e confere à autora originalidade e notável contribuição nos debates intelectuais sobre a temática da identidade negra no Brasil.

Kabengele Munanga
Prof. Titular do Departamento de Antropologia da USP

Introdução

Este livro originou-se da minha tese de doutorado, defendida, em junho de 2002, no Departamento de Antropologia Social da Faculdade de Filosofia, Letras e Ciências Humanas da USP, sob a orientação do Prof. Dr. Kabengele Munanga.

No decorrer destas páginas, o leitor e a leitora encontrarão o registro de uma pesquisa etnográfica, realizada em salões étnicos de Belo Horizonte, na qual a relação negro, cabelo e estética é tomada como temática principal de investigação. Há, neste texto, uma autoria que não posso negar e a tentativa de coautoria com os sujeitos da pesquisa.

A visão, as análises e a subjetividade da pesquisadora estarão presentes no texto sob a forma de diferentes camadas que se desdobram e se superpõem na construção da escrita. Tentarei, na medida do possível, não negá-las, mas demonstrá-las ou, pelo menos, assumi-las como constituintes do fazer de uma educadora/antropóloga.

Sei que a leitura do "outro" às vezes me pegará de surpresa ou, na sua relação com a minha escrita, será o texto aqui produzido que o flagrará na mesma situação. De toda forma, assumo que múltiplas "Nilmas" aparecem aqui: a mulher negra, a filha, a educadora, a professora, a pesquisadora, a militante, a antropóloga e muitas outras.

Apesar dessa multiplicidade, ao analisar os dados de campo, fiz uma escolha diante daquilo que me foi possível perceber, sentir e pesquisar: a relação do negro[1] com o cabelo e com o corpo. Tentarei não fixar essa relação

---

[1] Considero como pertencentes ao segmento negro, neste trabalho, as pessoas classificadas pelo censo demográfico brasileiro como "pretas" e "pardas". De modo geral, com exceção de uma entrevistada, todas as pessoas se autoclassificaram como negras, mesmo aquelas que apresentam a cor da pele "mais clara", demonstrando a existência de mestiçagem.

no polo da positividade ou da negatividade, mas na dinâmica conflitiva com que ela se apresentou na etnografia realizada. Essa dinâmica expressa-se nos depoimentos dos sujeitos entrevistados, nos espaços privilegiados pela pesquisa, nos símbolos e imagens do negro presentes no ambiente onde se desenvolveu o trabalho de campo.

Não parto do pressuposto de que esse campo conflitivo se restringe à construção da identidade negra. Qualquer processo identitário é conflitivo na medida em que ele serve para me afirmar como um "eu" diante de um "outro". A forma como esse "eu" se constrói está intimamente relacionada com a maneira como é visto e nomeado pelo "outro". E nem sempre essa imagem social corresponde à minha autoimagem e vice-versa. Por isso, o conflito identitário é coletivo, por mais que se anuncie individual.

Entendo a construção da identidade negra como um movimento que não se dá apenas a começar do olhar de dentro, do próprio negro sobre si mesmo e seu corpo, mas também na relação com o olhar do outro, do que está fora. É essa relação tensa, conflituosa e complexa que este trabalho privilegia, vendo-a a partir da mediação realizada pelo corpo e pela expressão da estética negra. Nessa mediação, um ícone identitário se sobressai: o cabelo crespo. O cabelo e o corpo são pensados pela cultura. Por isso não podem ser considerados simplesmente como dados biológicos.

Cabelo crespo e corpo podem ser considerados expressões e suportes simbólicos da identidade negra no Brasil. Juntos, eles possibilitam a construção social, cultural, política e ideológica de uma expressão criada no seio da comunidade negra: a beleza negra.

A identidade negra é entendida, no contexto desta pesquisa, como um processo construído historicamente em uma sociedade que padece de um racismo ambíguo e do mito da democracia racial. Como qualquer processo identitário, ela se constrói no contato com o outro, no contraste com o outro, na negociação, na troca, no conflito e no diálogo. Como diz Neusa Santos Souza (1990, p. 77), ser negro no Brasil é tornar-se negro. Assim, para entender o "tornar-se negro" num clima de discriminação, é preciso considerar como essa identidade se constrói no plano simbólico. Refiro-me aos valores, às crenças, aos rituais, aos mitos, à linguagem.

Jacques d'Adesky (2001, p. 76) destaca que a identidade, para se constituir como realidade, pressupõe uma interação. A ideia que um indivíduo faz de si mesmo, de seu "eu", é intermediada pelo reconhecimento obtido dos outros em decorrência de sua ação. Nenhuma identidade é construída no isolamento. Ao contrário, é negociada durante a vida toda por meio do diálogo, parcialmente exterior, parcialmente interior, com os outros.

No Brasil, a construção da(s) identidade(s) negras(s) passa por processos complexos e tensos. Essas identidades foram (e têm sido) ressignificadas, historicamente, desde o processo da escravidão até às formas sutis e explícitas de racismo, à construção da miscigenação racial e cultural e às muitas formas de resistência negra num processo – não menos tenso – de continuidade e recriação de referências identitárias africanas. É nesse processo que o corpo se destaca como veículo de expressão e de resistência sociocultural, mas também de opressão e negação. O cabelo como ícone identitário se destaca nesse processo de tensão, desde a recriação de penteados africanos, passando por uma estilização própria do negro do Novo Mundo, até os impactos do branqueamento.

O cabelo do negro, visto como "ruim", é expressão do racismo e da desigualdade racial que recai sobre esse sujeito. Ver o cabelo do negro como "ruim" e do branco como "bom" expressa um conflito. Por isso, mudar o cabelo pode significar a tentativa do negro de sair do lugar da inferioridade ou a introjeção deste. Pode ainda representar um sentimento de autonomia, expresso nas formas ousadas e criativas de usar o cabelo.

Estamos, portanto, em uma zona de tensão. É dela que emerge um padrão de beleza corporal real e um ideal. No Brasil, esse padrão ideal é branco, mas o real é negro e mestiço. O tratamento dado ao cabelo pode ser considerado uma das maneiras de expressar essa tensão. A consciência ou o encobrimento desse conflito, vivido na estética do corpo negro, marca a vida e a trajetória dos sujeitos. Por isso, para o negro, a intervenção no cabelo e no corpo é mais do que uma questão de vaidade ou de tratamento estético. É identitária.

Parto do pressuposto de que essa identidade é construída historicamente em meio a uma série de mediações que diferem de cultura para cultura. Em nosso país, o cabelo e a cor da pele são as mais significativas. Ambos são largamente usados no nosso critério de classificação racial para apontar quem é negro e quem é branco em nossa sociedade, assim como as várias gradações de negrura por meio das quais a população brasileira se autoclassifica nos censos demográficos.

Não é minha intenção reduzir o complexo sistema de classificação racial brasileiro às impressões e opiniões sobre o cabelo e à cor da pele. Distintivos de classe social, por exemplo, renda e educação, também desempenham papel importante na autoidentificação e nas avaliações subjetivas que governam o comportamento intergrupal. Essa situação é tão séria que a base multidimensional da percepção de condição racial sugere a possibilidade de que um indivíduo que tenha experimentado algum tipo de ascensão social e se classificado como preto ou pardo em algum momento da sua vida como no censo demográfico, possa identificar-se como pardo ou branco, posteriormente (WOOD, 1991, p. 93-104).

Este trabalho destaca o importante papel desempenhado pela dupla cabelo e cor da pele na construção da identidade negra e a importância desses, sobretudo do cabelo, na maneira como o negro se vê e é visto pelo outro, inclusive aquele que consegue algum tipo de ascensão social. Para esse sujeito, o cabelo não deixa de ser uma forte marca identitária e, em algumas situações, continua sendo visto como estigma de inferioridade.

O cabelo crespo, objeto de constante insatisfação, principalmente das mulheres, é também visto, nos espaços pesquisados, no sentido de uma revalorização, o que não deixa de apresentar contradições e tensões próprias do processo identitário. Essa revalorização extrapola o indivíduo e atinge o grupo étnico/racial a que se pertence. Ao atingi-lo, acaba remetendo, às vezes de forma consciente e outras não, a uma ancestralidade africana recriada no Brasil.

Os espaços e os sujeitos

Os espaços pesquisados nos quais o cabelo crespo é a principal matéria-prima são quatro salões étnicos da cidade de Belo Horizonte: Beleza Negra, Preto e Branco, Dora Cabeleireiros e Beleza em Estilo. Deles emergem concepções semelhantes, diferentes e complementares sobre a beleza negra e a condição do negro na sociedade brasileira. Dois deles localizam-se no "centro da cidade", e os outros dois em bairros bem próximos dessa região.

Os sujeitos da pesquisa são 28 mulheres e homens negros. Destes, 17 são mulheres e 11[2] são homens. São jovens e adultos, da faixa etária dos 20 aos 60 anos. Entre esses destacam-se as cabeleireiras e os cabeleireiros entre

---

[2] Um dos homens entrevistados possui um salão étnico na cidade de São Paulo. Contudo, a sua constante presença nas atividades desenvolvidas por um dos salões investigados, penteando modelos, dando cursos, participando de congressos e feiras, bem como a sua amizade com a cabeleireira, permitiram-me incluí-lo como um dos sujeitos da pesquisa.

os quais cinco são mulheres e quatro são homens. Do total de cabeleireiras/os, seis são proprietárias/os e as/os outras/os são funcionárias/os de confiança. A parte mais intensa da etnografia, com um acompanhamento diário de cada salão, iniciou-se em agosto/setembro de 1999 e terminou em janeiro de 2001. O trabalho se estendeu até 2002, porém, nesse período, a ida ao campo tornou-se mais esparsa.

A partir de 2002, muitas mudanças ocorreram na configuração dos salões. Essa capacidade de mudança é uma característica comum ao universo dos salões de beleza de modo geral.

Na etnografia, o dia a dia dos salões foi acompanhado, assim como as atividades externas: cursos de cabeleireiros, congressos, feiras, desfiles de beleza negra, encontros com a militância negra, festas, churrascos e momentos informais dos cabeleireiros e das cabeleireiras. As entrevistas foram realizadas no espaço dos salões, nas casas, em bares e restaurantes. São depoimentos por vezes tristes, tensos, e também alegres. Alguns chegam a ser até mesmo divertidos, tal é a forma como algumas pessoas expressam a sua maneira de "lidar" com o cabelo e o corpo. Mas isso não retira a seriedade do conteúdo das falas.

Os sujeitos desta pesquisa são homens e mulheres que não estão necessariamente vinculados ao movimento negro. Alguns já fizeram parte desse em algum momento da sua trajetória, mas atualmente andam distantes da militância organizada. Essa escolha foi intencional, pois, de certo modo, dentro da comunidade negra, já é sabida a postura desconfiada de alguns militantes ou entidades do movimento em relação à manipulação do cabelo crespo. O discurso da militância é carregado de uma politização que é necessária para a sua atuação. Para este trabalho, porém, escolhi e quis ouvir homens e mulheres que constroem seu fazer cotidiano em outros espaços, por meio de outras referências que não somente as da militância. São também negros e negras que alcançaram algum grau de mobilidade dentro da classe trabalhadora e outros que se localizam na dita classe média negra. Essa escolha deve-se ao desejo de perceber se a ascensão social de alguns homens e mulheres negras, por mais simples que seja, resulta na diminuição ou minimização das experiências desagradáveis em relação ao cabelo crespo, ao corpo e à expressão estética negra.

É minha intenção saber como essas pessoas pensam a questão da estética corporal negra em um país que, apesar da miscigenação racial e cultural, ainda se apoia em um imaginário que prima por um ideal de beleza europeu e branco. Assim, considero que, para o negro e a negra, a forma como o seu corpo e cabelo são vistos por ele/ela mesmo/a e pelo outro configura um aprendizado constante sobre as relações raciais. Dependendo do lugar onde se desenvolve essa pedagogia da cor e do corpo, imagens podem ser distorcidas ou ressignificadas, estereótipos podem ser mantidos ou destruídos, hierarquias raciais podem ser reforçadas ou rompidas e relações sociais podem se estabelecer de maneira desigual ou democrática.

Para a realização da pesquisa, algumas comparações entre os quatro salões são realizadas. Muitas vezes, para efeito didático e de construção do texto, uso as expressões cultura negra, povo negro, africanos escravizados no Brasil..., embora isso não queira dizer que não esteja considerando que essa generalização incorpora uma variedade de experiências. Diz respeito às diferenças e a uma multiplicidade de práticas, saberes, povos e grupos. Não há aqui o entendimento de que o negro, tanto no Brasil quanto na África, constitui um bloco homogêneo.

Os salões trabalham com o corpo, o qual é passível de codificações particulares dentro de um grupo social. Por isso, ao estudar o corpo, não se pode generalizar as diferentes formas de expressão corporal para todas as culturas e grupos. No caso dos negros, existem códigos inscritos na forma de manipular o cabelo que não poderão ser decodificados facilmente por aqueles que não fazem parte desse grupo étnico/racial ou não possuem a convivência necessária para tal. Estudar os salões étnicos e a vida dos sujeitos que nele circulam poderá ser um dos caminhos na compreensão de alguns desses códigos.

Sabemos que a discussão sobre a apropriação cultural do corpo não pode ser feita sem levar em consideração o contexto histórico, social e etnográfico no qual os sujeitos da pesquisa estão inseridos. Assim, ao estudar o significado do cabelo crespo na vida de cabeleireiros e clientes de salões étnicos, poderemos entender alguns comportamentos que foram culturalmente aprendidos a partir da interação entre negros, brancos e outros grupos étnicos no Brasil. Todavia, cabe destacar, aqui, a especificidade do contexto urbano da cidade de Belo Horizonte. Sendo assim, é certo que algumas generalizações poderão ser feitas para outros contextos brasileiros, mas outras são específicas da história do negro belo-horizontino.

No universo dos salões de beleza, os espaços onde se realizou esta pesquisa são chamados de salões étnicos. Essa classificação é usada para destacar a especificidade racial da clientela prioritariamente atendida por esses estabelecimentos, a saber, negros e mestiços. Ela também é atribuída graças ao pertencimento étnico/racial do proprietário ou proprietária, à especificidade do serviço oferecido, ao trato do cabelo crespo e à existência de um projeto de valorização da beleza negra. Assim, o termo étnico, ao se referir aos salões, às cabeleireiras, aos cabeleireiros e à sua clientela, é usado pelos sujeitos envolvidos nesta pesquisa e por uma grande parte do mercado de cosméticos no Brasil e nos EUA como sinônimo de negro. É também uma substituição e, em alguns momentos, uma forma eufemística de se referir ao "salão afro", termo adotado por esses espaços durante as décadas de 1970 e 1980. Essa classificação é mais do que uma terminologia. Diz respeito às evoluções e às mudanças ocorridas no campo das relações raciais.

Neste trabalho também adoto o termo étnico ao me referir tanto aos salões bem como aos seus profissionais, tentando articular as categorias nativas com as científicas, já que tanto os salões que demarcam com maior clareza um projeto em prol da afirmação da identidade e da beleza do negro quanto aqueles que o fazem de maneira mais fluida se autodenominam étnicos ou afro-étnicos.

Étnico ou afro? Essa oscilação pode ser interpretada, numa perspectiva mais ampla, como tentativa de conciliação das marcas identitárias com as mudanças no campo das relações raciais. Essas mudanças, no contexto dos salões, são atravessadas pelos interesses do mercado e pela forma como esse manipula as identidades.

Mais do que a escolha pelo termo que agrada mais ou que atrai mais clientes, a terminologia adotada refere-se à trajetória histórica e política da questão racial no Brasil, aos conflitos vividos pelos negros e negras na construção da identidade e às contradições presentes em um país miscigenado que vive sob a égide de um racismo ambíguo.

Os salões étnicos são lugares importantes para refletir sobre a relação entre cabelo crespo e identidade negra. Por quê? Porque o cabelo não é um elemento neutro no conjunto corporal. Ele foi transformado, pela cultura, em uma marca de pertencimento étnico/racial. No caso dos negros, o cabelo crespo é visto como um sinal diacrítico que imprime a marca da negritude no corpo. Dessa forma, podemos afirmar que a identidade negra, conquanto construção social, é materializada, corporificada. Nas múltiplas possibilidades de análise que o corpo negro nos oferece, o trato do cabelo é aquela que se apresenta como a síntese do complexo e fragmentado processo de construção da identidade negra.

Lidando com o cabelo crespo
no espaço dos salões e na vida

Cabelos alisados nos anos 1960 do século XX, afros nos anos 1970, permanente-afro nos anos 1980, relaxamentos e alongamentos nos anos 1990, *black power* estilizado a partir dos anos 2000, no século XXI, o cabelo do negro atrai a nossa atenção. Para o negro e a negra, o cabelo crespo carrega significados culturais, políticos e sociais importantes e específicos que os classificam e os localizam dentro de um grupo étnico/racial.

Durante as entrevistas, a expressão "lidar com o cabelo" tornou-se emblemática. A "lida" pode ser vista de várias perspectivas. Apesar de essa expressão adquirir diferentes significados para distintas categorias sociais, no contexto das relaçõ es sociais capitalistas, ela é associada ao trabalho. É o trabalho visto como fardo e exploração, e não como realização pessoal.

Para o negro, a ideia de labuta, sofrimento e fadiga faz parte de uma história ancestral. Remete à exploração e à escravidão. Assim, a expressão "lida", numa perspectiva racial, incorpora a ideia de trabalho forçado e coisificação do escravo e da escrava. Lembra, também, as estratégias do regime escravista na tentativa de anular a cultura do povo negro.

No regime escravista, a "lida" do escravo implicava trabalhos forçados no eito, na casa-grande, na mineração. Implicava, também, a violência e os açoites impingidos sobre o corpo negro. Entre as muitas formas de violência impostas ao escravo e à escrava estava a raspagem do cabelo. Para o africano escravizado esse ato tinha significado singular. Ele correspondia a uma mutilação, uma vez que o cabelo, para muitas etnias africanas, era considerado uma marca de identidade e dignidade. Esse significado social do cabelo do negro atravessou o tempo, adquiriu novos contornos e continua com muita força entre os negros e as negras da atualidade.

Nesse sentido, tento compreender, neste livro, o significado social do cabelo no universo dos salões étnicos e os sentidos a ele atribuído, de forma particular, pelos homens e pelas mulheres negras entrevistados.

A forma como a cor da pele e o cabelo são vistos no imaginário social brasileiro pode ser tomada como expressão do tipo de relações raciais aqui desenvolvido. Nesse processo, o entendimento do significado e dos sentidos do cabelo crespo pode nos ajudar a compreender e a desvelar as nuances do nosso sistema de classificação racial.

O cabelo crespo na sociedade brasileira é uma linguagem e, como tal, comunica e informa sobre as relações raciais. Dessa forma, ele também pode ser pensado como um signo, uma vez que representa algo mais, algo distinto de si mesmo.

Assim como o mito da democracia racial é discursado como forma de encobrir os conflitos raciais, o estilo de cabelo, o tipo de penteado, de manipulação, e o sentido a eles atribuído pelo sujeito que os adota podem ser usados para camuflar o pertencimento étnico/racial, na tentativa de encobrir dilemas referentes ao processo de construção da identidade negra. Mas tal comportamento pode também representar um processo de reconhecimento das raízes africanas assim como de reação, resistência e denúncia contra o racismo. E ainda pode expressar um estilo de vida.

Os salões étnicos são espaços corpóreos, estéticos e identitários e, por isso, ajudam-nos a refletir um pouco mais sobre a complexidade e os conflitos da identidade negra. Nos salões o cabelo crespo, visto socialmente como o estigma da vergonha, é transformado em símbolo de orgulho.

A construção da identidade negra se dá no espaço da casa, da rua, do trabalho, da escola, do lazer, da intimidade, ou seja, na relação entre o público e o privado. Mas todos esses outros espaços sociais se articulam e transversalizam os salões, compondo extenso e complexo mapa de trajetórias sociais e raciais.

Além da transversalidade dos outros espaços sociais, os salões étnicos incorporam discussões políticas e, por vezes, ideológicas. Essas expressam-se nos nomes escolhidos pelos estabelecimentos e nas suas propostas de trabalho. Vemos, então, que tais espaços comportam uma ideologia racial, falam do lugar da diversidade étnico/racial e desenvolvem projetos sociais.

Apesar de os salões populares que atendem à clientela negra ser uma realidade no Brasil há muitos anos, tais espaços não se autodenominavam étnicos ou afros nem eram vistos conquanto tal. Eram salões de bairro, de fundo de quintal. Os espaços de beleza considerados étnicos surgem junto com a efervescência dos movimentos sociais, no final da década de 1970, fortalecem-se nos anos 1980, e nos anos 1990 tornam-se mais visíveis e divulgados, sobretudo, nos grandes centros urbanos. Aos poucos, esses espaços migram para o interior, porém, até hoje, não representam número expressivo. Há questões sociais, regionais e econômicas que interferem nessa situação.

Para os salões étnicos, localizar-se no centro urbano é estar em contato com o cosmopolitismo, com a circulação de ideias. É ter a oportunidade de divulgar o trabalho, aparecer na mídia, mas, também, ser confrontado publicamente e participar de embates políticos.

Embora sejam encontrados com maior frequência no centro urbano, esses salões não se afastam das regiões populares. Estão próximos dos mercados, das lojas, das galerias e das ruas populares. É nesse local que a comunidade negra reproduz a sua existência, por isso, seria incoerente se não estivessem próximos da sua clientela. Essa é a localização dos espaços pesquisados.

Ao destacar o cabelo crespo e o corpo do negro, essa etnografia coloca-nos diante de um campo mais vasto e mais profundo, a saber, a construção da estética corporal. Essa também apresenta uma dimensão simbólica que trafega em vários contextos. O corpo humano é o primeiro motivo de estética, de beleza, possuidor de um elemento maleável que, tal como a madeira e o barro, possibilita diferentes recortes, detalhes e modelagens: o cabelo. Por isso corpo e cabelo, no plano da cultura, puderam ser transformados em emblemas étnicos.

Nesse sentido, engana-se quem pensa que uma etnografia em salões étnicos diz respeito somente ao trato do cabelo. De fato, é sobre o cabelo que recaem as atenções de todos que transitam nesses espaços. Ele é um dos principais ícones identitários para os negros. O cabelo sozinho, porém, não diz tudo. A sua representação se constrói no âmago das relações sociais e raciais, não podem ser pensados separadamente.

A antropologia ajuda a pensar o corpo sobretudo como uma construção cultural, sempre ligado a visões de mundo específicas. Como veremos neste trabalho, as singularidades culturais são dadas também pelas posturas, pelas predisposições, pelos humores e pela manipulação de diferentes partes do corpo. Por isso o corpo é importante para pensar a cultura.

Estética, projetos políticos e salões étnicos

A expressão estética negra é inseparável do plano político, do econômico, da urbanização da cidade, dos processos de afirmação étnica e da percepção da diversidade.

No caso desta pesquisa, a comparação dos diferentes salões possibilitou perceber que, apesar de desenvolverem a sua prática em torno de questões semelhantes, cada estabelecimento possui concepções e projetos distintos em relação à estética negra. Se a comparação inspira cuidados do antropólogo para não incorrer no risco de generalização de aspectos observados em realidades diferentes, por outro lado, é só por meio dela que pude perceber a coexistência de particularidades e de características universais na totalidade dos salões.

A formulação de uma proposta de intervenção estética que postula o direito à beleza para o povo negro, o desenvolvimento de ações comunitárias nas vilas e favelas, a maquiagem gratuita para dançarinos e militantes do movimento negro durante eventos públicos da comunidade negra, a construção de um discurso afirmativo e de valorização dos padrões estéticos negros são exemplos de atividades desenvolvidas pelos quatro salões pesquisados, porém de maneira e intensidade diferentes. Mesmo que tais práticas aconteçam coladas à figura da dona ou do dono do salão, elas não deixam de possuir dimensão pública. Nesse caso podem ser consideradas como projetos sociais, visto que seu alcance extrapola a prestação de serviços e os trabalhos cotidianos de um salão de beleza.

Tais projetos estão diretamente relacionados à história de vida, à construção da identidade negra e à inserção política da cabeleireira ou do cabeleireiro em relação à questão racial.

Tomando cada salão em particular, é possível observar que o projeto da cabeleireira ou do cabeleireiro não garante a adesão de todos/as profissionais que atuam no interior do seu estabelecimento. O envolvimento da/o cabeleireira/o em projetos que extrapolam o salão pode provocar tensões e discordâncias, sobretudo quando se refere ao envolvimento com a militância negra.

Durante a pesquisa de campo, foi possível observar a existência de diferentes interpretações, desacordos e insatisfações de alguns profissionais com o projeto político e a prática dos salões. Essas tensões e discordâncias resultaram, em alguns casos, em demissões, brigas e separações. Como os salões também se organizam em torno de laços de amizade e consanguinidade, a divergência quanto à implementação de um projeto social e à interferência desse na prática cotidiana dos salões resultou, em alguns momentos, em rupturas afetivas. Algumas foram contornadas mais tarde, e outras não.

Muitas vezes, uma ação extrassalão corresponde ao interesse pessoal do cabeleireiro ou da cabeleireira diante da questão racial, e não ao da sua equipe. Além disso, muitas vezes o/a cabeleireiro/a proprietário/a cobra dos demais integrantes da equipe o envolvimento em trabalhos sociais de maneira voluntária, durante horas de folga ou dias de descanso. Nem sempre essa demanda é respondida com agrado por todos. Alguns aderem ao projeto social por se identificarem com a proposta, e outros não. E há aqueles que aderem como uma estratégia para permanecer no emprego, já que percebem que a recusa de participar de tais ações e projetos pode repercutir negativamente diante da cabeleireira ou do cabeleireiro-chefe, podendo afetar a sua permanência no salão.

Mas, entre os salões e os seus projetos, também acontecem conflitos. O fato de serem concorrentes, visto que não podemos nos esquecer de que eles são, antes de mais nada, estabelecimentos comerciais, desencadeia algumas brigas pessoais e discordâncias entre alguns profissionais. Essas divergências não são apenas profissionais. Referem-se ao julgamento da "autenticidade étnica" da proposta de valorização da negritude desenvolvida pelo salão concorrente.

Por outro lado, como diz Gilberto Velho (1987), a viabilidade política de um projeto social, propriamente dita, dependerá de sua eficácia em mapear e dar sentido às emoções e sentimentos individuais. Essa é uma função que, com dificuldades, os salões conseguem desenvolver.

Além disso, só o fato de afirmar publicamente a existência de uma "beleza negra", de se especializar em tratar e valorizar o cabelo crespo e de atender a uma clientela negra e mestiça, já faz com que os salões étnicos cumpram importante função política no contexto das relações raciais estabelecidas em nossa sociedade.

Entretanto, apesar de realizar o seu trabalho de forma alegre e festiva, os salões também são espaços tensos. A rotina é desgastante, os horários de almoço e de saída são fluidos. Trabalha-se geralmente em pé, o que acarreta doenças da profissão: varizes, problemas na coluna, alergias aos produtos químicos e várias lesões por esforço repetitivo (LER). Há também um desgaste emocional, já que trabalhar cotidianamente com processos delicados como a autoestima e com as questões da subjetividade não é tarefa simples. Além disso, as preocupações de ordem financeira e o desdobramento para cumprir os projetos sociais, geralmente às noites e nos fins de semana, contribuem para aumentar a tensão.

Mesmo que não queiramos cobrar desses estabelecimentos uma eficácia política nos moldes tradicionais da militância, uma vez que são estabelecimentos comerciais e não entidades do movimento negro, o fato é que, ao se autodenominarem "étnicos" e se apregoarem como divulgadores de uma autoimagem positiva do negro em uma sociedade racista, eles se colocam no cerne de uma luta política e ideológica.

Assim, os salões são lugares em que se cruzam projetos individuais e sociais desenvolvidos em meio a instabilidades, conflitos e negociações. Ao longo dos anos, esses espaços transformam, alteram e substituem os seus projetos em razão das mudanças no campo da estética, das novas tendências da moda, do mercado de produtos étnicos e das transformações sofridas no âmbito das políticas de identidade. Através da sua prática cotidiana e dos seus projetos, os salões étnicos tentam consciente e inconscientemente dar sentido ou coerência a uma experiência identitária fragmentada vivida pelo negro.

O contato com os salões me leva a refletir que ser negro no mundo está relacionado com uma dimensão estética, com um corpo, com uma aparência que pode ou não resgatar de forma positiva as nossas referências ancestrais africanas recriadas no Brasil.

Cabelo e subjetividade

A relação do negro e da negra com o corpo e o cabelo narrada durante as entrevistas remete a outro conjunto de efeitos do racismo: os que afetam a subjetividade.

Analisar o significado e o sentido do cabelo e do corpo negro na vida de clientes que frequentam salões étnicos pode, a princípio, parecer uma tarefa intelectual um tanto quanto excêntrica. Mas, na realidade, trata-se do desafio de articular a questão racial e a expressão estética, de tocar o mundo dos sentidos e das emoções na construção da identidade negra. Trata-se de pensar como negros e brancos se relacionam em nosso país, não só na esfera da racionalidade, mas das emoções.

Considero importante esclarecer que *raça* é utilizada, neste trabalho, em sua dimensão relacional, considerando os diversos grupos étnicos e raciais que formam o nosso país. Como já disse em publicações anteriores,[3] estou ciente de que existe muita polêmica no meio acadêmico e na própria sociedade brasileira quanto ao uso do termo *raça*. Alguns intelectuais o rejeitam, adotando etnia para discutir sobre os contatos entre negros e brancos no Brasil. Além disso, com o desenvolvimento das Ciências Biológicas e, mais recentemente, da Genética, "*raça humana*" passou a ser considerado um conceito cientificamente inoperante.

Por mais que essa postura seja uma contribuição ao estudo sobre as relações entre negros e brancos no Brasil e consiga justificar teoricamente o uso de etnia, na prática social, quando se discute a situação do negro em nossa sociedade, *raça* ainda é o termo mais adotado. É também aquele que

---

[3] Ver: GOMES, Nilma Lino. (1993/1994, p. 49-58; 1995; 2000, p. 245-257; 2001, p. 83-96.)

consegue aproximar-se da real dimensão do racismo presente em nossa sociedade. No Brasil, o racismo, a discriminação e o preconceito racial que incidem sobre os negros ocorrem não somente em decorrência de um pertencimento étnico expresso na vida, nos costumes, nas tradições e na história desse grupo, mas pela conjugação desse pertencimento com a presença de sinais diacríticos, inscritos no corpo. Esses sinais remetem a uma ancestralidade negra e africana que se deseja ocultar e/ou negar. Além disso, são vistos como marcas de inferioridade. A presença desses sinais é rejeitada pelo ideal do branqueamento e tratada de maneira eufemística no mito da democracia racial.

Ressalto ainda que não se pode falar em *raça*, numa perspectiva política, sem destacar o contexto e as contingências históricas nas quais os negros constroem as suas experiências sociais e identitárias. Nesse sentido, concordo com a leitura realizada por algumas entidades do Movimento Negro e por alguns cientistas sociais, ao destacarem *raça* na sua dimensão histórica, social, política e cultural, afastando-se da crença no determinismo biológico e questionando a ideia de purismo e de supremacia racial. Nessa perspectiva, *raça* é usada, neste trabalho, com base na ressignificação e reinterpretação realizada pelos próprios negros ao longo do nosso processo histórico. No contexto das relações étnico/raciais brasileiras, a noção de "*raça*" conquanto construção social e política opera em nossa cultura e em nossa sociedade.

São esses delicados processos da formação humana que vi no interior dos salões étnicos que, embora nem sempre tenham clareza da profundidade da sua atuação, acabem por restaurar importantes elos entre o negro e a sua autoestima.

Assim, ao estudar os salões étnicos, é possível perceber que, junto às análises sociológicas sobre a construção da identidade negra, é necessário também construir interpretações que nos ajudem a entender as estratégias individuais desenvolvidas pelos negros na construção do seu processo identitário. Juntamente às análises da questão racial na esfera macro é desafiador compreender também como esses sujeitos sentem e vivem o "ser negro" dentro da "própria pele".

Quem sabe compreenderemos melhor que o fato de se estar integrado ou de se reconhecer pertencente a um grupo étnico/racial não elimina os conflitos diários e os dramas pessoais vividos pelos negros na esfera da subjetividade. O fato de alguns cabeleireiros/as e clientes entrevistados nesta pesquisa apresentarem um discurso elaborado e racional sobre a questão racial não apaga os impactos vividos na esfera privada e na construção da sua identidade pessoal, já que continuam vivendo dentro da sociedade brasileira e no cerne das relações raciais que aqui se estabelecem.

Finalmente, se o fato de ser uma mulher negra que pesquisa as relações raciais já era motivo para a desconfiança de alguns sobre a impossibilidade de separar a subjetividade da pesquisadora da objetividade da pesquisa, esta tornou-se ainda maior quando do presente trabalho.

A "contaminação" do antropólogo ainda é um assunto polêmico e, por vezes, tabu. Nesse debate também encontramos outra crença que se refere a uma negatividade de qualquer expressão da subjetividade no texto etnográfico, como se isso fosse possível.

Temos exemplos na antropologia clássica que nos mostram que os antropólogos que nos antecederam não conseguiram produzir seus textos num contexto de total "assepsia" intelectual. E, por último, este debate nos mostra a existência de duas diferentes vertentes teóricas e políticas sobre a relação sujeito/objeto. Uma que acredita na sobredeterminação de categorias abrangentes como classe social, sociedade, trabalho e cultura na vida dos sujeitos, e outra que vê tais categorias no seu dinamismo, contradições e constante interlocução com a vida dos sujeitos sociais, e não como dogmas pré-concebidos.

Se as lentes escolhidas para enxergar o mundo e a relação pesquisador/sujeito da pesquisa pertencerem à primeira vertente, dificilmente esta pesquisa será compreendida naquilo de mais radical que ela tenta apontar, e a relação da pesquisadora com o seu grupo étnico/racial estará em suspeição. Contudo, se essas lentes pertencerem à segunda vertente, com certeza críticas e discordâncias ocorrerão, mas também um olhar atento às questões teóricas, sociais, culturais e subjetivas aqui apresentadas e à tentativa de estabelecer um diálogo crítico com outras áreas que também estudam a questão racial.

Estudar o negro e a negra, sua relação com o cabelo e com o corpo é realizar um duplo exercício de "sair de nós mesmos para que possamos nos apreciar como objeto e de colocar intelectualmente as mesmas coisas em novas relações de forma que possamos deduzir novas relações e novos conhecimentos" (RODRIGUES, 1986, p. 48).

Segundo o autor, os conhecimentos "objetivos", em última instância, caem nas malhas da subjetividade. Todas as manifestações da vida social, inclusive os tabus, as inconfessáveis e as que parecem mais corriqueiras devem ser levadas a sério pelo cientista social, pois são igualmente sérias, já que expressam sempre um significado humano.

Afinal, não é só o cabelo e os penteados africanos recriados pelos negros da diáspora que essa etnografia destaca. Ao pontuá-los, ela nos coloca diante dos fatores sociais e subjetivos que os tornam importantes e que afetam de maneira contundente a vida daqueles que os possuem, a saber, clientes, cabeleireiras e cabeleireiros negros e mestiços. Esses fatores são variáveis como a própria vida.

O caminho percorrido

Para a realização da etnografia, a observação participante e as entrevistas foram as principais técnicas utilizadas. A observação é algo primordial para a realização de toda e qualquer pesquisa etnográfica, já que permite acompanhar o cotidiano dos sujeitos, levando-nos a uma maior aproximação com a realidade observada, suas regras, códigos e discursos.

As entrevistas e os depoimentos permitiram uma aproximação da representação dos sujeitos sobre o espaço do salão étnico, dos motivos que os levam a frequentar tais lugares, das suas impressões sobre a beleza negra e das contradições em torno da identidade negra. Possibilitaram, também, reconstruir uma parte da história de vida dos/as cabeleireiros/as étnicos e a sua trajetória profissional.

As entrevistas, que foram realizadas no lugar escolhido pelo sujeito entrevistado, tiveram momentos emocionantes. Assim, os cenários foram os mais diversos: bares, salões, restaurantes, residências e local de trabalho dos entrevistados. A ida até a residência tanto dos/as cabeleireiros/as quanto dos/as clientes foi um dos momentos mais marcantes. É muito bom conhecer o lugar onde as pessoas residem, ver a família negra reunida, conhecer pais, avós, filhos, tomar café, limonada, comer biscoito frito e salgadinhos. Houve um processo de identificação muito grande nesse momento. As casas visitadas, os bairros periféricos lembraram a minha infância, a minha família, a casa da minha avó no interior de Minas. Nesse momento, mesmo consciente do meu papel como pesquisadora, não havia como negar a emoção de me ver tão retratada na vida de pessoas desconhecidas e, ao mesmo tempo, tão próximas.

O constrangimento das pessoas diante do gravador era, aos poucos, diluído, principalmente quando a narrativa se tornava envolvente tanto para mim quanto para o sujeito entrevistado. Houve momentos, porém, em que me vi diante de entrevistas tensas, de um discurso rápido e desconfiado que dava a impressão de que a pessoa realmente falava aquilo que eu desejava ouvir. Nos contatos com os homens, houve momentos de sedução, de insinuações e de convites para a realização da entrevista em um "local mais apropriado e agradável" ou, então, a sugestão de "quem sabe não poderemos fazer a entrevista na sua casa?"

A cada novo salão onde eu entrava, uma nova sensação de estranhamento e intimidade se configurava. Durante três anos eu era a mulher que, insistentemente, invadia a intimidade do espaço de trabalho e da vida daquelas pessoas, observava, conversava, entrevistava, estabelecia laços de amizade. Tal proximidade foi diminuída nos anos de 2001 e 2002, quando meu retorno ao campo tornou-se mais pontual.

As relações estabelecidas entre pesquisadora/sujeitos da pesquisa não foram quebradas. Sempre que retorno ao campo, arrumo o cabelo, indico clientes e, em alguns momentos, encontro cabeleireiras/os e clientes durante festas e eventos da comunidade negra de Belo Horizonte.

Tais experiências só vêm somar às discussões já realizadas sobre a subjetividade no trabalho de campo, no sentido de superar a ideia da neutralidade na relação pesquisador/pesquisado e romper com o mito do antropólogo assexuado.

Após a realização de cada entrevista, assim que as fitas gravadas iam sendo transcritas, entreguei uma cópia do material para cada entrevistado e me coloquei à disposição para um segundo encontro. Tencionava que o entrevistado fosse um coautor da escrita etnográfica. Entendo, também, que é direito de uma pessoa entrevistada ter acesso ao seu texto antes e depois da produção do trabalho, embora tenha deixado claro para todos que esse texto seria passível de recortes, seleções e interpretações da pesquisadora.

Essa postura teve resultados interessantes, embora a maioria dos/as entrevistados/as não tenha feito grandes alterações no texto. Mas a devolução possibilitou um diálogo com alguns entrevistados. Esses mostraram-se surpresos com a transcrição, visto que alguns não conheciam o processo, outros surpreenderam-se com a sua própria narrativa e com o trabalho minucioso de destacar as falas, os silêncios e as risadas presentes no discurso. Um deles, um homem negro que trabalha como relações públicas, ficou decepcionado com os vícios de linguagem e a confusão do seu próprio pensamento reproduzidos no texto. Esse rapaz disse que gostaria de intervir no seu texto, mas não o fez.

Outro homem negro reescreveu a sua fala valendo-se da entrevista transcrita. Ele e a esposa ficaram impressionados com a maneira cíclica do discurso expressa na linguagem oral. Ambos me enviaram o texto original e a versão reescrita pelos Correios e, quando me reencontraram pessoalmente em um evento na cidade, falaram de como ficaram impressionados com o tipo de discurso, os erros de concordância e a confusão do pensamento. Nesse sentido, a reescrita retirava do texto as repetições, os lapsos de pensamento, os detalhes da argumentação referentes às lembranças da infância, justamente os aspectos que eu, conquanto pesquisadora, considerava mais importantes. Por isso, ao citar essa entrevista, tentei articular a transcrição original e a reescrita, fazendo a opção por privilegiar os aspectos da primeira que estavam mais relacionados com o tema da pesquisa. Nesse momento questionei até que ponto a relação de coautoria entre pesquisador e sujeitos da pesquisa pode, de fato, acontecer realmente. Confirmei que, por mais que privilegiemos essa relação na construção do texto etnográfico, a autoria do texto é de fato da/o antropóloga/o, e disso não podemos nem devemos fugir.

Com todos que me procuraram conversei sobre a diferença entre linguagem oral e linguagem escrita. Era necessário esclarecer que o meu papel não era o de uma revisora de português. Expliquei-lhes o fato de que a entrevista é um tipo de conversa, em um contexto muito específico, e que temáticas que mexem diretamente com a nossa subjetividade possuem a capacidade de nos deixar "desarmados", de abrir brechas que permitem "escapadelas" do inconsciente, expressas através da linguagem. Destaquei também a fluidez e o caráter cíclico da oralidade, muito diferente da linguagem escrita com a qual lidamos cotidianamente no local de trabalho, na escola etc.

Se os meus argumentos convenceram as/os entrevistadas/os, confesso que não sei. Concluo, entretanto, que essa foi uma oportunidade ímpar para muitas pessoas. Nem sempre elas têm a possibilidade de serem entrevistadas, ouvir a sua voz gravada, ler um depoimento pessoal e, o que é mais importante, avaliar o seu próprio fluxo discursivo.

Reconheço, também, que um processo de coautoria no sentido estrito do termo, por mais complexo que possa parecer e discordâncias metodológicas que possa causar, exige maior presença do sujeito da pesquisa na elaboração do texto etnográfico como um todo, e não somente a sua intervenção na leitura, discussão e reescrita das entrevistas. Como tal procedimento não foi totalmente possível graças a questões de tempo e demora das devoluções, resolvi entregar para cada salão o texto referente à sua descrição, que compõe o primeiro capítulo do livro. Desejava saber se, de alguma maneira, a minha interpretação e representação sobre os salões e seus sujeitos estava próxima às dos sujeitos da pesquisa e se, nos limites interpostos a qualquer pesquisa antropológica, havia conseguido me aproximar do desafio de apresentar e descrever os salões e os seus sujeitos nos seus próprios termos.

Diante desse procedimento, alguns profissionais foram mais detalhistas e fizeram questão de discutir a etnografia, pedindo explicações e esclarecimentos. Outros concordaram com o texto e não fizeram intervenções. O retorno ao campo para uma conversa sobre a descrição de cada salão representou um momento rico da pesquisa. Durante a conversa com as cabeleireiras e os cabeleireiros, pude estabelecer uma aproximação diferente da que foi desenvolvida durante a observação em campo. Ao questionarem algumas análises por mim realizadas e esclarecerem pontos que estavam confusos, esses profissionais levaram-me a refletir sobre a minha própria escrita. Ao mesmo tempo, elas/eles também se mostraram surpresos diante da explicitação de situações, comportamentos e práticas que passam despercebidas no seu cotidiano. Alguns, até, ao perceberem a seriedade das questões analisadas, solicitaram a inclusão de esclarecimentos e também de algumas fotografias. Do mesmo modo não permitiram a divulgação de algumas fotos, e para que isso fosse feito, bem como para a explicitação do nome e dos dados de cada salão, todos assinaram um termo de consentimento durante a realização da pesquisa.

Utilizei o recurso da fotografia não somente para registrar o cotidiano, a localização dos salões, os desfiles e os campeonatos, como também para fazer um intercâmbio entre os próprios cabeleireiros e cabeleireiras que não conheciam o espaço do outro. Esse desconhecimento também é um dado de campo importante e está relacionado com a pouca articulação entre os salões e os seus projetos. Como veremos, o fato de alguns participarem de eventos públicos promovidos pelo outro não implica, necessariamente, uma parceria profissional no cotidiano.

Assim, ao término do acompanhamento de um salão, montava um álbum de fotos que era levado para o/a cabeleireiro/a responsável e sua equipe. Ao mostrar o álbum construído com as fotos de cada salão, observava como os cabeleireiros e cabeleireiras olhavam atentos as fotografias, o visual dos modelos, o aspecto físico do seu próprio espaço. Era um momento de avaliação da própria imagem. Eles criticavam a si mesmos, a maneira como estavam representados e debochavam das minhas gafes fotográficas. Também tentavam ser éticos, evitando comentários maldosos sobre o salão concorrente. Contudo, a possibilidade de conhecer o espaço do "outro" era recebida com maior atenção. Percebia que o interesse aumentava, quando lhes mostrava o álbum do salão do outro/a cabeleireiro/a. Nesse momento, eles/elas olhavam, localizavam o concorrente na cidade, a decoração do salão, os penteados realizados, o visual dos desfiles, a postura durante as apresentações em público e sempre procuravam encontrar alguma pessoa conhecida entre os muitos modelos fotografados.

Às vezes, quando notava que as cabeleireiras e os cabeleireiros se interessavam muito por determinada foto, eu a reproduzia e lhes dava de presente. Esse comportamento, que inicialmente não foi intencional, serviu para estreitar os meus laços com os sujeitos da pesquisa e a importância da imagem no universo pesquisado.

O visual, a imagem, é o que dá o tom dos salões étnicos. O uso das cores, dos acessórios ajuda a compor um penteado étnico. Os cartazes coloridos com fotos de modelos negros e negras, os produtos expostos nas vitrines para serem vendidos, tudo é muito colorido. Alguns afirmam a identidade negra e outros apelam para a miscigenação. A descrição sem o registro do visual não seria suficiente para captar o potencial expressivo do trabalho dos/as cabeleireiros/as e as modificações que esses/essas fazem na aparência das modelos e clientes.

A fotografia também funciona como mais uma possibilidade de descrição dos salões étnicos. É uma forma de representação e uma escolha da etnógrafa. Segundo Roland Barthes (1984), ela repete mecanicamente o que nunca mais poderá repetir-se existencialmente. Sendo assim, quando uma foto é escolhida, avaliada, apreciada, reunida em álbum ou revistas significa que ela passou pelo filtro da cultura.

Ainda esse mesmo autor argumenta que a fotografia sempre traz consigo o ser referente, ambos atingidos pela imobilidade amorosa ou fúnebre no âmago do mundo em movimento. Semelhantemente ao que pensava Barthes, a minha experiência com a fotografia, nesta pesquisa, não é sequer da fotógrafa amadora. É do sujeito olhado e do sujeito que olha.

Fotografar e realizar uma pesquisa no centro urbano de Belo Horizonte se caracteriza pelo duplo movimento de mergulhar no particular para depois emergir e estabelecer comparações com outras experiências e estilos de vida – semelhantes, diferentes, complementares, conflitantes – no âmbito das instituições urbanas (MAGNANI, 1996).

Além da fotografia, o diário de campo foi utilizado e muito útil na construção da narrativa. Nele também estão registrados os meus sentimentos durante o trabalho de campo. Tornou-se um diário pessoal e de campo.

O diário era visto como algo misterioso para as cabeleireiras. Os cabeleireiros do Salão Preto e Branco, porém, foram mais ousados e pediram para que eu lesse o texto construído e fizeram intervenções. Nesse sentido, a parte do diário referente a esse salão foi escrita a oito mãos. Abordarei esse processo com mais detalhes durante a descrição do salão.

O caminho percorrido para a construção da etnografia é muito mais complexo do que o texto possa apresentar. As experiências vividas durante a realização do trabalho de campo são múltiplas e ultrapassam a escrita. Recortar, interpretar, analisar, refletir, narrar, escrever, publicar e divulgar são funções da antropóloga.

PARTE I
Universos pesquisados e suas múltiplas vozes

O lugar onde esta história começou: os salões étnicos

Pensei muito na forma de apresentar os quatro salões pesquisados, se seria melhor classificá-los de acordo com pontos comuns ou divergentes ou de acordo com a minha interpretação sobre a forma como eles articulam o seu projeto político com o campo da estética e da beleza negra. Qualquer maneira de classificá-los não deixaria de ser arbitrária nem tampouco estaria isenta da minha própria interpretação e representação sobre os sujeitos, os salões e o trabalho de campo.

Por isso, optei por apresentá-los e analisá-los na ordem em que os conheci, ou seja, na ordem como durante o trabalho de campo fui tomando conhecimento e me aproximando de cada um dos salões étnicos, dos seus sujeitos e das atividades desenvolvidas em 1999, 2000 e 2001. É fato que essa opção resultou em um extenso capítulo, porém, essa foi a maneira escolhida para mostrar que, apesar de aparentemente autônomos, os espaços pesquisados mantêm entre si uma inter-relação complexa e muitas aproximações tanto no que se refere à sua história, suas lutas e sua inserção dentro do mundo da estética e da cosmetologia em Belo Horizonte quanto na sua relação com a questão racial. Durante a descrição levanto questões, analiso e interpreto como vejo cada um dos espaços, a sua articulação entre os projetos políticos, a estética e a beleza negra, ao mesmo tempo em que destaco os pontos comuns entre os quatro.

Gostaria de ressaltar que, a partir de 2002, quando a tese de doutorado que originou o presente livro foi concluída, todos os salões fizeram mudanças e alterações no seu espaço físico. Dessa forma, o leitor e a leitora não poderão tomar a descrição feita aqui como a atual. Contudo, fiz a opção por manter, neste texto, a descrição desses espaços tal como ela se apresentou a mim nos anos de realização da pesquisa, uma vez que as análises, as observações e as interpretações aqui realizadas estão intimamente relacionadas com a minha interação com o campo e os sujeitos em um espaço físico e um contexto histórico, político e social específicos, que dizem respeito à época em que se deu a pesquisa.

No entanto, como continuei mantendo contato com os cabeleireiros e cabeleireiras após o término da pesquisa, inseri, neste livro, algumas notas de rodapé na tentativa de atualizar algumas mudanças mais significativas ocorridas em cada um desses espaços no período de 2003 ao início de 2006.

Se o leitor ou a leitora se dirigir a um desses salões, hoje, poderá ver que alguns aspectos aqui apontados ainda estão lá, mas muitas alterações e transformações também foram realizadas não só no espaço físico e na composição da equipe, mas também nas relações, na visão de mundo, na inserção política e social, no amadurecimento individual, no serviço oferecido ao cliente, em suma, na vida dos salões e dos cabeleireiros e cabeleireiras.

Salão Beleza Negra – Betina Borges

O Salão Beleza Negra fica no segundo andar de uma casa antiga. É um imóvel alugado. Localiza-se na Rua Pouso Alegre, lugar muito movimentado, de intenso tráfego. Na realidade, é um corredor popular cercado por uma infinidade de lojas. No primeiro andar funciona um estabelecimento que parece uma mistura de bar e restaurante popular. Do lado de fora do prédio há duas placas onde se lê: "Beleza Negra Betina Borges cabeleireiros unissex". Uma fica bem à frente do salão e outra na parede lateral. (Foto 1)[1]

Ao subir a escadaria que leva ao segundo andar, segue-se um pequeno corredor com duas portas de cada lado. Ao final, vê-se um *banner* de fundo preto, com o nome do salão escrito em letras amarelas. No centro do cartaz, vê-se a logomarca do salão, um perfil de uma mulher negra, com cabelos crespos e curtos no estilo *black power* e um grande brinco de argola na orelha, desenhado sobre uma forma triangular invertida. É a marca registrada do Beleza Negra. A logomarca expressa um pouco a proposta desse salão e

---

[1] Em função de aspectos ligados à produção gráfica deste livro, todas as fotos e ilustrações que originalmente se inseriam ao longo do texto foram agrupadas em uma sequência única, ao final da publicação. No corpo do texto, esse material estará referenciado por numeração, também sequencial, que, espero, facilite a consulta do leitor e da leitora.

a especialidade do seu trabalho – o tratamento de determinado tipo de cabelo, a saber, o crespo, e uma clientela específica: a negra. Contudo, durante os meses de campo, percebi que essa escolha não impede a ida de clientes brancos ao recinto.

Essa logomarca é repetida no cartão pessoal que Betina Borges distribui para divulgação do seu trabalho. Diferentemente do *banner*, o cartão é dividido em duas partes desiguais nas cores amarela e preta. À esquerda, sobre o fundo amarelo, está a silhueta do perfil da mulher negra, com o nome do salão. À direita, na parte preta, encontra-se, no centro, o nome de Betina Borges, o endereço e os telefones do salão. (Foto 2)

A casa/salão é toda taqueada e sintecada, dando-nos a impressão de uma meticulosa organização. Apesar de simples, é bem equipada com telefone, aparelho de fax, máquinas de cartão de crédito, tabela de preços, agenda de endereços e de registro de clientes e um pequeno balcão.

Do lado direito do balcão vê-se um armário com porta de acrílico, cuja parte superior foi improvisada como mesa. Em cima, há um grande número de troféus com diferentes nomes de campeonatos de cabeleireiros e com diversas datas gravadas. No meio destes, nota-se um porta-retratos onde se vê Betina Borges recebendo um diploma das mãos de um homem negro de meia-idade, ambos vestindo becas pretas, demonstrando uma cerimônia de formatura.

À esquerda, bem em frente a uma pequena porta que dá saída para os fundos, encontra-se uma sala ampla, iluminada, com três grandes espelhos jateados nas bordas, seguindo o comprimento das paredes. Em frente de cada um deles existem cadeiras pretas de cabeleireiro. Cada espelho possui uma bancada de pedra-sabão, sobre a qual encontram-se revistas, álbuns de penteados e catálogos. Essa sala é considerada o salão propriamente dito. É o local onde as/os clientes são atendidas/os por Betina e sua equipe.[2]

Em uma das paredes da casa/salão há uma foto em preto e branco enorme, colocada em um quadro, retratando uma mulher de mais ou menos 30 anos, com os cabelos crespos escovados em formato de coque. É Betina

---

[2] No decorrer do trabalho de campo, essa sala recebeu uma divisória, a fim de demarcar o espaço do trabalho da equipe de cabeleireiras/os. As pessoas, porém, ainda costumam "invadir" esse espaço para esperar o atendimento devido ao costume já adquirido e a relação de amizade e liberdade estabelecidas com as profissionais. Eu mesma, várias vezes, me vi "invadindo" essa nova demarcação espacial. De 2004 a 2006, o espaço físico do salão foi novamente modificado.

Borges há alguns anos. Na extremidade direita da mesma parede há um quadro com o diploma de Betina, registrando a sua formatura na *Dudley University*, uma universidade que forma profissionais em cosmetologia, localizada no estado da Carolina do Norte – EUA. Escrito por extenso está o nome da formanda: "*Albertina Borges Margarida*".

Apesar do forte impacto que a organização do espaço físico do salão causa, o que mais me chamou a atenção na primeira vez que lá entrei foi a imagem da proprietária, Betina Borges. Deixarei que ela se apresente e fale um pouco da sua família:

> Betina Borges é a bobona, aliás, é a Albertina Borges Margarida. Com o decorrer do tempo é que foi passando essa minha profissão de cabeleireira e fui sendo mais conhecida como Betina, esse apelido quem me deu foi meu tio. Mas nesse meio dessa profissão de cabeleireiro sou mais conhecida como Betina Borges. Então a Betina Borges é a pessoa que aparentemente as pessoas pensam que é aquela coisa que não pode chegar perto, que não pode conversar nem nada, mas não é nada disso, quando as pessoas chegam de fato pra falar alguma coisa veem que a Betina Borges é uma pessoa humilde, uma pessoa que foi criada com muita luta, uma pessoa que veio de baixo mesmo, nascida e criada no morro de São Lucas. Às vezes sou muito cobrada com essa coisa de ficar ajudando: "Betina, você tem que ajudar menos"... mas eu não consigo. Eu vim de uma família humilde, então a gente se ajuda muito, sabe? Eu gosto de ajudar as pessoas.

> N: E a sua família?

> B: Então, Nilma, minha família é, assim, um pouco complicada, mas dá para levar. Tem o meu pai, minha mãe, seu Jesus e Dona Eunice. Nós somos seis irmãos. Meu pai trabalhou nos Diários Associados, toda vida ele trabalhou no Estado de Minas, foi o primeiro e único emprego dele, trabalhar com jornal, o Estado de Minas e no Minas Gerais; hoje ele é aposentado nos dois empregos, é um paizão, um pai maravilhoso, que sempre me deu muita força. A gente nunca brigou. Também minha mãe... tudo que eu tenho hoje é através dela, ela trabalhou na MBR, como cozinheira, ajudante de cozinha, ela trabalhava de cinco da manhã até meia-noite pra tá ajudando a família e tudo. Ela é uma pessoa também dada demais, é uma pessoa que não sabe ler nem escrever, mas sempre teve uma cultura, uma facilidade, de tá falando bem, acho que é dom de Deus mesmo, é uma pessoa muito pra frente e tudo. Quando ela trabalhava, ela não podia receber o pagamento dela, então ela me deixou como, como fala, ela...

N: Te deu uma procuração para você receber?

B: É. É isso! Então eu ia receber o pagamento dela, ela mandava dividir tudo direitinho, dava um pouquinho pra isso, um pouquinho pra aquilo, um pouquinho pra aquilo e o resto ela sempre mandava eu guardar pra eu ter um negócio pra mim. Então eu comecei com um curso de costureira e não deu certo. Tenho o diploma, tenho tudo direitinho, mas não sei fazer nada (risos). Fiz esse curso por causa dos meus pais, mas eu vi que não ia pra frente. Eu pedi pra minha mãe, uma vez, pra fazer um curso de manicure. Fiz e eu tô aí nessa profissão de cabeleireira. Agradeço muito a Deus e agradeço muito à minha mãe, o incentivo e tudo, muita coisa que ela fez pra mim. Já os irmãos, têm alguns que são mais bacanas, tem uns mais complicados, mas hoje eu noto que tá tudo normal, tá tudo normal, tem alguns casados, outros solteiros, tenho duas sobrinhas maravilhosas, minha avó também que me deu muito incentivo, hoje ela já faleceu.

N: O seu pai fazia o quê? Ele era jornalista?

B: O meu pai, ele trabalhava na redação, ele trabalhava na tiragem, na contagem de jornais, essas coisas assim, porque antigamente tinha que carimbar o jornal, tudo era manual.

N: Uma vez você me falou que eles vieram do interior.

B: Sim, meu pai é de Ouro Preto, e a minha mãe é de Peçanha. A minha mãe veio pra Belo Horizonte porque não tinha mãe nem pai; veio sem nada, com uma bolsinha, uma sacolinha e chegou aqui pra procurar emprego em casa de família. Ela foi parar no bairro São Lucas e, conversando com algumas pessoas de lá, ela conseguiu emprego com uma senhora, mas não tinha onde ficar, então, ela encontrou com essa outra senhora, que é a mãe da Maria Helena, que hoje trabalha comigo e conversando as duas – uma trabalhava numa casa e a outra trabalhava na outra... [...] A gente morava no São Lucas, não tinha casa direito e sempre aqueles guetos, aqueles bequinhos...aquelas casinhas bem pequenas, os móveis dela, os primeiros móveis – ela casou só no civil – eram feitos de caixa de maçã, que ela pegava no mercado. Eu era a pessoa mais velha, fui criada, assim, com caixa de tomate que ela catava. "Ai, meu Deus! Porque tem que falar tanta coisa assim"... Então eu fui criada com pão e molho de tomate, catado no mercado, a minha mãe sempre... (a entrevistada se emociona) Minha filha, não é fácil... [...] Depois eu consegui também pra ajudar meus pais, eu tava com mais ou menos, acho que de quatorze até dezoito anos, eu consegui montar uma fábrica de chup-chup, aquele saquinho que a gente põe q-suco dentro e amarra." (B, 38 anos, cabeleireira étnica)

A opção da família negra para a menina, diferentemente do que alguns possam pensar, não é pela profissão de empregada doméstica. Quando desejam sair desse lugar, já tão comum na história profissional das mulheres negras, as mães escolhem para as filhas profissões como costureira, manicure e cabeleireira. Profissões comuns nos meios negros e populares, que demonstram uma estreita relação entre a questão racial e a estética.

Com o curso de manicure pago pela sua mãe, Betina trabalhou em domicílio, vendeu roupas, integrou a equipe de salões de beleza e, por último, encontrou o espaço no qual aprenderia a trabalhar com cabelos crespos: *Roger Black Power*. O Salão do Roger, como era conhecido, foi o primeiro salão afro de Belo Horizonte. Iniciou o seu trabalho na década de 1980. Nos anos 1990, segundo alguns informantes, seu proprietário tornou-se evangélico, e não mais atuou no mercado étnico. Por ele passaram excelentes cabeleireiros/as afros e trançadeiras de Belo Horizonte, entre eles, Betina e Paulo.

> E... comecei a frequentar o Salão do Roger, porque eu ficava na Joana, sábado, até uma hora e ia lá pra cortar meu cabelo, sempre gostei do cabelo mais ouriçadinho. Eu comentei com ele uma vez que eu era manicure e ele falou assim: "Olha, cê não quer trabalhar comigo?" "Não, porque eu trabalho na boutique da Joana e o que eu poderia fazer por você é vir aos sábados. Eu poderia suspender as minhas clientes lá, que já tinha a domicílio e trabalharia pra você só aos sábados." E comecei a fazer isso, era um salãozinho muito pequenininho no mercado novo [...] Trabalhei com ele durante uns quatro meses nesse salão, porque ele tava mudando pra rua Caetés [...]. Saí da Joana e fiquei direto trabalhando no salão dele, porque eu gostei demais, vendo aquele povo...

N: Só como manicure?

B: Só como manicure, fiquei um ano e pouquinho, trabalhando com ele, na Caetés, o salão era maior... Então ficou eu, a Aydê, a Rô, a Lúcia, não, esqueci o nome dela, uma outra amiga que fazia trança, o Fernando, de São Paulo, que trabalhou no primeiro salão afro de São Paulo, ele veio trabalhar com o Roger, também. Então a gente começou a trabalhar, aquele grupinho, e eu só manicure, só que eu fazia a unha e ficava olhando o cabelo, aqueles cortes, só corte exótico, umas coisas bonitas. "Gente! Como que esse cara consegue..." Um dia eu comentei com ele que eu tinha feito um curso de cabeleireiro, que eu poderia ajudar ele a cortar cabelo. "Não, porque aqui só eu corto." Então fiquei só fazendo unha, ele não deixava a gente por a mão no cabelo. Apareceu uns cabelos de branco, lá, lisos, das meninas que trabalhavam na Caetés, nas lojas de roupa e ele não sabia cortar esse tipo de cabelo, ele só sabia cortar cabelo crespo, ele falou assim, talvez a Betina pode cortar pra vocês esse cabelo aí. Ele falou: "Cê corta?" Eu falei: "corto. É comigo mesmo!" Colocava o cabelo pra trás e reto. E criei uma clientela, as meninas falavam pras outras, que tinha uma pessoa no Roger que cortava cabelo liso. Quase no finalzinho, eu já tava saindo, eu comecei a cortar, cheguei a cortar mais ou menos uns vinte cabelos lá, que era só das meninas mesmo, uma ia falando pra outra na loja, então eu cortei e ele elogiou: "Nossa cê corta bem o cabelo". Eu tava doida pra cortar o crespo, e ele não deixava de jeito nenhum, como não deixou. Eu falei: "Oh Fernando, por que você não me dá umas aulas, uma hora? Por que você não me ensina cortar esse cabelo crespo?" O cara cortava esses cabelos crespos, Nilma! "Black!!!" Porque naquela época tava usando muito. Mas não ficava uma ponta! Então eu ficava assim... "gente! Eu não quero mexer com unha, eu quero mexer com cabelo." Quando o Rogério ia almoçar ele me mostrava como tinha que ouriçar. "Ah!, Então é assim, né?" Taí; resultado: saí de lá mais ou menos em meados de novembro, saí do Rogério, fiquei lá um ano e pouquinho, não deu um ano e quatro meses mais ou menos, saí de lá (em 1985) e falei com Rogério: "Eu vou montar o meu salão". (B, 38 anos, cabeleireira étnica)

O primeiro salão de Betina foi na casa da sua mãe, depois numa lojinha alugada no Bairro Caetano Furquim, até chegar ao espaço do bairro Floresta, onde permanece até hoje. Ao observar a localização do Beleza Negra, do salão *Roger Black Power* que, segundo Betina, "era um salãozinho muito pequenininho no Mercado Novo...", assim como veremos os outros salões étnicos pesquisados, como o Preto e Branco, Dora Cabeleireiros e Beleza em Estilo,[3] verificaremos que a sua localização possui um aspecto comum. Ela se

---

[3] Nos anos de realização da pesquisa, o Beleza em Estilo se localizava em uma rua com característica menos popular, porém, se a compararmos com as outras ruas daquela imediação, veremos que a Rua Álvares Maciel, na região próxima ao salão, mantém aspectos mais populares. O salão estava no meio de lojas, restaurantes e bares populares, farmácia, a igreja de Santa Efigênia, uma casa de shows também popular. A rua ainda comporta um intenso tráfego que leva em direção ao interior do bairro Santa Efigênia e adjacências também populares. No ano de 2004, o salão mudou-se para a

dá em lugares populares onde os negros e as negras transitam, trabalham e reproduzem a sua existência. E não poderia deixar de ser diferente. Um salão étnico localizado em uma zona "nobre", branca e rica da cidade dificilmente atrairia uma boa clientela.

A imagem que construí de Betina é a de uma mulher negra, alta, forte e sorridente. É solteira e costuma ter relacionamentos afetivos que duram longos anos. Sua pele, muito fina, não se esconde atrás de nenhuma maquiagem. O máximo que já a vi usar é um batom discreto. Nas orelhas ela sempre traz brincos de prata e no nariz um delicado piercing de brilhante, bem pequeno. O cabelo é quase inexistente. Ela o raspa com máquina um e ainda pinta de vermelho. Possui um olhar firme, fala segura, jeito agitado, brincalhão e uma simpatia de sorriso.

Assim como a organização espacial do Salão Beleza Negra, Betina está sempre mudando. Durante a realização da pesquisa ela tingiu o cabelo de louro, deixou crescer um pouco, cortou novamente, deixou-os longos, relaxados e pretos. Ela precisa estar sempre fazendo alguma intervenção no mundo que a cerca: no visual, no quadro de funcionários, na disposição dos móveis do salão, nos desfiles e cursos que realiza.

No dia do nosso primeiro encontro, Betina estava trabalhando junto de sua equipe: Jacqueline, mulher negra, na época, com 23 anos, cabelos médios e relaxados, havia oito anos trabalhava no salão; Paulo, um jovem negro, que na época usava tranças jamaicanas, de 20 anos, havia quatro com Betina. Ambos são solteiros e adoram dançar forró e pagode. Além desses, trabalhavam também Gisele, sobrinha e braço direito de Betina. Ela é uma garota mestiça, com longos cabelos anelados, de 18 anos e solteira. Trabalhava também Maria Helena, a Lena, uma mulher negra, com cabelos alongados, considerada amiga íntima da família, de mais ou menos 50 anos, casada e com muitos filhos. Outra profissional do salão é Ana Davies, também negra, de cabelos alongados, 23 anos, solteira e havia quase um ano no salão. Havia também Flaviane, estagiária de um dos cursos ministrados pelo Beleza Negra no aglomerado da Pedreira Prado Lopes. É uma jovem negra, em torno dos 18 anos, cabelos relaxados, casada. Por último,

---

Avenida Amazonas, uma região de intenso tráfego, perto de lojas, casas, escolas, mas que ainda mantém uma característica popular. No ano de 2005, mudou novamente de lugar. Hoje ele se encontra na Avenida Augusto de Lima, uma região bem mais central e que mantém o mesmo aspecto de circulação comercial.

Cleonice, irmã mais nova de Betina, negra, de 35 anos, cabelos relaxados e alongados. Toda a equipe do salão é negra.

Essa equipe sofreu várias alterações ao longo do trabalho de campo.[4] É um pessoal alegre, jovem e, às vezes, um pouco desligado. Apesar de trabalharem há algum tempo no salão, percebia durante as conversas informais que alguns apresentavam certa indefinição profissional, sobretudo os mais jovens. Hoje, ao retornar ao salão, noto que os mais jovens é que saíram.

Na época do trabalho de campo, com exceção de Gisele, Cleonice e Ana Davies, todos da equipe, inclusive a própria Betina, tinham abandonado os estudos. Quando lhes perguntei o motivo, todos, com exceção de Lena, alegaram a dificuldade de conciliar trabalho e estudo, até mesmo depois que foram trabalhar no Salão Beleza Negra.

No nosso primeiro encontro, quando Betina percebeu a presença da professora Lusia, que me acompanhava, ela se derreteu em sorrisos. Fui apresentada à cabeleireira, que me recebeu bem e nos pediu para aguardarmos na sala de espera, enquanto terminava o corte de cabelo de uma mulher negra.

Mas, além da sala onde são feitos os cortes e penteados, ainda temos mais um corredor. Ao caminhar no seu interior, vemos, pendurados na parede, alguns quadros que apresentam a cronologia dos congressos étnicos de cabeleireiros organizados pelo Salão Beleza Negra. Do lado direito há um banheiro unissex, e, à esquerda, mais um quarto, que se mantém sempre com a porta fechada. Mais tarde, soube que, naquela época, era o quarto de dormir de Betina.

O fato de Betina residir no próprio salão chama a nossa atenção para o significado daquele espaço para ela e explica um dos motivos da sua cuidadosa decoração, a ponto de deixá-lo com certo aspecto residencial.

Essa mistura do privado e do público causa confusão também nas relações profissionais e interpessoais que se estabelecem entre os sujeitos que vivem nesse espaço. Ora é cobrado dos cabeleireiros e das cabeleireiras que se comportem como profissionais, ora o nível de brincadeira, liberdade e conflitos lembra uma relação familiar.

Podemos dizer que o Beleza Negra é o salão em Belo Horizonte que possui maior visibilidade no mercado étnico, embora, aos poucos, outros

---

4   Outras alterações ocorreram posteriormente. Em 2004, a equipe estava assim composta: Betina, Cleonice, Gisele, Adriana, Alessandra, Neusa, Aline, Michael, Marcelino e Rosângela. Em 2005 e 2006, essa composição foi novamente alterada.

também vêm ganhando espaço. Está sempre presente nas discussões sobre os cabelos crespos que acontecem na cidade e em outros Estados, sobre o uso de produtos químicos e ainda participa de movimentos que denunciam os produtos de qualidade duvidosa. Também está em evidência em virtude de a algumas experiências desagradáveis de processos judiciais de clientes que tiveram os seus cabelos danificados ou de ex-funcionários insatisfeitos com as condições de trabalho.

A projeção do salão e da proprietária também é palco de ciúmes e conflitos dentro do círculo mais amplo de cabeleireiros/as no mercado nacional. O posicionamento explícito da proprietária em relação a temas que tocam diretamente nas questões dos salões étnicos e sua relação com o mercado nem sempre é bem aceito. E ela sabe disso. Assim, para o mal ou para o bem, a referência da discussão dos cabelos "étnicos" em Belo Horizonte é o Beleza Negra – Betina Borges. Refletindo melhor, a situação é mais complexa. A referência é a mulher negra, Betina Borges.

O Salão Beleza Negra é, entre os quatro espaços pesquisados, o que possui forma peculiar de explicitação de um projeto de afirmação da identidade negra no discurso, nos símbolos, nas ações sociais e políticas, nos desfiles. A proprietária, Betina, já se tornou personagem conhecida tanto no meio dos cabeleireiros quanto no movimento negro, graças às suas ações políticas e sociais em prol da negritude. É conhecida também em razão de suas posições muito firmes e, muitas vezes, muito individuais, sobre os acontecimentos que envolvem o movimento negro em Belo Horizonte.

Uma das ações desenvolvidas pelo Beleza Negra, de repercussão regional e nacional, é o *Congresso Étnico Afro-Brasileiro de Cabeleireiros*. O início do trabalho de campo coincidiu com a realização do quinto congresso. Nesse evento, todos os cursos, desfiles, produtos e apresentações giram em torno do cabelo crespo. Nele se ensinam os conhecimentos químicos sobre o cabelo e a pele negra, as diferenças de teor alcalino, as novas tendências dos penteados, como tratar, como relaxar, como trançar e como alongar cabelos. Cada congresso termina com um espetáculo que envolve desfile, música e representação teatral, em que se destaca a importância da cultura negra.

N: E como é que você começou a pensar uma festa chamada Noite da Beleza Negra e um Congresso Afro-Étnico de Cabeleireiros?

B: Eu quis fazer a festa pra ter um aniversário e já tinha participado de eventos lá em São Paulo, que eu já tinha ganhado e tudo. Por que não fazer uma festa? E nessa festa eu pensei num desfile. Convidei alguns clientes da gente pra fazer um desfile e eles toparam, pessoas idosas, crianças e foi aquela festa bonita. Eu chamei a Marlene Silva, a Joana me ajudou, ela cedeu as roupas e eu perguntei pra ela o que ela achava, ela falou: "Nossa, super legal!" A Marlene dançou, eu lembro que ela cobrou pouquinho, a Joana não cobrou nada e eu contratei um grupo de pagode que é o Gilberto, um dos mais antigos aqui de Belo Horizonte, ele fez a parte de bilheteria, que ele tava mais inteirado. *Então eu pensei nisso, pra gente fazer uma festa, pra ficar alguma coisa registrada que é um aniversário do salão. Então eu falei: "Todo ano eu vou fazer!"* Foi tão legal, tão bacana! Apesar de algumas coisas... *E quanto ao Congresso, por que eu pensei no Congresso? É porque, a partir disso, eu comecei a participar de muitos eventos e feiras, no Rio, em São Paulo e tudo, eu ia e não tinha uma pessoa apresentando um cabelo crespo, não tinha um corte, era tudo cabelo de branco, não tinha um negro, tinha cabeleireiros negros apresentando, mas não tinha o cabelo crespo lá pra mim ver um trabalho.* Então eu falei assim: "Gente! eu vou fazer um Congresso pra cabeleireiros e vai ser só pra cabeleireiros étnicos." Nisso contei também com a grande ajuda da Solange Dias, que é uma professora que a gente tem, que eu adoro, admiro de paixão, profissionalmente, pessoalmente, tudo, sabe? Eu liguei pra ela: "Solange, tô querendo fazer..." E pro Dimmy também, que é quem introduziu os étnicos, os produtos aqui de São Paulo. Eu falei: "Oh Dimmy, eu tô querendo fazer um evento só pra cabeleireiros, o que você acha?" Então, eu sempre pedi apoio, pedi orientação para as pessoas que eu via que tinham alguma coisa a ver. Ele falou assim: "Nó! a ideia é brilhante, não existe no Brasil, nunca teve"... E eu disse: "Porque eu vou nos congressos e eu não vejo nada pra me mostrar, assim... um cabelo crespo, quando eu vejo, é assim um coquinho e pronto, tá lindo e maravilhoso. *Eu não vejo as negras desfilando, só vejo as brancas e tudo...* Ele falou: "Ótimo! A Dark Lovely patrocina isso". Eu falei: "Que ótimo!" E comecei. Já tinha essa abertura no SENAC e com a Casa do Barbeiro. Ela sempre cobre e apoia os profissionais que vão pra fora, nesses festivais de cabeleireiro, sempre tinha apoio da "Casa do Barbeiro". Fui lá pedir ajuda em mala direta, falei: "Tô querendo fazer um Congresso só para cabeleireiros étnicos e queria que o senhor me ajudasse." Conversei, marquei uma reunião e eu já tava sentindo que alguma coisa assim ia mudar. Ele falou: "Que coincidência! Nós também estamos querendo fazer uma Feira Mineira da Beleza." Então, a gente faz aniversário junto, a Feira Mineira da Beleza tem seis anos e a gente também seis. A Feira Mineira foi primeiro e três meses depois foi o Congresso. A feira é sempre em maio ou junho e nosso congresso é em setembro. Então ele me convidou pra eu fazer um desfile na primeira Feira Mineira da Beleza, que foi no Sesiminas. Eu fiz aquela festa, olhei uma noiva, já chamei os modelos. Eu fiz os prospectos, já comecei a soltar, sobre o Congresso e foi assim: bum! Todo mundo ficou doido! (B., 38 anos, cabeleireira étnica) (grifo nosso)

Durante a realização do congresso, o Beleza Negra se transforma na concentração dos modelos que desfilam. O telefone toca o dia inteiro, e Betina se divide entre cortar, relaxar cabelos e resolver todos os problemas concernentes ao evento. Foi nesse momento da pesquisa que comecei a perceber as múltiplas possibilidades e os desdobramentos que um salão de beleza étnico oferece e as diferentes leituras sobre o corpo negro. (Foto 3)

O congresso é um evento importante e consegue congregar equipes de todos os salões étnicos estudados e de outros localizados nos bairros e no interior de Minas. Durante o VII Congresso, estavam presentes a equipe do salão Preto e Branco, o Dora Cabeleireiros e o Beleza em Estilo.

Além do congresso, o Salão Beleza Negra realizou, no mês de novembro, a *Noite da Beleza Negra*. Em 1999, essa grande festa completou a sua décima terceira edição. É uma noite de samba, pagode, *soul music* e desfiles de beleza negra com crianças e adultos. Durante os três anos da pesquisa, encontrei membros do Salão Preto e Branco e do Beleza em Estilo prestigiando a festa. A *Noite da Beleza Negra* já se tornou uma festa tradicional da comunidade negra belo-horizontina e já serviu de inspiração para outras cidades de Minas Gerais e de outros Estados. O desfile é o momento mais esperado. A cada ano o Salão Beleza Negra o associa a um tema relacionado à cultura negra. Além disso, convida conjuntos musicais conhecidos e dá chance para grupos e cantores/as negros/as iniciantes, homenageia pessoas da comunidade negra e integra modelos profissionais e pessoas comuns. (Foto 4)

Em 1999, Betina Borges integrou a *Noite da Beleza Negra* na agenda política do dia 20 de novembro a pedido da extinta Secretaria para Assuntos da Comunidade Negra (SMACON), da Prefeitura de Belo Horizonte.

Segundo Betina, a *Noite da Beleza Negra* é uma programação independente e não possui nenhum cunho político/militante. Contudo, em 1999, pela primeira vez, ela recebera um convite oficial para participar da agenda política do movimento negro, o que incluiria uma verba destinada à festa. Tal convite evidenciava o reconhecimento e o respeito ao seu trabalho.

Ela resolveu integrar a festa na programação. É interessante, também, perceber como, aos poucos, a questão da estética passa a ser compreendida pelas entidades negras de Belo Horizonte, como fator agregador da comunidade negra e de uma forte radicalidade política. A figura de Betina tem grande influência nessa mudança de olhar dos militantes mais radicais. Eis um pouco da primeira *Noite da Beleza Negra* que acompanhei:

> Mais ou menos à 00h30 o desfile começou. As crianças ficaram mal distribuídas no palco. Eram mais ou menos 30 crianças negras, usando calças compridas azuis e cáqui e camisa de malha preta onde estava escrito "beleza negra 2000". As pessoas ao redor da passarela aplaudiam muito. Os pais e as mães olhavam com cara de satisfação. Depois entraram os homens e as mulheres negras. Desfilaram primeiramente com roupa social, em segundo lugar usando trajes de banho, e, por último, em estilo afro. Os cabelos exibiam tranças, texturização e penteados afros. Betina acompanhava tudo atrás do palco e narrava o seu próprio desfile. Na sua narrativa ela dizia aos presentes que os cabelos dos negros no ano 2000 seriam *fashion*. O público assistia a tudo de boca aberta. As luzes coloridas se alternavam dando tonalidades diferentes aos modelos negros e suas roupas. O desfile de biquíni e sunga foi o mais aplaudido. Marcelo e Bianca, dois dos modelos mais charmosos de Betina, foram os que chamaram mais a atenção. (Diário de campo, 27/11/2000)

Durante a festa, a cabeleireira resolveu homenagear as personalidades negras[5] que, na sua trajetória, sempre contribuíram com o trabalho do Beleza Negra e também podem ser consideradas expoentes na luta pela dignidade do negro em Belo Horizonte. Ela homenageou a dançarina afro Marlene Silva; o artista plástico Jorge dos Anjos; o cantor Maurício Tizumba; a secretária da extinta Secretaria para Assuntos da Comunidade Negra (SMACON) Diva Moreira; a editora Maria Mazzarelo; a militante negra Efigênia Pimenta; o assessor da SMACON e militante negro Marcos Cardoso; o músico Negativo, entre outros. Entregou-lhes uma placa com uma mensagem gravada que ajudei a construir. Foi um momento muito aplaudido.

A inserção política do Beleza Negra pode ainda ser observada ao analisar mais duas participações de Betina e sua equipe. Uma delas é o projeto "Adote um Morro", da extinta SMACON e da Cooperativa de Cabeleireiros da Favela

---

[5] Para minha surpresa, na Noite da Beleza Negra/2000, fui uma das homenageadas do salão, o que me deixou muito emocionada.

Pedreira Prado Lopes. No primeiro, a equipe cortava cabelos de graça do pessoal do bairro Taquaril, uma região muito pobre de Belo Horizonte. Num dia de domingo, vários setores da Prefeitura ofereceram à população pobre diversos serviços gratuitos, como rua de lazer, título de eleitor, atendimento médico. Entre esses, também estavam os cortes e penteados étnicos. O Beleza Negra lá estava com sua equipe. Além de oferecer esse serviço, Betina distribuiu brindes e livros de presente para a comunidade. Nesse evento, lado a lado do Beleza Negra, estava o salão Dora Cabeleireiros que também tem conseguido um espaço na agenda política e no mundo da estética negra em Belo Horizonte. (Foto 5)

O segundo evento social desenvolvido é a tentativa de profissionalização de pessoas da comunidade da favela Pedreira Prado Lopes,[6] um local com fama de muito perigoso, no sentido de se aproveitar o curso de cabeleireiro já realizado por uma parcela dessa comunidade na escola profissionalizante "Raimunda da Silva Soares", mantida pela Prefeitura e pela SMACON. Durante alguns anos, Betina ministrou aulas de cortes afros e penteados étnicos para adolescentes e jovens desse lugar.

A minha presença contínua, registrando e fotografando os eventos, originou diferentes representações sobre o meu papel no salão. Durante todo esse tempo, às vezes eu era vista como fotógrafa, outras vezes, pesquisadora e jornalista, em alguns momentos assessora e confidente e, por vezes, como recepcionista. Há ainda mais um detalhe: em alguns momentos eu fui a cliente, o que achei muito bom.

Todas as atividades extrassalão, assim como os projetos sociais desenvolvidos, fazem parte dos planos e dos sonhos pessoais de Betina Borges.

---

6 Em 2001, a SMACON foi extinta, sua secretária dispensada, assim como demais funcionários. Ela foi absorvida pela atual Coordenadoria dos Direitos Humanos no segundo mandato do então prefeito Célio de Castro. A Prefeitura de Belo Horizonte realizou uma reforma administrativa, e várias Secretarias sofreram mudanças. Nesse processo, a SMACON foi transformada em Coordenadoria para Assuntos da Comunidade Negra (COMACON). Algumas iniciativas continuam, entre elas a escola profissionalizante da Pedreira Prado Lopes. Betina continuou, durante um tempo, ministrando cursos nessa escola, participou das discussões sobre a mudança, apoiou a ex-secretária para continuar no cargo, mas a mudança foi inevitável. Em 2000, a cabeleireira fretou um ônibus e levou os seus alunos e alunas da Pedreira a São Paulo para participarem da Feira Etnic de Beleza Negra. Também continuou pedindo aos fabricantes e fornecedores de cosméticos brindes e prêmios para os alunos dessa escola. A partir de 2003, a formação dos(as) jovens cabeleireiros(as) passou a ser realizada no espaço do salão, porém, em 2004, o Salão Beleza Negra encerrou suas atividades em parceria com a COMACON e a escola profissionalizante.

Não posso deixar de ponderar que eles também resultam em marketing para o seu salão.

O fato de estar tão próxima da equipe que integrava o salão em 1999 me possibilitou perceber que os muitos desdobramentos do salão também implicam conflitos. Problemas como a discordância sobre a forma de pagamento da porcentagem retirada pelo serviço oferecido, tipo de atendimento, atrasos dos membros da equipe, exigência de um tempo excessivo de trabalho, foram motivos de várias insatisfações e até de demissões. Ao todo já saíram cinco pessoas. Essas foram para outro ramo de trabalho ou passaram a trabalhar em outros salões, e duas delas foram para outro salão étnico, o Beleza em Estilo, concorrente do Beleza Negra. Em 2001, o salão permaneceu com uma pequena e fixa equipe, ao todo cinco pessoas, e algumas trançadeiras *freelancer*.

Na tentativa de administrar os conflitos, Betina costumava se reunir algumas vezes com os seus funcionários e funcionárias para esclarecer alguns pontos, tirar dúvidas, fazer críticas e ouvir os problemas do salão. Quando cheguei para o trabalho de campo, um dia após uma dessas reuniões, notei o clima tenso, as pessoas mal se falavam, e Betina tentando manter a calma e transparecer um clima agradável. Em uma dessas reuniões, ela demitiu um casal de bons cabeleireiros que, na sua opinião, lamentavelmente, já não trabalhava com a devida responsabilidade, causando atrasos e reclamações.

Naquele momento, essa situação causou certo esvaziamento de clientes de alongamento e tranças, o que atualmente foi contornado após a reorganização da equipe. É que algumas clientes tinham preferência pelo trabalho dos dois profissionais demitidos, que se mudaram para outro salão étnico, sendo acompanhados por algumas delas. Esse rodízio de profissionais, uma constante nos dois maiores salões pesquisados, atrapalha o andamento do trabalho e exige de Betina maior presença no salão e um desdobramento mais intenso para manter todas as outras atividades extras.

A autoestima marcante de Betina Borges e sua identidade negra, construída em condições sociais e econômicas, que tinham tudo para fragmentá-la e negá-la, parecem impulsioná-la a se posicionar afirmativamente diante do ser mulher negra. Da menina que passou a infância vendo os pais colherem restos de tomate no Mercado Central para alimentar a família à cabeleireira étnica escolhida para estudar na *Dudley University*, na Carolina do Norte (EUA), ela diz que pouca coisa mudou no seu interior. Na vida, porém, ela realmente teve que mudar, aprender a ser mais impositiva, acalmar o seu temperamento colérico para se relacionar bem com as clientes, com os funcionários e com o mundo da beleza. Afinal, ela faz parte da vanguarda da discussão sobre beleza negra e tratamento de cabelos étnicos na cidade. E, como vanguarda, os seus erros e acertos inspiram vários profissionais da beleza, o que lhe acarreta certo peso, certa responsabilidade que nem mesmo ela possui a dimensão do que representa.

Betina demonstra uma sensibilidade para com a questão racial e os problemas da autoestima da mulher negra de forma diferente dos outros cabeleireiros étnicos investigados. Durante a permanência no seu salão, observei o quanto a sua intervenção estética nas clientes negras era algo quase "instintivo". Parece-me que Betina sempre intervém quando se vê diante de clientes negros confusos e fragilizados com sua identidade negra. É o que percebi na narrativa de M., uma de suas clientes.

> Chegou uma mulher negra para tingir os cabelos. Ela é uma consultora e me foi apresentada pelo funcionário de Betina. Notei que Paulo e a mulher se gostam muito. Ele falou para ela sobre a minha pesquisa e ela achou muito interessante. Disse-me que está dando consultoria para uma empresa em que a maioria dos funcionários é negra e que ela observa como eles têm preconceitos com os candidatos brancos que aparecem, alegando que eles são moles e incompetentes. Ela disse que observa o quanto a questão racial é complicada para aquele pessoal. Segundo ela, o empresário, dono da firma, é branco e ele lhe disse que acha que na outra encarnação foi negro porque a maior parte dos seus funcionários é negra. Na sua opinião, o racismo é realmente cruel. No seu relacionamento afetivo com um homem branco, ela não é aceita pela sogra. Paira um clima de falsa cordialidade e por trás ela sabe o quanto a sua relação é reprovada. M. ainda disse que o salão foi uma descoberta para ela. Antes ela só usava escova no cabelo e se ele não estivesse do jeito que ela queria isso era motivo para não sair de casa. Porém, ao conhecer Betina, ela se redescobriu. Assumiu o seu cabelo, cortou, tingiu e hoje se sente mais mulher e mais bonita. Segundo ela, no primeiro dia em que Betina a convenceu a cortar o cabelo e mudar o visual ela não tinha coragem de andar na rua nem olhava para as pessoas. Hoje, tudo mudou. O salão é realmente um espaço em que as pessoas fazem a sua cabeça. (Diário de campo, 3/11/1999)

Talvez, em razão de seu temperamento, do tipo de trajetória e do processo de construção da sua própria identidade negra, Betina se mostre angustiada com determinados depoimentos e comportamentos de clientes diante da questão racial. Nas conversas com clientes e nos debates com o movimento negro, ela se impacienta com o discurso "choroso" sobre a atual situação do negro no Brasil. Um dia, ao assistir a um debate sobre o negro na sociedade brasileira, transmitido pela Rede Minas de Televisão, do qual Betina participou, notei a sua impaciência e divergência com um dos debatedores, professor de uma universidade privada de Belo Horizonte e coordenador de um núcleo de estudos afro-brasileiros. Esse homem negro mantinha uma posição pessimista em relação à situação do negro no Brasil.

Essa impaciência diante do discurso pessimista pode estar relacionada à sua história de vida e de sua família. Nesse momento, quando passa em revista a sua trajetória, Betina se vê como um exemplo vivo de que alguma coisa mudou. O seu discurso não é mais da mulher Betina, que diz não ter mudado os seus valores familiares e aprendidos na infância pobre, mas da cabeleireira étnica, que possui uma imagem pública e analisa a condição social do negro na sociedade brasileira. Observo que essa postura firme às vezes lhe custa clientes e parcerias com a militância negra. Mexe também com a sua própria subjetividade, pois lhe acarreta algumas perdas. Mas a sua escolha por um discurso sobre a identidade negra e por um padrão estético negro tem continuado a mesma desde que iniciei a pesquisa.

Nos desfiles do Beleza Negra, a maioria dos modelos é negra, com pouca presença de mestiços. Só uma vez vi um rapaz branco. O destaque aos símbolos da negritude pode ser visualizado na cor dos modelos, no tipo de penteado que exibem. O estilo de roupa não lembra os motivos africanos. Betina prefere o *fashion*. Tal escolha está intimamente relacionada com a sua formação como cabeleireira étnica nos EUA. De modo geral, todos os salões étnicos visitados sofrem esse tipo de influência. Os EUA, que nos anos 1960 e 70, junto com o movimento de Consciência Negra sul-africano, divulgaram, através do movimento negro, o discurso político da naturalidade do cabelo crespo é também, hoje, a fonte para as novas incursões da negritude *fashion*. Como afirma Jocélio Santos (1996):

> Pelos salões passam discursos múltiplos que vão da reiteração de uma "consciência racial" à criação de uma nova estética sem vinculação aparente com a definida pela militância negro-mestiça. [...] o salão de beleza é, portanto, como um espaço mediador na tomada de uma "consciência racial". Ele é simbolicamente um nicho irradiador da negritude *fashion* e tem o papel de contribuir com uma nova realidade social. (p. 17)

Esse estilo *fashion* pode ser visto no tipo de roupa, adereços e penteados utilizados nos desfiles do Beleza Negra. Vestidos pretos, prateados, feitos de crochê, ternos, calça social ou esporte fino é o tom da passarela. Maquiagem para a pele negra, cabelos esculpidos com ferro *marcel*, descoloração, alongamentos, desenhos geométricos, tranças complexas fazem parte do espetáculo que o Beleza Negra apresenta ao público. (Fotos 6 e 7)

O acompanhamento do Salão Beleza Negra permitiu-me, também, experimentar algumas intervenções estéticas no meu próprio visual. Assim, um dia resolvi fazer escova e passar prancha. Não só gostei do novo visual como causei opiniões diversas entre os meus amigos e colegas da faculdade. Depois resolvi tingir os cabelos e deixá-los mais claros. Por último, experimentei cortar o cabelo e fazer alongamento, uma espécie de aplique com cabelos humanos e cacheados.

Experimentar mudanças e intervenções no meu visual, escrevendo uma tese sobre beleza negra, não é fácil. Várias vezes me questionei se as análises aqui contidas são coerentes com o meu discurso e com o meu sentimento como mulher negra. Ao mesmo tempo em que as mudanças no meu corpo e no meu visual confirmavam o discurso das cabeleireiras de que é bom sentir o cabelo crespo como aquele que nos oferece múltiplas possibilidades de penteados, questionava se o alongamento, o relaxamento e a escova podem se configurar como opções de quem, de alguma maneira, se espelha no padrão estético do outro, do branco. Ao mesmo tempo, questionava se essa forma de pensamento não representa cair no discurso do "aprisionamento", que retira de nós, mulheres e homens negros, o direito de mudar, de lançar mão dos recursos da tecnologia para manter um penteado mais prático, assim como as mulheres brancas.

Dessa forma, em mim também acontecia (e ainda acontece) a tensão do discurso político da naturalidade do cabelo crespo *versus* a negritude *fashion*, entre a aceitação e a rejeição do cabelo e do corpo negro. No final da pesquisa, depois de conhecer e compreender que a manipulação do cabelo é uma prática comum nas diversas culturas e que, entre os negros, possui raízes ancestrais africanas, essa tensão diminuiu.

Como mostrarei nos próximos capítulos, não podemos nos esquecer das mudanças sofridas pela prática de transformação e manipulação do cabelo vividas pelos negros a partir do contexto da escravidão e do racismo. Todavia, também não podemos nos esquecer de que essa prática, assim como outras, é fruto de constantes mudanças no plano histórico e da cultura, o que implica, entre outras coisas, a mistura de padrões estéticos, maior conhecimento da especificidade étnica no corpo e avanços da tecnologia. Além disso, não podemos desconsiderar o fato de que, no Brasil, o padrão estético do negro, desde aquele que apela para a naturalidade do cabelo crespo até o que adota o visual *fashion*, é forjado no contexto do Novo Mundo, e não da África.

É muito comum voltar no salão após um mês de ausência e encontrar todas as pessoas com o visual mudado. Penso que não é só o fato de serem cabeleireiras. Um dia Betina me disse: "A gente tem que mudar. Usar o cabelo só de um jeito parece que não temos criatividade."

Concluo, então, que essa versatilidade é também um marketing, uma forma de vender o serviço do salão, já que a imagem da cabeleireira também pode ser compreendida como a imagem do salão. (Foto 8)

O Salão Beleza Negra, assim como os outros salões étnicos, é mais do que um salão de beleza. *É um lugar de discursos múltiplos*. Como já foi observado por Jocélio Santos (1996, p. 22), o salão é um espaço que intermedeia a circulação de sujeitos de diversas classes sociais. Atende professoras, domésticas, aposentadas/os, jornalistas, empresárias/os, psicólogas, artistas, funcionários/as públicos/as etc. São homens e mulheres negras, muitos dos quais acompanham Betina desde o início do seu trabalho na periferia do Bairro Caetano Furquim. Apesar dessa clientela socialmente diversa, o Beleza Negra encontra resistências entre algumas parcelas da comunidade negra que reclamam dos preços e dizem que só quem possui renda alta, o que não é comum entre a maioria da população negra de Belo Horizonte, tem condições de pagá-los. Entretanto, mesmo com tantas críticas, o salão mantém uma clientela fiel. Os penteados mais caros, como as tranças e os alongamentos, podem ser pagos em duas parcelas.

Quando questionada sobre o alto preço do seu salão, Betina sempre argumenta que o seu trabalho se pauta em serviços de qualidade, material importado etc. Além disso, discute a dificuldade de manter o seu imóvel no Bairro Floresta e os custos que isso lhe acarreta. Nesse momento ela reflete sobre o poder aquisitivo do negro que, segundo ela, hoje ocupa um lugar na classe média, apela para o esforço pessoal, interesse das pessoas negras, o crescimento de um consumidor mais exigente e, por último, acaba ponderando que nem todos os negros possuem condições socioeconômicas adequadas para investir nos cuidados com o seu corpo. Convincente ou não, é com essa concepção sobre a relação negro e mercado que o Beleza Negra vem se mantendo há mais de 10 anos na cidade.

N: E essa questão, Betina, que sempre tenho ouvido falar durante esta minha pesquisa, da relação entre o poder aquisitivo do negro, da grande maioria da população negra, os produtos importados e o tanto que isso onera o preço do serviço que vai ser feito? Como você vê isso?

B: Olha, eu vejo isso, Nilma, as pessoas falam que o negro não tem condições de comprar, de pagar, que ele não tem dinheiro. Como não tem dinheiro? Eu sei que tem pessoas, igual o meu público aqui: é desde uma faxineira até um doutor. Mas o mesmo preço que eu cobro pra faxineira, no bom sentido, valorizo todas as profissões, se ela paga 60,00, eu cobro 60,00 do doutor. Só que o doutor, ele tem condições de pagar à vista ou ele dá um cheque pra 30 dias direto e a faxineira, não, ela tem que dividir em mais vezes, então, a gente divide isso pra ela e ela sai satisfeita, por sair com o cabelo bonito e ela sai satisfeita do salão. Agora falar que o negro não tem dinheiro pra pagar, ah não! Eu acho isso um erro, porque a gente tem sim, cê guarda um pouquinho aqui, um pouquinho ali, é saber administrar esse dinheirinho que ele ganha, sabe, porque as pessoas falam que não têm dinheiro pra pagar um corte de 20,00, mas ela tem dinheiro pra comprar uma sandália da moda, ela tem dinheiro pra ir num *shopping* da vida, pra comprar aquela roupa bonita e tudo, então eu acho isso aí muito relativo, eu acho que as pessoas têm, têm um mercado aí pra ser consumido e as pessoas têm condições, sim, de guardar um pouquinho pra elas estarem se embelezando. Acho que é um erro dela falar: "eu não tenho dinheiro" [...] Então, saiu semana passada na Gazeta que o negro tá querendo coisas pra ele, é um sabonete, é um shampoo e ele não tá achando isso, quer dizer, tá tendo a demanda e não tá tendo o produto pra ele comprar. Tem, mas precisa muito mais, mas que ele tem condição tem... é lógico que não são todos também. A gente sabe que têm aquelas pessoas que não têm muitas condições de frequentar o salão, mas eu tenho pessoas que chegam pra mim humildemente e falam: "Betina, eu já tenho 10,00, daqui a uma semana posso trazer o restante?" Ela traz numa boa, a gente faz numa boa, então eu acho que tendo o jeitinho brasileiro ali, daqui, acho que dá pra tá fazendo sim, condições tem sim. (B, 38 anos, cabeleireira étnica)

O salão deixa explícito o seu projeto de afirmação da identidade negra, através de uma intervenção estética no corpo negro e, mais precisamente, no cabelo crespo. É uma proposta política que pode ser vista no próprio nome do salão – *Beleza Negra* – e na interpretação que Betina faz do meu trabalho ao me apresentar para as clientes: "A Nilma é pesquisadora e está aqui no salão fazendo uma pesquisa sobre a valorização da raça negra".

É interessante tal afirmação, pois em momento algum disse a Betina que esse era o tema da minha pesquisa. Na realidade, Betina interpretava o meu papel de pesquisadora e o objetivo da pesquisa à luz da sua própria intenção de trabalho e intervenção na comunidade negra. Ela dizia para as pessoas aquilo que ela mesma se propõe a fazer como mulher negra e cabeleireira sensível aos problemas que envolvem a questão racial no Brasil.

Mas esse projeto político mais explícito não impede que o salão sofra mudanças em relação ao seu posicionamento dentro do mercado. Ser étnico ou afro? A necessidade de atingir maior clientela e se manter comercialmente no mercado trouxe mudanças de concepção para os antigos salões afros, as quais vieram dos EUA, e têm como argumento toda uma teorização sobre as diferentes categorias de cabelos.

> Pois é, olha só, quando a gente começou era bem afro. Então, o Dimmy passou pra gente e pra Solange que seria étnico, porque a gente tava atendendo não só a textura do cabelo crespo, como o cabelo anelado, o cabelo que nós chamamos da primeira categoria, o liso, o ondulado. O da 2ª categoria, *tadinho, o crespinho,* o muito crespo e tal e tal. E que *nós não estávamos atendendo só o de 2ª categoria, que nós estávamos atendendo mais o da primeira, porque um japonês que quer colocar o cabelo baixo, faz um relaxamento. Um cabelo que é ondulado, volumoso, pra mim é maravilhoso, mas pra pessoa não é.* Então a gente *começou a abrir esse leque.* Então a gente não tava atendendo só a segunda categoria. *Então abri étnicos, tanto pra um e pra outro, vários tipos de cabelo, várias raças. Então... é... colocou que os salões seriam salões étnicos e não salão afro, porque essa pessoa com o cabelo meio aneladinho ia achar que lá era só pra negro, só para negão.* Então, teve que abrir esse leque, chamar de étnicos, tá? (B, 38 anos, cabeleireira étnica) (grifo nosso)

Depois de mais ou menos um mês de acompanhamento no salão, iniciei as entrevistas com as clientes e os clientes. Ao todo, entrevistei seis pessoas, três homens e três mulheres, todos negros. Algumas foram indicações de Betina e outras eu as escolhi no momento em que as pessoas foram ao salão, principalmente se percebia que eram clientes frequentes. As entrevistas foram realizadas em diferentes lugares. Alguns me receberam em casa e outros preferiram ir até ao salão para conversarmos.

Os clientes entrevistados são pessoas de diferentes ocupações: cabeleireiras/os, professora, babá, cantora, representante de joias, relações públicas. A faixa etária varia em torno dos 32 aos 43 anos.

Uma das experiências mais marcantes do contato com o Beleza Negra e demais salões foi perceber a riqueza das relações humanas e a capacidade do humano de atribuir significado a um espaço que muitas vezes passa despercebido pela maioria das pessoas: um salão de beleza.

Salão Preto e Branco – Cortes Modernos

Barulho, vozes, manifestações na Praça 7 de Setembro, coleta de assinaturas para apoio de algum evento político. Trânsito, quarteirão fechado, pedestres, mendigos, meninos de rua, camelôs, ponto de ônibus, ponto de táxi, pessoas jogando damas na esquina da rua. Comércio, motel, loja de sapatos, bancos, restaurantes, lanchonetes, loja de artesanato, de discos e CDs, roupas no estilo *street wear* e para manequins acima do número cinquenta, quartinho de jogo de bicho, barbearia...

Assim é o cotidiano do cruzamento entre a Avenida Amazonas, Rua Carijós, Rua Rio de Janeiro e Avenida Afonso Pena. Assim, também, é o cotidiano da Galeria Praça Sete, bem no centro da cidade de Belo Horizonte, um espaço tradicional, "alternativo", e ponto de encontro dos integrantes de estilos musicais como o *rock*, o *funk* e o *rap*. Atualmente a galeria é mais um lugar de comércio em que os integrantes desses estilos encontram lojas de discos, CDs e roupas para uso pessoal.

Localizado nessa galeria está o Salão Preto e Branco, segundo salão étnico acompanhado durante o trabalho de campo. É nesse local que três jovens negros cabeleireiros fazem cortes modernos e ousados na cabeça da moçada.

Ainda como ponto de referência desse cruzamento, tão conhecido em Belo Horizonte, ergue-se um obelisco demarcando a região central da cidade. É o "pirulito", como carinhosamente o chamam os belo-horizontinos. (Foto 9)

O Salão Preto e Branco ocupa uma pequena sala do primeiro andar da Galeria Praça Sete. Segundo os rapazes/cabeleireiros, essa é a terceira sala alugada pelo salão dentro da mesma galeria. O fato de estar no centro da cidade, colado aos estabelecimentos comerciais e aos lugares populares, garante-lhe uma freguesia certa. Os rapazes e as moças valem-se da hora do almoço, do intervalo do café e da saída do trabalho para passar por lá e dar um corte no cabelo. Aproveitam, também, para dar uma paradinha e conversar com os rapazes, descansar um pouco e, outras vezes, deixar sacolas, embrulhos pesados, enquanto resolvem mil questões no centro da cidade.

Esse outro salão étnico apresenta um ponto comum com o Beleza Negra: localiza-se em um lugar popular, onde as pessoas trabalham, fazem compras e resolvem problemas cotidianos. Todavia, diferentemente do Beleza Negra, apesar de ser um salão unissex, o público do Preto e Branco é majoritariamente masculino e jovem.

O espaço ocupado pelo salão na galeria é uma sala retangular, pequena, com um banheiro. Ao fundo, vemos uma escada que leva ao segundo andar, onde os rapazes deixam o seu material de uso pessoal, descansam, almoçam e ainda guardam comida em uma pequena geladeira. O tom de cor que impera na sala é uma mistura de cinza, branco e preto. Visualmente, não é um lugar que me parecesse atraente, mas o acompanhamento cotidiano desse lugar mudou a minha opinião.

O primeiro andar, onde se localiza o salão, é o espaço do movimento *hip-hop*, com lojas de CDs e discos nacionais e importados próprios desse estilo. Também as lojas de roupas que por ali existem direcionam-se para esse público. Contudo, apesar dessa orientação para essa clientela tão específica, ouvi de vários clientes do salão que os preços de tais lojas estão fora do poder aquisitivo dos rapazes e das moças do movimento *hip-hop*.

No segundo andar, encontramos lojas mais especializadas na venda de discos de *rock*. É muito interessante notar como os dois estilos e o tipo de consumidor para o qual os produtos se destinam ocupam lugares específicos na materialidade do local. No primeiro andar se encontra maior presença de negros e mestiços. No segundo, há maior número de brancos, quer seja entre os vendedores, quer seja entre os consumidores. O ponto comum é que, nos dois andares, há uma frequência majoritariamente masculina, tanto de vendedores quanto de clientes.

Se já era comum vários vendedores aparecerem no salão para espiar, bater papo e tomar água no único bebedouro do andar, agora eles iam também para ver quem era aquela mulher negra, de caderninho na mão, que pesquisava o salão dos rapazes.

> É verdade que você faz pesquisa com os rapazes?
> Você anota nesse caderno tudo o que acontece aqui?

O Salão Preto e Branco fica no final do corredor do primeiro andar da galeria, tendo como vizinho bem próximo o bar Rei do Chopp, responsável por uma música alta e um odor constante de fritura. Os garçons do bar são clientes e amigos dos cabeleireiros e sempre ficavam na porta, brincando e insultando os rapazes. Era um clima divertido.

Se não formos bons observadores, não veremos a bela placa do salão, logo acima da pequena porta de vidro. No fundo azul, lembrando o espaço sideral, vemos a silhueta do dorso de três homens com cortes étnicos nos cabelos. Dois deles no estilo *rastafari* e o outro no estilo *black*. Abaixo, escrito com letras grandes e brancas está o nome do salão: Preto e Branco – Cortes Modernos. Essa ilustração é a mesma do cartão de visita dos cabeleireiros, o qual se apresenta em duas cores: preta e branca.

> A marca foi o seguinte. Eu pensei um dia que eu tinha que fazer um logotipo. Eu olhava pro da Betina... "Tem que ser um igual ao da Betina". Eu falava: "Não, não pode parecer com o da Betina". (risos) Tudo que eu tentava fazer parecia com o dela. Porque tinha aquela cabecinha escrita "beleza negra". (gargalhada) Tudo que eu tentava parecia com o dela, era muito legal! "Não, tem que ser diferente", eu pensava. Pensava, pensava, pensava. Eu tenho um disco que se chama "De La Soul", um disco de *rap*. Um bem antigo, eu acho que ele deve ser de 89. Um dia eu vi nele, ele tem um encarte... tipo uma historinha. Só que está escrito tudo em inglês e eu não entendia nada. No finalzinho da historinha tinha dois caras indo embora. Ficava só a sombra deles num muro, eles foram embora. Eu olhei, daí tive a ideia. E foi assim. Os dois tinham cabelo tudo assim... de rastafari, todo bagunçado. Desenhado só a sombra. Eu desenhei a sombra, só que eu coloquei três. Eu coloquei dois com uns rastas, assim, só que eu melhorei. Diferenciei do que tava lá e fiz um de cabelo quadrado porque na época usava muito esse corte quadrado. Eu pensei: "Não, mas tem que ter um fechamento nisso". E circulei. Fiz aquele círculo em volta, meio oval, pra ficar diferente da Betina. E falei: "Ah! Será que isso vai pegar?"... (JC, 28 anos, cabeleireiro étnico) (Fotos 10 e 11)

Antes de entrar, observei a presença de alguns cartazes afixados na porta de madeira anunciando *shows*, festas e palestras do movimento *hip-hop*. Ao entrar, encontrei algumas cadeiras de cor cinza, um porta-revistas branco, um lavatório, um bebedouro e um telefone pendurado na parede. Ao lado, um suporte de copos descartáveis, tabela de preços e um quadro da modelo Naomi Campbell, que os rapazes juram ter sido dedicado a eles e, inclusive, autografado.

A outra parede é cheia de espelhos. Acima, um local para guardar potes de cremes e shampoos e, abaixo, vários armários onde se guardam toalhas, capas, giletes, tesouras, máquinas de cortar o cabelo e de barbear. Uma bancada de acrílico na cor preta serve de suporte para o material que é usado no momento dos cortes e penteados. O chão, meio encardido pelo tempo, esconde a faxina realizada toda segunda-feira pelos três cabeleireiros. Logo que entrei, senti um ventinho delicado nos calcanhares, vindo do ventilador colocado no chão, na tentativa de fazer circular o ar naquele quartinho abafado e não espalhar muito cabelo. Do outro lado, perto da escada, há outro ventilador pequeno.[7]

Contudo, se o espaço me pareceu estranho da primeira vez, pelo seu pequeno tamanho, sua coloração acinzentada, sua localização no final do corredor ao lado das músicas altas do bar Rei do Chopp, a convivência com os rapazes me mostrou como um espaço tão pequeno pode estar colado aos valores essenciais da convivência humana e se tornar acolhedor, colorido e leve. Dessa forma, acolhedor e divertido são as melhores palavras para expressar a representação que construí do Salão Preto e Branco e dos seus funcionários com os quais convivi durante os meses de trabalho de campo: José Carlos (mais conhecido como JC), Juraci (também chamado de Negão) e Márcio. (Foto 12)

Os três me olharam com uma cara muito séria quando cheguei no início de março para realizar a pesquisa de campo. Eu havia ligado alguns dias antes para JC, o dono mais antigo do salão, e marcado uma entrevista para lhe explicar sobre a pesquisa. Ele agendou o nosso encontro para dia 1º de março de 2000, à tarde. Isso me deixou apreensiva, pois imaginava que esse prazo já dizia do seu pouco tempo e/ou pouco interesse pelo trabalho. Entretanto, como fui indicada por Betina Borges, do Salão Beleza Negra, senti que JC se mostrou menos reticente quanto ao fato de ter uma pesquisadora acompanhando o seu cotidiano e o dos seus colegas. Atualmente, quando passo para dar um alô, conferir as mudanças ocorridas e continuar meu trabalho de campo, já não tão intenso quanto no início, JC me diz que, na realidade, se sentiu tímido com o meu pedido e ficou imaginando o que faria com uma pesquisadora acompanhando o seu dia a dia e o dos seus colegas. Não poderiam contar muitas piadas e falar muitas "besteiras", como é comum no cotidiano do salão.

No dia 1º de março de 2000, às 16 horas, estava pontualmente na porta do salão. Era um lugar tão apertado, que não via como poderia me assentar.

---

[7] Este salão também passou por mudanças no espaço físico e na equipe, a partir de 2002.

Perguntei quem era JC, e um rapaz negro, magro, de olhos castanhos, estatura baixa, cabeça raspada e com uma voz suave me atendeu. O físico frágil guarda um homem de personalidade forte, que fala dos seus conflitos existenciais como homem, pai e profissional. Possui opinião formada, é responsável, preocupado com a família e sonha juntar dinheiro e ir morar no interior quando completar 40 anos. Mas, talvez, seja melhor que ele mesmo se apresente.

José Carlos dos Santos. Eu tenho 28 anos. Nasci dia 22 do 9 de 71. E graças a Deus sou uma pessoa... feliz. Moro aqui em BH há 26 anos. Nasci no interior, Carmésia, mais precisamente, se Deus quiser eu ainda vou voltar pra lá. Adoro interior... é isso que sou eu.

N: E sua família?

JC: Minha família... é tudo pra mim; apesar de atualmente eu tá meio desequilibrado. Porque agora eu acho que família pra mim agora é meu filho e minha esposa. Eu me casei há mais ou menos quatro anos; e tô numa fase, assim de descasamento, tem uns seis meses que eu estou me separando, tô meio... dividido assim... tô meio... perdido do que tá sendo minha família atualmente. Eu vivo lá na casa do meu pai, com o povo. Vou ver meu filho e tal. E tô precisando realizar de novo minha família. Separar de vez e seguir pra frente... Quando a gente vê que tem que separar... que tá indo tudo embora... é diferente, parece que a família da gente tá... degradando, parece que a gente tá... tá deixando... sei lá! Eu tô me sentindo fraco de não ter sustentado uma base que seria a minha família. Tô me sentindo fraco de não poder tá perto do meu filho o tempo todo e de ter de separar. Mas se, Deus quiser, eu vou dar a volta por cima disso e vou mudar esse quadro, e quando falar em família eu vou responder bem mais alegre.

N: E seus pais?

JC: Meus pais? Adoro eles. Adoro minha mãe, adoro meu pai. Apesar de ter um carisma maior com meu pai. Meu pai é super calmo, ele é mais carinhoso do que minha mãe, ele chega perto de mim, ele me abraça. Às vezes ele me liga, aqui no salão, só pra saber como é que eu tô. "O que... cê quer perguntar... pergunta alguma coisa, pai?" "Não, eu só quero saber como você tá? Cê tá bem? Trabalhou muito hoje? Já almoçou?" A minha mãe dificilmente liga pra perguntar como eu tô, se eu tô bem, essas coisas assim, como meu pai. E tenho uma irmã que eu adoro muito, gosto muito das outras duas, apesar de ser duas irmãs muito problemáticas. Se Deus quiser quero ver as duas bem felizes na vida. E tenho uma irmã que eu admiro demais, demais mesmo, que tem me ajudado muito, nessa fase que eu tô passando, assim... muito difícil, de uns seis meses pra cá. Ela tem me ajudado muito, muito. Adoro ela. E essa é que é minha família. Tenho cinco sobrinhos lindos, adoro todos cinco. Tenho um cunhado que admiro muito. Gosta muito de mim e eu gosto muito dele, me dá muita força; que é o marido dessa minha irmã, da K. [...]

N: Seus pais já tão aposentados?

JC: Não, meu pai trabalha numa fábrica de instrumento musical, já tem uns 10 anos. Ele adora trabalhar. Eu acho que é igual a mim. [...] Ele já tá com 57 anos e, graças a Deus, ele está muito bem. Tem mais cabelo do que eu... porque eu já tô ficando careca. E minha mãe ela é do lar mesmo, ela fica mais em casa, apesar de, ultimamente, não ficar em casa, ela trabalha fora um pouco, às vezes um dia ela tá em casa; um dia ela trabalha fora.[...] (JC, 28 nos, cabeleireiro étnico)

JC atendeu-me com um tom sério e seguro. Olhou-me bem nos olhos e pediu que eu esperasse um pouco, pois estava terminando um corte de cabelo. "Onde esperar?", pensei. Aos poucos, vencendo a timidez do primeiro impacto, vi que havia um lugar bem próximo do lavatório.

Só havia pessoas negras no salão. Enquanto esperava, sentia-me novamente desconfortável diante de espelhos. Aprendi que, no salão, somos observados o tempo inteiro não só pelo outro, mas por nós mesmos. Enxergamos não somente a aparência física, mas todas as caras e bocas e todos os nossos semblantes. Ficamos diante da nossa própria linguagem corporal. Observei que os três clientes masculinos que cortavam o cabelo me examinavam através do espelho.

Hoje, sei que isso é muito comum nos clientes do Salão Preto e Branco, principalmente com as mulheres. É uma forma indireta de flertar ou de deixar o outro constrangido. É também uma maneira de participar da conversa, uma vez que no salão não há espaço para conversas íntimas. Todos participam de todos os assuntos ali falados.

Juraci, que na época do trabalho de campo estava com 26 anos, é o outro cabeleireiro. Atualmente, é também dono do salão, mantendo sociedade com JC. Descobri, mais tarde, que os dois rapazes são amigos há anos, "quase irmãos", antes mesmo de existir o Salão Preto e Branco. Juraci é um rapaz negro, de olhos cor de mel, voz grossa, alto e forte. Mora com a mãe e com os irmãos, é solteiro e pai de duas crianças. Possui a pele bem mais escura do que JC e trazia os seus cabelos cortados com máquina um e cavanhaque muito bem-feito. Seu semblante fechado nem sempre demonstra a sua personalidade instável, de humor variado: às vezes é extremamente sério e sistemático e em outro momento é muito brincalhão e debochado. Na entrevista, ele não se apresentou com muitos sonhos ou expectativas sobre a vida. Cursou até o ensino médio numa escola estadual, concluindo-o numa escola particular do centro da cidade, no período diurno. Trata com desconfiança a possibilidade de uma formação superior, mas, ao mesmo tempo, não a descarta. Fala de áreas do seu interesse que poderiam ser seguidas, como, por exemplo, o turismo, para além da profissão de cabeleireiro.[8]

Na época, Juraci desejava se mudar para os EUA e trabalhar como cabeleireiro naquele país. Segundo ele, já recebeu convite de um amigo que mora lá, mas até o momento não conseguiu o visto de entrada.

Durante a entrevista, ele falou pouco de si. Parecia muito reflexivo. Isso me fazia ter que perguntar, inquirir, tentar saber mais alguma coisa. Marcamos várias vezes o encontro e sempre acontecia algum imprevisto.

> Uai! (risos) Eu sou eu... você me conhece esse tempo todo, não tiro nem coloco muita coisa não. Um dia tô bem, outro dia tô mal, sou muito... muito crítico... muito arrogante, sou assim, sou igual a qualquer um...
>
> N: E sua família? Ela é grande... quantos irmãos você tem? O que os seus pais fazem?

---

[8] No início de 2002, ao discutir a descrição do salão com Juraci, ele me disse: "Quase virei seu colega esse ano." Pedi a ele que me explicasse melhor o que queria dizer e fiquei feliz e surpresa com a resposta. Segundo ele, após o nosso contato, a antropologia se apresentou como "algo interessante e diferente". Ele resolveu, então, prestar o concurso vestibular para Ciências Sociais na UFMG. Infelizmente, ele não foi aprovado este ano, mas afirmou que vai fazer um cursinho e tentará novamente. Após ouvir o relato do cabeleireiro, compreendi ainda mais a relação pesquisador/sujeito da pesquisa e o quanto a etnografia pode interferir e causar mudanças na vida de ambos, tanto de maneira positiva quanto negativa. Também refleti sobre algo que sempre discutimos no Movimento Negro, a saber, a importância da construção de referências positivas para a juventude negra. É importante estimular o contato entre os/as jovens negros/as e algumas pessoas do mesmo segmento étnico/racial que estejam presentes, hoje, em lugares historicamente negados à população negra. Além de ser uma referência positiva, essa presença pode revelar que, lentamente, estamos conseguindo alterar o quadro de desigualdades raciais em nossa sociedade. Essa situação vivida durante o trabalho de campo confirma a hipótese de que a universidade e os cursos por ela oferecidos não são do conhecimento da maioria de jovens negros e negras. Além disso, a pouca discussão e a falta de um debate profundo sobre os motivos que levam à escassa presença dos negros nesse nível de ensino acabam reforçando o desprezo, o pouco interesse ou baixa expectativa de muitos jovens negros em relação ao curso superior. Tal situação reforça a necessidade de construção de políticas públicas que possibilitem o acesso e a permanência bem-sucedida dos negros na Universidade.

J: Eu tenho... nós éramos cinco irmãos, aí eu perdi uma irmã, tenho mais dois irmãos e uma irmã...meu pai é... separou da minha mãe e é mecânico, minha mãe trabalha de serviços gerais, condomínio de prédio e um irmão meu trabalha numa indústria de ferro, o outro é mecânico e trabalha com meu pai...

N: Não tem uma irmã?

J: Tenho. A minha irmã trabalha como consultora de imóveis, só que ela não mora comigo e ela é minha irmã, só que é minha irmã adotiva, não é irmã de sangue, não. Ela foi casada, separou e resolveu morar... agora ela mora com a mãe dela verdadeira mesmo, mas sempre vai na minha casa...

N: E agora você tem um neném, eu não sabia disso.

J: É... eu tenho um filho, tem um filho e meio... porque eu tenho um outro filho que é registrado no meu nome, mas não é filho meu mesmo não e tenho esse que é filho...

N: Quantos anos que as crianças têm?

J: Tenho o Rahel, que vai fazer cinco anos, e tenho o Yky, que vai fazer dois.

N: Você estudou? Você me falou que fez até o segundo grau...

J: É... comecei meus estudos em Venda Nova, no Colégio Santos Dumont, estudei lá até o segundo ano do segundo grau, aí depois eu comecei a trabalhar no Centro, não dava pra continuar estudando lá, porque não dava tempo de chegar. Quando comecei o segundo grau, eu comecei, parei, porque peguei Exército, depois voltei a estudar, depois parei de novo, não sei por que até que fiquei um certo tempo sem estudar. Até que no ano passado voltei a estudar, terminei o segundo grau no Tito Novais. É difícil voltar assim quando a gente para, é difícil... pelo menos pra voltar a estudar normal é bastante inviável, a gente requer um estudo de suplência que é mais rápido...

N: E foi isso que você fez? Suplência?

J: Foi... eu tava no segundo ano e eu fiz seis meses do segundo e seis do terceiro, e acabou... agora vão ver o que o estudo me aguarda...

N: Você tem vontade de fazer algum curso superior?

J: Não, desde quando eu comecei a estudar, eu nunca tive vontade de estudar não, nunca tive vontade de ir pra faculdade não. Assim... está muito fora da minha perspectiva, até outros cursos assim... contabilidade, magistério, nunca tive vontade não, nunca tive intenção não. Tive intenção de fazer o científico e acabou... só que, como as coisas mudam, eu tenho que acabar o segundo grau e fazer faculdade só que eu não vejo meu futuro na faculdade. A única coisa que eu vejo vantagem de uma faculdade é no caso de eu ter um curso superior, se eu fizer alguma coisa errada é não ficar preso assim... em cela comum... porque, financeiramente, tem muita gente que ganha muito dinheiro e não é formado em nada... então eu posso ter um curso profissionalizante aí fora e conseguir o mesmo caminho que eu consigo na faculdade.

N: E que curso você gostaria de fazer se você tivesse que fazer faculdade?

J: Eu faria Turismo, que é uma coisa assim que eu acho interessante... e pelo que consta, assim... em Minas é uma área que deve crescer mais esse ano de 2000, principalmente o turismo ecológico... é uma das áreas que eu gostaria de fazer ou então Biologia, que também daria a mesma coisa que também seria pra trabalhar com a natureza mesmo, ou então Fisioterapia que eu acho também interessante... (J, 26 anos, cabeleireiro étnico)

Márcio é o cabeleireiro mais novo. Na época da pesquisa, ele estava com 21 anos. É negro, alto, magro, de olhos pretos e muito sorridente. Na época, era o único funcionário do salão e o último a se juntar ao trio. Recebe por comissão e não divide os lucros do negócio como JC e Juraci. Tem um temperamento bem-humorado que às vezes nos engana. De vez em quando se zanga e fica irritado com o comportamento de alguns vendedores da galeria e com algumas brincadeiras dos rapazes.

Márcio teve uma infância pobre, uma família numerosa e, pelo visto, muito trabalhadora. Graças ao tempo que passou em um colégio interno, conseguiu estudar e terminou o ensino médio. Entretanto, apesar da dureza dos ensinamentos e dos cursos profissionalizantes realizados durante o internato, ele assumiu a profissão do irmão, ou seja, a de cabeleireiro.

Aos poucos, o cabeleireiro está fazendo a sua clientela, principalmente, de mulheres. Ele é o único dos três que pinça sobrancelhas e que se dedica mais às hidratações e aos relaxamentos nos cabelos femininos.

Mas, no início de 2001, Márcio saiu do Salão Preto e Branco e resolveu trabalhar com o irmão, o cabeleireiro Marcos. Agora ele é um dos donos do Salão *Magos da Beleza – cortes modernos*, localizado no centro da cidade, na Rua da Bahia, e especializado em diferentes tipos e estilos de cabelo, entre eles, os cabelos crespos. Segundo ele o motivo da sua saída deve-se ao desejo de construir o seu próprio espaço profissional, à continuidade e ao fortalecimento da empresa familiar. Mas tal mudança não desfez os laços.

Eles continuam amigos, viajam juntos e se comunicam. Em um dos meus retornos ao campo, em 2001, os rapazes me mostraram fotos dos seus trabalhos mais recentes e de participação em campeonatos de cabeleireiros e feiras étnicas. Nessas, Márcio estava presente junto com os antigos e novos integrantes do salão. Atualmente, ele também coleciona prêmios e troféus recebidos pelos seus trabalhos de estética afro nesses eventos.[9] O Salão Preto e Branco admitiu atualmente quatro novos cabeleireiros, todos negros. São eles, Fernando, Glaysson, Rogério e Reginaldo. Agora, no espaço apertado, ficam Juraci e mais quatro cabeleireiros.

Vejamos, então, como Márcio se apresenta:

> Eu sou Márcio, tenho 21 anos. Moro em Juatuba, mas fico mais aqui do que lá porque trabalho aqui. Moro com meus pais. Quando eu fico aqui, fico no salão do meu irmão, que é na Rua da Bahia, durmo lá, que é mais fácil pra mim.
>
> N: Que mais? Sua família...
>
> M: Minha família é muito boa. A gente é muito unido; mesmo que a gente não seja de conversar tanto, daqueles irmãos conversando, aquela coisa, mas quando tem alguma coisa em casa não tem aquele negócio de um brigou com outro e ficou emburrado. Todo mundo chega no final de semana, vai fazer o almoço, vai todo mundo que é casado, quem não é casado, tá todo mundo lá. Se tem uma reunião, alguma coisa que a minha mãe fala, a gente vai, todo mundo.
>
> N: E são muitos irmãos?
>
> M: Lá em casa são sete. Quatro homens e três mulheres. A única que é casada é a mais velha, a M. Ela é casada e tem 3 filhos. Tem outro, M., que tem o salão na Rua da Bahia. Ele tem uma filha de doze anos e um filho de cinco e agora tá noivo querendo casar de novo. Tem o R., que é uma enrolação só! Tem duas meninas de mães diferentes. A M., tem uma menina, mora lá em casa, pois lá são dois lotes, tem duas casas. Ela mora na casa de cima, nós que somos solteiros: eu, o P. e a M., que não temos filhos, não temos nada, tudo muito tranquilo, moramos na casa de baixo. Agora o resto é cheio de menino, mas casada, oficial, cartório, religioso, é só a M.
>
> N: E sua mãe?
>
> M: Minha mãe? Minha mãe é ótima. Meu pai saiu de casa quando eu era muito pequeno. Eu pra falar, assim, não sei se você reparou, esse

---

[9] No início de 2006, Márcio retomou a parceria com JC e foram novamente trabalhar juntos no mesmo salão.

negócio de pai, não falar que eu não tenho pai, eu realmente não ligo pra ele, se eu encontrar com ele na rua. A minha mãe cuidou da gente desde pequeno, desde novo ela sempre cuidou da gente e meu pai saiu de casa, ela construiu a casa lá com o salário mínimo, cuidou da gente, tudo que fazia e precisava ela dava em cima, ela ajudava, que minha mãe sempre... ela aposentou nova porque ela tem problema de coração, então, tudo que a gente tem na minha casa, hoje, ela fez depois que ela aposentou. Ela fez tudo, tudo mesmo... A gente tem dois lotes, duas casas e agora a gente tá construindo a outra casa lá, arrumando a laje. Igual eu te falei é uma casa que a gente nunca teve. Tudo que ela teve ela fez com um salário mínimo que ela ganha. Imagina cuidar de sete filhos, separada, sozinha, morando naquela roça que é Juatuba, e nunca ninguém teve problema de saúde, nunca ninguém ficou internado, ninguém virou marginal, nada! Todo mundo trabalhando, saudável. Meu irmão virou cabeleireiro, outros trabalham de outra coisa. Então, minha mãe é uma pessoa muito especial. Ela tem o que, sessenta e cinco anos, você vê ela é muito jovem, muito bem de vida... Tem esse problema de coração, já trocou a ponte duas vezes, sabe?

N: Ela fazia o quê?

M: Ela era cozinheira, trabalhava nesses restaurantes no centro, aqui, mas sempre foi cozinheira, quando ela veio da roça, trabalhou aqui de cozinheira, trabalhou uns vinte anos, eu acho, se não me engano, aí ela teve esse problema de coração.

N: Você falou da sua infância, que sua infância foi muito pobre, muita luta... foi por isso que você foi estudar no colégio interno?

M: Esse meu estudo no colégio interno é engraçado porque quando a gente morava em Belo Horizonte, meu irmão mais velho, o M., ele já estudou no colégio interno, ele e o P., e aí a gente foi pra Juatuba, eles continuaram estudando lá. Então o colégio interno é o seguinte: você estudava e fazia um curso profissionalizante. Ficava a semana toda, você não pagava nada. E lá o colégio que a gente estudava era da Sociedade São Vicente de Paulo, Lar dos Meninos São Vicente de Paulo. Lá o esquema dele era o seguinte: trazia os meninos pobres, que eram pra ser meninos de rua. Mas, como nessa época não tinha muito menino de rua, era mais os meninos pobres. Então famílias pobres que não tinham condição colocavam os meninos lá. E eles tinham educação e ensino religioso. Se fosse de outra religião eles respeitavam, tudo bem, e tinha um curso, cê estudava na escola que era do lado do colégio e tinha o curso profissionalizante de marcenaria, eletricidade, mecânica que a gente escolhia. [...] Como nessa época eu tava fazendo muita bagunça, me mandaram pro colégio. Eu passei dois anos lá, fui pra lá quando tinha quinze anos, fiz o primeiro ano, fiz tipografia no colégio e no segundo ano fiz eletricista predial, eletricidade de casa, de distribuidor, montar casa em geral, fiz datilografia, fiz informática e fiz lapidação, que é lapidar pedras, diamante, essas coisas. Esse curso, lapidação, gostei e fiquei lá dois anos. Eu só saí do colégio porque sentia saudade de casa, aquele negócio, cê não via televisão, cê não tinha tempo de ver televisão, de manhã ia pra oficina, a tarde ia pra escola; no intervalo do almoço de onze até uma hora – pois a escola começava uma hora – cê almoçava, fazia o horário de esporte. [...] Quando você brigava, fazia alguma coisa de errado no colégio, o que acontecia? Se você brigasse, o frei falava assim: "vá lá pro campão, meu filho". Os freis na maioria eram colombianos, capuchinhos. Eles vêm da Colômbia, se eu não me engano. Ele falava assim: "Pega a enxada". Tinha um campo de futebol, e em volta do campo tinha muito mato. "Quero que cê capine lá". Mandava você capinar lá e ele começava a ler um livro e você ia capinando. Na hora que ele quisesse que você parasse, você parava e se ele não quisesse, você ia almoçar e voltava a capinar de novo até ele mandar parar. (M., 21 anos, cabeleireiro étnico)

O meu primeiro contato com o Salão Preto e Branco não foi do jeito que esperava. Tive que esperar alguns dias para começar, pois estávamos na véspera do carnaval e esse é um período de intenso movimento. Só depois dessa festividade é que poderiam me atender. Enquanto isso, continuei acompanhando o Salão Beleza Negra.

No dia indicado para o retorno, voltei ao salão. Estava cheio novamente. O local estava bastante desarrumado. Mochilas, camisas, marmitex se distribuíam por todo lado. Havia também dois sofás pretos e uma bancada de espelho com uma cadeira. Uma geladeira e um armário compunham o restante do local. JC assentou no sofá e puxou uma cadeira para mim. Ele me observava calado, sério e olhando bem dentro dos meus olhos. Quando terminei, ele disse:

Antes o meu salão se chamava Salão Preto e Branco – Cortes Afros. Agora é chamado de Salão Preto e Branco – Cortes Modernos, porque notei que antes ficava muito reduzido e estava perdendo clientes. Hoje, atendo clientes de todas as raças. O meu público é 70% masculino e 30% feminino. Estou no mercado há sete anos. Vai ser bom ficarmos juntos esse tempo. Vai ser bom ter alguém olhando o que a gente faz. (Diário de campo, 14/3/2000)[10]

---

[10] Na época da pesquisa, a nova versão do cartão pessoal dos integrantes do Salão Preto e Branco retomava a expressão "cortes afro". Quando questionei JC pela mudança, ele me disse que, às vezes, costumam variar, mas que, dessa vez, não percebera a alteração.

Quando falava sobre o início do seu salão e ao olharmos o tipo de corte que o cabeleireiro realiza nos congressos e campeonatos, com os quais já ganhou uma enorme quantidade de prêmios, vemos que a espeficidade do afro é, na realidade, o desejo e a competência do cabeleireiro.

> [...] Hoje em dia tem esse logotipo do salão. E o Salão Preto e Branco, na época, era cortes afro... porque de início, quando eu comecei, preto e branco era pra não ficar assim... é... com discriminação. Mas a minha vontade mesmo era só mexer com cabelo crespo, no início. Porque eu não gostava muito de cortar cabelo liso. (JC, 28 anos, cabeleireiro étnico)

Com essa ponderação, JC falava do projeto do seu salão em relação à beleza negra e me alertava para a dificuldade de articulação de um projeto político e comercial do Preto e Branco. Existe o receio de uma vinculação da especificidade do salão a uma clientela somente negra. Esse receio, com diferentes intensidades e pautado em tipos diferentes de argumentação, faz-se presente em todos os quatro salões pesquisados. Parece-me que os profissionais da beleza negra descobriram que o termo étnico é a melhor estratégia para atrair uma clientela maior e diversificada nos dias atuais.

Além disso, o fato de o Brasil ser um país extremamente miscigenado possibilita a existência de uma variação de diferentes texturas de cabelo crespo, que vai do ondulado ao chamado "pixaim". Essa diversidade é, hoje, objeto de atenção das indústrias de produtos étnicos que focalizam tanto o negro e o mestiço de classe média quanto dos setores populares. Os cabeleireiros étnicos tiram vantagens econômicas desse movimento e, às vezes, de forma consciente e/ou inconsciente, incorporam o discurso da mestiçagem ao falar sobre a ampliação do leque racial do seu salão e dos serviços oferecidos.

Nos anos 1970, em que havia outro tipo de apelo à afirmação política da negritude, o termo "salão afro" apresentou-se mais eficiente, do ponto de vista simbólico, político e também financeiro. Somado a isso, há também o aumento da concorrência com a criação de outros salões étnicos nos bairros e de cabeleireiros/as étnicos a domicílio. Também houve a entrada dos produtos étnicos no mercado nacional. O salão afro transforma-se, então, em étnico, relativiza o seu discurso e tenta atingir clientes de diferentes pertencimentos étnico/raciais.

A expressão "cortes afro" também está escrita no bolso da camisa do novo uniforme dos cabeleireiros. Essa alteração, na minha opinião, significa mais do que uma simples distração. Ela diz respeito à identidade e ao projeto do Preto e Branco, conquanto um salão étnico.

Na sua prática, porém, nas conversas, no tipo de cliente, na especialidade do corte, na categoria na qual os rapazes se inscrevem nos concursos de cabeleireiros e na sua participação nos congressos e feiras étnicas, a especificidade afro se faz presente o tempo todo no Preto e Branco.

No Preto e Branco os rapazes trabalham uniformizados: calça comprida preta e camisa cinza, bem clara, com um crachá no bolso, no qual se vê escrito o nome do cabeleireiro. No meu primeiro dia de trabalho de campo, observei que o lugar tinha passado por uma boa faxina. Mais tarde, os cabeleireiros me contaram que quando JC disse que eu iniciaria o trabalho no dia seguinte, eles correram e limparam tudo para dar um aspecto melhor. Com o tempo, na medida em que certa intimidade ia sendo estabelecida entre nós, eles relaxaram novamente. Para mim foi um bom sinal. Era uma prova de que já estava sendo considerada como alguém mais próxima do grupo.

Estar no Salão Preto e Branco foi uma experiência muito interessante. Os rapazes faziam verdadeiras sabatinas comigo, interrogando-me sobre minhas atividades acadêmicas, os rumos da tese, o meu orientador e até mesmo sobre minha vida íntima. Interessava a todos saber se eu era ou não comprometida.

Os cabeleireiros acompanhavam a escrita do meu diário de campo. Solicitavam a leitura quase semanal do registro e se divertiam nos momentos em que a narrativa registrava as brincadeiras e as mentiras que diziam, já que nem sempre eu dominava o código daquele lugar. Nessa oportunidade, eles narravam o fato de maneira verídica e exigiam a alteração da minha escrita. Às vezes, quando o salão estava vazio, eles assentavam ao meu redor e ouviam a leitura do diário desde o início da semana. Dessa forma, intervinham no meu texto, controlavam a minha escrita e eu a reescrevia a oito mãos, se divertiam com o meu desconhecimento dos códigos do universo masculino.

E aí? O que você vai ler para a gente, hoje? Li a parte do diário de campo para Márcio e JC do dia 17/3/2000, sexta-feira. Eles ouviram com atenção e acharam graça de algumas passagens registradas. Quando li uma delas que falava sobre uma conversa de JC sobre o número de cortes realizados diariamente pelo salão, na qual ele dizia que cortavam em torno de 50 cabelos por dia, eles riram e gargalharam muito. JC disse:

– Isso é mentira!!! Eu disse isso para o cara porque acho antiético ficar perguntando quantos cortes eu faço por dia.

– Ela anota tudo mesmo! – disse Márcio. Se a gente fizesse 50 cortes por dia, não ia dar nem 20 minutos para cada corte.

– Eu achei estranho, disse-lhes, porque já vi que um corte aqui leva uns 40 a 50 minutos... – respondi sem graça.

Essa situação demonstra uma característica presente no Salão Preto e Branco: a ironia. Os rapazes brincam e gozam as pessoas de uma maneira séria. Essa pode ser uma estratégia interessante, pois, afinal, eles não ficam mal com as pessoas e não deixam de demarcar a sua posição.

Márcio e JC riram muito quando li a cena de Juraci e a mulher branca que conversou sobre o clube das mulheres. Eu disse:

– Olha, não vou escrever do jeito que está aqui. Farei também a minha interpretação.

– Mas a gente quer que você escreva aí no seu caderno tudo o que acontece – disse JC.

Chegou Juraci nesse momento, e Márcio e eu falamos que tínhamos lido sobre ele.

– O quê? O que foi que eu fiz? – disse ele.

Ele não me pediu para ler a parte anterior, mas assentou na cadeira e ficou preenchendo uns papéis com uma cara curiosa. Perguntei se ele gostaria de ouvir a parte que li para os rapazes e ele disse que sim. Sentei ao seu lado e li. Ele ouviu tudo com atenção. (Diário de campo, 22/3/2000)

Às vezes eu chegava a duvidar se os rapazes falavam a "verdade" até mesmo nos momentos das intervenções no meu texto em virtude da maneira irreverente que demonstravam diante de mim e da pesquisa. Durante a leitura do diário, quando chegava algum vendedor da Galeria, eles me interrompiam e brigavam: "O que você está ouvindo? Não tem trabalho, não? Ela não vai ler para você não, pois a pesquisa dela é no nosso salão."

A exclusividade da mulher/pesquisadora no salão era motivo de ciúmes entre os rapazes da galeria e, sempre que podiam, alguns deles assentavam ao meu lado e perguntavam: "Lê pra mim o que você escreveu hoje?"

Somente com o tempo de convivência é que a pesquisa foi se tornando algo mais claro para eles. A Universidade, a pós-graduação, a tese de doutorado estão muito distantes do cotidiano dos cabeleireiros, dos seus planos e projetos de vida. Um fato que os ajudou a compreender que o trabalho era "coisa séria" foi a ida do meu orientador, Dr. Kabengele Munanga, a Belo Horizonte para uma palestra e o lançamento do seu último livro. Eu os convidei e Juraci e Márcio compareceram. Ambos se mostraram curiosos ao conhecer o meu orientador. Nesse momento, eles puderam se aproximar um pouco mais do mundo acadêmico e confirmaram que a minha história era "verdadeira".

No salão, conversava-se sobre tudo: música, custo de vida, viagens, racismo, moda, carros, futebol, viagem aos EUA, filmes, namoradas, namorados, filhos, passeios, tatuagens, dinheiro... Contudo os assuntos privilegiados eram: mulheres, carro, bailes e filmes de ação. Entre os bens materiais, observava que todos se mostravam interessados quando um cliente ou colega chegava com um sapato ou bota nova, relógio e óculos de sol esportivo. São os valores de um determinado universo masculino. Quando os rapazes queriam elogiar diziam – "Que bota nervosa é essa sua!" E quando queriam debochar, diziam para o usuário do produto: "Esse seu sapato parece ser de boiola!"

Todos os rapazes diziam não ser preconceituosos, porém a tônica das piadas, brincadeiras e pequenos insultos tanto entre os três cabeleireiros quanto na relação destes com os clientes, as clientes e os amigos girava em torno da sexualidade, da fidelidade e da traição. Como todo "bom machão brasileiro", vários homens que circulavam pelo salão, casados e/ou solteiros, insinuavam que "ficavam" com várias garotas, mas mantinham uma relação conjugal vista como estável, na qual não admitiam a traição por parte das mulheres.

Às vezes, eu ficava impressionada com a atitude machista dos rapazes e dos homens negros e brancos que por lá passavam. Quando chegava uma cliente ou passava algum grupo de mulheres indo ao bar Rei do Chopp, eles olhavam, faziam um verdadeiro exame de anatomia e depois davam um sorriso malicioso uns para os outros. Quando percebiam que eu os observava pelo espelho, sorriam e diziam: "O que você está olhando?"

Contudo, observo que há certa contradição entre o que discursam, a maneira como se comportam e a construção da subjetividade masculina, principalmente, no campo afetivo/sexual. Os rapazes demonstram um comportamento masculino machista e, como é próprio da juventude, parecem se mostrar bastante influenciados pelo grupo. Há certa tensão entre a esfera pública e a privada na construção do "ser homem", na vida dos cabeleireiros. No fundo, parecem desejar uma relação a dois, em que possam ser eles mesmos com a companheira e receber afeto e amor.

Todas as piadinhas e brincadeiras em relação ao sexo oposto e aos homossexuais masculinos não acontecem de graça. Elas dizem sobre as representações de gênero presentes naquele espaço e na vida dos rapazes. O fato de saberem das lutas e problemas das mulheres negras diante do racismo, do tratamento dado à mulher negra como objeto sexual, não parece alterar a visão de mundo dos rapazes, pelo menos, no discurso que proferem no interior do salão, ou pelo menos naquele que proferiam diante da minha presença.

Brincadeiras de cunho sexual eram recorrentes no diálogo dos rapazes e dos clientes. Em todas elas, afirmavam o seu papel de homens, machões, que batem e dão "porrada" quando insultados ou quando um colega mexe com a sua garota. Esse tipo de discurso é sempre utilizado quando algum cliente questiona a opção sexual do trio. Várias vezes ouvi frases como: "Você sabe, todo cabeleireiro é boiola. Eu só venho aqui neste salão porque vocês disfarçam bem."

Observo que, por trás das respostas e brincadeiras dos cabeleireiros com os clientes e as clientes, está uma necessidade de afirmação sexual. Ser cabeleireiro é visto como uma profissão feminina. Eles sentem a necessidade de afirmar o tempo todo: somos cabeleireiros, porém somos "machos". E como em nossa sociedade as relações de gênero são construídas hierarquicamente, o feminino ainda é visto como lugar da submissão e passividade. Assim, quer queiram, quer não, a profissão de cabeleireiro coloca os rapazes no meio desse universo, o que fatalmente os levará a lidar, pensar e conviver com o feminino não somente na relação familiar e amorosa, mas no próprio campo de trabalho. Não há como não construir uma identidade feminina, mesmo que seja contra a sua vontade e do meio social em que vivem.

Mas como falar sobre isso? Como elaborar tanta complexidade? Como discursar sobre isso e não ser questionado pelo outro? Talvez o caminho mais fácil seja assumir um discurso e uma prática supostamente machistas, que precisam ser reafirmados através das brincadeiras e piadas. Mas o conflito em relação à construção da identidade masculina e uma sensibilidade para com o universo feminino, às vezes, escapa nas preocupações, nos desabafos, na reação diante dos desencontros amorosos.

Quando penso, hoje, na representação que construí sobre o "padrão" masculino e de beleza negra presente no Salão Preto e Branco, noto que esse não se refere ao tipo do *negão viril*, nem do homem *macho* que as brincadeiras dos garotos tentavam afirmar. Na realidade, a imagem que deles construí refere-se a homens delicados e que em vários momentos expressam conflitos presentes na esfera da subjetividade. Como diz a historiadora e antropóloga Véronique Nahoum-Grappe (1995) "o homem belo, a estética da virilidade, não está distante do feminino em plena ostentação". (p. 6) Os homens, quando expressam a sua vaidade e dão destaque ao corpo e à subjetividade, conseguem, muitas vezes, chamar mais a atenção do que as próprias mulheres. Essa necessidade de chamar a atenção sobre si, por meio de uma intervenção estética, está presente no comportamento e na opinião dos clientes e dos cabeleireiros, juntamente com sentimentos confusos que oscilam de uma postura machista e moralista ao reconhecimento do direito do homem de gozar da beleza, da vaidade e da sensibilidade.

E aqui, os homens principalmente, hoje em dia, estão cuidando muito mais da beleza. Eu percebi o número de homens que vêm procurando, querendo fazer sobrancelha, querendo... perguntando se faz limpeza de pele no salão. Querendo, em vez de fazer a barba com prestobarba, com gilete. Depilar a barba, pra durar mais tempo, pra ficar com o rosto mais lisinho. A vaidade tá grande, no mundo dos homens. E até acho que, entre muitos homens que são aqueles, vamos dizer, machão...os machões. Alguns acham que homem que tem essa vaidade extrema, assim... é *gay*. (risos) É difícil! Cara muito vaidoso, ele fala: "Ah!, boiola!" (risos) Não tem nada a ver. Hoje em dia, as pessoas estão usando até brilho nos lábios. O que eu acho legal. Igual, pra você ir numa festa...até...eu já vi...tem alguns clientes que usam... uma base na pele. Pra você não transpirar tanto, quando vai sair. E eu acho legal, também. E, eu acho que isso não tem nada de ser... "Ah!, é boiola". Isso que os machões dizem, né? (risos) Acho que é vaidade. A pessoa tá querendo ser bonita. Tá querendo ser atraente e... tudo. Eu digo assim, às vezes a gente fala brincando, mas é verdade. Pra um homem, pra gente, eles podem querer não assumir. Mas tudo gira em torno de dinheiro e mulher. O homem trabalha pra ter dinheiro, e tem dinheiro, pra ter mulher (gargalhada). É a verdade mais pura. Mesmo que não seja... lógico... eu não tô dizendo que o cara é mulherengo, que ele tem quinhentas mulheres... quanto mais linda, maravilhosa, mais perfeita pra ele, ele quer. E quanto mais ele tiver dinheiro... não é ter dinheiro pra ter carro importado, essas coisas, não. Mas pra ter dinheiro pra se sustentar, pra se vestir, pra tá bonito. Pra ser feliz. Porque quando a pessoa tá com dinheiro, querendo ou não querendo, ela tá bonita. Porque a pessoa fica mais feliz. Ainda mais quando a pessoa sabe fazer o dinheiro. Se você tá com dinheiro, se você sabe fazer uso dele. Você compra uma roupa bonita, você se alimenta melhor. Você pode cuidar da sua beleza melhor. Mas uma coisa... que eu acho mais importante mesmo, a pessoa tem que ter, é mesmo, coração. Independente de ter dinheiro, medo. Eu acho que Deus é a base de tudo. A pessoa tem de ter, desde pequenino, igual eu ensino pro meu filho. (JC, 28 anos, cabeleireiro étnico)

O fato de o Salão Preto e Branco ser classificado como étnico não parece trazer muitas questões e envolvimento político dos rapazes. Eles sabem dessa classificação e da sua relação com a pertinência racial da maioria dos seus clientes. Parecem, porém, não ter a intencionalidade de usar dessa classificação para se afirmar perante os demais cabeleireiros. Noto, inclusive, que há certo cuidado de não discursar sobre a questão racial no cotidiano do salão. "... coloquei Preto e Branco pra não causar racismo nenhum. Não queria colocar um salão, tipo assim: 'o negro é lindo', por exemplo. Não queria colocar um nome assim, pra não ficar taxativo, que fosse só de negro" (JC, 17/4/2000).

Assim, os cabeleireiros do Salão Preto e Branco não têm como preocupação central a explicitação de um discurso sobre a afirmação da identidade negra, como foi observado no Beleza Negra e na atuação de Betina. Contudo, os depoimentos de JC e as atividades desenvolvidas no fazer cotidiano do salão demonstram que os rapazes se posicionam diante da questão racial e desenvolvem um projeto de salão cujo diferencial refere-se à questão racial. Embora não a tomem como uma bandeira de luta, eles sabem do lugar que a questão racial ocupa na vida dos jovens negros e negras que lá frequentam. São amigos e clientes que, na sua maioria, partilham de uma vivência muito semelhante à dos próprios cabeleireiros, como negros e pobres. Sabem, também, que não é qualquer branco que opta por frequentar um salão étnico. Como disse JC, "a maioria dos brancos que eu corto o cabelo, eles... assim... eles se sentem... se sentem um pouco negro, pra falar a verdade."

Diferentemente do Beleza Negra, os rapazes participam muito pouco de atividades políticas e sociais ligadas à questão racial, pelo menos no período em que esta pesquisa foi realizada. Seu tempo do "não-salão" se limita aos congressos de cabeleireiros, às feiras de beleza e aos campeonatos. Todavia, em todos esses eventos, eles demarcam a sua especialidade de trabalhar com os cabelos crespos ou "étnicos".

Um dos eventos que acompanhei durante o trabalho de campo foi a apresentação de cortes afros no *I Congresso Mineiro de Beleza Solidário às Vítimas das Enchentes no Estado*. Os rapazes demonstraram uma performance interessante e divertida no palco, cortando, penteando e relaxando o cabelo de modelos e amigos/as negros/as. O auditório era basicamente composto por mulheres, as quais demonstravam admiração e até mesmo certa tietagem em relação aos rapazes. Eles, por sua vez, não deixavam de jogar com a sedução. Ao final, distribuíram cartões, falaram do salão, da importância do cuidado com os cabelos crespos e também me apresentaram como amiga e pesquisadora. (Fotos 13, 14 e 15)

Mas é no mundo da música que a atuação social e política dos rapazes acontece, mais particularmente JC e Juraci. Esse envolvimento também pode ser entendido se levarmos em consideração uma questão geracional: eles são jovens e cabeleireiros.

Vários estudos já têm apontado para o fato de que os jovens, hoje, questionam e criticam o fazer político das gerações adultas. Por isso, a não-participação dos rapazes nas formas mais tradicionais de militância e a ausência de um envolvimento do salão em discussões, eventos e debates sobre a questão racial na cidade podem estar relacionadas com as expectativas, os desejos e as maneiras de sociabilidade, comuns a determinada parcela da juventude negra e pobre. No seu posicionamento diante da relação entre salão étnico e questão racial, eles preferem fazer do seu estabelecimento comercial "um espaço sociocultural", como me disse uma de suas clientes.

Os rapazes já tiveram um grupo de *rap*, fruto de uma amizade antiga de JC, Juraci e um antigo componente do Preto e Branco.

> A gente já tinha uma bandinha de *rap*. E ele (Juraci) cantava comigo. Ele trabalhava na gráfica e eu sempre ficava falando com ele: "Larga a gráfica, sô, e vamos trabalhar comigo no salão, trabalha comigo no salão". E ele: "Ah, eu não levo jeito não". E eu: "Ah, eu também não levava não, sô! E eu não corto cabelo hoje em dia?" Ele falou: "Ah, quer saber! Vou sair da gráfica mesmo. Vou tentar." Custei convencer, ele ficou mais de um ano me enrolando. (JC, 28 anos, cabeleireiro étnico)

Atualmente, o grupo se desfez e eles continuam indo a alguns *shows*. Segundo eles, o pessoal do movimento *hip-hop* não costuma mais frequentar o salão. Ao afirmarem esse distanciamento, eles me pareceram um pouco desiludidos com o universo musical e com a proposta do movimento *hip-hop* do qual participaram. Contudo, quando surgiam conversas entre os clientes sobre a música, o *hip-hop, o rap*, Juraci e JC demonstravam conhecimento sobre o assunto e conversavam de maneira apaixonada.

É estranha também a afirmação de que os integrantes do *hip-hop* não frequentam o salão. Pude observar o quanto esse espaço funciona como um polo divulgador de vários eventos musicais na cidade, relacionados ao movimento *hip-hop* e ao *rock*. Há também a divulgação de *shows* de pagode e festas da comunidade africana.

Várias vezes vi rapazes e moças negros passando por lá só para ver os cabeleireiros, deixar embrulhos, "tirar uma soneca" no sofá que fica no segundo andar. Assim como o Beleza Negra, esse espaço se assemelha a uma casa com muitos irmãos e irmãs. É uma relação quase familiar. Uma mistura entre o público e o privado. Isso também acarreta tensões. Algumas vezes, presenciei cenas em que os colegas, clientes ou vendedores negros da galeria entravam no salão, pegavam material de algum dos rapazes sem autorização deles, exigiam ser atendidos no momento que os cabeleireiros não tinham disponibilidade, falavam alto, usavam o banheiro e usufruíam do bebedouro, acabando com os copos descartáveis destinados aos clientes. Tal comportamento resultava num sentimento de indignação dos cabeleireiros.

Administrar tudo isso não é uma tarefa fácil. Construir o espaço do Salão Preto e Branco também não. Para os três rapazes, com histórias de vida, de trabalho, pobreza e dedicação, tornar-se uma referência dentro do mercado de cabeleireiros étnicos de Belo Horizonte representa muita coisa. Uma delas é o rompimento com o círculo vicioso que se repete na história de tantos jovens negros, pobres, moradores da periferia da cidade. Mas de que trajetória de vida estamos falando?

JC era açougueiro. Estudou até a sexta série do ensino fundamental. Interrompeu os estudos em razão da árdua tarefa de conciliar estudo e trabalho. Conseguiu emprego em um açougue do bairro onde morava e, nas horas vagas, costumava cortar o seu cabelo e o dos colegas, uma forma de economizar dinheiro e, aos poucos, de fazer clientela.

A destreza com a faca que cortava carne no açougue pode ter sido um dos fatores que contribuiu para que JC aperfeiçoasse o seu corte seguro com a navalha e a precisão no acabamento dos penteados. Estimulado por alguns colegas, JC fez um curso no Salão-Escola Bom Pastor, em Belo Horizonte. Aperfeiçoou mais na técnica de cortar cabelos do que na de fazer escovas ou outros cuidados com o cabelo feminino. Ele via os desenhos dos cortes americanos, os traços africanos realizados por Betina Borges em vários cabelos masculinos, e resolveu se aperfeiçoar na arte dos desenhos. Começou fazendo desenhos no estilo tribal e depois personagens como "Mickey", de Walt Disney, "Frajola" e outros. Também desenvolveu a técnica de escrever palavras, dando vida ao cabelo crespo, antes considerado um cabelo sem muita opção para penteados e cortes. (Fotos 16 e 17)

Dessa forma, JC resolveu sair do açougue e montar seu próprio salão. No começo foi tudo muito duro, por causa da falta de dinheiro e de clientela.

Aos poucos, foi construindo uma freguesia na região mais central da cidade. A partir daí, convidou o amigo Juraci para trabalhar com ele. Durante esse processo de constituição do salão, casou-se, teve um filho e se separou recentemente. Ainda acredita no amor e deseja muito encontrar outra parceira ou tentar reconstruir sua família. Possui grande afinidade e admiração pelo pai e deseja ganhar dinheiro para proporcionar ao filho uma vida confortável, o que inclui a possibilidade de estudar e concluir os estudos. Ele faz questão de levá-lo aos eventos públicos de beleza e de cabeleireiros para que o menino sinta orgulho do pai e aprenda desde já que é preciso "batalhar" para conseguir o que deseja.

No Salão Preto e Branco entrevistei cinco pessoas, três homens e duas mulheres. Continuei adotando o mesmo procedimento do salão anterior. Alguns foram indicados pelos cabeleireiros e outros eu mesma escolhia por percebê-los reincidentes. Dos cinco clientes, quatro preferiram ser entrevistados no espaço do salão e um me recebeu, no sábado, no seu local de trabalho.

As profissões das pessoas entrevistadas eram: jardineiro, técnico em informática, enfermeira, auxiliar de escritório e funcionário público. A faixa etária variava em torno dos 28 e dos 35 anos. Preferi entrevistar clientes mais antigos que tinham uma história construída no salão.

Entre os quatro salões pesquisados, o Preto e Branco é o mais respeitado em relação ao trabalho com cortes afros que implicam desenhos e letras. O cuidado e a destreza dos rapazes, sobretudo de JC, têm sido fruto de premiações e reconhecimento nos mais diferentes campeonatos, congressos e cursos em diferentes cidades e Estados do País. Durante o trabalho de campo, o Preto e Branco também foi o único salão convidado profissionalmente para participar de um evento para cabeleireiros realizado por outro salão integrante da pesquisa. Ele participou do Congresso Étnico de Cabeleireiros promovido pelo Salão Beleza Negra.[11]

Salão Dora Cabeleireiros – União de Todas as Raças

Uma relação explicitamente familiar. Essa é a imagem que me vem à mente quando penso no Salão Dora Cabeleireiros. Localizado na Galeria São

---

[11] Em 2003, JC deixou o Salão Preto e Branco e montou o seu próprio negócio, intitulado "Studio Black e White Cabeleireiros Unissex", localizado também na região central da cidade. Em 2005, Juraci, Fernando, Glaysson e Rogério tornaram-se sócios e proprietários do Salão Preto e Branco.

Vicente, em frente ao Mercado Central, o salão ocupa duas lojas do segundo e último andar do prédio. A galeria fica no cruzamento de Avenida Amazonas, Rua Santa Catarina, Rua Goitacazes e Praça Raul Soares. Barraca de feira, lojas de sapatos, artigos sertanejos, floricultura, supermercado, loja de loteria, banca de revista, lanchonete, uma infinidade de bares, lojas de conserto em máquinas de costura. Essa é a vizinhança da galeria e do salão. (Foto 18)

A Galeria São Vicente é muito antiga. Hoje, os comerciantes costumam chamá-la de "shopping". Ela possui três entradas: pela Rua Santa Catarina, Praça Raul Soares e Avenida Amazonas. Logo na entrada da Avenida Amazonas, vemos uma grande placa de fundo amarelo, borda azulada e letras azuis e vermelhas: Dora Cabeleireiros: especialista em alisamento, permanente afro, seção infantil e tratamentos em geral. Está feito o convite. (Foto 19)

Ao subirmos a rampa que nos leva até ao último andar e virarmos à esquerda, encontramos duas salas conjugadas, de paredes cinzas, várias cadeiras pretas, lavatório, espelhos, armários brancos, estante de vidro transparente com produtos e cremes. O tom predominante é o cinza e preto. Na porta, um vaso da planta *espada de São Jorge* parece estar ali para equilibrar a energia do local. Por dentro, no umbral da porta, encontramos uma imagem do santo que empresta o seu nome à planta, com sua espada em punho, lutando contra o dragão.

Dora mantém um mural, logo na entrada do salão, o qual é sempre renovado com fotos do trabalho realizado pelas cabeleireiras, cujos modelos são as próprias clientes, a maioria negra, em poses de "antes" e "depois" do tratamento dos cabelos. Observava que tal mural causava impacto às pessoas que entravam pela primeira vez no salão, já que o fato de serem as modelos pessoas comuns, sem muita produção, causava sensação de proximidade na futura cliente. Era como se elas pensassem: "se essa pessoa ficou assim, eu também posso ficar".

Além do mural, a cabeleireira coleciona uma série de fotos de penteados e outros trabalhos voltados para o mundo da moda, estética e maquiagem por ela realizados, inclusive fotografias de artistas, intelectuais, empresários e outros profissionais que atuam em Belo Horizonte. Essa é também uma estratégia adotada por todos os salões étnicos pesquisados.

No fundo da primeira sala à direita, existia, no início de 2000, uma porta ainda rebocada, demonstrando que havia pouco tempo tinha sido inserida naquele espaço. Essa porta dá entrada para o segundo andar e para o local onde se guarda o material das funcionárias. Ao fundo, funciona a cozinha do salão, com uma geladeira e vários utensílios de cozinha. São áreas proibidas para aqueles que não são funcionários.

Na segunda sala há alguns espelhos e cadeiras. Lá está sendo montado o Centro Técnico do salão, onde já se ministram cursos para cabeleireiros iniciantes. Mas, do início do trabalho de campo até os dias atuais, a estrutura física do salão já foi alterada. Construiu-se um segundo andar, que será a sala de estética e maquiagem, mudou-se o piso e construiu-se uma pequena lanchonete e uma sala para que a cabeleireira possa atender individualmente as clientes e os clientes. (Foto 20)

Dos quatro salões acompanhados é a maior equipe e a mais profissional no tipo de atendimento. Quem rege e manda em tudo é Dora, a cabeleireira-chefe e "cabeleireira-mãe". Vejamos como ela se vê:

> Dora é uma menina cheia de sonhos que começou a trabalhar aos oito anos, porque eu perdi meu pai. A minha mãe, que era só dona de casa, teve que sair pra trabalhar. Assim que meu pai morreu, minha mãe ficou totalmente desorientada porque ela era só dona de casa e teve que começar a trabalhar [...] E ela começou a trabalhar e eu comecei a tomar conta, assumir, e ser dona de casa e cuidar dos meus três irmãos. Comecei a trabalhar cedo e sempre querendo fazer algo pra ajudá-la [...] O meu pai era padeiro. Ele trabalhou na Panificadora de Minas durante muitos anos. Mas ele lutava muito, trabalhava muito, muito mesmo. E a gente tinha um padrão de vida que a gente conseguia... ele conseguia dar as coisas pra gente... e a gente ajudava os vizinhos porque a gente morava no 1º de Maio, então tinha uma população... uns vizinhos bem mais carentes. Ele levava pão, aos sábados, e saía da padaria levando pão para distribuir para os vizinhos. De repente, meu pai morreu, e a gente ficou numa situação muito difícil, e minha mãe começou a trabalhar. Ele teve derrame cerebral aos 33 anos. E aí... nós começamos uma vida totalmente diferente. (Dora, 45 anos, entrevista dia 16/8/2000)

Aos meus olhos, Dora é uma mulher negra e se reconhece como tal, mas, na classificação racial da sociedade brasileira, ela pode ser considerada mestiça, já que tem a "pele mais clara" e os cabelos crespos. Na época da pesquisa ela estava com 45 anos. A cabeleireira tem dois filhos, dos quais se orgulha muito. Assim como as outras cabeleireiras, ela está sempre mudando de visual. Contudo, o topete nos cabelos alongados parece ser o seu preferido. Segundo ela, esse é um estilo de penteado transmitido, de geração em geração, pelas mulheres de sua família. A filha Flávia é a companheira da mãe, considerada por ela como o seu "braço direito". Flávia também atua como cabeleireira. Tanto Flávia quanto o irmão possuem o mesmo biótipo da mãe, cabelo crespo e pele mais clara, mas ambos se autoclassificam como negros. Ela e sua mãe eram, naquele momento, o carro-chefe do salão Dora Cabeleireiros. Segundo Flávia:

> [...] *Sempre me orgulhei muito de ser negra. Eu tenho um pai branco, assim, dentro do contexto de ser branco no Brasil, de olhos claros, de cabelos encaracolados, liso praticamente, assim, no conceito do brasileiro. Sempre tive muito prazer em ser chamada de negra, sempre... sempre... nunca me soou como ofensa, pra mim nunca foi colocado como ofensa, sabe, mas isso vem muito da criação que a gente tem,* de como é trabalhado a autoestima dessa criança, de como essa criança veio crescendo e como isso tudo está sendo trabalhado. Graças a Deus eu tive muita sorte de vir de uma família, muito humilde, mas que sempre se preocupou muito com autoestima. De estar sempre trabalhando a autoestima, com isso, eu procuro também trabalhar, sempre, com os meus filhos. Sou casada com um homem negro, também. *Sou negra. Os meus filhos são negros e são felizes porque são negros. E são lindos por isso, por não terem vergonha de ser negros.* Eu acho que essa é a ciência de tudo. (F, 26 anos, cabeleireira étnica) (grifo nosso)

Em agosto de 2000,[12] Flávia montou seu próprio salão. Chama-se *Help Hair* e está localizado numa região de melhor acesso. Segundo Dora, não houve desentendimento entre ambas. A cabeleireira me disse que o salão da filha faz parte da realização do seu sonho de mãe e profissional, ou seja, a ampliação dos negócios da família. Disse-me, ainda, que o *Help Hair* é um salão mais sofisticado, pois muitas clientes reclamavam da localização do Dora Cabeleireiros na região do Mercado Central, sugerindo-lhe que se mudasse para um lugar melhor localizado e menos popular. Contudo, uma das minhas informantes me disse que houve discordância entre elas em relação à especificidade étnica do salão. Flávia não queria que o salão fosse visto somente como étnico. Ela pretendia trabalhar com todo tipo de cabelo e com todo tipo de pessoa. Essas informações foram confirmadas pela própria Flávia quando a entrevistei:

---

[12] Em 2004, o Salão Dora Cabeleireiros e o Salão Help Hair (da filha Flávia) juntaram-se. Dora e a filha passaram a trabalhar juntas novamente. No entanto, em 2005, a parceria foi desfeita, e o Salão Dora Cabeleireiros voltou a funcionar no mesmo local de antes, sob a liderança de Dora.

N: Você vai querer dar essa marca de um salão afro-étnico para o Salão Help Hair?

F: Olha, eu sempre tive esse conflito dentro de mim. *Eu acho que é muito complicado quando você rotula, se rotula como cabeleireira afro, exclusivamente. Principalmente para o brasileiro, ele é um pouco preconceituoso em relação a ser negro ou não. Eu sempre tive esse conflito dentro de mim.* Sempre me perguntei, eu mesma obtive as minhas respostas com relação a isso. *O Help Hair, ele é um salão universal, ele vai atender o público em geral, mas eu não tenho intenção de estar rotulando como salão afro. Eu acho que o brasileiro não está preparado pra isso.* O público brasileiro, ele tem esse conflito do negro, e, quando você rotula, você corre o risco de estar rotulando o seu público. (F, 26 anos, cabeleireira étnica) (grifo nosso)

Talvez tenha sido Flávia, entre todos os cabeleireiros e cabeleireiras étnicas, aquela que melhor expressou o que está por trás da oscilação do discurso entre ser um salão afro ou étnico. Mas, se ficarmos presos a essa oscilação, somos tentados a ver essa situação simplesmente como uma oposição. Vê-la dessa forma revelará só uma parte do problema, visto que, na realidade, quando o termo étnico surge no mercado de cabeleireiros, ele aparece de duas maneiras: nos EUA como fruto do processo do multiculturalismo e das suas consequentes políticas de identidade e, no Brasil, como uma tentativa de superação e de mediação dos conflitos raciais. Não podemos nos esquecer de que, no Brasil, diferentemente dos EUA, vivemos sob o mito da democracia racial e da inferioridade do negro os quais dão outras tonalidades ao nosso discurso e às nossas práticas raciais.

Sendo assim, o termo étnico, no Brasil, ao mesmo tempo em que pode vir junto com expressões e práticas de politização e afirmação das diferenças raciais, também pode encobrir o racismo. É por causa do racismo que os negros tiveram que politizar a beleza negra e valorizar o cabelo crespo. Entender essa discussão no contexto do racismo revela porque os negros não são considerados como sujeitos de beleza, porque há pouco tempo eles foram considerados consumidores e porque têm que lutar tanto para ser cidadãos e cidadãs, inclusive no mercado da estética. E, numa sociedade capitalista, o mercado acaba tirando proveito dessa situação.

No seu depoimento, Flávia aponta o racismo e toca nas questões concernentes ao sistema de classificação racial brasileiro, que polariza e hierarquiza as raças/etnias. Aponta, ainda, para a tensão histórica entre o universal e o particular que acompanha o campo da cultura e na qual está presente o tratamento dado às relações raciais. Nessa tensão, em nosso país, o discurso da universalidade está mais para o étnico e suas consequências possíveis, assim como a particularidade está para o afro.

Optar por rotular o seu estabelecimento como étnico ou afro implica consequências financeiras e políticas sérias para o seu proprietário ou proprietária. Ao classificar-se como afro ou étnico, um salão, hoje, está sujeito a cobranças, à construção de uma clientela muito específica, a necessidade de um posicionamento político, ao contato com diferentes grupos da militância negra e às diferentes expectativas desses grupos em relação à prática dos salões e dos/as seus/suas proprietários/as, entre outros.

Todavia, apesar de não querer se autoclassificar nem como afro nem como étnico, essa marca não desapareceu do salão *Help Hair*. Além de atender uma grande clientela negra e mestiça, como Flávia mesma diz, ser cabeleireira étnica faz parte da sua formação, ou seja, da sua identidade profissional.

> Eu fiz alguns cursos... fiz uns cursos de tendência afro. Quando eu fui pra Los Angeles, eu observei um público muito interessante, afro, nos Estados Unidos, e quando a gente foi para Nova York, eu fiz um curso básico de novas tendências em cabelos afro-étnicos. (F, 26 anos, cabeleireira étnica)

Essa cabeleireira parece ter encontrado uma solução para o seu conflito. Ela adota como forma de mediação a expressão "afro-étnico" para falar da especificidade do cabelo crespo, dos produtos e do mercado étnico e para classificar o trabalho realizado pelos salões que direcionam o seu serviço para uma clientela negra e mestiça, desenvolvendo projetos sociais. Parece-me uma tentativa de conciliar o universal e o particular, duas dimensões da cultura ao mesmo tempo complementares e conflitantes.

> F: Olha, eu acredito que nós trabalhamos o segmento afro-brasileiro. Esse é o segmento que eu acredito, porque nós aprendemos a trabalhar com o segmento afro-étnico, saímos pra fora, fazemos cursos, aprendemos com os americanos, com os africanos mesmo e, quando chega aqui no Brasil, a gente coloca aquele toque brasileiro, aquele algo mais que o cabelo do brasileiro precisa. *Então se eu tivesse que rotular o meu salão como salão afro, com certeza, hoje ele seria um salão afro-brasileiro.*
>
> N: Não afro-étnico?

F: Não afro-étnico. Principalmente pelo rótulo que o nome étnico... pela dimensão que isso aí atingiu. Hoje nós temos um shampoo que vem no rótulo "shampoo pra cabelos étnicos", que shampoo é esse? Pra que cabelo ele serve? Pergunta... e o próprio fabricante não sabe. Embaixo vem uma foto de um negro. *Pra mim etnia não é isso. Então, hoje, com tudo que a gente vem estudando, hoje, pra mim, Flávia Alves, é... tomou uma dimensão totalmente contrária do que deveria e as pessoas não têm consciência disso, independentemente de ser cabeleireira ou não. Quando você lê "especialista em cabelos étnicos", vem a pergunta e logo em seguida a resposta. Esse salão é direcionado ao cabelo do negro, ele só mexe com cabelo de negro. Assim o público em geral coloca e não deveria ser assim, nós sabemos disso...* Não gosto de nada que rotula as pessoas. E eu acho que *um estabelecimento comercial, o nome mesmo diz, não pode ser rotulado. Isso cria um problema, não sei se seria essa palavra, fica muito grande pra quem está dentro do estabelecimento trabalhando, vendendo qualidade, vendendo beleza, vendendo o serviço.* Então o meu conceito hoje de... o que é étnico, vem sendo bem cauteloso justamente pela dimensão que isso criou, que isso atingiu hoje no mercado. As pessoas rotularam mesmo. Você tem hoje uma feira em São Paulo, internacional, com o nome de "Etnic" e que essa feira é direcionada ao cabelo do negro, tudo que vem falar da "Beleza Negra". Pele, cabelo, unha... Então isso foi criando uma dimensão, e a gente sabe que isso é uma bola de neve, a partir do momento que surge um nome novo no mercado, que ele não é bem direcionado, é complicado, e a gente tem que tomar muito cuidado com isso, pra você não ter problemas... e principalmente porque a gente sabe que a nossa língua é complicada mesmo, acho que é a língua mais difícil, sabe, porque a gente mesmo não fala português correto, apesar de que a gente vem batalhando, vem estudando, mas você se pega falando um monte de coisas que não deveriam ser ditas e a tendência é procurar melhorar, então você sabe que não é por aí... então vamos tentar consertar... (F, 26 anos, cabeleireira étnica) (grifo nosso)

Durante os primeiros meses do ano 2000 integrava a equipe do salão o irmão de Dora, Sérgio, um homem negro, muito agradável, cabelos pretos, de 35 anos; Paulo, outro irmão de Dora, negro, calvo, em torno dos 40 anos, muito alegre, e o filho de Dora, Henry Alves, um jovem de 23 anos. Ao contrário da irmã, ele é introvertido, fala pouco, possui cabelos crespos e castanhos. No período da pesquisa esteve de tranças e depois com um corte estilo afro. Havia também o Sr. Célio, o marido de Dora, um homem negro, muito sério, de cabelos anelados, de mais ou menos 50 anos. Por último, integrou a equipe, Alci, genro de Dora, um rapaz negro, olhos verdes, cabelos texturizados, muito sério, de mais ou menos 30 anos, que saiu para montar o *Help Hair* com Flávia, sua esposa.

Não há muitas brincadeiras, fala-se em tom moderado e, se não há cabelo para arrumar, todos se ocupam de outros afazeres. Durante o tempo em que fazia parte do salão, Flávia era a mais extrovertida, falava alto, ria, brincava, porém, nota-se que é muito sistemática. Dora cerca a todos com palavras meigas e gestos carinhosos, sempre tocando nos cabelos, no rosto ou pegando nas mãos das pessoas. Toda essa meiguice não a isenta de ser uma verdadeira empresária, orientando, mandando e conduzindo todo o funcionamento do salão. Na sua opinião: "sempre sonhei em ter um negócio da minha família, em ajudar a minha família. E agora, o meu sonho está sendo realizado".

Como o salão explicita o seu caráter de empresa familiar, não vi, durante o trabalho de campo, o conflito público e privado, pois está claro para os/as funcionários/as que ali o privado tem a primazia e é regido e comandado pela proprietária. Só o percebi em relação a uma cabeleireira que, às vezes, tomava algumas atitudes autônomas que incomodavam Dora e pude notar que entre as duas, em alguns momentos, reinava um clima de descontentamento.

A maioria das funcionárias é jovem, negra, magra e de cabelo crespo. Na época da pesquisa, Eliete e Janice, com 22 e 23 anos, respectivamente, eram as mais próximas da cabeleireira; a primeira é sua sobrinha. Eliete usava um alongamento até a cintura. Janice durante um tempo manteve os cabelos crespos sempre presos em coques muito bonitos. Marlene, sempre de cabelo escovado, é amiga de Dora há muito tempo. É cabeleireira profissional e mais tarde, no final de 2000, também saiu do salão para se dedicar ao seu próprio estabelecimento. Leninha, outra cabeleireira profissional, estava sempre usando um alongamento curto e continua até o presente momento no salão. Ambas são mulheres negras, baixas e fortes, na faixa dos 40 anos. Trabalhavam também no salão Dirlene e Márcia, mulheres baixas, de pele mais clara, cabelos anelados, então em torno dos 25 anos. Havia também Sueli, a manicure e única mulher branca do salão, casada, estatura baixa, cabelos médios e pretos, de 40 anos.[13]

---

[13] Assim como nos outros salões, a equipe foi alterada ao longo dos anos, assim como o espaço físico do salão.

Além de familiar esse salão é um negócio de mulheres. Mesmo que Dora solicite a opinião dos irmãos, filho ou marido, a decisão final é sempre dela. Tal decisão geralmente é atendida, mesmo que não seja do agrado de todos.

O Dora Cabeleireiros, entre os quatro salões investigados, é o único que possui um horário mais rígido de funcionamento. Contudo, como nos demais salões étnicos, o horário de almoço e lanche é muito flexível. Dependendo do movimento, as pessoas almoçam às 16 horas. O salão funciona de segunda a sexta-feira, das 9 às 18 horas e, aos sábados, até às 16 horas. Isso possibilita que algumas funcionárias, inclusive Flávia, filha de Dora, possam estudar. Mas, nos períodos de intenso movimento, o horário não é cumprido à risca. E Dora tenta mantê-lo, na medida do possível, já que *uma cabeleireira também precisa viver*.

Na época do trabalho de campo, o salão estava sendo informatizado. Existia um banco de dados das clientes e dos clientes. Dos quatro salões, apenas o Dora Cabeleireiros e o Beleza Negra explicitam o seu caráter empresarial e o desejo de ampliação dos serviços prestados. Talvez por isso, durante o trabalho de campo, ouvia opiniões de que essas cabeleireiras só desejavam o lucro, como se o fato de serem salões étnicos lhes retirasse o seu caráter empresarial.

O tempo de existência do salão é um ponto, às vezes, divergente quando os outros cabeleireiros o classificam como étnico. Os três outros salões pesquisados questionam, discretamente, essa classificação. Todos reconhecem que há anos Dora é cabeleireira, mas falam que há pouco tempo o seu salão se autodenominou étnico. Segundo uma informante, no período de afirmação dos salões étnicos em Belo Horizonte, o Dora Cabeleireiros não se apresentava como tal. Segundo ela, somente de uns três anos para cá é que a proprietária do salão começou a aparecer em vários lugares, distribuir cartões e chamar a atenção para a especialidade do seu salão. A própria Dora, durante a entrevista, falou sobre isso. Segundo ela, o seu salão já existe há mais de 20 anos, mas no início não havia a preocupação de se autodenominar como étnico, embora sempre tratasse de cabelos crespos, os quais ela também denomina "afro-étnicos". Os motivos que levam a um salão de beleza comum que possui clientela majoritariamente negra se transformar em étnico são os mais variados.

N: Dora, você fala: "Faz pouco tempo que eu estou saindo pra fora, que eu estou aparecendo mais na mídia, investindo numa imagem pra fora do salão". Há quanto tempo que você se vê como salão étnico? Que você assume essa marca de que o Dora Cabeleireiros é um salão étnico?

D: Não, isso que o salão é um salão étnico, que é um salão específico para... hoje é que se fala mais na etnia, porque antes não falava muito. *Mas o meu salão sempre foi direcionado, a minha preocupação desde criança era desenvolver um trabalho específico para um cabelo crespo, um cabelo crespo, extremamente crespo. Porque é o meu cabelo, é o cabelo da minha mãe.* Então o Dora Cabeleireiros sempre fez isso mesmo quando funcionou há mais de 20 anos no bairro Maria Gorete. A gente só faz a química no cabelo a partir do momento que o cabelo esteja preparado pra receber a química. Então eu acho que desde o início que a gente... *O Dora Cabeleireiros foi descoberto pela mídia tem pouco tempo. Até assim... eu fiz vários trabalhos, eu fiz trabalho no Palácio das Artes há dez anos. E as pessoas não sabiam da existência do Dora Cabeleireiros, mas fiz trabalhos, já fiz vários trabalhos. Mas, às vezes, foi falta de preparo meu mesmo, porque eu nunca preocupei, não tinha tempo para me preocupar com isso. O meu negócio era a preocupação com os meus filhos. Educar os meus filhos, criar os meus filhos, profissionalizar, ensinar.* Porque você vê, a Flávia, ela já viajou o Brasil todo, até o exterior, já fez vários cursos. *Era aquela luta, então eu não parava, nunca me preocupei com esse... com essa parte, da mídia, de divulgação. Eu sempre... mas, eu sempre trabalhei... a minha preocupação sempre foi em tratar dos cabelos afro-étnicos.* Esses cabelos... porque *a nossa mistura de raça é muito grande, a gente se depara com determinados clientes, que na cabeça tem três tipos de cabelo.* Tem partes que são lisinhas, tem parte que são crespas e partes que são extremamente crespas. Então eu sempre preocupei com isso, porque o profissional que não está preparado pra isso, do mesmo jeito que ela aplica o produto químico naquela parte que está muito crespo, ela passa no... aí de repente você vê aquelas pessoas com quedas localizadas e... bem, eu sempre trabalhei assim... (D, 45 anos, cabeleireira étnica) (grifo nosso)

Essa transformação pela qual passou o salão de Dora representa a possibilidade de outros salões de Belo Horizonte começarem a se especializar no trato dos cabelos crespos ou daqueles que já trabalham com esse tipo de cabelo passarem a se autodenominar "étnicos" também. Para as/os cabeleireiras/os étnicas/os existentes isso significa mais um concorrente, mesmo que elas/eles não queiram admitir explicitamente.

Quanto mais "étnico" o salão vai-se tornando, mais a cabeleireira se especializa, faz cursos, adquire maior competência e diversifica o serviço oferecido. Além disso, a diversidade de ofertas significa diversificação do preço do serviço. Talvez aí esteja a parte mais forte da concorrência: melhores preços e formas de pagamento mais suaves. A concorrência envolve, também, a realização de discursos mais estruturados sobre os cabelos crespos, atendimento diversificado, carisma da cabeleireira, rapidez na realização do serviço, localização, a organização do espaço físico e a apresentação do salão.

Mas, para ser étnico, não basta que um salão seja um estabelecimento comercial que simplesmente trate dos cabelos crespos. "O salão étnico ele não é igual ao salão de cabelo liso, o salão de branco. Tudo é diferente, desde de cuidados com o próprio cliente, até os funcionários, até a forma de levar, de administrar é completamente diferente (R, 40 anos, cabeleireiro étnico)". Para que um salão seja étnico, é preciso optar por um trabalho voltado para a clientela negra, o que resulta na realização de várias ações explicitamente direcionadas à comunidade negra, tais como: presença em atividades programadas pela e para a comunidade negra ou militância, por exemplo, festas ou atividades culturais; patrocínio de eventos, presença e apoio às festas realizadas pela comunidade negra local ou pelos africanos e africanas residentes em Belo Horizonte, entre outros.

Além disso, para ser étnico, um salão não pode ser especializado apenas em alisamentos. Essa é uma característica comum nos vários salões de bairro que atendem clientela negra, a qual é muito criticada por alguns negros. Um salão étnico pode alisar cabelos, mas, também, precisa ter *know-how* para relaxar, texturizar, trançar, fazer cortes afros, alongamentos, penteados afros e tratar os cabelos crespos danificados.

As questões em torno da classificação do salão como étnico remontam a uma história mais antiga e ao crescimento desse mercado em Belo Horizonte nos últimos cinco anos. Até esse momento, além do extinto salão *Roger Black Power*, que na década de 1980 se destacou como o pioneiro na especialidade afro em Belo Horizonte, somente o Beleza Negra e o Preto e Branco eram vistos como tal. Atualmente, há salões nos bairros que, aos poucos, vêm incorporando essa denominação. Alguns são fruto da participação dos seus próprios proprietários nos cursos oferecidos por um dos quatro salões pesquisados ou do contato pessoal com alguns dos cabeleireiros étnicos entrevistados. Outras vezes, esses estabelecimentos surgem na carona do mais novo filão no mundo da estética: o mercado "étnico".

No início, esses salões foram estigmatizados e considerados por pessoas negras e brancas como racistas. Muitos questionavam se a ênfase dada ao negro seria uma espécie de racismo às avessas. Esses questionamentos existem até hoje. Nesse momento de crescimento, tensão e afirmação do mercado étnico belo-horizontino da década de 1980, o Salão Dora Cabeleireiros já existia, mas se mantinha afastado dessa discussão. Dora mesma confirma que bem mais tarde é que ela começou a divulgar o trabalho que realizava dentro e fora do seu salão.

Inicialmente, o salão funcionava no Bairro Maria Gorete onde Dora e o marido ainda moram, e depois, por volta dos anos 1990, passou a funcionar na Galeria São Vicente, onde está até hoje. Segundo Dora, "as pessoas não sabiam da existência do Dora Cabeleireiros, mas fiz trabalhos, já fiz vários trabalhos. *Mas às vezes foi falta de preparo meu mesmo, porque eu nunca preocupei, não tinha tempo para me preocupar com isso. O meu negócio era a preocupação com os meus filhos. Educar os meus filhos, criar os meus filhos,* profissionalizar, ensinar" (D, 45 anos, cabeleireira étnica) (grifo nosso).

Além dessa visibilidade no mercado étnico, Dora vem se inserindo na agenda política do movimento negro de Belo Horizonte, participando de eventos públicos, fazendo desfiles, apoiando e participando das festas da comunidade africana. Também abriu espaço entre os integrantes de alguns grupos teatrais de Belo Horizonte, fazendo maquiagem e cabelo de atores e atrizes.

Embora não tenha realizado um mapeamento entre os diversos salões de beleza de Belo Horizonte, os três anos de trabalho de campo me mostraram que a relação entre um Salão de beleza e o desenvolvimento de projetos e ações sociais não é uma prática comum no mundo da estética. Essa parece ser, então, uma especificidade dos salões étnicos. (Foto 21)

Essa inserção social, somada à entrada no mercado "étnico" e à realização de desfiles afros que antes eram uma prática quase que exclusiva do salão Beleza Negra, é motivo de tensão. É preciso ponderar que, apesar de esses dois salões terem como ponto comum o fato de serem étnicos e um tipo semelhante de atuação na comunidade negra e pobre, isso não os torna menos concorrentes. (Foto 22)

Além disso, colabora para a existência da concorrência o fato de serem o Dora Cabeleireiros e o Beleza Negra os dois salões que, dentro da especialidade "étnica", se encontram mais estruturados do ponto de vista de organização interna, formação das cabeleireiras, equipamentos, equipe e que mais investem na divulgação do trabalho e ações sociais. Contudo, de todas as cabeleireiras, somente Flávia explicitou, embora censurando muito, que existe concorrência e, às vezes, rivalidade entre as/os cabeleireiras/os.

As clientes fazem comparações, tecem comentários, reclamam de uma cabeleireira para a outra. Apesar de tentarem manter uma atitude ética diante do comentário e, principalmente, diante de mim, conquanto pesquisadora, o fato é que tais comentários nunca passam despercebidos e servem para acirrar algum tipo de animosidade ou reforçar representações de um salão em relação ao outro. Dessa forma, o pertencimento racial e as posturas políticas assumidas pelas cabeleireiras e cabeleireiros não são suficientes para diluir questões pessoais, concorrência e discordâncias.

Cada salão apresenta diferentes projetos em torno da beleza negra e da questão racial, assim como interpreta isso de maneira distinta. Para além da forma específica de cada um conduzir o seu negócio, a sua microempresa, essas diferenças ocorrem graças às diferentes trajetórias familiares, de vida e profissional das/os cabeleireiras/os e, sobretudo, da maneira peculiar como cada um desses sujeitos constrói a sua identidade negra.

Mas quem são os clientes do Dora Cabeleireiros? É uma clientela majoritariamente feminina. São mulheres e homens negros e brancos adultos, jovens e crianças, estudantes, assalariados, profissionais liberais e funcionários públicos. É também o salão em que percebi maior número de clientes brancas circulando, embora a maioria da clientela seja negra. Muitas clientes negras alisam cabelos com pasta e fazem permanente afro. Esse é outro ponto em que o trabalho do salão é questionado pelos outros cabeleireiros, pois, segundo alguns informantes, as duas técnicas, aos poucos, vêm sendo abolidas pelos cabeleireiros étnicos. Segundo alguns, de certos produtos químicos, por exemplo, a amônia presente na composição da permanente-afro, afetam a saúde da cliente e dos cabelos, por isso não têm sido recomendados pelos médicos. O Salão Dora Cabeleireiros, porém, insiste no seu uso. De acordo com a cabeleireira, no seu salão, a estrutura química da permanente afro e da pasta de alisar à base de soda cáustica é alterada com misturas que só ela sabe fazer. O salão também faz relaxamentos e alongamentos com topete, uma marca registrada do Dora Cabeleireiros.

Além do uso da química, o Salão Dora Cabeleireiros se destaca no tratamento capilar. A equipe trata de várias mulheres, adolescentes e crianças que tiveram os cabelos danificados por processos químicos em outros salões. Com isso, Dora acaba formando uma clientela fiel ao seu tratamento. É esse *know-how* que ela ensina às outras cabeleireiras e cabeleireiros presentes nos cursos e oficinas que ministra em Belo Horizonte, no interior de Minas e em outros Estados. Em Belo Horizonte, essas atividades acontecem no seu Centro Técnico, que funciona numa sala ao lado do salão e também na Casa do Barbeiro, com a qual Dora mantém uma parceria de longa data.[14] (Foto 23)

Pude experimentar no meu cabelo a eficiência do tratamento capilar desenvolvido por esse salão. Submeti-me aos cuidados da massagem e da desintoxicação capilar, ao vaporizador, ao infravermelho, ao secador, ao difusor e outros tantos aparelhos necessários durante uma sessão de tratamento. Fiz sobrancelha, experimentei a massagem facial e, de fato, achei tudo muito bom. Com isso, criei grande empatia entre as funcionárias do salão e com a própria Dora. Como fazia com suas clientes, a cabeleireira analisava o meu cabelo e falava com voz delicada: "O seu cabelo tem uma textura maravilhosa. Vamos fazer coisas lindas no seu cabelo." Sem dúvida, essa fala é muito melhor do que o xingamento "cabelo de bombril", tantas vezes ouvido na minha infância. É uma forma de sedução, e não há como negar que faz parte de um processo de ressignificação do cabelo crespo.

Essa conversa é uma técnica comum nos salões étnicos, e o cabelo é o veículo que possibilita essa comunicação. O Dora Cabeleireiros, porém, desenvolve um discurso de maneira mais sistemática do que os outros salões e de forma muito interessante. Dora percebe a estreita relação entre as mulheres negras, a autoestima e os cabelos crespos. Dessa forma, antes de conversar qualquer assunto sobre a química adequada para os cabelos ou o tipo de penteado a ser feito, ela investe em uma conversa em que reforça positivamente a autoestima da cliente, dizendo que os seus cabelos são lindos, que a mulher é linda e que elas tratarão dela e do seu cabelo. Ela pede para que a cliente fale sobre o seu cabelo, o que já fez, como se sente em relação a ele e logo após diz para a cliente que é preciso se orgulhar da raça negra, uma vez que essa é uma raça linda e forte.

As clientes se mostram desconcertadas, tímidas diante de tanta atenção. Algumas evitam se olhar no espelho ou então adotam uma atitude negativa diante do cabelo, reclamando ou xingando a "sina" de ter nascido com o "cabelo duro", com um "cabelo ruim". Muitas vezes, o cabelo está tão maltratado que cai aos montes no chão só de ser tocado com as mãos ou com o pente. Nesse momento, segundo Dora, é preciso manter a calma, conversar

---

[14] No final de 2004 e início de 2005, a Casa do Barbeiro encerrou suas atividades.

e ser firme. Algumas mulheres insistem em aplicar uma química num cabelo maltratado e isso não pode ser feito. Ela resiste e, se a cliente insistir, é aconselhada a procurar outro profissional. Essa prática também foi vista nos outros três salões pesquisados. É esse diálogo entre cabeleireira e cliente, o qual inclui o preenchimento de uma ficha de avaliação, que é chamado de *anamnese* e se apresenta como um instrumento não só de sedução e venda do serviço a ser realizado, como também uma tentativa de reconstrução da autoestima, na construção de uma relação de confiança com a cabeleireira ou cabeleireiro e um novo olhar sobre a beleza negra.

Contudo, há mulheres que chegam nervosas, não aguentam ouvir essa conversa e querem saber, imediatamente, o que pode ser feito e o preço do tratamento. A cabeleireira é muito rígida, nesse momento. Sempre argumenta que o preço é algo a combinar depois e que o cabelo não deverá receber nova química até passar por um tratamento e ser recuperado. Com isso, algumas mulheres vão-se embora "pisando duro" e não retornam mais ao salão.

Mas nem todas as sessões de *anamnese* acontecem do mesmo jeito. Presenciei várias cenas em que Betina e JC diziam para as mulheres negras com cabelo muito danificado que a solução era a tesoura. Isso as deixava apavoradas, pois ainda há no imaginário das mulheres brasileiras uma cultura do cabelo longo, em que o ato de cortar o cabelo é motivo de pânico para muitas mulheres negras e brancas. Para essas, importa ter o cabelo longo, mesmo que seja danificado. Essa recusa não é só estética, mas tem relação com o significado social e sexual do cabelo, como lembra Edmund Leach (1983). Além de ser vista socialmente como mais bonita, uma mulher de cabelos longos acredita estar mais próxima de um clima de sensualidade. Quando somamos a esse significado quase universal do cabelo uma perspectiva étnica e racial, podemos inferir que, para as mulheres negras e mestiças, o cabelo longo pode apresentar um duplo simbolismo: sensualidade e aproximação do cabelo da mulher branca, visto como referencial de beleza feminina.

Acompanhei cinco desfiles desenvolvidos pela equipe do Dora: no Sindicato dos Bancários, na Feira Étnica, no Batuque Brasil, no Sesc Tupinambás e na Feira Mineira da Beleza/2000. Com exceção do Sesc e da Feira Mineira da Beleza, todos os outros desfiles de cabelos e penteados étnicos eram acompanhados do trabalho da estilista Ana Maria, da Via Afro, especializada em roupas afro e amiga de Dora. As garotas e os rapazes negros e os poucos brancos que desfilam não são modelos profissionais, são jovens pobres da periferia que Dora convida para participar. Segundo ela, o ato de desfilar, de se expor, de mostrar-se, contribui para a construção de uma autoestima positiva dos jovens pobres e, principalmente, dos negros.

Nesses momentos, sempre há uma tensão velada, envolvendo o tipo racial dos modelos que desfilam para a cabeleireira. Dora discursa sobre a identidade negra e desenvolve projetos sociais voltados para a afirmação racial. Todavia, na sua história de vida, ela também constrói uma identidade mestiça. Identidade presente na sua composição étnica, na história da sua família, na sua aparência e na de seus filhos.

A ambiguidade do mestiço não é fruto de características pessoais, internas e psicológicas do indivíduo. Ela se desenvolve na sociedade, na cultura e no contexto do racismo brasileiro. Como nos diz Kabengele Munanga (1999, p. 126):

> O mestiço brasileiro simboliza plenamente essa ambiguidade cuja consequência na sua própria definição é fatal, num país onde ele é de início indefinido. Ele é "um e outro", "o mesmo e o diferente", "nem um nem outro", "ser e não ser", "pertencer e não pertencer". Essa indefinição social – evitada na ideologia racial norte-americana e no regime do apartheid –, conjugada com o ideário do branqueamento, dificulta tanto a sua identidade como mestiço, quanto a sua opção da identidade negra.

Dora se afirma negra, no seu discurso e no seu comprometimento político diante da questão racial. Contudo, ela assume a presença da mestiçagem na sua família. Cita, inclusive, exemplos de seus netos, um dos quais é branco e loiro. Para ela, o cabelo e a cor da pele são os componentes do corpo que atestam essa mistura.

Mas essa ambiguidade do mestiço convive com um projeto de afirmação da identidade negra no discurso e na prática do Salão Dora Cabeleireiros. Ao conversar com as clientes, ela sempre chama a atenção para a beleza negra, para a força e vitalidade dos cabelos *afro-étnicos*. Dora necessita falar sobre isso, deseja informar às clientes sobre o cuidado com esses cabelos, demonstra certa ansiedade em ajudar a construir uma nova autoestima da mulher e do homem negro que adentra o seu recinto.

Ela também age da mesma maneira nos cursos que ministra na Casa do Barbeiro. Antes de Flávia ter o seu próprio salão, ela e a mãe trabalhavam sempre em dupla e, nesses cursos, pude observar como enfatizavam a discussão sobre a "mistura racial" do povo brasileiro. Nesse momento, davam um destaque à presença da mestiçagem no seu discurso a qual, segundo elas, interfere não só na cor da pele, como também nas diferentes texturas dos cabelos do brasileiro e da brasileira. Mas ao mesmo tempo que destacam a mestiçagem, ambas se afirmam negras diante das cabeleireiras e dos cabeleireiros presentes.

Entretanto, quando enfatiza o tratamento capilar, a questão da mestiçagem volta com força no discurso de Dora e do seu salão. Ao falar sobre os cabelos "afro-étnicos", a cabeleireira e sua filha dizem que a não-aceitação do "ser negro" leva as mulheres negras e as mestiças de cabelos crespos a ficar tão ansiosas com o seu tipo de cabelo que o submetem inescrupulosamente a qualquer processo químico. Esse processo não se reduz ao tipo ou à textura do cabelo em si, mas à introjeção de representações negativas, construídas historicamente sobre o cabelo e o corpo negro, no contexto do racismo.

A confusão e a ambiguidade presentes nas interpretações sobre a relação entre cabelo e questão racial nem sempre são percebidas pelo sujeito que as vivencia. No caso das cabeleireiras, o fato de essas profissionais trabalharem diariamente com o cabelo como "matéria-prima" pode contribuir ainda mais para a complexidade dessa situação.

Após a realização da entrevista, percebi que a preocupação com o tratamento dos cabelos danificados, além de ser um destaque na vida profissional de Dora, faz parte da sua própria história. Em vários momentos, ela citou as situações constrangedoras vividas na escola e em outros espaços, quando ainda não sabia cuidar bem dos seus cabelos, aplicando-lhes uma química perigosa e de maneira indiscriminada. Tal comportamento resultava em um cabelo com um aspecto pouco saudável, quedas e queimaduras capilares. Uma situação que faz parte da sua origem e deixou marcas profundas na sua identidade de mulher negra.

> A minha mãe sempre gostou de fazer penteados, de fazer topete, de fazer aqueles coquinhos... além das tranças, ela fazia sempre algo diferente, alisava o cabelo da gente à quente, antes. Depois é que nós passamos a alisar com pasta, surgiu a pasta Ebanon.[...] *Então eu comecei a tratar, comecei a descobrir coisas, formas pra passar nos cabelos, pois mesmo o cabelo crespo fica um cabelo macio, fácil de mexer. Mas a gente tinha essa preocupação sim, chegava na escola tinha essa coisa do cabelo... A partir do momento que eu alisei ficou pior ainda. Eu não tinha essa preocupação que eu tenho hoje que eu passei para os meus filhos e tento passar para as pessoas. O produto químico é muito perigoso, ele destrói o cabelo, se não tiver tratamento. O meu cabelo quebrou todo, ficou vermelho, aqui uma*

parte caiu, outra parte... e aí a gente não tinha essa consciência de poder cortar, fazer um estilo, não sabia fazer essas coisas, ficou aquela coisa... esquisita (risos). E outra, a gente não tinha os produtos que a gente tem hoje. O produto é muito alcalino porque soda cáustica com sabão e uma farinha de trigo é coisa muito forte, extremamente forte. Então, desestruturou, estragou e acabou com a fibra do meu cabelo. Aquilo quando molhava, passava, na época, produto para enxaguar, você não penteava nem... Por isso é que eu estou te falando que eu comecei as pesquisas, misturando as ervas, as coisas, "pra mim" conseguir tratar do fio. Aí é que eu comecei, eu consegui com essas fórmulas, essas misturas, consegui coisas pra soltar o fio, ficar macio. (D, 45 anos, cabeleireira étnica) (grifo nosso)

Ao acompanhar alguns desfiles realizados pelo salão, percebe-se claramente a mistura entre um padrão estético negro e mestiço na sua prática. Nesses desfiles, a cabeleireira costuma aparecer, no final, para agradecer à plateia. Ela aparece usando roupas no estilo afro. Dora se mostra emocionada, lacrimeja durante e após o espetáculo e sempre diz estar realizando um grande sonho de sua vida ao colocar o Dora Cabeleireiros e o seu trabalho em evidência e a serviço da população negra.

Em um desses desfiles, durante o evento Batuque no Parque, quando, ao final, deram-lhe a palavra, ela disse: "Vamos nos unir, vamos unir os nossos irmãozinhos negros, os afrodescendentes. Ser negro não é só a cor da pele. Ser negro é a característica de uma raça".

Durante a pesquisa, eu sempre convidava os cabeleireiros e as cabeleireiras para participarem de eventos realizados na universidade sobre a questão racial. Sempre que podiam, eles marcavam presença. Dos eventos dos quais pôde participar, o que mais impressionou a cabeleireira Dora foram a palestra e o lançamento do livro do professor Kabengele Munanga. Era muito interessante observá-la escutando atenta a palestra, andando de cabeça erguida pelo auditório da Faculdade de Educação, conversando com os professores e professoras que eu lhe apresentava e distribuindo cartões do seu salão para os muitos brancos e poucos negros que lá estavam.

Mais tarde, durante a entrevista, ela me falou do seu processo de abertura para o mundo, da forma como hoje se relaciona com o público, do fato de ter voltado a estudar depois de adulta, de atualmente entrar e sair de qualquer lugar, assumir-se como mulher negra, sujeito de direitos e sentir-se linda. Toda essa transformação aparece no seu discurso, associada com a sua descoberta pessoal de que poderia tratar do seu cabelo crespo e sentir-se, então, bela com sua negritude e com seu cabelo.

No dia da palestra, na faculdade, enquanto distribuía os seus cartões para os presentes, Dora proferia um discurso, no qual estava presente o apelo à democracia racial, quer seja como uma marca do seu salão, quer seja como uma estratégia de sedução e marketing. Afinal, ela estava entre um público majoritariamente branco. Ela dizia com um sorriso no rosto: "Vá lá no meu salão. Dora Cabeleireiros é a união de todas as raças."

Na realidade, *união de todas as raças* é o mote do salão Dora Cabeleireiros. O *banner* onde essa frase está escrita é carregado pela equipe do salão para todos os eventos que realiza. No fundo amarelo forte, destaca-se no alto o nome do salão dentro de uma circunferência preta e escrito com letras brancas. No centro do *banner*, encontramos o rosto de uma mulher com a face dividida em duas partes: do lado esquerdo, os traços são de uma mulher negra, do lado direito, de uma branca com olhos puxados como os das asiáticas. Logo abaixo a frase "união de todas as raças".

O seu cartão também mantém a mesma ilustração e conceito. É dividido por uma linha curva nas cores branca e preta. No alto, o desenho de um rosto de mulher dividido ao meio. A metade esquerda é de uma asiática, e a direita, de uma negra com o cabelo estilo *black power*. Segundo Dora, sua filha Flávia é a autora da ideia, e quem a elaborou graficamente foi um sobrinho. Como ela mesma diz, foi tudo feito em família. Mais tarde, Flávia confirmou que a ideia do logotipo é sua e foi aceita pela mãe. (Fotos 24 e 25)

O logotipo destaca uma mulher dividida. O que parece contraditório com o apelo à "soma", representada na frase "união de todas as raças". Os símbolos escolhidos na composição da logomarca parecem expressar o universo em conflito, próprio do mestiço brasileiro, mesmo daqueles que constroem politicamente uma identidade negra.

Durante o período do trabalho de campo, Dora esteve presente nos cursos e congressos promovidos pelo Salão Beleza Negra. Ela participou do 5º e do 6º congressos étnicos. Inclusive, foi exatamente em um desses eventos que eu a conheci, ou seja, durante o V Congresso Étnico de Cabeleireiros/99, promovido pelo Beleza Negra e realizado na Casa do Perfume. Depois de eu ter sido apresentada em público como pesquisadora e ter falado sobre a minha pesquisa e a minha procura de salões étnicos na região central de BH, Dora se aproximou, entregou-me o seu cartão e falou-me sobre o trabalho que desenvolvia. Assim, agendei uma visita ao seu salão para depois da minha passagem pelo Preto e Branco, que já estava programada.

Esse comportamento da cabeleireira indo a eventos promovidos pelo salão concorrente, marcando presença entre as cabeleireiras e os cabeleireiros étnicos, dando cursos sobre alisamentos e alongamentos, além de ser interpretado como persistência pessoal, demonstra o seu objetivo claro de investir no seu salão e conhecer melhor o mercado étnico. Entre as/os cabeleireiras/os entrevistados, ela é a que parece ter maior clareza quanto ao seu investimento empresarial. Se ela antes tinha demorado a investir mais no seu negócio, a se inserir no mercado étnico e na agenda da comunidade negra da cidade, parece-me que, agora, ela veio para ficar. Depois do nosso contato, vejo-a dando dicas nas revistas da Casa do Barbeiro, constato o anúncio do seu salão na revista *Raça Brasil* e encontro-a nas mais diversas atividades do movimento negro de Belo Horizonte.

A inclusão da figura do mestiço e também do branco nos trabalhos desenvolvidos pela cabeleireira apresenta mais alguns elementos para pensar a relação entre o projeto do salão e a construção da identidade negra. Novamente, destaco os desfiles. A questão aqui colocada não se reduz à escolha de modelos negros e brancos, mas aos conflitos que essa iniciativa traz para a cabeleireira. Na esfera privada, dentro da sua família, a mestiçagem traz questionamentos à própria Dora. "Como posso recusar uma adolescente branca, que sonha em desfilar e diz que o seu avô era negro? Como fazer? Meu neto é louro. Será que no futuro não poderei deixá-lo desfilar?", questionava-me a cabeleireira.

Entretanto, é na esfera pública que a complexidade aumenta. Ao colocar modelos brancas nos seus desfiles afros, o salão e sua proprietária recebem críticas de algumas pessoas da comunidade negra, dos militantes mais radicais e dos brancos politicamente engajados. Cobram-lhe uma coerência com determinado tipo de discurso racial em prol da negritude, ou seja, aquele defendido por uma parcela do movimento negro. Cobram-lhe, então, a presença unânime de modelos negros, de pele escura e com sinais diacríticos mais próximos do padrão estético africano e mais distante da miscigenação brasileira. Ao pleitearem isso, tais pessoas parecem acreditar em um único modelo de estética negra. A beleza negra aparece, então, imersa nas questões ideológicas, com as quais todos os salões étnicos, não só o Dora Cabeleireiros, quer queiram, quer não, têm que se haver.

A ambiguidade do mestiço presente no seu próprio corpo não resulta em uma postura passiva por parte da cabeleireira ou na simples incorporação do ideal do branqueamento. Pelo contrário, as dúvidas, as oscilações, os desejos e as frustrações têm orientado e confirmado a sua escolha profissional e a impulsionado na sua luta. "Quando criança, *ficava triste por não ter um cabelo solto, que balançava como o das minhas primas*". Esse processo doloroso e complexo tem possibilitado à cabeleireira a construção de um olhar sensível em relação aos dramas, dilemas, problemas de autoaceitação vividos pelas clientes, sobretudo as mestiças. Assim, ao destacar a necessidade de aceitação do cabelo crespo, Dora sempre diz para essas mulheres que elas devem aceitar-se como negras e se reconhecer conquanto sujeitos de beleza. Os homens também escutam o mesmo discurso, já que eles também apresentam dilemas em relação ao cabelo. Muitas vezes ela os convence a não raspar a cabeça e a realizar cortes no estilo afro ou texturização, valorizando o comprimento dos fios.

No Salão Dora Cabeleireiros entrevistei quatro clientes: três mulheres e um homem. As pessoas entrevistadas foram: uma atriz, uma auxiliar de escritório, uma aposentada e um representante de livros. As idades variam em torno de 32 a 60 anos. O salão de Dora é o que tem maior número de pessoas idosas, em razão de dois fatores que posso apontar com maior precisão: o tempo de existência (mais de 20 anos) e a especialidade no uso do alisamento com soda, que, embora seja muito criticado pelos outros cabeleireiros étnicos, é um dos mais usados pelas mulheres negras mais velhas. Os homens são muito menos expressivos nesse salão e não usam esse tipo de alisamento.

Julgo importante, ainda, destacar os projetos sociais desenvolvido pelo salão. Dora participou de um projeto social que envolvia o atendimento a um grupo de crianças portadoras de necessidades especiais, juntamente com o dançarino-afro Evandro Passos. Além disso, sempre realiza trabalhos em escolas públicas, maquiando com seus próprios produtos adolescentes e jovens negras e negros, ajudando a equipe de professores/as a realizar desfiles afros durante eventos e festas escolares. Alguns desses jovens são convidados, posteriormente, para participar dos desfiles realizados pelo salão. Ela também realiza palestras para jovens em colégios e faculdades onde fala da sua trajetória e da importância da valorização da autoestima do negro. Cito a sua participação na 2ª Semana da Consciência Negra promovida pelos alunos da Faculdade de Educação da UEMG e no 7° Sarau Lítero-Musical da mesma faculdade, em 2001. Além disso, apoia eventos da comunidade negra e festas da comunidade africana.

Durante alguns eventos realizados na cidade com a participação de cantoras e artistas negros, ela e sua equipe maquiava-os e penteava-os gratuitamente e ao ar livre. É claro que tais ações implicam o marketing para o seu salão e integra o seu projeto de expandir-se na cidade. Contudo, a escolha dos trabalhos e ações voltados para a comunidade negra e pobre, somada ao discurso afirmativo da cultura negra, diz respeito a um projeto mais amplo do Dora Cabeleireiros, que aponta para a sua inserção social e política. (Foto 26)

Em 2001, Dora foi convidada para fazer a maquiagem do elenco no filme "Como uma onda no ar", do cineasta Helvécio Ratton. O filme é sobre a história de uma importante rádio comunitária de Belo Horizonte, a Rádio Favela, localizada no Conglomerado da Serra. Segundo Dora, o elenco é negro, e ela ficou responsável pelo cabelo e pela maquiagem. Além de significar o reconhecimento do seu trabalho e uma boa oportunidade de ampliar seu serviço, esse convite representa muito na trajetória da cabeleireira e do seu salão.

Dora e sua equipe foram também contratados para fazer a maquiagem e o cabelo das peças teatrais: "Mata Hari" (direção de Carlos Gradim), "Shirley Valentine" e "Doroteia", que estiveram em cartaz em 2001 e início de 2002. Além disso, Dora foi a visagista da peça "Como sobreviver em festas, recepções com *buffet* escasso" do escritor Ângelo Machado, dirigida por Ênio Reis.

No início de 2002, por ocasião do Dia Internacional da Mulher, Dora foi homenageada com o diploma "Hoje em Dia", da promoção "Valores Femininos/2002". A sua foto foi publicada no jornal *Hoje em Dia*, ao lado de outras mulheres homenageadas. (Foto 27)

Em 2004, as atividades políticas, educativas e sociais da cabeleireira continuaram intensas. Dora assumiu o trabalho de formação de jovens cabeleireiros(as) na escola profissionalizante "Raimunda da Silva Soares" na Pedreira Prado Lopes, e continuou participando como visagista (cabelo e maquiagem) de várias peças teatrais na cidade, por exemplo, "Pés Negros nas Estrelas", da atriz Cida Moreno. Também foi chamada para trabalhar na cidade de Milho Verde com os quilombos dos Ausentes e do Baú, realizou penteados de época para o filme "Vinhos de Rosa", da cineasta Elza Cataldo, além de continuar ministrando palestras em faculdades e escolas públicas.

Beleza em Estilo – Salão Unissex

O ônibus passou em frente à Faculdade de Medicina da UFMG, seguiu o caminho pela região hospitalar, circulando atrás da Santa Casa de Misericórdia e em frente à Maternidade Hilda Brandão. A rua, que inicialmente é Avenida Alfredo Balena, em determinado lugar do trajeto transforma-se em Álvares Maciel. No último ponto, em frente ao *Lapa Multishow*, antes de atravessar a Avenida Brasil, desci, voltei mais um pouco e me vi diante de um pequeno portão gradeado que dava para um longo e estreito corredor. Lá no fundo, vi um pequeno cômodo e avistei um mural com fotos coloridas de modelos negros, com diferentes penteados afros. Dentro do espaço vi uma jovem negra, de costas, arrumando o cabelo de uma mulher.

No meio de tantas opções de botões no interfone, observei em um deles um pequeno pedaço de papel escrito à caneta "Salão Beleza em Estilo". Toquei o interfone, a moça olhou para trás e abriu o portão.

Segui em frente, pelo pequeno corredor, tendo à minha esquerda a lateral de uma casa grande, onde funciona um escritório. Bem na porta de entrada do salão, também à esquerda, há uma escada que leva para o andar de cima. Ao entrar no cômodo transformado em salão, vi que não era amplo e sem nenhuma divisão no meio. Estava dentro do Salão Beleza em Estilo. (Foto 28)[15]

Núbia me recebeu com um sorriso. É uma jovem negra, bonita, na época com 26 anos. Está separada do companheiro, tem uma filha e, em 2000, estava concluindo o ensino médio. Usa fartos cabelos alongados, pintados de vermelho, deixando aparecer as trancinhas nas quais se nota o seu cabelo crespo. Possui um corpo bem formado, curvas muito bonitas e vestia jeans e camiseta.

Ela trançava um cabelo com tamanha rapidez que me impressionou naqueles minutos de primeiro contato. Mais tarde, fiquei sabendo que a arte de trançar e mexer com cabelos crespos vem de longe. Sua mãe e sua tia já desenvolviam esse tipo de trabalho, que foi transferido para ela como uma herança ancestral. A transmissão de saberes e práticas voltadas para a cultura negra é algo marcante na família da cabeleireira. Eles são *Os Luízes,* um total de quatorze famílias remanescentes de quilombos em Belo Horizonte. A história de seu avô está narrada e publicada em um livro chamado *Os Luízes,* escrito por Luíza Sidônio, uma de suas tias.

Deixemos que ela se apresente:

> Meu nome é Núbia, tenho 26 anos. Uma filha maravilhosa de um ano e meio, de nome Iaisy. Tenho quatro irmãos, sendo que um é somente por parte de pai e mãe que é o V. Atualmente eu moro na minha própria casa com minha filha. Minha mãe e meu irmão V. moram nos

---

[15] Como já foi dito, o Beleza Estilo mudou de local. Em 2005, o salão passou a funcionar na Avenida Augusto de Lima, região central da cidade.

fundos, mas é no mesmo lote. Meus pais separaram quando eu estava com sete anos, eu só senti a separação mesmo na adolescência, porque eu via minhas amigas, ia na casa dela e via o pessoal unido, junto. Então, eu achava importante, tanto que eu falei: "Um dia eu vou ter uma família, vou ter minha filha." – e eu acho isso legal, entendeu? Isso de família, pai, mãe junto, acordar, almoçar, sair no dia a dia junto. Eu comecei a trabalhar com doze anos. E já foi difícil, porque na época, meu pai falava: "Ah! Não precisa de estudar, mulher não precisa de estudar". Eu falava: "Ah, Não! Eu vou estudar sim". Com doze anos comecei a fazer unha a domicílio. Eu paguei os meus estudos, comecei a pagar e também comecei a ajudar minha mãe em casa, com meu irmão. Meu irmão era pequenininho, eu levava ele na aula. De manhã eu cuidava dele e à tarde eu ia fazer unha, à noite eu estudava. Com doze anos eu comecei a estudar à noite. Eu pagava as contas, pagava meus estudos e ajudava em casa. Eu sempre planejava algo, eu corria atrás e conseguia. Tipo assim, até hoje mesmo eu peço a Deus todos os dias que me dê muita saúde, pra eu continuar realizando as coisas, alcançando todos os meus objetivos, tudo que eu quero. (N, 26 anos, cabeleireira étnica)

Jack, apelido de Jacqueline, pareceu-me feliz ao me encontrar. Ela já sabia da minha pesquisa, já que nos conhecemos no início do trabalho de campo, quando ela ainda era funcionária do Salão Beleza Negra – Betina Borges.

Jacqueline é uma jovem negra, bonita e solteira. Na época da pesquisa, ela estava com 23 anos e cursava o ensino médio. Usava cabelos curtos, relaxados, estilo surfista, na cor chocolate. O corpo parecia ser mais de menina do que o de Núbia. As suas curvas não eram tão insinuantes como as da amiga e colega de trabalho. Trajava calça jeans e blusa branca. A arte de trançar cabelos que ela desenvolvia também foi aprendida na família. Esse ofício foi-lhe ensinado pelas suas tias quando criança e, aos treze anos, ela já fazia tranças. É o que ela nos diz na sua apresentação:

Eu sou a Jacqueline, sou extrovertida, um pouco tímida também, mas as muitas pessoas que me veem, não imaginam a pessoa que sou e o meu potencial. Mas eu sou uma menina que, desde os treze anos, comecei a trabalhar. Primeiro, olhei um menininho perto de casa, porque eu não gostava de ficar em casa. Eu queria ter meu dinheiro assim, pra mim, porque eu já não aguentava mais ser sustentada por minha mãe e meu pai. Eu já trançava cabelo, já mexia com cabelo em casa, por causa das minhas tias, porque elas já faziam trança a domicílio. Com isso eu fui tendo mesmo aquela visão e me interessei também pelo cabelo. (J, 23 anos, cabeleireira étnica)

Elogiei o novo penteado de Jack e me apresentei novamente à Núbia com a qual só tive um contato rápido numa festa africana. Foi nessa noite que lhe falei sobre a pesquisa e trocamos telefone agendando um futuro encontro. Ela pediu que eu trouxesse uma cadeira para o lugar onde estava alongando o cabelo da cliente e, assim, expliquei-lhe os motivos da pesquisa, o tipo de observação e de trabalho que realizaria. Disse-lhe dos salões por onde passei e das referências que ouvia sobre o Salão Beleza em Estilo.

As jovens aceitaram participar do trabalho e se mostraram satisfeitas com o fato de terem sido classificadas como um salão étnico e fazerem parte da pesquisa. Principalmente, porque, na época da pesquisa, se encontravam instaladas havia pouco tempo no Bairro Santa Efigênia, na região mais central. Apesar dos três meses de funcionamento nesse local, o Salão Beleza em Estilo, no período de realização da pesquisa, já existia havia três anos. Antes, ele estava localizado no Bairro Grajaú. Através de um amigo, Núbia conseguiu alugar o atual espaço e se mudou para o Santa Efigênia, na região dos hospitais. A partir daí, o seu trabalho se expandiu.

No período do trabalho de campo, além de atuar no salão, Núbia dividia a semana como técnica da distribuidora de produtos da *Restore*. Esta é mais uma entre as muitas marcas de produtos químicos de relaxamento de cabelos crespos. Um dos sócios da distribuidora é também o dono da sala onde funciona o salão e tio do amigo de Núbia que lhe indicou o imóvel. Nos últimos dois meses, Jacqueline se associou a Núbia e, assim, enquanto uma cabeleireira trabalha para a *Restore*, a outra mantém o salão aberto.

Por mais que Jacqueline seja conhecida pela sua competência profissional em tranças e alongamentos, a referência do salão, na época da pesquisa, ainda era Núbia, inclusive no que se referia à clientela. Em 2001, essa situação se alterou, e o trabalho da sócia ficou mais consolidado. Além de Jack, Paulo, também ex-funcionário do Beleza Negra e primo de Núbia, juntou-se à equipe do Beleza em Estilo, trabalhando como *freelancer*.[16]

---

[16] No meu retorno ao campo, no início de 2002, encontrei várias mudanças no salão. Uma delas foi a nova configuração da equipe: Núbia, Jack, Paulo e Janaína. Em 2005, essa equipe sofreu mais alterações. Uma delas foi a saída do cabeleireiro Paulo. O Salão Beleza em Estilo construiu maior autonomia comercial e encontra-se mais conhecido

Em 2000, o salão estava na fase de implantação. Na época já estava equipado com lavatório, secador, dois espelhos grandes, cadeiras de cabeleireiro, móvel para manicure, entre outros. Os azulejos e o piso eram claros. Era um lugar bem iluminado. Abaixo dos espelhos existia uma bancada de mármore onde se colocavam produtos de cabelo e objetos para a realização dos penteados. Nesse lugar, havia um aparelho de som portátil com rádio e CD, no qual se escutava cotidianamente diferentes estilos de *black music*.

Na parede do lado direito, estavam os certificados de cursos de Núbia. Espalhados por todas as paredes encontravam-se cartazes de modelos negras norte-americanas. Eram propagandas das linhas *Dark Lovely* e *Restore*, trabalhadas pela distribuidora que funcionava no segundo andar e utilizadas para enfeitar o espaço e lhe dar a sua marca étnica. Qualquer cliente que entrasse naquele lugar, por mais desavisado que fosse, entenderia, através dos símbolos ali presentes, que se tratava de um salão que atendia majoritariamente a população negra.

O Salão Beleza Negra, onde as cabeleireiras trabalharam anteriormente, pode ser considerado como uma das referências do Beleza em Estilo. Essa mesma influência foi observada em alguns aspectos do Salão Preto e Branco. Ela pode ser notada no estilo dos penteados étnicos, nas conversas indiretas, nos momentos em que as cabeleireiras falavam de sua insatisfação no campo profissional, quando faziam uma retrospectiva do início da sua carreira como cabeleireira. Essa influência, porém, não significa que o Beleza em Estilo não tenha os seus próprios projetos e seu próprio estilo de trabalho.

Mas como se deu essa influência? Núbia e Jack trabalharam no Beleza Negra quatro e oito anos, respectivamente. Integraram o seu corpo de funcionários, atuaram nos congressos étnicos, na Noite de Beleza Negra, nas atividades sociais e políticas. Segundo elas, o trabalho foi intenso, mas o reconhecimento profissional foi muito pouco. Não explicitaram muito, mas, de alguma maneira, insinuaram que houve tensões de relacionamento pessoal e também que o próprio Beleza Negra serviu de estímulo para que montassem o seu próprio estabelecimento. Esse comportamento é muito comum entre os salões de beleza. Após adquirirem *know-how*, os melhores

---

como importante salão étnico de Belo Horizonte, principalmente pelo seu trabalho entre os jovens da cidade que participam de grupos culturais juvenis. Ele também possui um preço mais acessível para esse público que, geralmente, não possui recursos para pagar os serviços dos salões étnicos mais antigos e mais tradicionais.

funcionários tendem a abrir um estabelecimento próprio, muitas vezes muito parecido com o do antigo emprego.

Mesmo que relembrem com algumas insatisfações ou frustrações o seu período de trabalho no antigo salão, as cabeleireiras afirmam e reconhecem que muito do que sabem foi aprendido ou aperfeiçoado no tempo em que trabalharam no Beleza Negra. Contudo, elas reconhecem que são concorrentes. Consideram, então, que o Beleza em Estilo é muito diferente do outro salão. Para elas, o seu salão segue uma linha própria, mais próxima das negras norte-americanas.

Nas conversas com a cabeleireira Núbia, pude observar que a aproximação com o Salão Beleza Negra e, mais precisamente, a relação de amizade estabelecida com Betina representam momentos fortes na sua história de vida e na sua formação profissional. Durante a sua permanência nesse salão, ela procurou se qualificar. Como ela mesma diz, ao todo, ela fez 28 cursos num período de quatro anos. Realizou, em 1996, um curso na *Dudley University,* quando a equipe dessa universidade veio ao Brasil e ofereceu um curso de cortes de precisão no Sesc Carlos Prates. Em julho de 1997, frequentou o curso avançado em cosmetologia ofertado pelo Sesc do Rio de Janeiro e pela *Dudley*, obtendo a mesma formação que Betina Borges. Essa persistência e a busca constante de um aperfeiçoamento no campo profissional já lhe renderam vários prêmios pela sua atuação como cabeleireira étnica. (Foto 29)

No início relutei um pouco para incluir o Salão Beleza em Estilo na pesquisa. Sabia da sua existência desde o começo do trabalho de campo, visto que Betina havia me contado a sua versão sobre a saída de Núbia, uma de suas melhores cabeleireiras, e eu acompanhei de perto a saída de Jack e Paulo, também considerados excelentes cabeleireiros pelas clientes. O meu argumento, naquele momento, para a não-inserção do Beleza em Estilo baseava-se na sua localização e no acúmulo de dados que mais um salão me acarretaria. No início da pesquisa, o Salão Beleza em Estilo localizava-se no bairro Grajaú, que não faz parte da região central da cidade a ser privilegiada pela pesquisa.

Entretanto, quando cheguei no Salão Preto e Branco, JC e os outros cabeleireiros me falaram do salão da Núbia e me disseram que ela havia se mudado para mais perto. Além disso, quando conversava com as clientes ou os colegas do movimento negro sobre os objetivos da minha pesquisa, sempre alguém me falava sobre esse salão e dizia que ele também se enquadrava na modalidade étnica e que as meninas haviam trabalhado no Beleza Negra.

Decidi, então, aproximar-me do Beleza em Estilo e, mesmo permanecendo um período menor, incorporá-lo à pesquisa.

Na busca da criação do seu próprio estilo de trabalho com os cabelos étnicos e também de adaptação ao nível socioeconômico de suas clientes, Núbia utiliza estratégias interessantes para atrair a sua clientela. Cito como exemplo a maneira encontrada para realizar o alongamento, também chamado de *megahair*. Por meio desse penteado é possível, então, que a mulher amanheça com cabelos curtos e crespos e adormeça com longas madeixas lisas ou aneladas.

O Salão Beleza Negra e sua equipe popularizaram esse penteado entre as mulheres negras e brancas pobres e de classe média de Belo Horizonte. Segundo a entrevistada E.

> Cê via na televisão aquelas mulheres negras com cabelos lindos, mas cê não sabia como... não sabia... mas hoje em dia, que deu acesso pra gente, *começou pela Betina, pelo menos eu via muita propaganda com ela, em Belo Horizonte foi a Betina, um dos primeiros salões que teve foi o dela, então... nossa senhora! Ela, o salão dela deu muito espaço pra gente, pra gente conseguir...* quantas vezes eu ligava: "Ah, não posso, hoje tem muito alongamento..." Sábado todo, as meninas... porque gasta muitas horas então... Nossa Senhora! Foi bom demais, eu sinto não ter feito há mais tempo... que de primeiro acho que só as americanas tinham isso, sei lá, que *no Brasil não tinha, sei lá, se as artistas aqui iam nos Estados Unidos, e a Betina trouxe isso pra gente...* (E, auxiliar de escritório) (grifo nosso)

Segundo a depoente e também de acordo com a opinião das cabeleireiras étnicas entrevistadas, antes o preço de um alongamento era muito elevado, sendo usado somente por atrizes, artistas e mulheres com alto poder aquisitivo. Tal penteado era realizado por mulheres brancas em salões de beleza sofisticados. As mulheres negras e pobres brasileiras, durante um bom tempo, não tiveram acesso ao alongamento, sobretudo aquele que é feito com cabelos humanos. Com o aumento das importações, ficou mais fácil comprar esse tipo de cabelo e também os artificiais de boa qualidade. Além disso, aos poucos, a venda de cabelos humanos tem-se tornado uma prática mais comum entre as pessoas, embora, segundo as cabeleireiras, no Brasil, esse tipo de cabelo possui baixo preço para a compra e muito alto para a venda.

Atenta ao poder aquisitivo de sua clientela e às reclamações diante do preço cobrado pelos salões mais antigos, Núbia prefere trabalhar com outro tipo de cabelo para alongamento. Ela e Jacqueline usam um cabelo artificial importado, chamado cabelo 100%. O preço de cada mecha, na época, variava em torno de R$ 90,00. As cabeleireiras orientam as clientes sobre os lugares onde podem comprá-lo, ficando responsáveis somente pela mão-de-obra, cujo preço é bem acessível.

Além de oferecer um preço mais baixo, Núbia se destaca pela rapidez. Como o seu salão, na época do trabalho de campo, possuía uma clientela pequena, se comparado com os outros três, ela e Jack não encontram problemas em conciliar as atividades extrassalão com o trabalho cotidiano. Ademais, o fato de as duas serem a própria equipe do salão facilita o andamento do trabalho.

Por ser jovem, ter cantado em um conjunto de *axé*, ministrado aulas de capoeira para crianças e adolescentes carentes, frequentar shows de *rap* e pagodes, Núbia se relaciona muito com um pessoal mais jovem e conhece muitas pessoas das vilas e favelas de Belo Horizonte. Dessa forma, o seu salão é frequentado por um grupo significativo de jovens, a maioria na faixa dos 18 aos 25 anos.

Em 2002, ao retornar ao campo para discutir a etnografia com as cabeleireiras, Núbia me disse que houve alteração no quadro da sua clientela. Segundo ela: "Atualmente atendemos tanto mulheres quanto homens e atendemos pessoas de todas as classes sociais" (N, 27 anos, cabeleireira étnica).

Durante a pesquisa de campo, observei que o universo masculino estava sempre presente no salão, embora não tenha encontrado muitos homens naquele espaço. A referência masculina ocupa lugar central nos discursos das garotas/clientes, na sua intenção de se sentir bela, no seu desejo de sedução. Elas dizem se arrumar para conquistar os rapazes, falam sobre a beleza dos homens, comentam sobre a sua própria vida afetiva e sexual, criticam o cabelo de outras mulheres e dizem que o fato de não arrumar o cabelo acarreta muitas perdas, inclusive, afetivas e profissionais.

O alongamento é o tipo de penteado mais solicitado para resolver esse "problema". A maioria das jovens prefere, então, colocar longos cabelos anelados e pretos até a altura dos quadris. Outras tingem de tonalidades mais claras ou colocam cabelos loiros.

Quando o penteado começa a se desfazer pelo tempo e falta-lhes dinheiro para contratar novamente o serviço da cabeleireira ou então quando falta cabelo no mercado, as garotas diziam ficar desesperadas. É um momento de tensão e de pavor. Vários foram os depoimentos das jovens que dizem do pavor que essa situação lhes causa.

Sem o meu cabelo, me sinto feia!

Sem o meu cabelo, não ganho nenhum gato!

Esse "meu" cabelo não é o cabelo crespo natural ou "étnico", como dizem as cabeleireiras. É o cabelo comprado e, na maioria das vezes, artificial. Uma estranha relação entre a sua identidade conquanto uma mulher negra e o cabelo está sendo construída pelas garotas.

Ao conversar com Núbia e Jacqueline sobre essa situação, ambas ponderaram que essa não se reduz a um comportamento individual. Segundo elas, esse tipo de comportamento das garotas/clientes é resultado das relações desiguais entre negros e brancos em nossa sociedade, as quais impõem ao negro, desde a infância, um padrão estético branco.

Mas essa ponderação não impede que o discurso das cabeleireiras sobre a opção pelo alongamento seja o mesmo dos outros salões: o de que esse penteado atende às expectativas de mudança das mulheres negras modernas, é uma das várias opções para o cabelo crespo, propicia liberdade à mulher negra de poder lançar mão das novas tecnologias e criar um visual *fashion*. Entretanto, ao ouvir as conversas das garotas que frequentam o Beleza em Estilo e os depoimentos de algumas entrevistas, vi que a situação é mais complexa. A representação e a interpretação que o penteado recebe não são tão simples assim. O uso do alongamento é passível de vários recortes: racial (mulheres negras e brancas), geracional (mulheres mais velhas, usam o penteado de maneira diferente das mais novas) e socioeconômico (mulheres com melhor poder aquisitivo podem comprar cabelos humanos e recusam os artificiais). Embora tais recortes falem sobre a complexidade que envolve um simples penteado, eles apresentam um ponto comum: dizem de um referencial identitário. Assim, colocar ou não o alongamento está intimamente relacionado não só a um desejo estético, mas à relação entre esse e as múltiplas possibilidades de construção da identidade negra.

Essas garotas negras dizem que, após conhecerem a técnica do alongamento, não conseguem mais sair de casa com o seu cabelo crespo "natural". "Não saio de casa sem alongamento. Faz quatro anos que uso. O último que eu coloquei, demorei tanto a tirá-lo que parecia até rastafari" (F, 23 anos, estudante).

Essa mesma garota disse que sofreu muito com o cabelo crespo. Quando criança e adolescente, ela tinha vergonha de si mesma, pois o seu cabelo era "duro" e "natural". Não conversava com quase ninguém na escola. Além disso, tinha piolho. Para alimentar sua raiva e se vingar das meninas brancas, de longos cabelos lisos, ela e suas colegas negras colocavam chicletes e piolhos nos cabelos das garotas brancas quando essas se distraíam. Por isso, hoje, ela acha que a melhor coisa que poderia ter surgido para as negras é a técnica do alongamento. Segundo ela, quando as pessoas perguntam se o cabelo que usa é mesmo o dela, ouvem a seguinte resposta: "É meu sim! Eu comprei e daí!"

É verdade. Ela o comprou. Um sentimento de posse que demonstra ao mesmo tempo a liberdade de escolha dessa jovem negra ao modificar o seu visual e o seu cabelo e, ao mesmo tempo, um "aprisionamento" da sua autoimagem a um determinado estilo ou padrão étnico cuja referência, no Brasil, não é a negra. Assim, na sua juventude, ela busca um padrão estético que a deixa mais perto daquele presente no corpo de suas coleguinhas brancas, de quem ela tanto se vingava durante a infância.

Ao conversar com Núbia sobre esse "aprisionamento" percebido na relação de algumas clientes com o uso do alongamento, ouvi da cabeleireira a seguinte ponderação: essa situação possui raízes mais profundas. Essas garotas não tiveram um referencial positivo sobre o padrão estético negro na sua infância e no seu círculo familiar, o que resulta na construção de uma baixa autoestima conquanto negras. Segundo Núbia, é preciso tomar cuidado para não atribuir às garotas uma "culpa" por uma situação que não foi criada por elas.

Outro depoimento forte é o de C., que será discutido com mais detalhe nos capítulos seguintes. Ela é uma mulher negra, alta e magra. A tonalidade de sua pele, porém, é mais clara. Concedeu-me uma longa e animada entrevista na qual afirmou "não ser ninguém" sem o alongamento. A garota, de 23 anos, diz não sair de casa com o cabelo natural e que, no ano passado, quando faltou cabelo importado no mercado e ela não pôde comprá-lo, entrou em uma série crise depressiva, chegando a ser internada em um hospital e necessitando tomar medicamentos fortes. No seu processo de autoaceitação e construção da identidade, a jovem atribui um lugar especial à cabeleireira Núbia. Esta chega a aparecer no discurso de C. de maneira mística, quase sobrenatural, como uma deusa.

> Mas eu não trato ela (Núbia) como Deus porque Deus tá acima de todas as coisas, mas ela foi uma das pessoas que me ajudou principalmente a ter o cabelo. O fato de eu não ter dinheiro... eu já cheguei a ficar em depressão, por não ter o dinheiro pra comprar o cabelo... e eu chorava muito! Eu ligava chorando... quantas vezes eu já liguei pra Núbia e falei: "Núbia, o meu rabo caiu!". E ela: "C., são uma hora

da manhã!". Aí eu chorava... Aí a Núbia dizia: "Desce pra arrumar o cabelo...". *Já fiquei internada... por não ter o cabelo... Fiquei internada no hospital, eu entrei em depressão muito forte, porque eu não tava com o meu cabelo...* Não tinha no mercado o meu cabelo porque o meu cabelo vem de São Paulo e São Paulo faz pedido pro... não sei se para os Estados Unidos, pra onde que é... *Eu entrei em depressão porque eu fiquei só com rabo de cavalo e eu já não tava me gostando, já não tava me achando bonita,* porque é uma coisa, que nem uma água da fonte: *"Quem bebe dessa água sempre volta!". O cabelo é a mesma coisa: "Quem põe não tira!". Não tenho coragem de ficar, principalmente no meu caso.* Eu tenho um namorado que já pediu à Núbia pelo amor de Deus pra ela não me deixar sem cabelo! Mas eu já tive um outro que não gostava do alongamento... Entendeu? (C., 23 anos, dia 9/6/2000) (grifo nosso)

Na verdade, para essa jovem, a falta do cabelo para a realização do alongamento foi a gota d'água para a implosão de um complexo processo de baixa autoestima que ela construiu desde a infância. O problema não está no penteado em si, mas no sentido que ela atribui a ele, o qual se alicerça num processo de rejeição do cabelo crespo natural. Esse processo está relacionado a uma dimensão mais profunda e mais complexa: a não-aceitação da ascendência negra inscrita em seu corpo mestiço.

Em outro momento, Núbia e uma cliente negra que trabalha como modelo fotográfico conversavam sobre os cabelos alongados. A menina dizia das situações humilhantes ou desconcertantes que enfrentava por causa do cabelo. Havia outras três garotas negras no salão. Elas fizeram coro junto à colega, identificando-se com a situação de constrangimento causada pelo uso do alongamento. Na hora da paquera, quando o homem tentava colocar as mãos nos seus cabelos e afagá-los elas diziam: "Pera aí! Não gosto que ninguém coloca a mão no meu cabelo!"

Quando eu lhes perguntei o motivo da repulsa elas disseram: "Imagina se eu vou deixar ele ver que meu cabelo não é assim, que, por baixo, o meu cabelo é 'duro'!"

Tais depoimentos reforçam a minha interpretação de que essas garotas alongam o cabelo como forma de encobrir e, até mesmo, de rejeitar o cabelo crespo. Assim, elas jogam um verdadeiro jogo de faz de conta, fingindo que o cabelo colocado pela cabeleireira étnica é realmente o seu. E esse jogo pode chegar às últimas consequências quando tais garotas realmente passam a acreditar que o cabelo alongado é realmente o seu cabelo!

Mas um alerta importante é que esse comportamento pode acontecer com outros tipos de penteado, inclusive com as tranças. Entretanto, a mudança física causada pelo alongamento, ao apresentar-se com um aspecto, considerado pelas clientes e pelos salões, mais "natural" e menos "artificial", aumenta a sua complexidade. Na realidade, não há nada de natural nessa situação, uma vez que toda ela é forjada no interior da cultura.

Os dilemas com o alongamento não são exclusivos das mulheres negras. Pertencem também ao universo das mulheres brancas e mestiças. Mas, no caso destas, como o cabelo implantado, muitas vezes, possui uma textura muito parecida com o cabelo natural, elas são menos questionadas quanto à autenticidade dele e podem camuflar com mais facilidade o seu uso.

Como veremos mais à frente, também na África pré-colonial o cabelo crespo era habilmente manipulado e, na maioria das vezes, não era usado solto. Implantes, perucas e tranças eram práticas comuns desenvolvidas por várias etnias. A diferença desse comportamento para o das garotas que observei no salão, além de questões históricas e culturais, está nos efeitos causados pela relação entre racismo, mito da democracia racial, corpo e cabelo. Se refletirmos valendo-nos do ponto de vista do mito da democracia racial, poderemos pensar que, dada a nossa intensa miscigenação, a coexistência de diferentes padrões estéticos é algo possível e até mesmo aceitável. Contudo, a realidade encoberta por esse tipo de interpretação é de que, no Brasil, convivemos com um racismo ambíguo, que alimenta e reproduz de maneiras diversas a imposição do padrão estético branco e mestiço em detrimento do negro. Há uma hierarquia estética introjetada pelos próprios negros.

Se parto do pressuposto de que o cabelo, a autoestima e a identidade negra mantêm uma relação complexa e imbricada, então o comportamento dessas garotas ainda me suscita mais algumas questões. Ele me induz a refletir que, na realidade, os motivos que levam essas jovens negras a adotar o alongamento se aproximam muito daqueles usados pela antiga geração de mulheres negras que preferiam a pasta com soda cáustica ou o ferro quente à utilização de um outro padrão estético negro ou de afirmação racial. Esse comportamento me fala de um outro tipo de "consciência racial", que se constrói num misto de aceitação e rejeição do ser negro.

Ao analisar o caso específico dessas garotas, não questiono a liberdade de escolha das mulheres negras e brancas de usar diferentes penteados e de se apoderar das novas possibilidades e alternativas que o crescente mercado étnico lhes oferece. Eu mesma vivi a experiência do alongamento. Durante o trabalho de campo, fiz esse penteado em um dos salões pesquisados e, de fato, senti o quanto ele tornou a minha rotina cotidiana muito mais prática. Na realidade, quando deixo meu cabelo "naturalmente crespo", tenho realmente que dispensar mais tempo para arrumá-lo e prepará-lo. Quando fiz o alongamento, era só levantar da cama, molhar o cabelo, passar um creme, vestir a roupa e pronto! (Nesse período, eu mesma me pegava repetindo o mesmo discurso ouvido nos salões!!!). Ainda quando usava o alongamento, observei que, em vários momentos, não era necessário nem molhar e passar creme para pentear o cabelo. Era só penteá-lo com os dedos e ajeitá-lo com as mãos. Embora realize um ritual semelhante quando estou com os cabelos relaxados, vejo que o tempo gasto para pentear, molhar, passar creme e "amassar" é diferente quando comparo esse penteado com o alongamento.

O uso do alongamento me possibilitou maior oscilação dentro desse sistema classificatório. Ao passar nas ruas várias vezes fui chamada (sinceramente, não sei se posso dizer "elogiada") por homens negros e brancos de "morena", "morena linda", "mulata"... Quando usava o meu cabelo curto na sua textura "crespa natural" ou com trancinhas, era chamada de "crioula", "negra", "negona" (também não sei se posso dizer "elogiada"). Quando usava o cabelo relaxado, era nomeada de "morena". O mínimo que esse comportamento me diz é que o cabelo, para o negro e para a negra, é um ícone identitário e um forte elemento usado pelo brasileiro para classificar e hierarquizar, racialmente, homens e mulheres.

Assim, não há como deixar de refletir e questionar o comportamento de algumas mulheres negras entrevistadas e de algumas garotas do Salão Beleza em Estilo que atribuem ao alongamento o sentido de "salvação", vendo-o como a única forma de usar o cabelo e escolhendo-o como o único tipo de penteado dentro do grande leque oferecido pelos salões étnicos. Quando realizado com esse sentido, esse comportamento, por mais prático que seja, deixa de ser uma escolha. Torna-se um aprisionamento. O julgamento estético, nesse caso, não se resume ao cabelo, mas à totalidade do corpo negro.

Mas que tipo de intervenção Núbia e Jack fazem nos momentos em que as garotas expressam esse sentimento com o cabelo? Elas discutem com as clientes que o negro tem que gostar de si mesmo e, ao mesmo tempo, deve saber aproveitar as novidades e os avanços que a tecnologia e o mundo da estética lhes possibilitam. Esse alerta é acompanhado de um clima de descontração. Elas riem muito e também contam casos da sua infância e adolescência. Pude acompanhar a intervenção de uma das cabeleireiras num dia em que várias jovens negras discutiam sobre as tensões causadas pelo cabelo crespo. Ela narrou um pouco da sua história, relembrando a sua adolescência e a época em que usou cabelo curto e crespo, estilo *black power*. Na escola, ela não conversava com ninguém e assentava no final da fila. Sentia-se feia. Um colega branco a apelidou de "Paulo Isidoro", nome de um negro, jogador de futebol. Depois de adulta, já com os cabelos alongados, ela se reencontrou com esse colega em uma feira. Ele a cortejava e pediu ao irmão da cabeleireira para apresentá-los. Ela chegou perto e perguntou: "Você se lembra do Paulo Isidoro da escola? Pois é. Sou eu."

O rapaz ficou desconcertado e surpreso. Ele não queria acreditar no que via. Ela disse se sentir "vingada". "Não é possível! Você fez plástica!" – disse o rapaz.

A resposta do rapaz merece uma reflexão, mas não me pareceu que a cabeleireira tenha se preocupado com isso. O que estava em jogo, naquele momento, é que o alongamento a elevou à categoria de mulher bonita e ela pôde, de alguma maneira, "vingar-se" do colega que antes a desprezara e, agora, a desejava. Essa "vingança" foi possível graças a sua capacidade de intervir no próprio corpo, alterando a sua imagem por meio de um penteado e de uma nova maneira de se vestir.

O penteado mais usado pela cabeleireira Núbia é o alongamento, embora também use outros penteados e estilos. Ela adota um estilo de alongamento em que os cabelos crespos aparecem trançados no alto da cabeça. Contudo, esse desejo de versatilidade não me parece ser o mesmo que orienta a escolha das suas jovens clientes negras ao usarem o mesmo penteado.

Jacqueline já opta pelo relaxamento e pelas tranças. Com seu estilo mais tímido, ela prefere ouvir as conversas, emite pouca opinião e ri muito das brincadeiras das clientes. Não gosta muito de cabelos alongados.

No plano do discurso, não percebi que Núbia e Jack tenham a necessidade de afirmar que o Salão Beleza em Estilo tem como projeto a afirmação da identidade negra através de uma intervenção estética. Talvez porque essa opção já esteja explícita na pertinência racial de ambas, nos símbolos e códigos presentes no seu espaço profissional, no tipo de clientela e no serviço que oferecem. Tal opção também pode ser vista no tipo de desfile que o salão organiza, na escolha de modelos negros, nos bailes, desfiles, pagodes e *shows* que frequentam.

Apesar de o nome do salão não evocar, à primeira vista, a sua especialidade étnica, a figura de uma mulher negra escolhida para compor o logotipo aponta nessa direção. É a mesma figura do cartão pessoal das cabeleireiras. Ao olhá-la bem de perto, percebo uma semelhança entre esta e o rosto de Núbia, usando tranças. (Fotos 30 e 31)

Em 2000, elas estiveram mais envolvidas com a montagem e instalação do seu estabelecimento. As cabeleireiras, porém não deixam de participar dos eventos na área da beleza em Belo Horizonte e em outros Estados. Além disso, participam de campeonatos de cabeleireiros na capital e em outras cidades e das festas africanas. Em algumas dessas atividades elas encontram-se com os rapazes do Salão Preto e Branco e todos fazem uma grande festa. (Fotos 32 e 33)

Em 2001, Núbia me falou que deu muitos cursos no interior, realizou palestras e desfiles de beleza negra em escolas públicas. Ela me contou que sua filha tem participado de propagandas como modelo e continua jogando capoeira. A influência da capoeira vem do irmão da cabeleireira que, inclusive, coordena um grupo em Belo Horizonte.

Para as cabeleireiras, ser negra, dar ênfase à cultura de raiz africana, não diz respeito somente a um projeto profissional. Tal pertinência faz parte da sua história de vida, da sua tradição familiar, da escolha dos parceiros para trocas afetivo-sexuais. Certa vez, ouvi uma conversa entre as duas:

> Estou arrumando um namorado pra Jack. – disse Núbia.
> Como ele é? Ele é negro? – perguntou Jack.
> Bem... não... mais ou menos. Ele é assim... bege.
> Ah! Bege!!! – reclamou a colega.

"Bege" é a maneira eufemística (ou, como dizem as cabeleireiras, "carinhosa") de dizer que o rapaz é mestiço, ou seja, ele está mais para "branco do que para negro". Observo que esse tipo de rapaz é motivo de rejeição de algumas garotas negras, inclusive as mestiças que frequentam o salão. O trabalho de campo ensinou-me, porém, que essa atitude, apesar de estar relacionada com um comportamento político e racial, não deve ser interpretada como uma afirmação da consciência racial nos moldes tradicionais da militância negra. As mesmas garotas que dizem preferir um homem negro de tez escura emitem discursos um tanto quanto contraditórios sobre a sua própria pertinência racial, principalmente, quando se referem ao cabelo e ao uso do alongamento.

No Salão Beleza em Estilo entrevistei quatro pessoas, porém colhi muitos depoimentos informais nos momentos em que as mulheres arrumavam os cabelos. De um modo geral, as jovens negras não gostavam de gravar entrevista. Diziam que ficavam nervosas, tinham vergonha da voz e ficavam extremamente agitadas diante do gravador. Assim, adotei a postura de conversar bastante durante o tempo em que estavam no salão, registrando as falas no diário de campo.

A faixa etária das entrevistadas nesse salão gira em torno dos 23 anos, mas conversei também com uma mulher de mais ou menos 40 anos, que se mostrou muito disponível para a entrevista. As profissões representadas encontram-se no ramo de prestação de serviço, com exceção de uma dona de casa.

Deixava que a cliente me dissesse onde gostaria de ser entrevistada. Assim, fiz entrevistas no espaço do salão, no trabalho de algumas mulheres e na casa de outras. Tive a mesma sensação de que a melhor entrevista foi aquela em que a cliente se dispôs a me receber em casa. Essa aproximação me permitia compreender melhor o universo dessa mulher, suas necessidades e sua família.

Nesse capítulo privilegiei o mergulho na particularidade de cada salão e na trajetória das cabeleireiras e dos cabeleireiros étnicos, estabelecendo comparações entre esses quatro espaços no âmbito das relações raciais.

Toda essa diversidade, porém, não exclui a existência de pontos comuns entre os estabelecimentos pesquisados. Para percebê-los foi necessário, primeiramente, ter uma visão mais global de todo o trabalho de campo e analisar cada entrevista. Nesse processo, percebi quatro grandes aspectos comuns que permeiam todos os salões e os depoimentos dos/as entrevistados/as: o conflito rejeição/aceitação/ressignificação do corpo e do cabelo, o cabelo como símbolo identitário, a presença da relação natureza e cultura expressa no corpo e a ênfase na beleza negra. Esses aspectos serão destacados e analisados nos capítulos seguintes.

PARTE II

O processo de rejeição/aceitação/ ressignificação do corpo e do cabelo

Incidente na raiz

Jussara pensa que é branca. Nunca lhe
disseram o contrário. Nem o cartório.
No cabelo crespo deu um jeito. Produto
químico e, fim! Ficou esvoaçante e submetido diariamente a
uma drástica auditoria no couro
cabeludo, para evitar que as raízes pusessem as manguinhas
de fora. Qualquer indício, munia-se de pasta alisante, ferro e
outros que tais e...
O nariz, já não havia nenhuma esperança de eficácia
no método de prendê-lo com pregador de
roupa durante horas por dia. A prática materna não
dera certo em sua infância. Pelo contrário, tinha-lhe
provocado algumas contusões de vasos sanguíneos. Agora, já
moça, suas narinas voavam mais livremente
ao impulso da respiração. Detestava tirar fotografias frontais.
Preferia de perfil, uma forma paliativa,enquanto sonhava e
fazia economias para realizar operação plástica.
E os lábios? Na tentativa de esconder-lhes a
carnosidade, adquirira um cacoete – já apontado por amigos
e namorados (sempre brancos) –
de mantê-los dentro da boca.

Sobre a pele, naturalmente bronzeada, muito creme e
pó para clarear.

Lá um dia, veio alguém com a notícia de "alisamento
permanente". Era passar o produto nos cabelos uma só vez e
pronto, livrava-se de ficar de
olho nas raízes. Um gringo qualquer inventara tal fórmula.
Cobrava caro, mas garantia o serviço.

Segundo diziam, a substância alisava a nascente dos
pelos. Jussara deixou-se influenciar. Fez um sacrifício nas
economias, protelou o sonho da plástica, e submeteu-se.

Com as queimaduras químicas na cabeça, foi
internada às pressas, depois de alguns espasmos e desmaios.

Na manhã seguinte, ao abrir com dificuldade os olhos,
no leito do hospital, um enfermeiro crioulo perguntou-lhe:
Tá melhor, nega?

Ela desmaiou de novo.

(Cuti – Negros em Contos)

Negro, corpo e cabelo:
rejeição, aceitação e ressignificação

Cheguei às nove horas numa pequena livraria localizada na Rua da Bahia. Entrei e cumprimentei os vendedores e vendedoras dispersos dentro de um salão cheio de livros religiosos, cartões, Bíblias, CDs. Ao fundo, tocava uma música suave que me fez lembrar a minha adolescência e a curta passagem por um grupo de jovens católicos. A calma do lugar contrastava com a agitação da rua que acabava de deixar lá fora.

Perguntei por E., a quem desejava entrevistar e expliquei que tinha um horário com ele. O rapaz da recepção mobilizou-se para chamar o futuro entrevistado. Sou recebida por um rapaz negro, jovem, magro, bonito, sorridente, de mais ou menos 30 anos, usando traje social. Seu cabelo habilmente cortado revela o cuidado com a aparência e a destreza de um profissional.

E. me recebeu com simpatia e me pediu que o acompanhasse. Descemos uma escadaria onde encontrei um pequeno salão, com um televisor e um depósito de livros e caixas. É ali que a livraria realiza um projeto de palestras e seminários pelo qual o meu futuro entrevistado é o principal responsável. Sentamos um diante do outro, meio constrangidos pelo encontro inicial de duas pessoas que, a princípio, além da pertinência étnica e racial, pareciam não ter mais nada em comum. Ele fala do trabalho, eu falo da minha pesquisa, explico, digo que o seu nome foi indicado como um dos clientes antigos do salão da D., e ele se sente feliz pela indicação. Aos poucos, quando a narrativa do entrevistado se desenvolve, vamos percebendo que nossas trajetórias de vida apresentam pontos muito comuns. Isso cria em nós certa cumplicidade. Ou será que nos envolvemos na sedução do trabalho de campo? A entrevista flui devido ao jeito alegre e ao interesse do rapaz pela temática. Ao final, saio de lá com a sensação de mais uma entrevista cumprida e um sentimento de gratidão pela vida. O que mais me mobiliza na etnografia é a possibilidade de tematizarmos o humano, num constante contato com pessoas de carne e osso, com sujeitos concretos. Saio de lá também com um compromisso agendado para uma das palestras organizadas pelo rapaz entrevistado, uma perfeita troca: ele me concedera a entrevista, e eu o ajudaria desenvolvendo uma discussão sobre a questão racial para pessoas da comunidade. (Diário de campo, 29/5/2000)

Um dos momentos marcantes dessa entrevista foi a discussão sobre a relação entre a experiência familiar e a questão racial. Na sua narrativa, *E.* dizia de um conflito construído socialmente: nascer em uma família negra em que o olhar sobre o corpo negro segue a ideologia do branqueamento e, quando adulto, contrapor-se a isso através da recusa a esse tipo de "ensinamento". O seu depoimento fala de um processo identitário em que a aceitação da beleza negra passa pelo trato dado ao cabelo crespo e ao corpo negro. Vê-los como belos significou o resgate da autoestima, o interesse pela sua própria raça.

Eu vim observando isso com o decorrer: "Mas por que Fulano só namora com mulher branca? Por que a minha irmã, quando escolhe um namorado, vê pelo cabelo? Se o cabelo é liso, se não é etc. etc..." Um dia eu resolvi perguntar pra ele: "Que engraçado, né?" Ele então colocou pra mim: "Eu acho que a gente tem que melhorar a raça."

N: Ele quem?

ED: Meu irmão. "A gente tem que melhorar a raça. Por isso é que eu opto por mulheres claras, de *cabelo bom*." Eu falei assim: "Será que é isso mesmo?' Isso *eu devia estar com onze anos, por aí*. Comecei com aquilo: *também vou buscar as minhas namoradas assim, porque eu acho que eu tenho que melhorar a raça. Então quando conversava lá em família: a minha namorada é assim, assim e assim... dava as características dela e a forma que ela era. Então, quando eu tiver um filho ele deve ser mais ou menos assim... já olhava pros meus sobrinhos: deve ser parecido com eles. E isso atrapalhou bastante! Por quê? Porque eu não tinha contato com o pessoal da minha raça!* [...] *Eu te digo o seguinte: antes, em casa, a gente... quando eu era menor, a gente sempre assistia televisão, aquela coisa toda, e a gente sempre via o outro lado da coisa: o padrão de beleza. O padrão de beleza é ter pele clara e traços finos... e cabelo liso. E isso foi embutido dentro de mim, da infância até... a fase mais adulta. Porque, quando a gente de pele negra, de raça negra, então pra gente sempre era colocado o seguinte: você tem que casar com uma pessoa de pele clara. Pra quê? Pra apurar a raça, pra os seus filhos ficarem bonitos e não sofrerem tanto preconceito.* E isso foi passado não só na família, mas também na escola, com os amigos. Às vezes: *"Aquela ali tem o cabelo assim e tal! Então eu não vou ficar com ela porque o meu filho vai sair de cabelo duro..."* E, às vezes, casais que: *"vou optar por não ter filho, porque eu não quero que os meus filhos sofram o mesmo preconceito que eu já senti."* (E, 30 anos, divulgador e relações públicas) (grifo nosso)

Também G., outro cliente entrevistado, falou do conflito. Diante de mim, na ampla sala do seu apartamento com mobília nova e bonita mais um homem negro relembrou a sua infância e adolescência com emoção. Ao fazer essa retrospectiva, ele mostrou-se saudoso de uma época em que a imagem e o corpo do cantor Michael Jackson apresentaram-se para ele e para tantos outros garotos negros como um exemplo positivo de afirmação identitária. A banda *Jackson Five* significava a possibilidade de uma trajetória bem-sucedida do negro em um país racista através do uso de códigos culturais próprios da raça negra: o corpo, o cabelo *black*, a música, os movimentos. Contudo, as sucessivas mudanças corporais do cantor, tornando-se aos poucos um corpo desfigurado, de pele branca, nariz afinado e cabelos extremamente alisados causou um impacto nesse rapaz. Durante a entrevista, G. desabafa e fala da sua decepção.

É muito... muito difícil. *A necessidade do negro brasileiro... é... ter... ter essa forma de... não vou falar aceitação, não. É de viver bem, do jeito que somos. [...] Você vê o exemplo do Michael Jackson... choca a gente! Choca! A mim choca.* Não... eu digo assim, não... na minha concepção, é o artista maior do mundo. É o maior do mundo! *É muita agressão pra mim, pra minha cabeça.*

N: Você diz em que ele transformou? Em que ele se transformou?

G: *Ele como referência que foi principalmente pra mim, pesou muito... negativamente, sei lá! [...] Acho que faz parte da beleza negra a cirurgia plástica. Agora, ele agrediu tudo, ele agrediu... ele agrediu até a cirurgia plástica. Essa é que é a questão. Ele agrediu a cirurgia plástica. Ele não fez correção, ele não fez, não digo, só correção, ele não fez uma coisa que o incomodava. Ele se incomodava no todo.* (G, 36 anos, representante comercial) (grifo nosso)

Os dois depoimentos falam da inserção do indivíduo em um processo coletivo marcado pela presença de um conflito de rejeição/aceitação da raça. A fala de *G.* sobre o cantor Michael Jackson, apesar de privilegiar um comportamento individual e isolado de um *pop star*, não está fora deste contexto. A referência ao cantor aparece no momento da entrevista em que foi solicitado ao depoente uma reflexão sobre a maneira como os negros relacionam-se com o corpo. Michael Jackson foi o exemplo escolhido pelo entrevistado para expressar o conflito estabelecido nessa relação.

A rejeição do corpo negro pelo negro condiciona até mesmo a esfera da afetividade. Toca em questões existenciais profundas: a escolha da parceira, a aparência dos filhos que se deseja ter. Nesse caso, estamos diante de uma rejeição que se projeta no futuro, nos descendentes que poderão vir. A melhor forma de se precaver contra essa possibilidade é "clarear a raça" desde já, na escolha da parceira branca. O tipo de cabelo é o que orienta a escolha. Nesse caso, o cabelo simboliza a possibilidade do embranquecimento ou o seu impedimento.

Esse processo conflitivo é construído socialmente, vivido e aprendido no grupo, na família. Por isso, mesmo quando se nasce em uma família que afirma e valoriza a cultura negra, esse aprendizado pode ser confrontado socialmente pela imagem do negro veiculada na mídia ou pela maneira como lideranças e artistas negros, quando em evidência, comportam-se diante da questão racial ou expressam a negritude através de seu corpo. Nesse caso, a expectativa construída em torno do comportamento desses sujeitos não se restringe ao fato de possuírem um corpo negro e aparecerem com destaque na mídia. Importa a forma como esse corpo é trabalhado, se ele expressa ou não o orgulho ao seu pertencimento étnico/racial, por meio da valorização dos sinais diacríticos.

Mas o que, realmente, caracteriza esse conflito? Não é só a construção de um sentimento de rejeição ao corpo, ao cabelo e aos aspectos culturais negros. É a presença de uma tensão, de um sentimento ambíguo, que, ao mesmo tempo que rejeita, também aceita esse mesmo corpo, esse mesmo cabelo, essa mesma cultura.

O processo tenso e conflituoso de rejeição/aceitação do ser negro é construído social e historicamente e permeia a vida desse sujeito em todos os seus ciclos de desenvolvimento humano: infância, adolescência, juventude e vida adulta. A inserção e circulação do negro e da negra em outros espaços sociais podem contribuir para o repensar dessa situação, para a problematização e o enfrentamento desse conflito. Um desses espaços é o salão étnico.

Nesse local, a identidade negra é problematizada, e esse processo conflitivo é explicitado no discurso das cabeleireiras, dos cabeleireiros, dos clientes, nas conversas informais, nas piadas e brincadeiras, nos comentários feitos diante do espelho, na escolha ou recusa de determinados penteados.

Os salões étnicos apresentam a oposição rejeição/aceitação como uma característica fundamental do seu fazer cotidiano. Os termos dessa relação, apesar de opostos, encontram-se extremamente imbricados num movimento dialético. Durante o trabalho de campo, pôde-se perceber que tanto os sujeitos entrevistados quanto as cabeleireiras e os cabeleireiros étnicos transitam nesses dois polos e vivem essa ambiguidade em graus diferentes. O seu discurso e sua prática ora privilegiam a afirmação do ser negro, ora expressam uma rejeição em relação a esse pertencimento ou, pelo menos, uma maneira ambígua de lidar com ele.

Esse movimento revela que tanto a aceitação do ser negro quanto a sua rejeição não se dão apenas na esfera da racionalidade. No Brasil, tal como as relações raciais aqui se realizam, a expressão desse conflito passa, necessariamente, pelo corpo. Isso inclui os diversos sinais diacríticos e, entre eles, destaca-se o cabelo.

Apesar do seu caráter específico no que se refere à construção da identidade negra no Brasil, o movimento de rejeição/aceitação construído socialmente pelo negro insere-se ainda em um universo mais amplo que inclui dimensões históricas, sociais, culturais, políticas e psicológicas. Ele nos fala da relação de aproximação e afastamento na qual coexistem atitudes opostas. De um ponto de vista cultural, essa distância pode ser vista como a maneira por meio da qual os grupos sociais se reconhecem a si mesmos e aos outros.

Esse processo de distanciamento social não possui nada de ingênuo e romântico, uma vez que os grupos humanos, quando alicerçados em relações de poder, inventam e impõem distâncias uns aos outros. Nessa perspectiva, o sentimento de rejeição expresso no comportamento e na fala dos entrevistados desta pesquisa revela que a distância social entre negros e brancos é uma construção sociopolítico-cultural, que apela para a crença na inferioridade do negro e na supremacia branca.

Segundo Rodrigues (1986, p. 30), as distâncias sociais podem ser superadas ou não, reversíveis ou irreversíveis. Mesmo quando consideradas irreversíveis, elas não deixam de ser situacionais e relacionais. O racismo faz parte de uma racionalização ideológica que constrói e advoga a existência não só de uma distância social e cultural entre negros e brancos, mas também biológica. Para isso lança mão de símbolos distintivos oferecidos pela própria organização social, a fim de cristalizar grupos e indivíduos no seu "devido lugar" e legitimar essa distância. Assim, atribui-se um sentido negativo às diferenças culturais, físicas e estéticas como as crenças, a arte, o corpo, a cor da pele, o tipo de cabelo, entre outros.

Esse processo insidioso muitas vezes é incorporado pelas suas próprias vítimas, que passam a acreditar na existência de algo de natural nesse distanciamento. Os negros, que são social e psicologicamente convencidos dessa suposta realidade, desenvolvem estratégias que acreditam aproximá-los da posição socialmente mais desejável. Manipular e alterar os símbolos ideologicamente vistos como expressões do seu suposto afastamento social e biológico do polo de poder, do padrão de beleza e de humanidade são tarefas implementadas pelos sujeitos que caem nessa armadilha.

O corpo e o cabelo podem ser tomados como expressões visíveis da alocação dos sujeitos nos diferentes polos sociais e raciais. Por isso, para alguns homens e mulheres negras, a manipulação do corpo e do cabelo pode ter o sentido de aproximação do polo branco e de afastamento do negro.

Na perspectiva da inversão, alguns sujeitos e também alguns grupos do movimento negro vão apelar para a não-modificação dos sinais diacríticos presentes no corpo que remetem à ascendência africana. Por isso, alguns militantes negros serão radicalmente contra as cirurgias plásticas para afinar o nariz e o uso de produtos químicos no cabelo, por considerarem que tais iniciativas podem encobrir ou apagar aquilo que é considerado mais distintivo no negro. Serão considerados positivos os processos de manipulação do cabelo que destacam a sua textura natural como cortes afros e tranças.

Do ponto de vista da luta antirracista, não posso desconsiderar que esse discurso possui importância e ocupa um lugar nas discussões em torno da questão racial. Mas, por outro lado, também não posso deixar de ponderar que o apelo à naturalidade do corpo negro trata de uma construção ideológica, de uma crítica às relações de poder nas quais negros e brancos estão inseridos na sociedade racista. Os partidários dessa concepção acreditam que, por meio da politização da consciência racial, poderão alertar o negro e a negra para a importância da negritude e conseguir, entre outras coisas, despertá-los para uma ação reivindicatória, que tenderá a diminuir as distâncias sociais a eles impostas. Entretanto, quando levado às últimas consequências, esse comportamento pode incorrer na cristalização das diferenças ou na imposição de uma leitura ideológica da negritude.

Esse processo conflituoso do negro em relação ao seu corpo e a seu cabelo presente nos discursos dos clientes e das clientes que frequentam os salões étnicos e das próprias cabeleireiras e cabeleireiros tende a ser interpretado como uma forma de negação desenvolvida pelo negro em relação à sua identidade. Talvez, em alguns casos, essa interpretação seja correta. Ela é também aquela que, no contexto das relações raciais aqui desenvolvidas se apresenta como a mais lógica e, porque não dizer, mais óbvia. No entanto, o conflito por mim presenciado durante a pesquisa diz respeito a algo mais sutil. Ele não pode ser visto simplesmente como um processo de negação da identidade, uma vez que os sujeitos com os quais convivi em campo, através do seu discurso e do seu comportamento, expressam de diferentes maneiras e em graus variados que se sabem negros, ou seja, que se reconhecem negros. O próprio fato de buscarem um salão étnico no amplo universo de salões de beleza de Belo Horizonte já fala desse reconhecimento.[1]

Esse reconhecimento, porém, não é suficiente para uma total afirmação desses sujeitos conquanto negros, o que significa aceitar, gostar e curtir o corpo, a cor da pele e o tipo de cabelo que possuem. Esses sujeitos convivem com um olhar social, construído historicamente, que os compara com o padrão estético do branco, ainda considerado o ideal. Ao fazer essa comparação, a sociedade brasileira constrói uma hierarquia em termos étnicos e estéticos, minimizando e desprezando os negros por considerá-los distantes do padrão ideal.

A busca de um salão étnico pode ser vista, então, como parte dos atos conscientes e inconscientes desses sujeitos em direção ao reconhecimento como negros. Alterar e/ou cuidar do cabelo crespo, um dado objetivo do corpo, transformado pela cultura, faz parte desse processo, o qual é cheio de tensões e ambiguidades e por isso comporta vários sentidos que vão desde a busca de penteados que camuflam o pertencimento étnico/racial até aqueles que o destacam ainda mais. Por mais intervenções estéticas que realizem, esses sujeitos sabem que, mesmo apresentando-se alisado, pranchado ou alongado, o seu cabelo sempre será crespo e sempre o remeterá à raça negra.

A etnografia dos salões étnicos nos coloca frente a frente com algumas estratégias desenvolvidas pelos negros e negras em prol do reconhecimento do seu pertencimento étnico/racial e também da dignidade humana. Como

---

[1] Uma reportagem sobre o aumento do número de salões de beleza em Belo Horizonte, veiculada na segunda edição do jornal *MGTV*, da Globo Minas, no dia 29/7/2000, constatou a existência de 30 mil salões de beleza nessa cidade. Segundo a reportagem, os dados foram fornecidos pelo Sindicato dos Cabeleireiros de Minas Gerais.

nos diz Todorov: "Podemos ser indiferentes à opinião dos outros, mas não conseguimos ficar insensíveis à falta de reconhecimento de nossa própria existência" (1996, p. 94).

Segundo Todorov (1996, p. 89, 90 e 98) toda coexistência é um reconhecimento, e isso engloba inúmeras atividades com aspectos mais variados. Sendo assim, não foi por acaso que Rousseau, Adam Smith e Hegel destacaram o valor do reconhecimento entre todos os processos elementares. O reconhecimento é duplamente excepcional. Primeiro pelo seu próprio conteúdo, já que é ele que determina a existência especificamente humana. E segundo, pela sua singularidade estrutural, ou seja, de aparecer, em certo sentido, como o duplo obrigatório de todas as ações. O reconhecimento é social, pode ser material ou imaterial, da riqueza ou das honrarias, implicando ou não o exercício de poder sobre as outras pessoas. A aspiração ao reconhecimento pode ser consciente ou inconsciente, acionando mecanismos racionais ou irracionais. O reconhecimento diz respeito a algo universal, ou seja, ao fato de que todos aspiramos a um sentimento de nossa existência, e os caminhos que nos possibilitam chegar até aí são muitos e múltiplos.

O autor ainda nos diz que o processo de reconhecimento comporta duas etapas: a primeira é a que se refere ao reconhecimento propriamente dito, isto é, nas relações humanas o que pedimos aos outros, em primeiro lugar, é que reconheçam a nossa existência. A segunda etapa é a confirmação, visto que também solicitamos aos outros que, de alguma maneira, confirmem o nosso valor. A confirmação só acontece se o reconhecimento for realizado (Todorov, 1996, p. 94).

No contexto específico desta pesquisa, os dados de campo, os depoimentos, a análise das trajetórias profissionais e de vida das cabeleireiras, dos cabeleireiros e dos/as clientes presentes nos salões étnicos mostram que esses sujeitos vivem um conflito no seu processo de reconhecimento na qualidade de negros. Mais do que um sentimento de negação/afirmação do "ser negro", a maneira como esses sujeitos lidam com o cabelo, a cor da pele e o corpo revelam, na realidade, a construção de um sentimento de rejeição/aceitação.

Segundo Todorov:

> A rejeição é um desacordo sobre o conteúdo do julgamento e a negação uma recusa em considerar que houve julgamento: a ofensa infligida ao sujeito é bem mais grave. A rejeição é como a negação gramatical: esta,

referindo-se a um só predicado, implica, com efeito, uma confirmação parcial do conteúdo da proposição expresso pelo sujeito. (1996, p. 95)

Ele ainda acrescenta:

> O ódio de alguém é sua rejeição: pode, portanto, reforçar seu sentimento de existência. Mas ridicularizar alguém, não o levar a sério, condená-lo ao silêncio e à solidão é ir bem mais longe: a pessoa se vê ameaçada pelo nada. (TODOROV, 1996, p. 95)

Quando a sociedade brasileira olha para o negro e para a negra e os destitui do lugar da beleza, ela afirma uma determinada proposição, um julgamento em relação ao negro e sua pertinência étnico/racial, que pode ou não ser internalizado pelo sujeito. Contraditoriamente, ao tentar destituí-los do lugar da beleza, essa mesma sociedade reconhece-os como negros, uma vez que, para se rejeitar, é preciso antes reconhecer. Esse processo vivido num nível mais amplo e mais geral se reproduz num plano mais íntimo e mais profundo, ou seja, na intimidade e na construção da subjetividade do negro e da negra. Pude percebê-lo ao me aproximar dos sujeitos que trabalham e frequentam os salões.

Ora, por tudo que sabemos sobre a inserção do negro em nossa sociedade, desde a escravidão até os dias atuais, reconhecemos que estamos inseridos em relações assimétricas e de poder em que os brancos dominam os meios de produção, a mídia, os lugares de poder, a informação, a escolarização.[2]

---

[2] Segundo reportagem do jornal Folha de S.Paulo, no Brasil persiste historicamente um abismo racial. O cálculo do Índice de Desenvolvimento Humano de brancos e de pretos e pardos revela dois mundos distintos. Diz a reportagem: "Um abismo de 55 países separa o Brasil negro do branco: no ranking de qualidade de vida medido pelo IDH (Índice de Desenvolvimento Humano), o negro brasileiro fica em 101º lugar e o branco em 46º lugar. Com isso os negros têm qualidade de vida comparável à de países pobres como Vietnã (101º lugar no ranking da ONU) e Argélia (100º lugar), onde o desenvolvimento humano é considerado de médio para baixo. Já os brancos têm qualidade de vida similar à de países como a Croácia (46º lugar) e os Emirados Árabes (45º lugar), de alto desenvolvimento humano. Esse é o resultado de uma pesquisa feita pelo economista Marcelo Paixão, professor da UFRJ. Com a mesma metodologia usada pelo PNUD (Programa das Nações Unidas para o Desenvolvimento) para elaborar o IDH – que considera indicadores de educação, expectativa de vida e rendimento per capita –, Paixão calculou isoladamente os índices para as populações de negros e brancos no Brasil, referentes ao ano de 1999.[...] No estudo, o economista usa dados das PNADS (Pesquisas Nacionais por Amostra de Domicílios) realizadas pelo IBGE de 1997 a 1999 e dos relatórios de desenvolvimento humano da ONU". (ESCÓSSIA,

Sendo assim, por mais que a comunidade negra desenvolva, historicamente, estratégias de resistência e de combate ao racismo e à discriminação racial, tenho de admitir que a formulação de um olhar "desencontrado" do negro em relação a si mesmo, à sua raça e à sua cultura invade os espaços sociais frequentados por esse sujeito, o que implica, muitas vezes, para o negro e para a negra, uma aceitação parcial do conteúdo da proposição racista e a rejeição à história inscrita no seu corpo. E mais, esse processo pode resultar na rejeição de elementos do corpo que passaram a ser considerados como os que mais atestam o pertencimento à raça negra. Desses, os principais são a cor da pele e o cabelo.

Afirmo que o processo de *rejeição/aceitação* é sutilmente diferente da *negação* do "ser negro", pois negar-se a si mesmo e ser totalmente ignorado pelo outro representa um processo mais complexo. Já que o reconhecimento do nosso ser e a confirmação de nosso valor podem ser considerados o oxigênio da nossa existência, viver um processo de *negação* provoca um resultado muito mais danoso à nossa subjetividade e à nossa identidade. Na etnografia realizada, encontrei um depoimento que caminha nessa direção: uma moça que foi internada no hospital porque não podia aguentar o fato de conviver com o seu próprio cabelo crespo, sem usar o penteado de alongamento. Mas essa situação específica, vivida por essa garota, não pode ser generalizada para todos os sujeitos entrevistados.

Apesar de não privilegiar a negação como uma categoria de análise para entender a relação do negro com o cabelo e com o corpo discutida neste livro, não desconsidero a sua existência quando estudamos o processo de construção da identidade negra. O sentimento de negação é um componente do processo identitário do negro brasileiro ao longo da história. Podemos vê-la quando analisamos na relação estabelecida entre escravos e senhores durante o regime escravista, ou seja, o negro era visto como coisa e mercadoria e, também, nos dias atuais, quando encontramos negros e mestiços que recusam o seu pertencimento étnico/racial, o seu corpo, o seu padrão estético e o seu cabelo, demonstrando a incorporação do ideal do branqueamento. Nesse caso, esses sujeitos nem sequer suportam serem nomeados como negros e nem tampouco se autoclassificam dessa maneira. Dificilmente eles serão encontrados frequentando um salão étnico.

Fernanda da. Brasil negro é 101º em qualidade de vida. *Folha de S.Paulo*, São Paulo, 6 jan. 2002. Caderno Cotidiano, p. C1).

Nos salões étnicos pesquisados, o processo tenso de rejeição/aceitação varia de sujeito para sujeito e de salão para salão, interferindo no projeto a ser desenvolvido pela cabeleireira e pelo cabeleireiro.

O destaque dado à beleza negra para pensar a construção da identidade é um tema um tanto quanto complexo. Para entender esse processo, somos convidados a abrir mão de radicalismos político-ideológicos que tendem a ver a ênfase na beleza como um desvio da luta antirracista, como uma despolitização. Para avançarmos nessa discussão, é importante ponderar que, para o negro, o estético é indissociável do político. A eficácia política desse debate está não naquilo que ele aparenta ser, mas ao que ele nos remete. A beleza negra nos leva ao enraizamento dos negros no seu grupo social e racial. Ela coloca o negro e a negra no mesmo território do branco e da branca, a saber, o da existência humana. A produção de um sentimento diante de objetos que tocam a nossa sensibilidade faz parte da história de todos os grupos étnico/raciais e, por isso, a busca da beleza e o sentimento do belo podem ser considerados como dados universais do humano.

Assim, o movimento de rejeição/aceitação do cabelo crespo e do corpo negro *diz alguma coisa* sobre a existência desse sujeito. A vivência desse movimento pode ser, ao mesmo tempo, dolorosa e libertadora, consciente e inconsciente. Pode servir, até mesmo, de impulso na reversão das representações negativas construídas sobre o negro e sua aparência no decorrer da História.

É possível que o movimento rejeição/aceitação do cabelo crespo e do corpo negro impulsione a ida de um homem ou mulher negra a um salão étnico na expectativa de realizar uma mudança na aparência, de sentir o prazer de ser cuidado, de sentir-se belo ou bela. Mas essa ida pode também estar vinculada à crença de que a mudança do cabelo e do corpo pode ser usada como um passaporte para maior aceitação dentro de determinado grupo social ou em determinado círculo de amizade. Ao mesmo tempo, a ida ao salão pode ser usada como forma de afirmação da identidade negra, expressando a conquista do direito individual e coletivo do negro de transformar a sua imagem de forma criativa e autônoma, e não mais escondê-la. Para tal, o uso de diversas tonalidades de cabelo, a feitura dos mais variados penteados, inclusive aqueles que tradicionalmente não são "permitidos" socialmente às pessoas negras, são reivindicados e experimentados. É dessa maneira contraditória, complexa e conflitiva que os sujeitos que frequentam os salões étnicos constroem o grande caleidoscópio da identidade negra.

Nos depoimentos, mesmo aqueles clientes que aparentemente "lidam" bem com a sua imagem e produzem um discurso ideológico, de conscientização racial, não escapam desse processo conflitivo. Os salões étnicos, ao trabalhar cotidianamente com intervenções sobre o corpo negro e o cabelo crespo, localizam-se no cerne dessa tensão. Uma tensão que tem a sua origem nas relações raciais desenvolvidas em nossa sociedade e ao longo da História do negro desde o processo de invasão colonial europeu nas terras africanas.

O racismo, com sua ênfase na superioridade racial, ajuda a construir no imaginário social a crença de que é possível hierarquizar os sujeitos e seu corpo. Nessa perspectiva, o negro é visto como pertencente a uma escala inferior. Produz-se, nesse contexto, um tipo de violência que impregna a vida de suas próprias vítimas, a ponto de se constituir em representações negativas do negro sobre si mesmo e seu grupo étnico/racial. Dessa forma, a violência racista apresenta não somente consequências sociais, econômicas e políticas, mas, sobretudo, psíquicas. Toca no delicado campo das escolhas afetivo/sexuais, do desejo e da identidade.

O conflito rejeição/aceitação do "ser negro", evidenciado nos depoimentos e no cotidiano dos salões, não é uma característica dos negros da atualidade. Tal conflito acompanha o processo histórico brasileiro, marcado pela escravidão, e a influência desta na conformação do tipo de racismo que vivemos na contemporaneidade. A força da escravidão e das representações negativas forjadas durante esse processo deixou marcas profundas e negativas na identidade do negro brasileiro e na representação social em torno de sua raça. Esse é um processo que também afeta brancos e mestiços brasileiros.

Uma reflexão sobre as possíveis causas históricas desse conflito pode ser um caminho para entendê-lo nos dias atuais. Não quero dizer que a escravidão e a abolição foram as únicas responsáveis pelas relações raciais desenvolvidas no Brasil. Da oficialização da Lei Áurea aos dias de hoje, várias mudanças históricas interferiram nesse processo: o desenvolvimento do capitalismo, os encontros e desencontros culturais, as questões políticas, a globalização, o aumento da exclusão social e outros fatores também devem ser considerados.

Não podemos nos furtar de lançar um olhar sobre a História para compreendermos como certas mentalidades foram construídas e formuladas durante os processos econômicos, políticos e culturais que envolvem o negro e a negra brasileiros. De acordo com Rodrigues (1986), os processos históricos e culturais são inseparáveis da construção de uma sensibilidade.

No caso deste estudo, essa sensibilidade se refere não só às representações sociais sobre o negro, mas também do negro em relação a si mesmo: sua cultura, seu povo, seu corpo, seu cabelo.

Algumas raízes históricas
do movimento rejeição/aceitação

Podemos entender a manipulação do cabelo do negro como técnica corporal e como lógica cultural que acompanha o modo de ser do negro e da negra desde a África pré-colonial. Essa lógica se constrói em um sistema cultural aberto e por isso mesmo não está isenta às transformações oriundas dos diferentes encontros culturais dos quais os negros historicamente têm participado, mesmo aqueles que aconteceram durante os processos de colonização e escravidão.

O caráter mais geral e mais comum da manipulação do corpo e do cabelo encontrado entre os negros africanos e brasileiros, assim como entre outros grupos étnico/raciais, não descarta a diversidade de respostas locais dadas por esses sujeitos na construção de uma estética corporal. É com a variedade dessas respostas, enraizadas nos contextos locais, que nos defrontamos ao pensar e comparar o comportamento de negros africanos, norte-americanos e brasileiros em relação ao cabelo.

No caso do Brasil, posso citar dois exemplos de fatores que interferiram e ainda interferem na variedade de respostas locais em relação ao corpo negro e ao cabelo. O primeiro exemplo diz respeito à escravidão e à distribuição geográfica dos africanos escravizados. Sabemos que, durante a escravidão, as diferentes etnias africanas, além de dispersas, foram distribuídas geograficamente de forma diferente na Colônia, de acordo com as necessidades de exploração, da descoberta da terra pelos próprios colonizadores e da época de chegada dos navios negreiros. A introdução dessas etnias na Colônia dependia, também, da forma como os traficantes iam, pouco a pouco, invadindo o interior da África e capturando pessoas de diferentes nações. Todavia, a dispersão imposta a essas etnias desde a África não conseguiu apagar totalmente a ascendência étnica dos povos que para cá foram trazidos. Assim, temos hoje, por exemplo, forte ascendência ligada às culturas bantu na região Sudeste, assim como iorubá ou nagô, no Nordeste do País. Essa presença se faz visível no tipo físico dos negros, na linguagem, e também nas práticas culturais e religiosas. Tal ascendência, junto com aspectos históricos, econômicos, sociais e culturais, interfere na forma de ser negro mineiro, paulista, carioca ou baiano e isso inclui a maneira de lidar com o corpo e com o cabelo.

O segundo exemplo a ser considerado refere-se à localização específica do negro contemporâneo no contexto urbano. Uma coisa é ser negro e viver no centro urbano; outra é viver no meio rural. Uma coisa é viver no centro e outra no interior. O acesso às possibilidades de consumo, as múltiplas experiências, o contato com diferentes e diversas referências estéticas variam de acordo com a localização geográfica e política dos sujeitos. Isso não quer dizer que essas mudanças não chegam ao meio rural e ao interior, mas, sem dúvida, acontecem de forma diferente, e o acesso a elas é diferenciado, sobretudo, quando se cruzam com a situação socioeconômica.

Tal variedade não se dá livre de influências generalizantes da mídia, que divulga determinados padrões estéticos negros e do peso do mercado na popularização dos produtos étnicos em busca de um consumidor negro. Segundo Sahlins (1997, p. 14-15), a variedade de respostas se desenvolve a partir de perspectivas diferentes e com poderes sociais diversos para a objetivação de suas interpretações. Nesse processo, as pessoas chegam a diferentes conclusões, e as sociedades elaboram consensos, cada qual à sua maneira. A comunicação social é um risco tão grande quanto as referências materiais. E os efeitos desses riscos podem ser inovações radicais. Os significados são, em última instância, submetidos a riscos subjetivos, quando as pessoas, à medida que se tornam socialmente capazes, deixam de ser escravas de seus conceitos para se tornarem seus próprios senhores. Isso pode ser visto no debate em torno do cabelo alisado *versus* cabelo crespo natural.

Mas as improvisações do humano, como reavaliações funcionais, dependem das possibilidades dadas de significação, já que, de outra maneira, seriam ininteligíveis e incomunicáveis aos sujeitos. Por isso, ao interpretar a relação do negro com o corpo e os significados do cabelo crespo e do cabelo alisado, a articulação entre a variedade de respostas locais, o processo de mudança cultural, a estrutura e a construção da subjetividade não podem faltar às nossas análises, mesmo que não consigamos dar a cada um desses fatores o mesmo peso e o mesmo destaque.

Uma das formas de se compreender a relação do negro contemporâneo com o cabelo, sobretudo entre os sujeitos que acompanhei e entrevistei durante a realização da pesquisa, é não desconsiderar a relação entre o passado e o presente, a estrutura e a História, o indivíduo e a sociedade.

Sahlins (1997, p. 18-19) já nos alertou para o perigo dos contrastes binários pelos quais geralmente se pensa a cultura e a História. Essas suposições, encontradas em certo tipo de pensamento acadêmico ocidental, são consideradas pelo autor como analiticamente debilitantes.

Entendo, assim como Sahlins (1997, p. 7), que a História é ordenada culturalmente de diferentes modos nas diversas sociedades, de acordo com os esquemas de significação das coisas. Da mesma forma, o contrário também é verdadeiro: os esquemas culturais são ordenados historicamente, porque, em maior ou menor grau, os significados são reavaliados quando realizados na prática. A síntese desses contrários desdobra-se nas ações criativas dos sujeitos históricos envolvidos. É nessa perspectiva que busco as possíveis razões históricas do conflito rejeição/aceitação presente na cultura e na subjetividade dos negros, a ponto de atingir a sua relação com a estética corporal.

A historiadora Suely Robles Reis de Queiroz, ao estudar a escravidão negra, no Brasil, destaca que um dos pilares para a sustentação do escravismo foi a identidade negada. A legislação da época, inspirada no direito romano, classificava o escravo como "coisa", "peça", "mercadoria" (QUEIROZ, 1990, p. 35-49). Dessa forma, ele podia ser vendido, alugado, emprestado, hipotecado, submetido, enfim, a todos os atos decorrentes do direito de propriedade.[3]

Durante a escravidão, pela lei, a subordinação do escravo ao senhor era absoluta e necessária ao sistema escravista. A compulsão necessária para o investimento e retorno do trabalho escravo era obtida anulando a individualidade do escravo, reduzindo-o à condição de máquina, destituída de vontade própria e cegamente obediente a razões inquestionáveis.

Essa coisificação imposta ao africano é apontada também como desencadeadora de um conflito no processo de autorrepresentação[4] do negro

---

[3] A autora cita o seguinte anúncio publicado no *Diário de São Paulo*, de 27 de fevereiro de 1870: "Vende-se um escravo [...] bonita peça, sem defeitos, próprio para todo e qualquer trabalho ou ofício" (QUEIROZ. 1990. p. 35). Tal anúncio reflete a condição de objeto do negro cativo.

[4] Jacob GORENDER (1990) critica e chama a atenção desse tipo de argumentação teórica desenvolvida durante certo período na historiografia brasileira. Segundo ele: "Nessa linha de argumentação, é fora de dúvida que Fernando Henrique Cardoso ultrapassou os limites fundamentados ao avançar da inegável coisificação social do escravo para a admissão de que, "no geral, era possível obter a "coisificação" subjetiva do escravo: [...] sua autorrepresentação como não homem". Não só os senhores formavam a representação da reificação dos escravos, mas estes, no geral, formavam a autorrepresentação

durante o regime escravista. Alguns estudos que privilegiam tal enfoque, ao estudar o escravismo brasileiro, levaram ao extremo a ideia de que o escravo padeceu de um sentimento de coisificação subjetiva, a ponto de suas lutas serem vistas como pertencentes *às páginas dramáticas da história dos que não têm história possível.*[5]

Contudo, essa mesma condição de coisificação social também pode ser vista como propulsora dos movimentos efetivos de resistência e rebeldia. Mais ainda, o desejo de reversão desse quadro é considerado como o propulsor da luta pela liberdade e pela afirmação dos valores culturais negros. Gorender (1990, p. 23) adverte: "*A coisificação social se chocava com a pessoa do escravo (pessoa = subjetividade humana). Ferida, humilhada, comprimida, a pessoa do escravo não era anulada (exceto em casos patológicos). A contradição entre ser coisa e ser pessoa constituía a vivência do escravo durante toda a sua existência*".

Vemos, portanto, que as discordâncias dos autores, para além de questões de ordem política e de compreensão histórica, ao abordar os efeitos da escravidão sobre a existência do africano escravizado, tocam em questões concernentes ao processo de reconhecimento. Gorender advoga que, apesar da coisificação social, o escravo se reconhecia humano, e essa tensão alimentava até o movimento de reação por ele desencadeado. Segundo o autor, mesmo sob a escravidão, a humanização dos africanos segue seu curso. Nesse sentido podemos dizer que, no que diz respeito ao africano escravizado, "*as raízes não conseguem ser removidas, pois as verdades espirituais e culturais ancoram-se no corpo*" (CARNEIRO, 2000, p. 26). Já Fernando Henrique Cardoso parece aceitar a ideia de uma introjeção quase absoluta da coisificação na esfera da subjetividade do escravo, culminando num processo de autorrepresentação como não-homem, ou seja, de negação da sua humanidade, de ausência de reconhecimento.

A análise das diferentes leituras sobre o processo de coisificação do escravo pode nos dar pistas para compreender algumas raízes históricas do conflito identitário de rejeição/aceitação vivido pelo negro brasileiro dos dias

---

de sua reificação. O que se exprimia no comportamento heteronômico e na impotência para reagir contra a coisificação subjetiva. (p. 20)

[5] Nesse momento, GORENDER (1990, p. 20) cita dois trabalhos de Fernando Henrique Cardoso intitulados: *Capitalismo e escravidão no Brasil meridional. O negro na sociedade escravocrata do Rio Grande do Sul.* São Paulo, Difel, 1962. p. 153-7 e Classes sociais e história: considerações metodológicas. In: ___. *Autoritarismo e democratização.* Rio de Janeiro: Paz e Terra, 1975, p. 112.

atuais. Esse conflito, hoje, apesar de não mais passar pela reversão de um quadro de coisificação social, é alimentado pela condição social, econômica e política imposta ao negro brasileiro e pode ser entendido como resultado da reelaboração de formas de dominação ocorridas pós-abolição, que reforçam cada vez mais o distanciamento social entre negros e brancos.

A luta do escravo pela afirmação da sua humanidade em uma sociedade que o via como coisa e mercadoria é compreensível quando analisamos a sociedade escravista. Incompreensível é pensar que, em outros moldes, o negro brasileiro ainda continua vivendo essa tensão, porém, com matizes diferentes, numa sociedade que se diz uma democracia racial.

A contradição rejeitar-se e aceitar-se como negro e, mais ainda, rejeitar-se como negro para ser aceito socialmente, constitui a vivência cotidiana desses sujeitos. Não é à toa que nos salões étnicos pesquisados ouvia sempre de um cliente ou de uma cabeleireira a expressão: "Ser negro é matar um leão por dia". A afirmação passa, necessariamente, pela reconstrução da relação do negro com o corpo e com o cabelo, num intenso e denso processo de tornar-se negro.

Junto às práticas escravistas legitimadas pela legislação da época da escravidão, construiu-se também um imaginário sobre o negro africano e seus descendentes repleto de ideias, valores e estereótipos, no sentido de confirmar a existência e a necessidade do cativeiro. Findo o regime escravista, essas representações sobre o negro não deixaram de existir. Antes, foram reformuladas e refinadas no decorrer do processo histórico.

Tais representações foram se metamorfoseando no decorrer da história: de incapacidade moral à incapacidade física e intelectual; de sexualidade exacerbada ao mito da "mulata" sensual. Fazem parte, portanto, de uma ideologia da escravidão que, a despeito do momento histórico em que foi formulada, possui força duradoura e, no Brasil, tem sido reforçada pela baixa condição social e econômica na qual se encontra a maioria dos negros desde a abolição. A não-integração do negro na sociedade brasileira após a abolição pode ser considerada como um dos fatores que ajudou a alimentar essas imagens distorcidas.

A maior complexidade é que tais imagens sociais negativas, construídas sobre os negros ao sofrerem um processo de refinamento, passam a fazer parte da subjetividade de negros, mestiços e brancos. Assim, não é preciso a comprovação social de que um negro é pobre. Geralmente, quando as pessoas têm contato com um negro, imagina-se *a priori* que ele já possui baixa condição social porque é um negro. Da mesma forma, embora atualmente se negue o discurso de baixa intelectualidade dos negros, as pessoas ainda se admiram quando veem um homem ou uma mulher negra se destacar entre a intelectualidade brasileira. Ou seja, um negro integrado socialmente é ainda visto como alguém fora do seu lugar, pois ainda há uma expectativa social, introjetada em nosso imaginário, de que o único lugar que lhe pertence é o de "coisa", de negação da subjetividade e, mais ainda, de não-humanidade, imposto pela escravidão.

Segundo Da Matta (1983, p. 139-193), no Brasil, após a escravidão, diante da lei geral e impessoal que igualava negros e brancos, os membros dos segmentos senhoriais e aristocráticos estabeleceram uma corrente de contra-hábitos visando demarcar as diferenças e assim retomar a hierarquização do mundo nos domínios onde isso era possível. Nesse processo, a casa e o corpo são tomados como arena privilegiada dessas gradações, como domínios fundamentais do mundo das relações pessoais e dos elos de substância. Na opinião do autor, a sociedade brasileira inventou uma "teoria geral do corpo", acompanhada de uma prática, cujo aprendizado é, até hoje, divulgado entre nós.

Essa "teoria geral do corpo", principalmente depois da abolição, passou a ser o "racismo à brasileira", dotado de duas fases distintas: uma, onde ele era tipicamente hierarquizador e rígido, logo após a abolição, quando, de fato, o problema se coloca. E outra, que entra em vigor a partir da publicação da obra de Gilberto Freyre, orientada não mais pela crença presente no sistema escravista da existência de uma dicotomia entre o negro atrasado e débil e o branco civilizador, mas para os seus interstícios. Temos, portanto, como resultado, a glorificação da miscigenação, do mestiço e da mulataria. Mas não se pode esquecer de que, em ambas, "o corpo é o elemento central da elaboração ideológica, formando a unidade básica do plano hierarquizador" (DA MATTA, 1983, p. 154).

Assim, ainda segundo Da Matta, entre nós, diferentemente dos EUA, a esfera onde as diferenças se manifestaram foi na área das relações pessoais, e não na criação de um contrassistema legal ("iguais, mas separados"). Essa esfera, não atingida pelas leis, é o local privilegiado do preconceito e, na sociedade brasileira, possui forte conteúdo estético (ou moral) e nunca legal. Dessa forma, nunca chegamos a temer o negro livre, já que todo o nosso sistema de relações sociais estava fortemente hierarquizado. Apenas fizemos adaptações na rede de relações sociais e passamos a atuar nas áreas mais internas do sistema, a saber, no corpo e na casa.

As representações sobre o negro e a boa aparência: equacionando ou acirrando o conflito?

Atualmente, embora não estejamos mais sob a égide da empresa colonial, nem da escravidão, a persistência das representações negativas sobre o negro acabam se constituindo em outra ideologia: a ideologia da cor e do corpo. Vejamos:

Além de negro, pobre, também há outra situação social que eu acho que é dificultadora. Então, eu acho que por isso cobrava-se da gente a questão de estar bem vestido, de estar... bem aparentado pra ser respeitado e ser ouvido e, sobretudo, principalmente conseguir um emprego. Então a referência era um tio, chama-se M. B. e era o cara que tava na família, que até a própria família o chamava de M.B., o cara conseguiu defender a instituição M.B. O M. B. era um cara que era joalheiro, era meu tio, mas era o cara que vendeu couve no balainho e, se precisasse de voltar a vender, venderia. É ele que me disse, que o cabelo tem que ser baixinho. Não esqueço. Ele me disse isso de criança. Sempre achei que tive boa escuta porque o ensinamento também veio de lá, de que... você tem que ouvir os mais velhos, que você tem que ser respeitador e tem que ser bonzinho. Então, pediu e mandou, você faz! Precisa ser bonzinho: "Olha menino, vai buscar algo lá em cima na padaria!". Bom, o mérito é você ir e voltar (estrala os dedos) rapidinho, pra poder chegar e receber elogio. Dizer assim: "Nossa, como cê foi rápido!" "Nossa, esse menino é bonzinho!" Então sempre assim: bom cidadão, respeitador e cumpridor das regras do jogo... tudo direitinho, tá? Então essas coisas eram o que a gente, o que eu conheci como educação. *E o corte de cabelo veio daí. Então essa é a minha coerência e é nesse caminho também que eu me desenvolvi profissionalmente. (pausa) O que eu consegui quando eu era entregador de revista e depois passei a trabalhar numa banca de revista, a aparência ajudou. Apesar de ser entregador de revista e ter que vestir, ter que andar sujo mesmo... mas eu evitava o máximo. Porque a leitura que sempre tive em mente que as pessoas iam fazer de mim é sobre a forma como eu me apresentava. Então, se eu tô limpo por fora: "Esse cara deve ser limpo por dentro", "esse cara deve ser confiável". Parece que a coisa é por aí. Então... é... fui polindo, até a fala, a fala também tinha que ser limpa. Até o momento que eu abri a boca pra te falar, eu não tenho, não tinha ela pra mim com essa clareza...* (PA, 35 anos, relações públicas) (grifo nosso)

Para além dos ensinamentos morais, muito comum na educação das crianças, principalmente dos meios populares, o depoimento acima diz respeito à interpretação de um homem negro sobre a maneira como deve tratar o seu corpo e de como deve se apresentar diante do outro: demonstrando boa aparência e limpeza. Essa interpretação resulta na construção de um desejo quase obsessivo: o sujeito negro precisa estar sempre bem apresentado para ser respeitado, ser ouvido e, principalmente, conseguir emprego. O depoente tem em mente que, em nossa sociedade, a leitura social passível de ser feita em relação à sua pessoa passa, necessariamente, pela aparência, pela limpeza e pela maneira como ele se apresenta esteticamente em público. A sua autorrepresentação como homem negro parece estar muito ligada à aprovação social de higiene vinda das outras pessoas. Ao desejar romper com o estereótipo negro = sujo, ele acaba reforçando-o. Parece que esse estereótipo, de uma maneira inconsciente, passa a ser parte integrante da sua autorrepresentação conquanto homem e negro. A ênfase de que "ser negro é ser limpo e confiável" remete-nos a uma ligação histórica entre raça, higiene e moral. Leva-nos, então, ao simbolismo das hierarquias sociais discutido por Rodrigues (1999).

No seu estudo sobre o corpo na Idade Média, Rodrigues (1999, p. 83-96), ao analisar o significado das excreções, ou seja, daquilo que o corpo produz, mas não aproveita, traça as diferenças que o lixo vai assumindo desde a Idade Média até as sociedades industriais. Segundo ele, muito mais importante do que entender o lixo em si, como objeto, é compreender a mentalidade e a sensibilidade que puderam "inventar" algo como lixo: atribuindo, etiquetando, acusando, localizando e passando a exigir, por vias de consequência, atitudes especiais de proteção.

Ainda de acordo com o autor, quanto mais próximo do centro de poder, mais distante da poluição; quanto mais periférico em relação ao centro de poder, tanto mais íntimo da sujeira e do lixo. Sob o nosso culto à limpeza e à separação dos restos, existe uma dimensão política que, com frequência, desdenhamos.

Ao discutir o corpo na Idade Média, Rodrigues (1999, p. 113-114) nos alerta para o fato de que é preciso termos em mente que o ritmo de transformação quantitativa da cidade foi muito maior que o da metamorfose da mentalidade e da sensibilidade. Assim, os hábitos e as formas medievais, que naquela época se mostravam incompatíveis com as novas dimensões da cidade ainda operaram por mais de três séculos depois do "fim" da Idade

Média. As características medievais coexistiram, principalmente nas cidades de índole industrial, com os odores também fétidos do carvão queimado, da fumaça que escurecia o ar, dos gases gerados pela fermentação industrial da cerveja etc.

Nessa contextualização, o autor discute que a palavra "limpo" começa a adquirir conotações morais a partir do século XVII, passando a significar distinção, elegância, ordem. A limpeza das coisas passa a ser um indicador da limpeza da alma e crescentemente se admite que um povo limpo é também ordeiro e disciplinado.

Assim, uma sociedade asseptizada é automaticamente uma sociedade hierarquizada. Essa hierarquia invade até a esfera mais íntima do indivíduo. A poluição e a sujeira, nessa perspectiva, podem ser associadas ao pecado, à "falta" de moralidade, à classe, à raça. A introjeção dessa hierarquia, da ideia de um corpo limpo visto como sinônimo de ordem e disciplina, é comum em nossa sociedade e pode ser vista no depoimento do entrevistado P.A.:

> Apesar de ser entregador de revista e ter que vestir, ter que andar sujo mesmo... mas eu evitava o máximo. *Porque a leitura que sempre tive em mente que as pessoas iam fazer de mim é sobre a forma como eu me apresentava. Então, se eu tô limpo por fora: "Esse cara deve ser limpo por dentro", "esse cara deve ser confiável".* Parece que a coisa é por aí. Então... é... fui polindo, até a fala, *a fala também tinha que ser limpa.* (grifo nosso)

Entretanto, quando somamos a esse modo de ver o corpo expresso pelo entrevistado o componente étnico/racial, é impossível não lembrar de que a acusação de sujeira física, moral e da "alma" tem sido historicamente imputada ao corpo do negro e da negra em nossa sociedade. Muitas vezes, essa leitura racista é introjetada pelo próprio negro. Uma análise mais detalhada dessa situação revela-nos que a relação negro = sujeira é a expressão de relações raciais e de poder assimétricas. Aquele que acusa o outro de impureza, quer seja social, quer seja racial, está reivindicando para si próprio a ideia de superioridade e pureza.

Podemos questionar que, em nossa sociedade, o cuidado com o corpo é um comportamento considerado desejável para qualquer grupo social e de que nem sempre tal expectativa está associada ao racismo. Mas, quando esse cuidado é sempre vinculado aos sujeitos que possuem uma aparência física específica, ligada a determinado pertencimento étnico/racial, ele se torna preocupante. Quando essa aparência física é vista *a priori* como suja e sem higiene, a situação torna-se mais preocupante ainda. Os negros que usam o penteado no estilo *dreadlocks* que o digam!

Mas o cuidado com a estética corporal para o negro também pode significar a reversão de uma imagem negativa construída socialmente sobre o seu grupo étnico/racial. Diante de uma inevitável incorporação de uma representação negativa de si mesmo, construída pelo outro e por uma condição histórica e social de desigualdade, o negro e a negra aprendem a manejá-la pelo avesso. Ao agirem dessa forma, eles se permitem usar como instrumento de seu próprio poder as insígnias do mal que a imagem do outro sobre ele projeta, como uma segunda pele (MONTES, 2000, p. 175). É nesse campo de reação e reversão que se localiza o estilo de penteado *black power*, usado pelos ativistas negros sul-africanos, americanos e brasileiros nos anos 1960 e 1970.

Mas de onde vem essas imagens negativas que, entre outras coisas, associam a aparência do negro à sujeira? Elas vêm de uma longa data. Apesar de estarmos em pleno século XXI, a falta de integração do negro na sociedade resulta em ampla gama de pessoas expostas a situações indignas de vida, pertencentes às camadas mais baixas da população, expostas ao desemprego, aos "bicos", aos empregos mal remunerados. Empregos que exigem atividade braçal, esforço físico. Diante de tal realidade, no senso comum, ainda continuam associações entre negro e sujeira que, ao serem descontextualizadas das condições de trabalho e socioeconômicas, reforçam o pensamento racista de que o cheiro de suor é um odor natural dos pretos e dos pobres.

No seu depoimento, P.A. ainda diz:

É ele (o tio) que me disse, que o cabelo tem que ser baixinho. Não esqueço. Ele me disse isso de criança. E eu sempre fui bom ouvinte. Sempre achei que tive boa escuta porque é... o ensinamento também veio de lá, de que... você tem que ouvir os mais velhos, que você tem que ser respeitador e tem que ser bonzinho. Então, pediu e mandou, você faz! Precisa ser bonzinho.

Nota-se, nesse discurso, que a boa aparência está associada, no plano do inconsciente, a um comportamento de submissão: "Tem que ser bonzinho", "o cabelo tem que ser baixinho". A forma de apresentar o cabelo aparece como integrante do processo de socialização e de educação. "Então essas coisas eram o que a gente, o que eu conheci como educação. Então se a norma é essa, é essa. E o corte de cabelo veio daí. Então essa é a minha coerência e é nesse caminho também que eu me desenvolvi profissionalmente."

A utilização dos diminutivos "bonzinho" e "limpinho" pelo depoente pode ser vista como reforço do sentimento de submissão. Não é à toa que o diminutivo é escolhido dentro do repertório linguístico do entrevistado para expressar o seu sentimento e o seu pensamento sobre a relação corpo, raça e cabelo.

Para a então criança negra, o corpo, o cabelo, a aparência e a limpeza aparecem como aprendizados que se tornam parte da subjetividade e da autoimagem. Observa-se, nesse depoimento, a presença de uma ideologia da cor e do corpo enunciada por meio da narrativa. No decorrer da entrevista, a narrativa revela traumas, ressentimentos, incertezas e inseguranças, resultando, no final, no desvelamento da situação vivida, ou seja, do conflito rejeição/aceitação. No momento em que a linguagem revela os recônditos da subjetividade, o sujeito se apercebe e com certo espanto revela: "Até o momento que eu abri a boca pra te falar, eu não tenho, não tinha ela pra mim com essa clareza".

Poderíamos pensar que estamos somente diante do depoimento de um homem vaidoso. Mas, no caso analisado, essa busca de embelezamento aparece com certo diferencial, o qual se refere à necessidade de mostrar para o outro que, "apesar da cor", é possível ao negro ser lindo, limpo, educado, cortês e, no limite, humano. Mais do que julgar o conteúdo do depoimento, importa, aqui, mostrar o peso do racismo na maneira como os negros veem e tratam o seu corpo, a sua aparência, o seu cabelo e a sua beleza.

O apelo ao comportamento ordeiro e aos bons modos como imagens desejadas do negro sobre si e sobre os componentes do seu grupo étnico/racial vem de longe. Bastide e Fernandes (1959, p. 228-229), ao examinar os artigos dos jornais dos líderes de cor entre 1925 e 1937, em particular, o jornal *A Voz da Raça* da associação A Frente Negra, em São Paulo, destacam a presença de uma ambivalência de ideologias, uma flutuação entre o racismo puro, o orgulho da cor e um sentimento de inferioridade que, segundo os autores, leva à imitação do branco e dos seus pontos de vista.

> Por fim, o último traço digno de nota é a aceitação da verdade dos estereótipos dos brancos sobre os pretos, de onde uma intensa campanha de educação que vai até os conselhos práticos: como comportar-se num salão, como assoar o nariz..., insistindo na necessidade de deixar a bebida, de não vadiar, e, mais ainda, de instruir-se. (BASTIDE; FERNANDES, 1959, p. 229)

É nesse espelho social que o negro brasileiro tem se olhado. Assim, ele se constrói como sujeito imerso numa tensão entre uma imagem socialmente construída em um processo de dominação e a luta pela construção de uma autoimagem positiva. Não permitir que tal imagem social destrua a sua autoimagem é um desafio. Construir uma autoimagem, um "novo negro", que se paute nas referências identitárias africanas recriadas no Brasil, também o é. Esta última tem sido uma das estratégias de identidade construídas por uma parcela da população negra.

Olhar para a África, mais precisamente a África pré-colonial, na tentativa de recuperar valores, referências artísticas, culturais, estéticas através de um resgate da ancestralidade africana. A civilização africana aparece, então, como um mito e traz ao negro brasileiro a possibilidade de ser visto sem a marca da coisificação e da negação, ou seja, de ver-se e ser visto como humano.

A imagem, porém, com a qual o negro brasileiro se depara é de uma África que, apesar das diferenças históricas e regionais, se mostra imersa em guerras e conflitos internos, muitos deles deixados como herança da colonização mediante uma divisão geográfica imposta, em uma terra saqueada pelos colonizadores e explorada, até hoje, pelas ditas nações desenvolvidas. É uma África contemporânea na qual alguns países que mais sofreram com o tráfico negreiro pedem, hoje, reparações às nações causadoras dessa empreitada, inclusive, o próprio Brasil. É a África que luta pelo desenvolvimento e pela inserção internacional. A imagem da África vista como um continente com uma história rica e complexa, constituída historicamente por diversos reinos, tecnologias, diversidade cultural e linguística, movimentos de resistência e de descolonização, ainda não é a mais divulgada no interior da própria comunidade negra brasileira. A negação da História é mais um aspecto da violência racista. Resta, então, voltar o olhar para o negro norte-americano, o movimento das lutas civis nos EUA, os líderes negros que marcaram a história da humanidade denunciando e se opondo ao racismo. Mas, também nesse país, a realidade do negro não é um mar de rosas. O olhar do negro brasileiro, ao se voltar para os EUA, destaca o comportamento, a militância e a estética corporal dos negros norte-americanos, que comporta desde o estilo *black power* até a avançada tecnologia dos produtos étnicos e dos cabelos emoldurados ao redor do rosto. Parece-me que, em termos de padrões estéticos, além das referências africanas, a realidade contemporânea norte-americana se torna a referência mais próxima dos salões étnicos. Ela está presente no material, nas revistas que circulam nos salões, nos modelos de penteados e na formação de, pelo menos, quatro das cabeleireiras entrevistadas. Vejamos um pouco do relato de duas cabeleireiras entrevistadas.

N: E como é que foi, Betina, que você, do Senac, você foi pra Dudley fazer curso nos Estados Unidos?

B: Ah... uma outra história... quando a S. veio aqui ela falava dos cursos que ela já tinha feito no exterior, eu ficava só babando de ver ela contar: "Mas você ainda vai", batia assim no meu rosto, "mas você ainda vai". "S., eu sou louca, pelo amor de Deus, me ajuda"... Eu conheci também o D.: "Não, um dia você ainda vai." "Como? Como?" – eu perguntava. "Calma, calma!" Conversei com a gerente do Senac e falei com ela que eu estava querendo fazer um curso de aperfeiçoamento, na Dudley's, que eu conhecia uma pessoa e ela me falou desses cursos e ia ser o primeiro grupo de brasileiros a ir para essa universidade, porque até então ninguém tinha ido. A cabeleireira S. tinha ido uma vez pra visitar e tudo, mas ia ser o primeiro grupo que ia pra Dudley, o primeiro grupo de brasileiros. Gente, eu não acredito o tanto que a gente é atrasado até nisso, você vê em 95... foram pra lá os brasileiros... essa coisa de... porque outros cabeleireiros assim como Jacques Janine, foram para a Europa, mas pra conhecer uma universidade de cabelos étnicos, nós fomos os primeiros brasileiros a pisar nesta universidade, que já tem o que...há anos...

N: Existe há muito tempo?

B: Existe... ela tem quarenta e tantos anos. Então: "Gente, eu não acredito que eu vou fazer parte desse grupo", e a dona V. do Senac falou assim: "B., o Senac não tem uma verba, disponível pra uma pessoa, porque são vários instrutores, você sabe que dar pra alguns mais e pra outros..." – "Não, eu queria saber como é que a senhora poderia fazer pra me ajudar, uma carta pra eu mostrar lá no Consulado, porque lá é difícil de passar, eu não sei... com alguma coisa a senhora poderia me ajudar"... Eu tinha uma graninha guardada. Ela falou assim: "Eu vou ver o que eu posso fazer." E ela fez essa carta, dizendo que eu era instrutora do Senac. (B, 38 anos, cabeleireira étnica)

N: E, nesse momento que você morou fora, você chegou a estudar, a fazer algum curso lá nos Estados Unidos, alguma coisa assim?

F: Eu fiz cursos, alguns cursos. Não cheguei...

N: Lá fora?

F: É, nos Estados Unidos, fiz um curso pela Sebastian mesmo, em Los Angeles. Não cheguei a fazer faculdade de cabelo, pelo fato de que a faculdade de cabelo seria uma coisa complicada pra quem tem filho no Brasil. A gente se prende ao Brasil por algum motivo e não tem como fazer. E muitas pessoas colocam assim... eu fiz a faculdade de cabelo na Carolina do Norte, só que elas se esquecem de que uma faculdade não se faz em seis meses. São anos a fio. São muitos os que iniciam o curso e não terminam o curso. Pra mim isso não é tão importante, pra mim o título não importa, o que importa é a consciência do profissional cabeleireiro. O quanto ele estuda o segmento do cabelo, beleza, tratamento. E fiz alguns cursos... fiz uns cursos de tendência afro. Quando eu fui pra Los Angeles, eu observei um público muito interessante, afro, nos Estados Unidos e quando a gente foi para Nova York, eu fiz um curso básico de novas tendências em cabelos afro-étnicos. E aí, pretendo estar fazendo novos cursos, mas ainda não tive como estar fazendo faculdade. (F, 26 anos, cabeleireira étnica)

Os salões étnicos, ao destacar a dimensão política da estética, saem na contramão do conjunto de imagens e leituras negativas sobre o negro. Para isso, tentam recriar um padrão estético negro, numa associação entre a modernidade, a tecnologia e os padrões africanos. Mesmo que esse novo padrão se inspire na imagem construída pelos negros norte-americanos, que privilegiam o uso das novas tecnologias e da química, os salões étnicos brasileiros, ao anunciar publicamente a existência de uma "beleza negra", acabam por se contrapor à ideologia da cor e do corpo ainda hegemônica em nossa sociedade. Eles se lançam na experiência, algumas vezes de maneira bem-sucedida e outras não, de formular outra ideologia, gestada no interior da comunidade negra. Mesmo que sejam acusados de "copiar" o padrão branco de beleza ao utilizarem produtos químicos para relaxar e alisar o cabelo crespo e estimular o uso de alongamentos e apliques, não há como negar que tais espaços participam de um movimento maior e mais complexo de recriação de padrões estéticos.

Para compreendermos melhor esse processo, talvez tenhamos que pensar para além da ideia de cópia e considerarmos a possibilidade da recriação. Segundo os cabeleireiros e cabeleireiras étnicas, a intervenção estética dos salões é para tornar os cabelos crespos mais adaptáveis ao negro do século XX (atualmente, do século XXI), reconhecendo que o cabelo crespo nunca será liso nem tampouco se parecerá com tal textura. Segundo um cabeleireiro: "O cabelo crespo, mesmo com chapa, sempre será crespo. Quando lavar ele vai encaracolar, essa é a natureza dele, mas, por que nós, os negros, não podemos mudar? Por que temos que ficar sempre do mesmo jeito se todo mundo muda?" Contudo, é preciso ponderar que, embora seja esse o sentido mais destacado no discurso das/os cabeleireiras/os quando estas/ es se referem ao uso da química e de outros tipos de penteado, o mesmo não pode ser generalizado para cada homem e mulher negra que adentra o espaço do salão. É preciso, então, voltar a atenção para cada história de vida, para cada processo de construção da identidade negra dos clientes e para os diferentes sentidos que esses atribuem ao fato de frequentar um salão étnico e adotar determinado tipo de penteado e intervenção estética. Mas, de qualquer maneira, ao ponderarmos sobre a complexidade das relações raciais construídas no Brasil, não há como desvencilhar a ida a um salão étnico de um ato político, mesmo que este seja inconsciente ao sujeito que o realiza.

Ao adotarem a expressão "beleza negra", tomada de empréstimo do movimento *black is beautiful*, cuja forte presença marcou a luta dos negros norte-americanos das décadas de 1960 e 1970, as cabeleireiras e os cabeleireiros étnicos explicitam, no seu fazer cotidiano, um posicionamento político e a tensão entre imagem social e autoimagem do negro em nossa sociedade, uma vez que reivindicam para esse grupo o direito historicamente negado de ser visto e considerado belo. Apesar desse caráter mais geral, o grau de compreensão da construção da identidade negra em meio a uma sociedade miscigenada e, ao mesmo tempo, racista varia muito de acordo com a história de vida, os interesses, a idade, a inserção social e política e também o processo de construção da identidade negra de cada sujeito.

Algumas cabeleireiras e alguns cabeleireiros étnicos criam estratégias particulares de reversão desse quadro, desenvolvendo um tipo de relação com o cliente pautada num diálogo que destaca e valoriza o cabelo crespo e o corpo. No depoimento a seguir, a cabeleireira narra uma de suas intervenções em uma situação vivida por duas clientes, mãe e filha, no interior do seu salão. Segundo ela, a criança negra mostrava-se insatisfeita com a sua própria imagem, o que, para a cabeleireira, é resultado de uma rejeição construída dentro da própria família negra.

> D: É linda, maravilhosa, as negras, os negros, as crianças negras. É lindo, lindo, lindo! Eu gostaria imensamente que eles fizessem um trabalho de conscientização dentro dos lares. Dentro dos lares, porque o sofrimento maior começa dentro da própria casa. Às vezes, os pais não

161

assumem a negritude e transmitem isso para os filhos. E as crianças chegam... vão crescendo... crescem com muitos problemas. *Chegou uma criança, semana passada, aqui no salão, a mãe falando com ela que o cabelo dela era muito feio, muito duro e o que ela ia fazer? Queria que eu alisasse o cabelo da garotinha de três anos. Eu falei: "Não posso, ela é linda!" Assentei a criança no meu colo e conversei com ela: "Olha, você é linda, seu cabelo é maravilhoso!" E ela saiu daqui falando com a mãe dela. Ela não aceitou a mãe dela pôr mais nada no seu cabelo. Agora ela fala assim: "Eu quero ir na tia D., porque tia D. falou que eu sou linda." Então, a "Beleza Negra", é fantástica, linda, maravilhosa!* Mulher negra, homem negro. Eu acho fantástico, maravilhoso. (D, 45 anos, cabeleireira étnica) (grifo nosso)

Essa fala significa a percepção e a interpretação pessoal da cabeleireira sobre a sua prática. No entanto, mais do que um "discurso do nativo", pude presenciar, durante o trabalho de campo, momentos em que ela realizou intervenções como essa. Não há como negar que crianças que são levadas a um salão étnico têm a possibilidade de conhecer um ambiente que, apesar das contradições, apresenta a beleza negra e valoriza a imagem do negro. Cartazes, imagens, cores, discursos presentes no interior do salão privilegiam um negro visto como bonito, exaltam a pertinência a esse grupo étnico/racial, colocam em destaque o corpo e o cabelo do negro. Essa convivência, somada a outras experiências, como a participação em desfiles afros, poderá resultar numa mudança positiva na construção da autoimagem das futuras gerações. Poderá, quem sabe, equacionar o sentimento de rejeição/aceitação. (Fotos 34 e 35)

Conflito rejeição/aceitação: marcas inscritas na subjetividade do negro

Ao argumentar sobre as possíveis raízes históricas do conflito rejeição/aceitação, tentei, mais do que pontuar a existência dessa relação, destacar que os processos históricos, sociais e culturais são partes integrantes da construção da identidade negra, da conformação da subjetividade e ocorrem de maneira concomitante à emocionalidade dos sujeitos. Nesse sentido, considero que os poucos trabalhos que tentam articular a psicanálise e a questão racial, como o clássico estudo clínico do negro antilhano sob os efeitos da colonização francesa realizado por Fanon (1983), assim como algumas pesquisas mais recentes, como as de Souza (1990), Reis Filho (1997), Nogueira (1998), trazem importantes contribuições para a compreensão desse processo.

Tentando captar esses processos inconscientes presentes na relação colonizador/colonizado, Frantz Fanon discute que o branco que chegou a Madagascar perturbou os horizontes e os mecanismos psicológicos. A alteridade para o negro não é o negro, mas o branco. Segundo ele:

> Começo a sofrer por não ser branco, na medida em que o homem branco me impõe uma discriminação, faz de mim um colonizado, extorque de mim todo valor, toda originalidade, diz que parasito o mundo, que acompanhe o mais rápido possível o mundo do homem branco. Eu tentarei simplesmente tornar-me branco, isto é, desobrigarei o Branco a reconhecer a minha humanidade. (FANON, 1983, p. 82)

A interpretação do autor sobre a situação vivida pelo negro antilhano desvela o processo de negação vivido pelo negro em relação a si mesmo e ao seu grupo étnico/racial como resultado da introjeção do racismo. Com base nesse pressuposto, o autor apresenta um caminho para o sujeito que vive esse conflito identitário: ele não deve ser colocado diante do dilema tornar-se branco ou desaparecer, mas deve poder tomar consciência de uma possibilidade de existir e ser capaz de escolher a ação ou a passividade a respeito da origem do seu conflito, isto é, a respeito das estruturas sociais.

De maneira radical, Fanon desacredita na possibilidade de uma ontologia em uma sociedade colonizada e civilizada. Segundo ele, a construção de uma ontologia que ignora a existência do outro não nos permite compreender a essência do negro. A questão, nesse caso, não é ser negro, mas sê-lo diante do branco. Para o autor, quando se diz que o negro se inferioriza, na realidade o inferiorizaram.

Num mundo branco, o negro encontra dificuldades na elaboração do seu esquema corporal.[6] Fanon nos diz que, nesse caso, o conhecimento do corpo é uma atividade unicamente negadora. É um conhecimento em terceira pessoa. Em torno do corpo reina uma atmosfera de incerteza. O negro

---

[6] Segundo DOLTO (1992), o esquema corporal especifica o indivíduo conquanto representante da espécie, quaisquer que sejam o lugar, a época ou as condições nas quais ele vive. [...] O esquema corporal reporta o corpo atual no espaço à experiência imediata. Ele pode ser independente da linguagem entendida como história relacional do sujeito com os outros. O esquema corporal é inconsciente, pré-consciente e consciente. O esquema corporal é evolutivo no tempo e no espaço (p. 14-15).

é sobredeterminado do exterior. Ele não é escravo da "ideia" que os outros têm dele, mas da sua própria aparência. Assim, o esquema corporal atingido em vários pontos pelo olhar do branco ruiu, cedendo lugar a um esquema epidérmico racial. O negro não vive um sentimento de inferioridade, mas de inexistência.

Fanon (1983, p. 184) ainda afirma que o negro, em alguns momentos, está enclausurado no seu corpo, e, concordando com Merleau-Ponty (1971), destaca que, para um ser que adquiriu a consciência de si e de seu corpo, que alcançou a dialética do sujeito e do objeto, o corpo não mais determina a estrutura da consciência, tornou-se objeto da consciência.

Costa (1990, p. 1-18)[7] destaca que o processo identitário do negro tem como componente principal a violência racista que vai da cor ao corpo negro. Há uma complexidade envolvendo o processo de "tornar-se negro" na sociedade brasileira. A violência é a pedra de toque, o núcleo central do processo identificatório dos negros. Ser negro é ser violentado de forma constante, contínua e cruel, sem pausa ou repouso, por uma dupla injunção: a de encarnar o corpo e os ideais de ego do sujeito branco e de recusar, negar e anular a presença do corpo negro.

Souza (1990) aponta-nos alguns traços dessa violência racista sob o ângulo da dinâmica intrapsíquica. Na sua análise, ao refletir sobre os antecedentes históricos da ascensão social do negro brasileiro na construção da sua emocionalidade, a autora se aproxima do discurso da coisificação subjetiva realizado por alguns historiadores, porém, na esfera psíquica:

> Tendo que livrar-se da concepção tradicionalista que o definia econômica, política e socialmente como inferior e submisso, e não possuindo uma outra concepção positiva de si mesmo, o negro viu-se obrigado a tomar o branco como modelo de identidade, ao estruturar e levar a cabo a estratégia de ascensão social. A sociedade escravista, ao transformar o africano em escravo, definiu o negro como raça, demarcou o seu lugar, a maneira de tratar e ser tratado, os padrões de interação com o branco e instituiu o paralelismo entre cor negra e posição social inferior. (Souza, 1990, p. 19)

Na sua análise sobre a violência racista do branco sobre o negro, a autora afirma que essa exerce-se pela tendência impiedosa de destruir a

---

[7] Refiro-me ao texto deste autor ao prefaciar o livro *Tornar-se negro*, escrito pela psicanalista Neusa Santos Souza.

identidade do sujeito negro. Este, num movimento de internalização compulsória de um Ideal de Ego branco, é obrigado a formular para si um projeto identificatório incompatível com as propriedades biológicas do seu corpo. Esse processo tenso e delicado é atribuído pelo entrevistado G. ao cantor Michael Jackson.

> *Agora, ele (Michael Jackson) agrediu tudo, ele agrediu... ele agrediu até a cirurgia plástica.* Essa é que é a questão. Ele agrediu a cirurgia plástica. Ele não fez correção, ele não fez não digo só correção, ele não fez uma coisa que o incomodava. *Ele se incomodava no todo.* (G, 36 anos, representante comercial) (grifo nosso)

De acordo com Costa (1990, p. 4), estamos diante de um quadro mais complexo, de uma violência estrutural, em que mais do que o "indivíduo branco" é a *brancura* que está em jogo. A brancura tornou-se universal, um verdadeiro fetiche.

Nessa perspectiva, o racismo leva o negro a projetar a sua identidade em conflito na relação com o seu corpo. O seu ideal identitário converte-se num ideal de retorno ao passado, quando o negro poderia ter sido branco ou na projeção de um futuro, quando seu corpo e a identidade negros deverão desaparecer. Nesse sentido, a ideologia da cor é, na realidade, a superfície de algo mais profundo e complexo, a ideologia do corpo. Para Costa (1990, p. 5), "o sujeito negro ao repudiar a sua cor, repudia radicalmente o corpo."

Essa complexidade envolvendo o "tornar-se negro", a violência racista e sentimentos confusos de negação/afirmação apontados pelos autores citados anteriormente e de rejeição/aceitação evidenciados nesta pesquisa nos mostra que nem mesmo os salões, com suas diferentes propostas estéticas e políticas, escapam da tensa relação negro/cor/corpo/cabelo.

"Mas *existe uma insatisfação com o visual da gente pelo padrão estético que já nos foi colocado assim, culturalmente*" (PA, 35 anos, relações públicas) (grifo nosso).

> Eu sempre ia no salão aos sábados e quando chovia... Nossa Senhora! *Minha aparência era outra, no caminho, o meu cabelo já inchava. Nossa Senhora!* Não dava, já chegava no serviço, diferente, *minha aparência era outra.* Então eu fui vendo as pessoas do meu contato e *eu fiz alongamento.* Eu via os cabelos bonitos, chovia, não tinha problema, a pessoa sempre com aparência boa, e aparência, hoje, em primeiro lugar, seja o que for, aparência em primeiro lugar. Você vai numa loja,

o modo deles te tratarem, você tem que tá com uma aparência boa. *E eu notei isso no cabelo, eu tô sempre arrumada depois que eu passei a fazer alongamento.* (E, auxiliar de escritório) (grifo nosso)

Eu era tímida, entendeu, eu era muito tímida. Eu falava muito pouco, conversava baixinho. *Eu tinha vergonha de mim mesma. Eu tinha pouca amizade, nunca fui de ter* amiga de ir na casa dela. Tive assim, alguma colega, no colégio, eu sempre fui muito sozinha. Sempre fui. Até que quando eu fiz 15 anos, quis fazer um curso de modelo e manequim, mas não foi pra seguir carreira, achei que eu devia fazer. Então, olha só que coisa estranha, eu liguei pra lá, eu falava baixinho, então: "Fala mais alto, eu não estou te ouvindo". *Eu falei: "Ah! Eu queria fazer o curso de modelo." Eles falaram: "Tudo bem, você vem aqui". Olha só, não tem nada a ver, eu perguntei: "Ah! Mas eu sou negra, eu posso?"* (N, 26 anos, cabeleireira negra) (grifo nosso)

Assim, os salões espelham de maneira radical a realidade tensa e complexa da construção da subjetividade do negro. Nesses espaços é possível presenciar situações que expressam a dificuldade da família negra e mestiça de cuidar do cabelo crespo dos filhos e filhas. Situações que nos mostram que, desde muito cedo, as crianças negras e mestiças, principalmente as meninas, aprendem a construir na família uma imagem distorcida de si mesmas.

Comecei a conversar com uma mulher branca que levou a filha, uma linda menina negra, chamada Jessica, para fazer permanente-afro no cabelo. Acompanhando a criança estavam mais três mulheres, duas negras e uma branca. Eram as tias da parte do pai e da mãe. A mãe tinha o cabelo comprido, anelado e se casou com um homem negro. Segundo ela, era um homem de pele bem escura e cabelo bem crespo. As filhas do casal, uma de oito e outra de um ano, saíram bem misturadas. A maior é negra de pele bem escura e cabelo crespo e a mais nova possui a pele mais clara, é fisicamente mais parecida com a mãe e tem os cabelos anelados, cheios de cachinhos.

Havia também outra criança, negra, de oito anos, que faria permanente-afro no cabelo. Essa menina também estava acompanhada da mãe e usava o cabelo com várias tranças, enfeitadas com buchinhas de pano coloridas. Na minha opinião, estava linda. Durante a conversa pude entender, então, que a mulher com quem eu conversava era tia dessa outra menina negra. Ela me disse que a sobrinha também queria relaxar o cabelo da mesma maneira que a sua filha e, nesse momento, a mãe dessa outra criança, uma mulher negra e forte, me disse: "Você não sabe o que eu sofro com esse cabelo!"

A mulher branca continuou a conversa. Contou-me então das experiências desastrosas que já tivera com o cabelo da sua filha, ao levá-la aos salões não especializados em cabelos crespos e o quanto o cabelo da menina havia caído e danificado. Então, ela ficou sabendo do *D. Cabeleireiros* e levou a menina até lá. Quando chegou, soube que teria que tratar do cabelo durante um tempo antes de relaxar e quase chorou com a notícia. Segundo ela, o tratamento ficou em torno de RS500,00. Foram meses e meses. Um dia ela chegou sem paciência no salão. Disse que a menina chorava muito e falou: "Se você não relaxar o cabelo dela hoje, não precisa mais. Não tenho mais dinheiro para gastar." A cabeleireira resolveu então relaxar o cabelo da menina. Nesse dia, ela ficou de nove horas às 17 horas no salão. A menina chorou muito. Primeiro de dor, por ter que destrançar o cabelo e depois de emoção ao ver que o creme alisara o seu cabelo. Quando o cabelo foi enrolado com bigodis para dar o efeito da permanente a menina chorou novamente porque não queria que ele enrolasse e tomasse uma aparência anelada. Quando finalmente ela viu o resultado final da permanente tudo mudou. Ela se transformou em uma outra criança e ficou feliz com o cabelo. Balançava a cabeça e dizia: "Agora você pode soltar o seu cabelo, mãe". Por quê? Perguntei curiosa. A mãe me disse que ela e sua irmã não podiam soltar os longos cabelos anelados perto da filha quando esta não usava permanente-afro. Ainda hoje, quando a raiz do cabelo se mostra crescida e crespa ela pede para que ambas prendam o cabelo com um rabo de cavalo. Disse-me ainda que, ao olhar o cabelo anelado da irmãzinha, a filha questiona: "A Bárbara vai ter cabelo duro como o meu, mãe?" Ao dizer isso, a mulher branca suspirou e me disse que não sabe bem como lidar com isso. – "É tudo muito difícil". (Diário de Campo, 11/5/2000)

O exemplo acima reforça a ideia de que, ao mesmo tempo que explicitam e denunciam esse conflito, os salões podem também maquiá-lo. Muitas vezes, no seu discurso, as cabeleireiras e os cabeleireiros condicionam a beleza negra ao uso de acessórios como alisamentos, alongamentos e tranças. Embora essa recomendação se faça presente em outros salões que não tenham uma "proposta étnica", já que essa tecnologia é usada há muito tempo pelas mulheres brancas, é intrigante como nos salões étnicos, em meio a tantas possibilidades, a recomendação do uso do cabelo crespo natural quase não é privilegiada. A justificativa é de que, atualmente, esse tipo de cabelo não é considerado prático para a vida da mulher negra moderna e que não está na moda. Em parte, isso é verdade. Mas será só isso? Ou esse é um estilo e um padrão estético que as próprias cabeleireiras e cabeleireiros étnicos também rejeitam?

Durante o trabalho de campo, observava que, quando uma cabeleireira ou cabeleireiro étnico recomendava o uso do cabelo crespo natural para uma cliente, essa sugestão nem sempre era bem recebida pelos adultos e tampouco pelas crianças, desejosas de relaxar os cachos dos cabelos.

Esse é um processo delicado em que a construção cultural e política da beleza negra se mistura com questões subjetivas, de mercado e de sobrevivência. Segundo as cabeleireiras e os cabeleireiros, se os negros só usassem o cabelo crespo natural, os salões iriam à falência. Por outro lado, para as/os clientes, fazer alongamento, relaxamento, texturização ou permanente no salão étnico é um investimento caro. Mas o resultado é tão desejado e tão bem aceito social e individualmente que as pessoas preferem pagar mais caro do que usar o cabelo na sua textura crespa natural. Cruzam-se, aí, várias questões tanto do lado do salão quanto dos clientes: identitárias, estéticas, políticas, econômicas e de gênero.

Vejamos este discurso:

N: E o homem, o homem negro não entrou nisso também não?

R: Não, o homem negro, o jovem negro, o problema do jovem negro é que ele é vaidoso, só que hoje em dia, *na época que eu comecei, o salão vivia cheio de homem, tinha cliente pra isso, então, era forte, bem forte, agora da década de 1980 pra cá a maioria dos meninos são pobres e o desemprego é grande, então eles descobriram uma forma de usar o cabelo baixinho, careca, e é um visual que não é feio pra eles, tá dando certo e acaba sendo econômico.* Então, o homem negro, ele é vaidoso sim, mas ele não traz dinheiro pro salão, o salão de cabeleireiro não pode depender do masculino, porque o salão de cabeleireiro que depender do masculino, a maioria quebra.

N: É mesmo?

R: Então, *eu consigo ganhar dinheiro da jovem negra e não consigo ganhar dinheiro do jovem negro. Clientes homens que eu tenho não são jovens, são os que têm mais de 30. Mas isso é devido à falta de emprego... essas coisas. É a classe social que é inferior, mesmo, acaba atrapalhando; eu acredito que se o jovem negro tivesse mais condição, tivesse trabalho, tivesse dinheiro no bolso, ele iria ao salão pra tá fazendo mais coisas, nem que fosse pra passar a máquina, careca, mas eles iriam ao salão, assim como era na década de 1970.* Eu acredito que houve essa diminuição, esse afastamento, foi por falta mesmo de verba. (R, 38 anos, cabeleireiro étnico) (grifo nosso)[8]

Mercer (1994, p. 8-15) compara os penteados considerados pelos negros que vivem no Ocidente como os mais "naturais" com aqueles usados nos padrões e estilos africanos. Na sua análise, Mercer discute que os penteados usados, hoje, pelos negros da diáspora não possuem nada exclusivamente africano e natural. Eles são, na verdade, uma estilização nos moldes do negro do Novo Mundo. Dessa forma, nada poderia ser considerado "natural", pois todo e qualquer penteado é produto da cultura.

Segundo Mercer, tanto o estilo afro como o *dreadlocks* utilizam técnicas artificiais para alcançar suas características e seu significado político: no caso do estilo afro, usam-se pentes especiais (garfo ou ouriçador) e, no *dreadlocks*, adota-se um processo que, aproveitando do entrelaçamento natural dos fios longos de cabelo sem a intervenção do pente, lhe proporciona uma aparência embolada. Esse cabelo é manuseado e enrolado para obter o aspecto desejado. Nos salões pesquisados, há clientes que, para deixar o cabelo *rastafari* (outra maneira de se nomear o estilo *dreadlocks* no Brasil), primeiramente fazem tranças jamaicanas no próprio cabelo. Ao invés de retirá-las ao final de três meses, como é o costume, essas pessoas as deixam permanecer e, com o tempo, o cabelo vai crescendo e adquirindo o aspecto embolado do *dread*. Assim, a produção de um penteado está inserida no universo da cultura e não pode ser considerada como um processo natural.[9]

---

[8] Um dado interessante observado no início do ano de 2002 refere-se ao crescimento de clientes do sexo masculino no Salão Beleza em Estilo. A opção é feita, geralmente, pelos diferentes estilos de tranças. Segundo a cabeleireira Núbia, em 2001, o salão se aproximou dos grupos de *rap* e de *black music* de Belo Horizonte e passou a ser "descoberto" por uma nova clientela. No meu retorno ao campo, em 2002, observei a presença de rapazes negros, mestiços e brancos no salão, todos ligados a diferentes projetos culturais e musicais desenvolvidos na cidade. Será que uma outra parcela de rapazes negros está (re)descobrindo o salão étnico? Será que estamos diante de um movimento diferente daquele que nos foi apontado pelo cabeleireiro R., no seu depoimento? Vale a pena destacar que o preço dos penteados do salão Beleza em Estilo apresenta-se mais acessível, o que também pode estar contribuindo para essa procura.

[9] Original inglês. Tradução de Nadja Gonçalves.

Mercer (1994, p. 8) reconhece a importância histórica dos estilos "afros" e "*dreadlocks*" como soluções radicais para o problema da ideologia dos cabelos dos negros nos EUA, pois deram uma resposta política aos brancos e à forma como eles desvalorizavam a raça negra, redefinindo a cor negra como um atributo desejável e portador de beleza. Mas, por outro lado, o autor pondera que esses dois estilos tornaram-se, em pouco tempo, despolitizados e sofreram grandes resistências. Ambos acabaram sendo considerados importantes estilos de moda na cultura dominante e, uma vez comercializados, perderam muito da sua significação específica de declaração política/cultural.

Percebendo essa relação complexa e ambígua, o autor argumenta que todos os estilos de cabelo dos negros têm conotação política à medida que: a) apresentam uma resposta às forças da História e b) cada acontecimento histórico investiu nos estilos de cabelo de forma simbólica e social. Segundo ele:

> No horizonte político da cultura pós-moderna, acho que a diversidade dos estilos contemporâneos de cabelos dos negros é criativa e improvisada e deveria ser considerada um presente da África para a modernidade, porque, se existe possibilidade de uma "união na diversidade" em algum lugar no campo das relações, então, ela nos desafia a manter politicamente uma pluralidade. (MERCER, 1994, p. 26)

Nessa perspectiva, o alisamento e a permanente-afro não devem ser vistos como simples imitações europeias ou "dos brancos". Esses estilos de cabelo são práticas culturais. As críticas que cristalizam tais estilos à reprodução e à imitação de padrões estéticos brancos são, na realidade, cúmplices de uma visão antropológica ultrapassada que uma vez tentou explicar que as culturas negras da diáspora são produtos bastardos de "aculturação" unilateral. Invertendo essa análise conservadora em relação ao cabelo do negro, verifica-se que, na era da modernidade cultural, os brancos têm imitado os negros, enquanto estes têm se mostrado inovadores em vários aspectos (MERCER, 1994, p. 16).

Nesse aspecto, as críticas que veem os negros e negras que usam alisamento, relaxamento ou permanente afro como imitações do branco correm o risco de considerar práticas culturais diversas, construídas na experiência da diáspora, num nível "funcional", simplesmente como respostas ao racismo por parte dos dominados. As análises dos condicionantes psíquicos do racismo apontadas por Fanon (1983), Costa (1990) e Souza (1990) nos mostram que tal risco é possível, porém, não num ponto de vista funcionalista, mas como um movimento de tensão.

A existência de contatos culturais entre negros e brancos resulta, entre outras coisas, numa mistura de estilos presentes nos penteados, na música, na linguagem, na arte, nos costumes. Ao mesmo tempo, o fato de vivermos em uma sociedade capitalista e racista não impede que essas práticas culturais e essa mistura sejam exploradas pelo mercado, reduzidas a produtos de consumo e esvaziadas de sentido político.

Mais do que nos posicionarmos contra ou a favor às práticas e aos diferentes estilos de cabelo usados pelos negros, o que está em jogo é o entendimento desses conquanto integrantes de uma dinâmica de "interculturação", na qual cabem muitas contradições. Assim, destaco que a manipulação do cabelo do negro pode ser vista como uma sensibilidade de origem africana implícita na construção simbólica e identitária do negro da diáspora. Os modelos e as práticas de estilização da beleza desenvolvidos pelas culturas negras na Europa, nos Estados Unidos e no Brasil podem ser vistos como modalidades de luta cultural que se dão através do compromisso crítico com a cultura branca dominante. Tais modalidades e estratégias constroem-se de maneira instável e contraditória, uma vez que a afirmação das diferenças dos grupos que se sentem excluídos frequentemente depende do inverso dessas, ou seja, da sua negação pelos setores dominantes.

Pensar o uso do alongamento, do relaxamento e da permanente afro como estilos e práticas culturais possibilita pensar o espaço da recriação, da interculturação e da ressignificação da expressão estética negra na diáspora. Por isso, não posso afirmar que todas as mulheres e todos os homens negros que se submetem às técnicas de alisamento e implante nos salões padecem de uma negação total da sua negritude nem tampouco que deixam de se posicionar politicamente diante da questão racial. As/os próprias/os cabeleireiras/os entrevistadas/os, nas suas muitas performances estéticas, apresentaram-se em vários momentos da pesquisa usando os cabelos alisados, relaxados, texturizados e alongados. De toda forma, é importante ponderar que, mesmo sendo entendidas como práticas culturais, não podemos nos esquecer de que essas técnicas e estilos foram e são construídos pelos negros da diáspora em situação de dominação branca. Assim, diferentemente da África, o diálogo intercultural possível aos negros do Novo Mundo foi e tem sido com as culturas brancas com seus padrões estéticos, políticos e religiosos. Nesse sentido, nos salões étnicos pesquisados, percebo a presença não somente do processo de rejeição/aceitação, mas, de modo mais amplo, de rejeição/aceitação/ressignificação/reinterpretação vivido pelos negros, expresso nas escolhas desses sujeitos em relação ao corpo e ao cabelo.

A cabeleireira filha chegou para cuidar do cabelo de Jessica. A mãe de Jessica aproveitou e pediu para que ela olhasse o cabelo da outra menina negra que estava com elas. A menina, prima de Jessica, também tinha um cabelo crespo volumoso, e a sua mãe queria diminuir o volume para que ela soltasse o cabelo igual à prima, que havia feito permanente-afro. A cabeleireira analisou o cabelo e recomendou que antes se fizesse um tratamento nos fios durante duas semanas. Só depois é que ela poderia relaxar. A menina, ao ouvir a "sentença", entrou em prantos. Começou a chorar, a chorar muito. Sua mãe havia saído para fazer compras, e a mãe de Jessica não sabia o que fazer. – "Quem mandou você prometer que ia relaxar?" – ralhou a cabeleireira de maneira ríspida com a mãe de Jessica.

Após um tempo, a mãe da menina voltou. A cabeleireira repetiu a "sentença", e a menina começou a chorar novamente. Me deu pena ver uma menina negra, aos oito anos, rejeitar o cabelo crespo e viver uma experiência de frustração. A mãe perdeu a paciência, quis bater na menina, a tia não sabia o que fazer. As outras duas tias ficaram confusas. – "Já falei para não passar nada no cabelo dela!" – disse uma delas. – "Por que ela tá chorando? Não vai tratar?" – disse outra. Chamamos a cabeleireira-chefe para conversar com a menina, já que ela se mostrava mais habilidosa para tal. Mas ela custou a perceber que precisávamos dela, pois estava distraída conversando com dois clientes, um homem branco e uma mulher negra, ambos atores de teatro.

Quando consegui chamar a cabeleireira para ajudar a menina e a mãe ela chegou e abraçou a criança que chorava muito e disse que conversaria com ela. Mas novamente ela se distraiu atendendo o telefone. As tias, a mãe e a menina criaram uma pequena confusão no salão. Algumas clientes olhavam a cena. Finalmente, a cabeleireira filha chegou para arrumar o cabelo de Jessica e foi conversando com a prima que ficara em pé, ao lado, olhando tudo e com cara de choro. – "Você vai arrumar o cabelo. Ele ficará lindo. Moça bonita não chora! Primeiro, vamos tratar do cabelo e você vai sair com ele solto e poderá ir à escola assim."

A mãe, muito nervosa, relutava em aceitar o tratamento no cabelo da filha, até que resolveu fazer. A menina foi encaminhada por uma assistente para o lavatório, onde encontrou com a prima Jessica cheia de bigodis. As duas se olharam e sorriram, começaram a brincar e se distraíram cantando músicas da Xuxa. Entre as adultas ficou acertado que a prima seguiria o mesmo caminho de Jessica: trataria do cabelo e depois passaria permanente afro. (Diário de campo, 11/5/2000)

Mesmo padecendo desses momentos difíceis e repletos de ambiguidades, a riqueza cultural e identitária potencialmente presente nos salões é percebida pelas/os clientes. O salão é visto como um espaço sociocultural, de informação, ponto de encontro e espaço cultural, que possibilita momentos positivos no processo de reconstrução dessa identidade negra em conflito. Esse é um dos aspectos que, segundo um depoente, difere "*o salão étnico do salão de cabelo liso, do salão de branco.*" Deixemos, então, que as/os clientes deem a sua opinião:

Então essa maturidade que eu falo, venho adquirindo com o passar do tempo. Hoje eu sei o meu espaço dentro da sociedade. *E dentro do salão D. isso me ajudou muito também, porque eu vou lá não é só pra cortar o cabelo, não é só pra mudar o estilo! Mas pra gente ter um bate-papo também falando a respeito do negro, porque sempre que a gente chega lá ela tem um assunto diferente pra tratar, uma curiosidade... E dentro disso tudo eu passei a pesquisar a cultura africana também, porque eu faço um trabalho como contador de histórias...* (E, 30 anos, divulgador e relações públicas) (grifo nosso)

A gente acaba falando, o salão do J. Eu acho... é igual... já falei nisso. É um ponto de encontro. Aqui, você vê todo tipo de pessoa. Você vê desde pessoa mais simples – e acho isso muito interessante –, até pessoa com mais requinte. Passa todo mundo. Você fica aqui assentado, você tem cultura, muita cultura, porque você chega no salão, chega um rap, chega um do pagode, chega um enfermeiro, chega um desempregado. Então vêm pessoas de todo tipo. Não vem só pessoas negras, vêm pessoas brancas também. Isso ajuda também a essas outras pessoas a ir levando essa consciência pra fora. Acho que é meio formiguinha, você pega aqui e leva ali. Então *acho que o salão, ele contribui muito pra essa coisa da mistura, da conscientização. É. Eu acho que isso aqui funciona muito como ponto de encontro. E não deixa de ser um ponto cultural, vêm pessoas de todo tipo.* (S, 28 anos, enfermeira) (grifo nosso)

N: E você acha que o espaço do salão ajuda nisso, na consciência?

J: Ajuda, eu penso que sim, não de uma forma grande, de uma forma social, *mas eu vejo que eles estão sempre envolvidos no Movimento*

Negro, divulgando quando tem um evento, então isso influencia bastante, e o fato de ser um salão por si só já leva a imagem diferente quando tem um evento. Eu participei muito de uns concursos de corte... então ele leva isso... e leva de uma forma bonita, então, ele participa. *Isso tem mudado de alguma forma essa consciência do pessoal...* (J, 32 anos, consultor de informática) (grifo nosso)

N: E o que você acha desse espaço do salão?

V: Vou te dizer uma coisa, eu não sou assim uma pessoa muito sociável... porque muitas vezes eu associava salão com muita mulher falando coisa que não queria ouvir, eu fui criando ojeriza de salão. Assim que eu comecei a ir ao salão da B. era assim: marcava, tava lá na porta, eu entrava e saía e o atendimento ali também é muito rápido. *A gente vê que ela (a cabeleireira) dá muita vazão assim ao todo da mulher negra, vestuário, maquiagem, agora até a cultura, (risos) acho que agora ela colocou uma livraria, não é? Além de outras coisas mais, como pé e mão, esses trem assim...* e a gente se distrai olhando isso tudo. Além de um simples corte de cabelo que eu vou lá, vejo muitas vezes o vestuário interessante, são lançamentos de cremes, ela foi pioneira de trazer produtos de fora pra cá. Então a B. é muito interessante, é muito curiosa, muito inovadora. *É muito curioso o salão dela, são peças também de artesanato, são bijuterias interessantes, batons, maquiagens étnicas que a gente não encontrava em outros lugares, revistas, livros, jornais sobre os negros, que hoje a gente encontra mais, mas se não encontrava, era ali que encontrávamos. É porque ela ajuntava revista e, muitas vezes, não eram de matérias que a gente entendia, porque muitas vezes eram matérias lá dos Estados Unidos. Mas só de ver era interessante, a moda... ali é um salão assim: sociocultural.* (V, 33 anos, auxiliar de enfermagem) (grifo nosso)

T: *Lá tudo, cara, amizade, respeito, dignidade, honestidade, entendeu? O bom que eu acho... eu gosto deles porque são periferia. Então, eles conhecem a merda que vem lá do fundo. Os caras são... eles vieram de lá...* (T, 31 anos, técnico em jardinagem) (grifo nosso)

O salão étnico ele não é igual ao salão de cabelo liso, o salão de branco. Tudo é diferente, desde os cuidados com o próprio cliente até os funcionários, até a forma de levar, de administrar é completamente diferente. Porque se quiser se fazer igual, a pessoa vai ter problema, não vai conseguir coordenar a coisa. Então é uma coisa que é nova, nós estamos batalhando, aprendendo a achar um caminho. Até chegar um dia: "Agora acertamos! Depois de tantos anos, o modelo ideal pra se levar um salão é assim, é "x" de administração, "x" de lugar, "x" de pesquisa. Então, agora vai. O caminho vai ser assim pra sempre." *Então é muita luta que a gente fica enfrentando, mas, por outro lado, tudo isso pra que é? Pra poder tá atendendo a mulher negra, o jovem negro, a jovem negra, só que a gente trabalha, tá brigando com todo mundo, mas o pessoal, às vezes, não entende. É isso também que, às vezes, acaba chateando.* (R, 38 anos, cabeleireiro étnico) (grifo nosso)

Mas, por outro lado, mesmo que a afirmação da identidade negra seja um dos pontos fortes dos salões étnicos, eles não conseguem, sozinhos, transformar todas as experiências de rejeição do corpo e do cabelo crespo presentes na vida de alguns de seus clientes. Não basta, então, simplesmente olharmos os salões como espaços revigoradores de uma identidade em conflito. É preciso pensá-los inseridos no contexto da nossa sociedade e perceber os limites por eles encontrados na construção da sua proposta estética e política. As cabeleireiras e os cabeleireiros étnicos não são "psicanalistas de plantão", embora trabalhem cotidianamente com individualidades, traumas, subjetividades, imagens, autoimagens, discursos, linguagens... [10] São profissionais da estética negra, homens e mulheres negros que também retiram desse espaço o seu sustento, porém, são sensíveis à questão racial, que atra-

---

[10] A *Revista da Folha*, 20 ago. 2000, v. 9, n. 432, trouxe uma reportagem interessante intitulada "Fala que eu escuto". Na chamada da reportagem a revista tenta atrair o leitor dizendo que "sem nunca ter estudado Freud, garçons, manicures e cabeleireiros atuam como psicólogos improvisados". Embora o periódico não tenha a intenção de analisar profundamente a situação, o destaque dado ao papel de confidentes assumido por esses profissionais reforça algumas questões discutidas neste trabalho. A revista ouviu psicólogos, cabeleireiras, manicures, massagistas, barbeiros, sushiman, clarividentes, que relataram que o seu trabalho tem muito de "terapeuta" e que o sigilo é o que garante a amizade e a permanência do cliente. Nesse mesmo artigo, a reportagem cita o filme francês "Instituto de Beleza Vênus", da diretora Toni Marshall, que apresenta a figura central Angèle, uma esteticista de um salão de beleza de esquina, localizado num bairro parisiense, que durante o dia faz o papel de terapeuta de plantão para suas clientes que, estimuladas pelo contato físico e pela suposta privacidade, desabafam e falam de problemas sexuais, conjugais, familiares, estéticos etc. À noite, porém, a esteticista sai à procura de alguém que possa ouvi-la, envolve-se em relacionamentos amorosos complicados e demonstra uma profunda vontade de falar de si própria. O filme foi assistido por 1,35 milhão de espectadores da França. Isso nos mostra que o tema possui algo de atraente e fala de alguma coisa considerada peculiar para muitas pessoas. Em Belo Horizonte, o filme ficou pouco tempo em cartaz e não recebeu ampla divulgação na mídia.

vessa a sua história de vida. Nesse processo, cada um desses profissionais também se relaciona de maneira diferente com a sua própria experiência e pertencimento racial.

É importante considerar também que os homens e as mulheres que procuram tais salões o fazem movidos por interesses e sentimentos diversos. E que esses mesmos sujeitos atribuem sentidos e significados diferentes à ida ao salão e à sua própria experiência racial. É o que pude perceber na experiência da jovem C. Esses sentidos podem estar alicerçados na impiedosa destruição da identidade do sujeito negro como dizem as análises psicanalíticas aqui apontadas.

> Na sexta-feira pela manhã, às nove horas, cheguei pontualmente ao local da entrevista. A gráfica fica numa rua movimentada do centro da cidade, rodeada por camelôs, lojas populares e ônibus que levam os passageiros para bairros distantes. Subi uma escadaria um pouco sombria, bati na porta de madeira, e uma jovem me atendeu. Pediu que eu aguardasse na sala de espera onde havia só uma mesa e algumas cadeiras. O local em nada se parecia com o que imagino ser uma gráfica. Após uns minutos chegou C., com suas pernas longas, cabelo louro de alongamento pelas costas, elegante e agitada. Ela me recebeu, perguntou sobre o meu trabalho e, após as explicações de sempre, iniciamos a entrevista. A garota agitada, gesticulava, mexia no cabelo, jogava-o para trás e com seu jeito envolvente e sua história impressionante conseguia me absorver nas suas palavras. Estava diante de alguém tão nova e, ao mesmo tempo, sofrida. (Diário de campo, 9/6/2000)
>
> Já fiquei internada... por não ter o cabelo... Fiquei internada no hospital, eu entrei em depressão muito forte, porque eu não tava com o meu cabelo... Não tinha no mercado o meu cabelo porque o meu cabelo vem de São Paulo e São Paulo faz pedido pro... não sei se para os Estados Unidos, pra onde que é... *Eu entrei em depressão porque eu fiquei só com rabo de cavalo e eu já não tava me gostando, já não tava me achando bonita, porque é uma coisa, que nem uma água da fonte: "Quem bebe dessa água sempre volta!". O cabelo é a mesma coisa: "Quem põe não tira!". Não tenho coragem de ficar sem ele, principalmente no meu caso.* (C, 21 anos, gerente de gráfica) (grifo nosso)

Podemos simplesmente afirmar que o cabelo foi a gota d'água para a implosão de um complexo processo de baixa autoestima da depoente acima. C., uma garota mestiça (que se identifica como branca), alta, magra, com aparelho nos dentes salientes, olhos vivos e cabelos crespos e loiros expressou sentimentos confusos diante da questão do corpo e do cabelo no momento da entrevista. Mas o seu depoimento expressa muito mais. Fala da experiência do mestiço, de carregar no corpo e na aparência a confluência e o confronto de duas raças que se construíram historicamente de maneira antagônica. A forma encontrada por essa garota até o presente momento, para lidar com essa situação, desenvolve-se em meio ao sentimento de negação/afirmação, o qual é reforçado socialmente.

Não basta aqui uma análise da inserção social dessa garota nem tampouco afirmar que ela atribui valor negativo à cultura negra. A sua narrativa pode ser vista como a expressão dos efeitos psicológicos da violência racista.

Segundo algumas informantes, C. é filha de uma família de origem negra que, como é comum no Brasil miscigenado, possui integrantes com imensa variedade cromática e de textura de cabelo. Eu mesma o percebi ao ver uma de suas irmãs entrando na recepção da gráfica onde ela me recebeu para realizar a entrevista. O depoimento revela um conflito identitário de alguém que vive numa sociedade racista. Para essa jovem a questão racial, somada a outros fatores de ordem emocional e familiar, teve no cabelo implantado através do penteado de alongamento a sua válvula de escape. Usar ou não esse penteado passou a ter implicações diretas sobre a sua autoestima, sobre a maneira como ela se vê diante das pessoas e, ainda mais, sobre a única forma como ela mesma admite ser vista pelo outro.

A questão que chama a nossa atenção não está no penteado em si, mas no *sentido* de como ter o cabelo crespo, ou seja, ser portadora de um ícone da ascendência negra é visto por essa mulher. É como se, após a descoberta da possibilidade de ter o cabelo anelado e louro, via alongamento, a sua existência passasse a ser condicionada por ele. É o relato de alguém que não se suporta na sua aparência real que, possivelmente, se não receber uma ajuda clínica adequada poderá resultar até mesmo numa situação de perda de sentido da vida.

Possivelmente, uma importante função dos salões étnicos e seus profissionais seja a explicitação da violência estrutural do racismo e do conflito rejeição/aceitação do ser negro vivido na sua dimensão estética. Essa função, porém, é vista por mim, na minha interpretação como antropóloga. Não posso afirmar que os profissionais interpretam a sua atuação na mesma perspectiva, uma vez que estão imersos na sua própria prática e, além do mais, não podem perder de vista que o salão é o seu local de trabalho.

Durante o trabalho de campo, algumas informantes que conheciam a jovem depoente me contaram um pouco da sua história. Segundo elas, a cabeleireira étnica do salão frequentado pela garota sempre conversava com ela, aconselhando-a ou tentando explicar que o alongamento era uma entre as várias opções de penteado, e não a solução para todos os problemas. Após um tempo de convivência, a jovem pediu para desfilar junto com as modelos negras do salão durante uma feira de cabeleireiros, fornecendo o seu próprio vestuário, a saber, um vestido de noiva. A sua presença nesse evento não só a aproximou mais do mundo da estética negra, como lhe possibilitou o confronto com a questão racial. Ela viveu uma situação constrangedora, pois uma visitante negra da feira questionou a sua participação em um desfile de beleza negra, vendo-a como uma mulher branca. A própria jovem narrou essa experiência durante a entrevista. No seu depoimento, a confusão de pensamento é muito presente. Nota-se a ambiguidade do mestiço quando, em alguns momentos, ela se afirma branca e, em outros, se vê negra. Neste último caso, a negritude é vista no seu conteúdo puramente biológico: ou está no sangue ou no leite materno da babá negra.

> Eu tenho um fato interessante, quando eu desfilei no Minas Centro, e assim, no meio de vários modelos, *eu era a única branca!* Sabe? A não ser a namorada do rapaz que mexia com as roupas que era branca, eu era a única branca, branca mesmo! Então *ficava aquele contraste: café com leite! Aí chegou uma negra perto de mim, uma moça passando, assim, visitante da feira, chegou perto de mim e falou assim: "Mas você não é negra pra você estar com uma blusa escrito '100% Negra'!" Aquilo, assim, de um certo modo me ofendeu, sabe? Porque eu vi o preconceito dela.* Eu virei e falei assim: "Não, meu amor, realmente... (eu fui muito delicada!) realmente eu não sou negra. *Eu sou só noventa e nove ponto nove! Nada que um por cento não resolve!" Eu quis dizer pra ela o seguinte: Se eu pintasse o meu corpo, ninguém ia saber se eu era negra ou não! Entendeu?* Porque existiam pessoas brancas que estavam com o corpo coberto de pintura e você não sabia se era negra ou não! Entendeu? Então eu vi esse preconceito da parte dessa moça da feira, mas nem por isso me desanimei! *Porque as pessoas, os modelos negros foram em cima dela! Falaram assim: "Olha a sua cor! Olha a nossa!", entendeu? Eles brigaram por minha causa! Então, assim, tem aquele certo preconceito ainda! Eu acho assim: Belo Horizonte, aqui ainda tem um preconceito do negro e do branco!* [...] Eles falam assim que: "Preto quando não suja... caga na entrada, caga na saída."

Eu já briguei com pessoas por causa disso, porque eu não admito. Uma porque a minha babá, a pessoa que tomava conta de mim era negra. A pessoa que me amamentou e eu mamei nela também, a minha mãe de leite era negra, entendeu? Então eu não admiti! Por isso que eles falam que o meu sangue... eles falam assim: "O sangue dela é azul! Porque ela tem o sangue de branco e o sangue de negro". E eu sou! E eu defendo, não tô nem aí! Eu defendo por mim! Porque eu não gosto disso. *Eu não vou gostar de eu chegar no lugar e a pessoa me reprimir porque eu sou branca.* E eu não vou gostar de estar com uma pessoa quando, assim, eu acho lindo estar uma loira e uma morena, uma negra, morena... Não, vamos pôr uma negra, porque existe uma morena jambo. Eu acho lindo, eu acho um contraste maravilhoso! *Um motivo assim maravilhoso que foi, foi quando, nesse mesmo desfile eu estava ao lado de dois negões maravilhosos lá, de terno, e eu lá, uma loira lá, corpo de violão. Olha pra você ver! E quando desfila também... você desfila na passarela e os outros comentam: "Mas só ela branca, por quê?" E assim: a oportunidade que a N. me deu de mostrar que eu não era aquele patinho feio me dando a oportunidade de desfilar, eu descobri muita coisa do que eu era capaz, entendeu?* Eu era assim: Eu reprimia, porque eu era feia e a *N. me mostrou outro mundo: que a beleza não tá só no vestir, só no ter. Você tem que ser bela, você tem que... você tem que... eu sou hipertransparente!* A pessoa vira e fala assim: "Você ri toda hora!" Mas quando eu tô de baixo astral eu tô! E eu já... assim... *um fato que me marcou foi a minha mãe achar um absurdo eu ficar com depressão por causa de um cabelo! Os médicos ficaram assustados por causa disso!* (C, 21 anos, gerente de gráfica) (grifo nosso)

O confronto expôs publicamente um conflito vivido pela jovem na sua intimidade: o de pertencer ao lugar do mestiço. Mais do que isso. Ser colocada numa situação em que a brancura por ela tão almejada era vista de maneira negativa resultou em sentimentos confusos. Então, é também possível ao "outro", ao negro, rejeitar o branco e a brancura? A solidariedade por ela recebida dos modelos negros presentes, ou seja, dos sujeitos pertencentes à raça cuja ascendência ela insiste em negar, parece não ter conseguido atenuar o impacto do confronto. Possivelmente, essa garota não teria passado por essa situação se não tivesse se aproximado de um salão étnico e, por conseguinte, da comunidade negra.[11]

---

[11] No meu retorno ao campo, em 2002, encontrei a jovem C. com um visual diferente: ela usava o cabelo relaxado, sem alongamento. Quando contei essa experiência para

Contraditórios ou afirmativos, conflituosos ou decididos, confusos ou esclarecidos, mascarando ou desvelando, os salões étnicos são espaços que trazem uma proposta de estética negra. Mesmo aquelas pessoas que são acusadas de procurá-los para "clarear a raça" através do alisamento do cabelo, ao adentrar esse recinto veem-se diante de um mundo em que o corpo negro e o cabelo crespo são colocados em destaque e vistos de maneira diferente. Talvez esses salões nos mostrem que o cabelo crespo pode deixar de ser visto como um "problema sem solução" (*não sei o que fazer com esse cabelo!*) para ser problematizado no bojo de um contexto social, histórico, político e psicológico, em que negros e brancos brasileiros se encontram. Apesar das ambiguidades, os salões se configuram como locais em que é possível olhar, ver, tocar, falar, brincar, criticar, debochar e transformar o cabelo crespo. O cabelo é visto como passível de múltiplas possibilidades de intervenção estética. Além do cabelo, são oferecidas oportunidades de tratamento estético e facial, o contato com diversos tipos de creme, produto e maquiagem étnicos.

Através das suas logomarcas que destacam silhuetas de corpos negros, por meio dos desfiles de beleza negra, das festas da negritude, da briga política para a inclusão da categoria "afro" nos campeonatos de cabeleireiros, esses salões não só explicitam, mas também problematizam, as relações raciais, expressando outra ideologia da cor e do corpo. Por mais ambiguidade que eles possam conter, está presente, ali, outra perspectiva racial. Mesmo diante das contradições sobre o tipo de imagem do negro veiculada no seu interior, esses salões vivem cotidianamente o desafio de superar o mito da brancura.

Os salões étnicos, além de trazerem novas questões para o mercado e para o consumo, aos poucos, aprendem o que é estar envolvido com as empresas capitalistas. Eles afirmam a realidade de um mercado étnico e a existência de um consumidor negro, ou melhor, mostram que ele sempre existiu desde o tempo em que nossas avós e mães compravam a pasta de soda cáustica Ebanon. Todavia, ao entrar nesse mercado, os profissionais da beleza negra sofrem os impactos da globalização e entram em atrito com a

---

as cabeleireiras do Beleza em Estilo, elas me disseram que, aos poucos, a garota está mudando. Seria interessante entrevistá-la novamente para saber os motivos de tal mudança, porém, não dispunha de tempo para isso. Indago, então, se o contato com o salão e as experiências decorrentes do uso do alongamento não tiveram alguma interferência nessa mudança.

exploração dos representantes brasileiros das empresas de cosméticos étnicos norte-americanas. Atualmente, o "étnico" vem se mostrando cada vez mais lucrativo, tem atraído a atenção de outros salões e dos "cabeleireiros brancos" na busca de um filão desse mercado.

> Antigamente, vinte, quinze anos atrás, eu acho, na época da minha mãe ou da minha avó... a mulher negra, ela não tinha um salão específico pra tá frequentando, ela tinha que fazer o que usava, o hené em casa ou fazia chapinha na vizinha... não tinha muitos recursos. *Tanto é que quando uma mulher negra trabalhava e tinha até condições de frequentar num salão, ela entrava num salão pra poder cuidar do cabelo, isso eu ouvi demais da minha mãe, da minha avó, de cliente... entrava num salão e: "Oh, aqui nós não mexemos com seu cabelo!" E simplesmente desfaziam, mandavam embora, só mexiam com cabelo liso e era uma coisa desprezada.* Com o passar um tempo... agora as coisas estão crescendo... descobriram que tem um enorme número de pessoas que têm o cabelo crespo, aí essa coisa foi mudando, *porque, antigamente, a maioria dos salões desprezava o negro, não sei se também, porque não sabia mexer, mas até por racismo, mas a realidade era que a mulher negra era desprezada dentro de um salão de cabeleireiro. E agora a coisa tá mudando, porque perceberam, descobriram que o cabelo crespo dá dinheiro.* Então aquele salão que desprezava, que não fazia, hoje em dia mesmo, sem ter aquela experiência com a coisa, ele quer fazer, ele quer pegar, ele quer ganhar dinheiro também. *Então, por isso que eu digo, a procura pra tá aprendendo, no caso dos cabeleireiros brancos, é bem maior que a dos negros, porque... se bem que tem muito mais salão de cabelo branco do que de negro, então até justifica... Mas a procura é muito grande e o interesse de aprender pra poder tá pegando um pedacinho deste mercado. Então a coisa mudou muito.* (R, 38 anos, cabeleireiro étnico) (grifo nosso)

O cabeleireiro R. continua, indignado, a sua avaliação perspicaz sobre a relação entre o mercado de consumo e os cabeleireiros étnicos:

> [...] o problema que a gente tem não é nem com o americano e, sim, com quem representa aquilo... a pessoa que pega o produto pra representar aqui. Então, como pra fazer a importação de produto importado depende de muito dinheiro e a maioria do pessoal da nossa comunidade não tem esse poder de estar fazendo importações grandes... *E a pessoa que vai importar, ela é capitalista, então o*

negócio é dinheiro, ele tá preocupado é com o dinheiro, então eles...
sei lá, usam... e como também é uma coisa nova não é um segmento
que tem há tantos anos, que tem uma organização da união da classe,
em fazer certas exigências... Não, a coisa é nova e o cabeleireiro também não é muito unido. É complicado! Existe uma meia dúzia que se conhece e a maioria em si não é unida. Então, acaba tendo mais problemas, mais dificuldade pra resolver essa questão. Por falta de união dos cabeleireiros e por ser um segmento novo, o cara que tá atrás... que tá fazendo importação por dinheiro, ele quer saber de dinheiro. *Então ele não quer pagar, ele só quer ver serviço, ele quer ver venda, ele fica usando as pessoas. Eu mesmo já tive problema com várias empresas... pra fazer trabalho... ajudar no desenvolvimento e depois... quando você vê a coisa crescendo, você é o primeiro a sair da jogada.* Então eu tava meio chateado, falei que ia parar, comecei agora a fazer um trabalho com uma outra pessoa... faz uns três, quatro meses. A pessoa já tá querendo bancar o esperto, talvez eu já tenha que parar de novo, então, você acaba ficando meio desgostoso. Isso é uma coisa que não vejo data pra ter fim. (R, 38 anos, cabeleireiro étnico) (grifo nosso)

Ao fazer uma intervenção estética sobre o cabelo crespo, os cabeleireiros e cabeleireiras *tocam* literalmente esse cabelo, um símbolo que acumula tantas representações e estereótipos. Também tocam de perto em processos intrapsíquicos. Reproduzem, alteram, mexem com imagens e autoimagens. Cada cliente que se dirige para aquele espaço, incluindo as cabeleireiras e os cabeleireiros, carrega consigo as ambiguidades constituintes da construção da identidade negra no Brasil. Ambiguidade expressa nos conflitos vividos em relação ao cabelo crespo e ao corpo negro.

PARTE 3
Corpo e cabelo como símbolos da beleza e da identidade negra

Tranças
rasta búzios kanekalon
crespa estética assentada
laço traço toque afro
magia apaixonando meu olho
num entrelaçar de seduções pretinhas.
(*Oubi Inaê Kibuko*)

Olhos Coloridos
Os meus olhos coloridos
Me fazem refletir
Eu estou sempre na minha
e não posso mais fugir
Meu cabelo enrolado
Todos querem imitar
Eles estão baratinados
Também querem enrolar
Você ri da minha roupa
Você ri do meu cabelo
Você ri da minha pele
Você ri do meu sorriso
A verdade é que você
Tem sangue crioulo
Tem cabelo duro
Sarará crioulo,
Sarará crioulo,
Sarará crioulo.
(*Macau*)

Cabelos crespos: dos tempos da Ebanon ao visual *fashion*[1]

Havia alguns meses seu pai falecera, aos 34 anos. Sua mãe, uma mulher negra, no auge dos 30 anos, encontrava-se viúva com quatro filhos para criar, uma menina e três meninos. Tânia notava a tristeza no olhar da mãe e via a luta daquela mulher que sempre fora uma simples dona de casa, agora transformada em uma trabalhadora assalariada, tendo que sair todas as manhãs para trabalhar como doméstica. Do seu parco salário, uma parte era retirada para pagar D. Augusta, que tomava conta das crianças. Mas, apesar dos esforços de D. Augusta para cuidar dos filhos da amiga, na realidade, era Tânia, com oito anos de idade, que cuidava dos irmãos.

Todo dia, antes de sair, a mãe de Tânia passava horas na frente do espelho fazendo lindos topetes no cabelo crespo. Mas a menina observava que nem sempre o ritual do espelho agradava à mãe. Um dia, sua mãe lhe falou:

– Amanhã é sábado, já comprei os ingredientes e vou fazer uma pasta para alisar o cabelo. De agora em diante, não precisarei mais usar tranças nem esse topete. E, se der certo, Tânia, passarei no seu cabelo também.

No outro dia, pela manhã, Tânia levantou bem cedo para observar o preparo da fórmula mágica que iria fazer uma verdadeira revolução nos cabelos crespos da mãe. Quem sabe, não poderia fazer o mesmo com os dela? A fórmula era, na verdade, uma pasta feita com soda cáustica, farinha de trigo e sabão. A menina observava atenta sua mãe

---

[1] Ebanon é o nome de um dos mais antigos cremes de alisamento (chamado na época de pasta de alisar cabelo), feito à base de soda cáustica. Este creme foi muito usado pelas mulheres negras brasileiras nas décadas de 1960 e 1970.

e outras vizinhas, todas negras, conversando, cantando e preparando a pasta. Tudo era motivo para uma pequena reunião. Depois de pronta a mistura, uma mulher aplicava no cabelo da outra, contava os minutos no relógio e corria para lavar.

Quando, finalmente, chegou a vez da aplicação do creme de alisar nos cabelos da sua mãe, Tânia viu algo notável. Após receberem a química, os cabelos crespos estavam caídos sobre os ombros, em mechas inertes e úmidas. Estavam lisos. Tânia não conseguia acreditar naquela transformação. Esperou que a mãe e as amigas se afastassem e chegou perto do pote de creme branco que mais parecia um doce. Cheirou e sentiu o odor forte da soda.

A mãe ralhou com a menina quando a viu tão perto de uma química tão perigosa. Ora, se o creme era capaz de desestruturar o fio de cabelo crespo, o que não faria com uma pessoa caso fosse ingerido. Tânia se afastou e ouviu a mãe e as amigas repetirem a receita do creme mágico: farinha de trigo, soda cáustica e água.

Alguns dias depois, enquanto a mãe estava no trabalho, Tânia foi cuidadosamente ao lugar secreto onde ela guardava os ingredientes para fazer o creme de alisar e os encontrou. Resolveu fazer uma experiência. Misturou os ingredientes e correu para o espelho. Empapou o pente no creme mole e branco, de odor desagradável e o aplicou por igual nos seus cabelos. Adeus cabelo de picumã! Não mais os colegas de escola puxariam as suas tranças. Contudo, no meio da sua empreitada, uma transformação aconteceu. O couro cabeludo começou a pinicar, a arder e depois uma dor dilacerante tomou conta da sua cabeça. Tânia corria com a cabeça cheia de creme, gritava, chorava, os irmãozinhos assustados choravam e ninguém sabia o que fazer, até que chegou a vizinha e a carregou para o tanque, lavando imediatamente a sua cabeça.

O contato com a água foi um refrigério. Logo depois, a cabeça latejava muito, e Tânia chorava de dor, por causa da admoestação dada pela vizinha e da suspeita de que, certamente, receberia uma bronca de sua mãe. Chorava, também, de alegria ao ver os seus cabelos crespos caídos pelos ombros, tão lisos como os de suas coleguinhas brancas.

Nos dias seguintes, porém, a alegria cedeu lugar à decepção. No lugar dos fios lisos, surgiram cabelos quebradiços, avermelhados e secos. Na região da cabeça onde o ardor foi maior, surgiram feridas e, ao final, os fios da região central da cabeça caíram: ela foi vítima de uma intensa queda de cabelos.

Uma ficção pura e simples? Não. Um momento da trajetória de uma das cabeleireiras negras entrevistadas para a realização desta pesquisa e que simboliza a complexa relação do negro com o cabelo. "Depois é que nós passamos a alisar com pasta, surgiu a pasta Ebanon" (D, 45 anos, cabeleireira étnica). De modo geral, os primeiros esforços de transformação do corpo negro, sobretudo, na história das mulheres negras entrevistadas, datam da infância e do desejo de mudar uma parte específica do corpo: o cabelo crespo. Na infância pobre de muitas mulheres negras, vivida com poucos recursos tecnológicos e financeiros, o trato dos cabelos e do corpo acontece primeiramente no espaço doméstico. Não faz tanto tempo assim que os salões ou institutos de beleza localizados no centro urbano passaram a fazer parte da história de uma parcela dessas mulheres, principalmente daquelas que possuem certo poder aquisitivo dentro do seu grupo social.

As conversas informais com os sujeitos da pesquisa demonstram que o percurso do salão de fundo de quintal até o salão no centro urbano é também uma experiência comum na trajetória de vida e profissional de muitos cabeleireiros negros, sobretudo, das mulheres.

Os homens negros também partilham dessa experiência do trato doméstico do cabelo antes de entrarem pela primeira vez em uma barbearia e, posteriormente, em um salão de beleza quer seja ele étnico, quer não. O menino negro tem os primeiros contatos com o corte do cabelo crespo através da intervenção do pai, do tio ou do irmão mais velho.

Para os homens, o ritual do corte do cabelo durante a infância era realizado em espaços específicos: o quintal e, algumas vezes, o passeio público em frente à residência. As primeiras experiências giram em torno de cortes simples, feitos com gilete, navalha e, mais tarde, penteados mais ousados com máquinas de cortar cabelo. Na juventude e na vida adulta alguns experimentam cortes étnicos com desenhos geométricos, figuras de desenho animado, nomes de namoradas e palavras de ordem da militância negra. Os produtos químicos, à base de soda cáustica ou amônia, geralmente são apresentados aos homens negros por um amigo, pela indicação ou colaboração de uma irmã ou prima ou de um colega que já passou pelo processo.

N: E seus pais mexiam com alguma coisa de cabelo? Alguém da família?

R: Não. Meu pai era mecânico. Já faleceu já faz dez anos. Ele era mecânico, mas desde pequeno... é engraçado... ele levava a gente no barbeiro pra cortar cabelo... e eu... cabelo duro, aquelas maquininhas manual, machucava, doía minha cabeça e eu chorava muito, fazia maior escândalo pra ir no cabeleireiro. Meu irmão já não chorava, eu *sempre tinha pavor de ir no cabeleireiro. Quando eu fiz sete anos de idade, meu pai tinha umas tesouras, uma navalha, então ele cortava, cortava o cabelo baixinho, ele cortava o cabelo meu e do meu irmão. Ele não era cabeleireiro, só cortava o meu e do meu irmão, e aí esse cortar cabelo, cortar cabelo, num sei... talvez tenha me influenciado.* E depois quando eu cresci na *década de 1970 tinha a moda black power,* e passei a ter um interesse maior... ficava cortando o cabelo do meu irmão, do meu primo... em casa... *Quando eu vim trabalhar na cidade é que eu passei a conhecer o salão. Salão não, nem salões não eram! Existia um só... e eu achava o negócio incrível... Uma coisa!... Cada vez mais fui criando gosto pela coisa até... infiltrar e começar a trabalhar.* (R, 38 anos, cabeleireiro) (grifo nosso)

JC: E *eu conhecia um cara também que cortava cabelo em casa, eu cortava mais era com ele, que esse amigo meu...* o corte na época, se fosse cinco reais, esse cara cortava, em casa, eram dois reais. *A gente cortava cabelo na casa dele, debaixo do pé de jabuticaba.* Quando era época de jabuticaba, a gente tava lá chupando jabuticaba (risos), e cortando cabelo. (JC, 28 anos, cabeleireiro) (grifo nosso)

Assim como as mulheres, os homens negros também passaram por processos diversos de mudança em relação ao tipo de corte e de penteado. Dos cortes tradicionais, passando pelo estilo afro, pela texturização e pela careca. (Foto 36)

A manipulação e a transformação do cabelo envolvem uma mistura de sentimentos dos quais nem os ativistas negros escapam: prazer e orgulho, vergonha e autodesvalorização. Malcolm X, na sua biografia, descreve a sensação que o invadiu quando teve os seus cabelos alisados pela primeira vez pelo seu primo Shorty. Uma experiência que, a despeito do tempo, do lugar e da personagem, em muito se parece com a da cabeleireira narrada no início deste capítulo.

Quando Shorty finalmente me deixou levantar e dar uma olhada no espelho descobri que meus cabelos estavam caídos, em mechas inertes e úmidas. O couro cabeludo ardia, mas não tanto quanto antes. Dava para suportar. Shorty passou a toalha pelos meus ombros, por cima do avental de borracha, começou a passar novamente vaselina nos meus cabelos [...]

Minha primeira olhada no espelho fez-me esquecer inteiramente a dor que sentia. Mas quando é a primeira vez, na nossa própria cabeça, depois de uma vida inteira de carapinha, a transformação é espantosa.

O espelho mostrava Shorty atrás de mim. Ambos estávamos sorrindo e suando. E, no alto da minha cabeça, estava aquela camada suave e lustrosa de cabelos vermelhos, vermelhos de verdade, tão lisos quanto o de qualquer branco. (MALCOLM X, 1992, p. 64)

Tanto a experiência de Malcolm X quanto a da cabeleireira remetem-nos a um contexto social mais amplo e à tentativa de produção e reprodução de um estilo de cabelo do negro que lança mão de produtos químicos para alcançar o resultado desejado. Para entendermos essa diversidade de estilos de cabelo, devemos considerar o contexto histórico e social em que foram produzidos e os seus impactos na construção da subjetividade dos que os adotam.

Para Kobena Mercer, tanto o estilo de cabelo "Conk", usado nos anos 1940 nos Estados Unidos, do qual Malcolm X se refere na sua autobiografia, quanto a permanente-afro usada pelos negros e negras dos anos 1980 são produtos de estilização dos negros do Novo Mundo. Segundo o autor: "Analisando de um outro ângulo os elementos das culturas negra e branca, as quais são caracterizadas por estruturas de troca, apropriação, imitação e incorporação, podemos observar que estes dois estilos são caracterizados pela ambivalência de seus significados" (MERCER, 1994, p. 18). O autor adverte que, para fazermos uma leitura dessa ambivalência será preciso entender os contextos históricos nos quais esses estilos apareceram juntamente com outras experiências culturais como a música, a linguagem, a dança e a moda.

Se analisarmos essas experiências apenas como imitação do padrão branco, estaremos tangenciando as implicações profundas e a trama complexa que envolve a relação negro e cabelo na esfera da dominação, da cultura e da subjetividade. Evitaremos, então, o enfrentamento da questão da ambiguidade e sua relação no movimento de reapropriação e ressignificação das culturas. No caso específico de Malcolm X, estaremos desconsiderando que o penteado por ele realizado, na época, integrava um estilo dos negros norte-americanos da década de 1940. Esses sujeitos viviam uma situação de marginalização dentro de um sistema opressor e como estratégia política e de sobrevivência criaram um estilo de usar o cabelo e de se vestir característico da comunidade negra, como uma resposta às péssimas condições de existência e à opressão racial.

Assim, o percurso da casa para o salão, do espaço da família para o espaço público, do cabelo sem alisamento para o alisado, faz parte da história social e de vida dos negros da diáspora. É uma dimensão do processo identitário desses sujeitos. O cabelo aparece, nesse contexto, como algo emblemático e pode significar enraizamento, referência. A relação dos negros e negras com o cabelo faz parte de um processo consciente e inconsciente que, segundo uma depoente, "valoriza a nossa cara", mas sem perder a raiz. Isso não quer dizer que, nesse percurso, alguns possam, até, "enfraquecer esse fio que a gente tem".

Nesta pesquisa, a ambiguidade se tornou uma das principais categorias na análise da relação do negro brasileiro com o cabelo, refletindo uma identidade construída de maneira conflitiva em meio a um tipo de racismo que também é ambíguo. Veremos que não só as intervenções estéticas que se utilizam de produtos químicos para alisar o cabelo comportam contradições. Essas estão presentes até mesmo nos estilos de cabelo considerados políticos. Mas é fato que, entre todos os estilos, o que mais recebe críticas, restrições e explicita sentimentos confusos é o alisamento.

> Nós, que somos negros, temos que valorizar sim. *Até brinco muito, que quando meu cabelo está alisado, eu não gosto!* Tem que ser mais crespo mesmo, sabe? (S, 28 anos, enfermeira) (grifo nosso)

Uma das entrevistadas expressa o seu sentimento em relação ao cabelo utilizando-se da metáfora da raiz. É uma maneira interessante de falar sobre a construção da identidade negra no Brasil. Numa das revistas especializadas para cabeleireiros li a frase: "A raiz do cabelo que fica 'enterrada' no couro cabeludo, é a única parte viva do fio. É ela que precisa de nutrientes para que o fio nasça, cresça e ganhe volume" (BOA FORMA, 2001). Fazendo uma analogia com a situação de enraizamento cultural, vemos que o uso da palavra "raiz" como metáfora para falar de identidade negra e africanidade recriada no Brasil é muito significativo.

Apesar das contradições e mesmo tendo sido "plantada" e/ou "replantada" em condições adversas, a africanidade recriada no Brasil e que compõe a identidade do negro brasileiro continua sendo uma característica marcante. A planta originada dessa raiz certamente não terá a mesma aparência que o tubérculo que a originou, mas ambas continuam sendo parte uma da outra, e uma não subsiste sem a outra. É assim que se dá a relação entre o negro da diáspora, o cabelo e a herança cultural africana.

Eu gosto dessa coisa de valorização da sua cara, mas pouco, *sem perder muito a raiz*. O cabelo tem que ser mais anelado, sabe? Porque senão *a gente vai perdendo esse fio que a gente tem*. É isso que eu acho. (S, 28 anos, enfermeira) (grifo nosso)

Nesse processo de enraizamento, os ciclos da infância e da adolescência são momentos significativos. E é durante esse período que a relação negro/cabelo se intensifica. O desejo manifesto pela criança negra de alterar o "estilo" do seu cabelo é algo complexo. Ele diz respeito à construção dessa criança conquanto sujeito em relação à própria imagem e também é resultado de relações sociais assimétricas, baseadas na imposição de modelos de homem, de mulher, de adulto, de raça e de etnia.

Mudar a forma e a estrutura do fio do cabelo através do alisamento pode parecer um detalhe sem muita importância, uma vez que essa prática já está incorporada na cultura ocidental, principalmente pelas mulheres negras e mestiças de cabelo crespo. Mas esse procedimento recorrente ainda é colocado sob suspeita. Por isso é importante pensar o que mais quer nos dizer a experiência de alteração da estrutura do fio do cabelo crespo, mediante a intervenção química, usada pelos negros contemporâneos e muito frequente no contexto dos salões étnicos.

É interessante notar que a intervenção química é uma técnica que não existe sozinha. Nos salões, ela é acompanhada do uso de adereços, adornos, cores, penteados, enfim é uma forma de estilização negra que também é adotada por brancos de cabelos anelados e crespos, embora estes nem sempre o admitam. O alisamento provoca reações também entre parcelas da comunidade branca. Em alguns casos, algumas pessoas brancas usam de um discurso "politicamente correto" ou simplesmente julgam o comportamento dos negros que optam por tal técnica no sentido de cobrar-lhes um posicionamento considerado mais condizente com certa representação de "negritude", ou seja, aquela que privilegia o uso do cabelo na sua textura crespa "natural".

NU: Sábado mesmo tinha uma cliente comigo no salão, essa com quem eu fiquei mais tempo. *Ela é branca, mas ela é mais oriental, mais pro lado oriental* e ela falou comigo: "Eu acho legal o negro..." – porque a gente tava falando negócio de lente, porque ela usa lente também. Ela é mais oriental, então ela tava de lente verde. *"Eu acho legal... só não acho legal o negro querer se parecer branco. Eu acho legal ele se sobressair, mas dentro da raça dele, igual o branco também..."*. Ela falou que não achava legal o negro usar um cabelo de branco, ela quis falar *assim: "Alisar o cabelo", isso ela não gosta, ela gosta que o negro use uma trancinha... Da mesma forma, ela não acha legal o branco fazer uma trancinha porque ela acha que não combina, que o negro tem que usar do jeito dele e o branco... entendeu?* Então eu falei com ela: "Não, não tem nada a ver!" Aí é que entra o estilo, cada um tem o seu estilo. No meu caso, eu uso alongamento, eu uso trança, eu uso raspar... só que o cabelo assim "lisinho" pra mim, de prancha, não combina. Pra mim, eu me sinto assim: O Mussum de peruca, ficava horrível! (N, 26 anos, cabeleireira étnica) (grifo nosso)

Entre as cabeleireiras e os cabeleireiros étnicos também existem aqueles que associam a beleza negra à naturalidade dos cabelos crespos. Nesse caso, assumir a textura crespa do cabelo é entendido como valorização da raça negra perante a sociedade brasileira.

Embora, a princípio, a valorização do cabelo crespo natural asse-melhe-se ao discurso proferido principalmente pela militância negra das décadas de 1960 e 1970, no intuito de conscientizar e liberar o negro e a negra da introjeção de valores brancos e racistas, há que se tomar cuidado! Muitas vezes, em vez de assumir o lugar da politização, esse discurso acaba se tornando um tipo de julgamento encobridor de uma concepção racista que paralisa o negro e a sua expressão estética no tempo e não considera que, assim como outros grupos étnicos, eles também estão inseridos em uma sociedade em constante mudança, incluindo aí os padrões estéticos. Assim, julgar que por ser negra uma pessoa só possa adotar penteados e estilos de cabelo pautados em padrões estéticos socialmente considerados "afros" revela inflexibilidade, intolerância e a negação do direito à escolha. Além disso, demonstra uma leitura linear sobre o processo de construção da identidade negra numa sociedade complexa marcada, entre outras coisas, por intensa heterogeneidade estética.

Se nos limitarmos a interpretar as diferentes técnicas de alisamento isoladas do contexto que as produziu e da história de vida do sujeito que as utiliza, incorreremos no erro de não entendê-las como um comportamento social e as submeteremos a um julgamento moral. Tal julgamento, ao prever comportamentos específicos para os sujeitos graças a sua pertinência étnico/racial, está eivado de preconceitos. Dessa situação insidiosa, nem mesmo os próprios negros e negras conseguem escapar.

A pesquisa realizada nos mostra casos e situações em que é possível interpretar o uso do alisamento por algumas mulheres negras como expressão de um descontentamento com a própria aparência e a incansável tentativa de "melhorar a raça". Esse sentimento é possível até mesmo para as cabeleireiras étnicas.

> Sempre sonhei em querer *melhorar* o estilo do cabelo, o cabelo muito crespo. Comecei a aplicar, apliquei o produto no meu cabelo. (D, 45 anos, cabeleireira) (grifo nosso)

Seria interessante, porém, considerar nessa reflexão outras interpretações menos óbvias na tentativa de compreender essa situação. Como nos diz Mercer: "Sinto que necessitamos parar de analisar psicologicamente o alisamento dos cabelos e simplesmente reconhecer que o mesmo é somente um estilo de se usar o cabelo, somente uma prática cultural" (1994, p. 2).

Por mais politicamente frágil que a interpretação do autor possa parecer, para alguns ela ajuda a pensar que julgamentos precipitados, estereotipados e muito generalizantes sobre a relação do negro com o cabelo só nos afastarão da complexidade dessa situação.

No nível coletivo, as ações dos negros e negras expressam a construção de um comportamento social e demonstram um processo de criação e recriação do uso do corpo e do cabelo pelo negro ao longo dos anos. No nível individual, esse processo pode incluir sentimentos conflituosos e ambíguos de aceitação, rejeição, negação e ressignificação do corpo negro e do cabelo crespo. É claro que esse processo nem sempre se dá de maneira consciente. Ele faz parte do jogo simbólico no qual se inserem as relações entre negros e brancos.

Tais reflexões não pretendem retirar o conteúdo político dessa relação complexa, mas alargar a nossa concepção sobre o fazer político. Ora, sabemos que as escolhas individuais são realizadas em determinado contexto que as influencia. Essas escolhas podem representar ou não opções políticas dos sujeitos, as quais nem sempre ocorrem da maneira explícita como tradicionalmente somos acostumados a esperar. Na realidade o conteúdo político da relação do negro e da negra com o cabelo e com o corpo não pode ser visto simplesmente no tipo de penteado adotado nem somente na intervenção estética utilizada, mas na articulação desses com a localização do negro no contexto histórico, social, cultural e racial.

Se comparada com a trajetória dos nossos ancestrais africanos, a manipulação do cabelo pelo negro da atualidade e, sobretudo no Brasil, revela um processo que, além de ambíguo e tenso, representa a construção de uma estilização e de uma estética negra, geradas no contexto de uma sociedade racista. Assim, o uso do alisamento entendido como um comportamento social pode ser visto, por um lado, como resultado da introjeção da opressão branca imputada ao negro, o que inclui a imposição de um determinado padrão estético. Mas, por outro lado, esse comportamento também pode ser visto como integrante de um estilo de o negro usar o cabelo, construído dentro de um sistema opressor, porém, com características que são próprias da comunidade negra e do seu padrão estético.

Lembro-me de uma história interessante contada por uma colega de militância sobre a viagem de várias ativistas negras brasileiras a Angola para um encontro com fins políticos. Segundo ela, as brasileiras passaram horas a fio nos salões étnicos e nas casas das trançadeiras. Fizeram penteados e tranças elaborados no desejo de se apresentarem "etnicamente corretas" diante das africanas.

Ao desembarcarem no país qual não foi a sua surpresa e decepção ao encontrarem as angolanas com cabelos alisados com pasta, alguns até muito ressecados pelo uso inadequado da química e pelas poucas condições de manutenção. As mulheres angolanas olhavam para as brasileiras e identificavam os penteados por elas usados como "penteados americanos". Entretanto, o fato de usarem o cabelo alisado não impedia que essas mesmas mulheres expressassem a riqueza da sua cultura e construíssem um discurso político sobre o racismo e a condição da mulher negra no contexto africano.

Esse fato nos leva a refletir que, no plano da cultura, nenhum padrão estético é fixo e puro. Por isso, quando a crítica ao alisamento se pauta sobre um discurso que, pela sua intenção ideológica, tende a considerar a existência de um padrão estético único e puro, ela é passível de muitos questionamentos.

Se a estética é a relação do sujeito com o mundo sensível, a discussão sobre a expressão estética negra não pode incorporar uma visão de mundo cristalizada. Caso seja essa a visão que orienta a crítica sobre o uso do alisamento, ela poderá acabar reforçando e reproduzindo a opressão racial contra a qual deseja lutar. Uma coisa é problematizar esse comportamento no contexto da sociedade racista em que vivemos e outra é descontextualizá-lo, não se abrindo ao diálogo para tentar compreendê-lo e interpretá-lo. E, o que é mais grave, produzir um discurso e um julgamento que atribuem aos sujeitos que alisam o cabelo o lugar do embranquecimento e da negação da raça.

Se falar sobre a existência de padrões estéticos incorpora o trânsito entre diferentes culturas, quanto mais na sociedade brasileira, amplamente miscigenada racial e culturalmente. Vivemos em um contexto intercultural e, dessa forma, tendências, estilos e padrões aqui existentes expressam o encontro de diferentes grupos étnico/raciais. O fato de ser intercultural não impede, porém, que alguns símbolos, ritos, gestos, imagens e costumes sejam mais demarcados por uma presença étnica específica. Também não omite que tais fatores são construídos num contexto histórico e social marcado por desigualdades raciais e sociais que afetam a existência desses.

Durante o trabalho de campo, enquanto conversava com algumas clientes, ouvi de algumas delas depoimentos que atestavam que, além de ser um gosto pessoal, o alisamento do cabelo era uma condição para conseguirem ou permanecerem no emprego. Segundo elas, alguns setores de trabalho não admitem mulheres negras usando cabelos crespos, tranças, estilo *black power*, nem homens negros com cortes afros e *dreadlocks*. Uma dessas mulheres trabalha como nutricionista, outra na área do Direito e a terceira é atriz.

Vemos, então, que o mercado de trabalho também opera com uma representação de estética e beleza negra. Ao fazê-lo, alguns setores privilegiam determinado estilo de cabelo do negro considerado mais próximo do padrão estético branco. O negro e a negra se veem diante de um conflito que envolve não só a escolha de um determinado estilo de cabelo, mas também questões de sobrevivência, raciais, políticas e identitárias.

> S: *Eu era âncora do programa. Maravilha!* Achei belíssimo e na época eu tinha ido em outro salão... *que eu usava meu cabelo black power, colocava um arco assim. Ficava uma beleza, mas sempre bem cuidado, forte, brilhante... ou então fazia minhas trancinhas que eu adorava e pra esse trabalho na TV o visual não podia ser black power, nem podia ser trancinha, então o que eu fiz? Eu não conhecia D. ainda... fui em outro salão: "Olha, eu preciso deixar meus cabelos com aspecto mais macio, mas eu não quero passar pasta." Meu cabelo era virgem nessa época, eu não queria passar nada de química... Ah, meu Deus! Preciso, né? Mas não quero passar a química...* aí a dona do salão: "Não se preocupe, que eu vou fazer o seu cabelo só com creme." "Então, tá." E eu, leiga, sentei lá e ela fez. E eu saí com *o meu cabelo, todo uma beleza, balançando até que secou... quando secou virou uma palha, ficou horroroso... e no meio do cabelo assim parecia cabelo do Bozo, um palhaço, assim...* do lado todo armado e no meio assim... e eu pelejava... chegava na TV e tentava: punha ele daqui e dali a maquiadora... e punha mousse e ajeitava e tapeava daqui e dali... chegava no vídeo... o cabelo nada!!! (S, atriz) (grifo nosso)

Essa situação nos mostra que nenhum padrão estético é neutro. Muitas vezes, o que é visto como uma escolha individual ou como adaptação pessoal a uma exigência para ingresso no emprego é, na verdade, um comportamento decidido pelos "de fora", pelo grupo étnico/racial que possui a hegemonia na sociedade. Nem sempre o sujeito que vive esse processo possui clareza do que está acontecendo. As exigências profissionais de transformação do cabelo trazem à cena modelos extraeconômicos que se referem, entre outras coisas, à condição racial e aos lugares do mercado de trabalho reservados para aqueles que são enquadrados nessa condição. Podemos dizer que elas carregam mensagens inconscientes e conscientes sobre as relações raciais.

Damasceno (2000), ao inventariar anúncios de emprego das décadas de 1940 e 1950, concluiu que as mensagens contidas nos próprios anúncios tenderiam a oferecer de modo sintético, por meio das qualificações requeridas, um retrato das sutis percepções quanto ao perfil racial dos candidatos a ser preferidos e preteridos para ocupar determinados postos de trabalho. Tais anúncios reproduziam a discriminação racial existente na sociedade através da classificação e da hierarquização racial. Esta se revela por meio das expressões "não se faz questão de cor", "de cor", "brancas" e "de boa aparência".

A necessidade de ter "boa aparência" aparece também em outro momento desta pesquisa, no depoimento de um homem negro, discutido no capítulo anterior. Contudo, naquele momento ela aparece de maneira diferente, ou seja, já internalizada no discurso do depoente. No testemunho da atriz negra, que teve que mudar o penteado para ser aceita no programa de televisão, a "boa aparência" aparece subentendida na exigência de que "pra esse trabalho na TV o visual não podia ser *black power*, nem podia ser trancinha". É uma exigência externa que é atendida pela candidata, embora para isso tenha que ter passado por experiências traumáticas em relação à sua estética e ao seu cabelo.

Além da cor da pele, os demais sinais diacríticos do negro ajudam a compor a lógica de classificação racial presente no mundo do trabalho. Se, atualmente, após as denúncias do movimento negro e, sobretudo, do movimento das mulheres negras, dos intelectuais negros e também dos brancos solidários à causa racial, a exigência da "boa aparência" deixou de constar nos anúncios de emprego, o mercado de trabalho encontrou formas mais sutis para discriminar. A exigência de um padrão estético, no que se refere ao penteado, pode ser vista como uma delas.

Como é próprio das sociedades capitalistas, o mercado se apropria de algo que é construído ideologicamente como marca identitária e uma produção cultural de grupos alijados do poder, transformando-o em mercadoria. Os estilos de cabelo do negro não conseguem ficar imunes aos efeitos da indústria cultural e da moda e muitas vezes são traduzidos em visual *fashion*, produzidos para o consumo de negros e brancos.

Por outro lado, paradoxalmente, a atual apropriação do mercado e posterior comercialização de emblemas étnicos afro-brasileiros como produtos *fashion* pode agir como socialização e popularização de expressões culturais que antes eram vistas como específicas dos negros. Mesmo que haja nesse processo alguma espécie de "perda", há também ganhos. Esse mesmo movimento de apropriação do mercado pode fomentar a adoção de novas estratégias de resistência dos negros no sentido de denunciar a relação entre raça e exploração econômica, assim como desvelar o modo como as categorias raciais são manipuladas pelo mercado de trabalho. Essa situação de exploração impulsiona a organização política, congregando os negros em torno de questões atuais, que dizem respeito às lutas do negro contemporâneo.

Estamos diante de mudanças sociais, culturais e econômicas que alteram identidades e comportamentos, dando-lhes novos significados. Mas essas mudanças também revelam que os grupos raciais e sociais que, ao longo da história, se mantêm no poder agora conseguem lucro e acumulam riquezas graças à exploração de características culturais dos grupos que sempre excluíram.

Não é novidade para nós de que a mídia há algum tempo tem divulgado o surgimento, no Brasil, de uma classe média negra. Essa classe passa a consumir os seus próprios emblemas étnicos incorporados e transformados pelo mercado. Não haveria tanto problema nessa situação se não soubéssemos que a constituição dessa classe média revela o aumento da desigualdade social dentro do próprio segmento negro, pois, numa sociedade capitalista, o enriquecimento de uns significa o empobrecimento de muitos. Além disso, ao invés de destacar os símbolos e elementos culturais negros, essa mesma classe média pode introjetar valores burgueses e brancos e acabar se distanciando ainda mais das suas raízes negras.

As cabeleireiras e os cabeleireiros étnicos são vistos como pertencentes a essa classe média negra. Contudo, isso não quer dizer que o fato de serem microempresários neutraliza a sua localização nas camadas populares. Eles participam, sim, de uma ascensão e de uma mobilidade sociais dentro da classe trabalhadora, mas não deixam de pertencer aos setores populares. Moram em bairros distantes, nem todos possuem casa própria, pagam aluguel do espaço em que trabalham, os filhos estudam em escola pública, nenhum deles frequenta ou frequentou a universidade nem tampouco possuem filhos ou parentes próximos que tenham ingressado no ensino superior. Além disso, suas práticas, formas de lazer, linguagem, amizades fazem parte e se realizam nos lugares populares. A localização dentro de uma classe média negra aplica-se, portanto, a alguns clientes que frequentam os salões. São professoras e professores universitários, advogados, juízes, empresários, músicos, jogadores de futebol, médicos e jogadoras de vôlei. Eles/elas se distribuem entre os diferentes salões, porém concentram-se no Beleza Negra e no Dora Cabeleireiros, os dois estabelecimentos mais equipados, de maior retorno financeiro e, por isso, podem investir mais em propaganda, aparecer mais na mídia e possuem atividades extrassalão mais conhecidas na cidade.

Nesse processo de comercialização de produtos étnicos, o mercado nacional caminha a duras penas para conseguir espaço. Segundo o Beleza Negra, falta interesse comercial e *know-how* dos fabricantes para a produção de produtos químicos e de bons produtos étnicos nacionais. Os poucos que existem apresentam qualidade duvidosa. Essa opinião não é totalmente partilhada pelo Dora Cabeleireiros e pelo Preto e Branco, que trabalham com algumas linhas de produtos nacionais.

Mas, para além das diferentes opiniões existentes entre os salões, a relação entre os representantes nacionais de produtos étnicos importados e as cabeleireiras e os cabeleireiros étnicos é considerada muito semelhante àquela estabelecida com os norte-americanos, no final dos anos 1980 e início dos 90, a saber: é pautada na exploração. A compra de produtos importados encarece o serviço e, segundo os profissionais entrevistados, não há flexibilização de preços, e ainda há a exploração da sua imagem. A importação de cabelos humanos usados para a realização dos alongamentos passa por um processo semelhante.

> Hoje em dia há um giro maior de produtos de cosméticos que são de produtos importados. Os Estados Unidos tá trinta anos na frente de pesquisa, então os produtos são melhores, dão efeito mais rápido, então houve crescimento da procura de produtos importados. Só que... não chega a ser descaso... *o problema é que a gente não tem contato com o americano e sim com quem o representa aqui... com a pessoa que pega o produto pra representar aqui. Mas pra poder fazer a importação*

*do produto depende de muito dinheiro e a maioria do pessoal da nossa
comunidade não tem esse poder de tá fazendo importações grandes. E
a pessoa que vai importar, ela é capitalista, então o negócio é dinheiro,
ele tá preocupado é com o dinheiro*, então eles... sei lá, usam... como
também é uma coisa nova, não é um segmento que tem há tantos
anos, e não tem uma organização, uma união da classe, em fazer certas
exigências. (R, 38 anos, cabeleireiro étnico) (grifo nosso)

É na recriação cultural que os sujeitos negros, expostos às situações de
exploração econômica, encontram forças para reelaborar sua vida e atribuem
significados novos às suas expressões culturais.

Cabelo e trajetória de vida

As experiências do negro em relação ao cabelo começam muito cedo.
Mas engana-se quem pensar que tal processo inicia-se com o uso de produtos químicos ou o alisamento do cabelo com pente ou ferro quente. As
meninas negras, durante a infância, são submetidas a verdadeiros rituais de
manipulação do cabelo, realizados pela mãe, pela tia, pela irmã mais velha
ou pelo adulto mais próximo. As tranças são as primeiras técnicas utilizadas. Porém, nem sempre elas são eleitas pela então criança negra, hoje, uma
mulher adulta, como o penteado preferido da infância.

Talvez esse seja um dos motivos pelos quais algumas dessas mulheres
prefiram adotar alisamentos e alongamentos na atualidade. A sensação de ter
o cabelo constantemente desembaraçado e de não precisar sofrer as pressões
do pente ou os puxões para destrançar o cabelo eram comentários constantes, acompanhados de expressões de alívio, nas conversas estabelecidas no
interior dos salões.

Eu odiava! Minha mãe fazia quatro tranças e juntava de duas a duas
no alto da minha cabeça! Puxava tanto o meu cabelo para ele ficar
ajeitadinho que até esticava os meus olhos. *Parecia uma japonesa
preta!* (NU, 26 anos, cabeleireira) (grifo nosso)

*Era aquele problema de puxar, trançar, aquela coisa toda. Não tinha
alisamento, então na hora de mamãe pentear o cabelo, era um drama.
Aí depois, já mocinha, é que eu fui me cuidando, aquela coisa toda é
que mudou. Mas, de criança não, eu chorava, não gostava de pentear
o cabelo porque doía, puxava daqui, puxava dali...* (S, 51 anos, auxiliar
de escritório) (grifo nosso)

Minha mãe, pra pentear o cabelo, ela quase matava a gente. Fazia aquelas trancinhas. A gente... eu ficava com a cabeça toda doendo. Hoje em dia não tem isso mais, não é? Veja minha filha, olha o cabelo dela e olha o meu na época dela, não tem nem comparação. Hoje em dia está bom para o lado da pessoa negra, porque antigamente... nossa! Quando não era aquele ferro quente, pente quente que passavam no cabelo da gente. (M, 30 anos, dona de casa) (grifo nosso)

O uso das tranças é uma técnica corporal que acompanha a história do negro desde a África. Entretanto, os sentidos de tal técnica foram alterados no tempo e no espaço. Nas sociedades ocidentais contemporâneas, algumas famílias negras, ao arrumar o cabelo das crianças, sobretudo das mulheres, fazem-no na tentativa de romper com os estereótipos do negro descabelado e sujo. Outras o fazem simplesmente como uma prática cultural de cuidar do corpo. Mas, de modo geral, quando observamos crianças negras trançadas, notamos duas coisas: a variedade de tipos de trança e o uso de adereços coloridos.

Depois de adultas, muitas mulheres negras se reconciliam com as tranças. Agora, porém, elas se apresentam estilizadas, desde as chamadas tranças africanas ou agarradinhas, que formam desenhos engenhosos no couro cabeludo, até as jamaicanas de diferentes comprimentos. Esses penteados são também usados pelos homens, mas com menor frequência. (Fotos 37 e 38)

Mesmo que reconheçamos que a manipulação do cabelo seja uma técnica corporal e um comportamento social presente nas mais diversas culturas, já vimos que para o negro, e mais especificamente o negro brasileiro, esse processo não se dá sem conflitos. Esses embates, como já vimos, podem expressar sentimentos de rejeição, aceitação, ressignificação e até mesmo de negação do pertencimento étnico/racial. As múltiplas representações construídas sobre o cabelo do negro no contexto de uma sociedade racista influenciam o comportamento individual. Existem, em nossa sociedade, espaços sociais nos quais o negro transita desde criança, em que tais representações reforçam estereótipos e intensificam as experiências do negro com o seu cabelo e o seu corpo. Um deles é a escola.

J: Uma vez... tenho muito cabelo, mas antes eu tinha mais... e sempre assim, até uns sete anos pra nove anos, eu não tinha problema com cabelo, porque minhas tias, como eu te falei, mexiam com cabelo. Então cada dia eu ia arrumadinha para o colégio. Tinha vez que minha tia alisava o meu cabelo, quando eu alisava não cortava mais, aí ele ficava grande! Minha tia alisava o meu cabelo, tinha dia que eu ia de trancinha, assim, agarradinha. Tinha vez que ela fazia as trancinhas acima assim, meu cabelo era grande, aí as trancinhas ficavam lindas, colocava bolinha. A gente enchia de bolinha assim, miçanguinha. *Eles me chamavam de neguinha, às vezes os meninos mexiam comigo, mas eu não ligava não. Eu não ligava, eu gostava do jeito que eu era. Eu fui... me acostumei comigo, me acostumei com o que eu era, com minha raça. Então me acostumei e não ligava não, mas o pessoal mexia.* Isso aí eu tirava de letra. Não me atrapalhava não. Eu gostava mesmo, então quando *minha tia arrumava o meu cabelo, nossa, eu ficava toda metida. Cada dia um penteado, nossa, eu achava o máximo, principalmente porque chamava muita atenção. As pessoas achavam lindo o penteado...* (J, 23 anos, cabeleireira) (grifo nosso)

AD: *Bom, a minha mãe, quando ela cuidava do meu cabelo, ela usava muita trancinha... então colocava aquele tanto de badulaque. Os meninos ficavam assim... olhando, olhavam por que ela colocava aquilo. Mas apelido, essas coisas não, até que muita gente começou a aderir também.. Tinha muita menininha da minha idade também que as mães colocavam tranças.* Até porque os professores pediam pra evitar piolho, esse tipo de coisa, então, eu nunca tive problema não. (AD, 25 anos, auxiliar de escritório) (grifo nosso)

Se antes a aparência da criança negra com sua cabeleira crespa, solta e despenteada era algo comum entre a vizinhança e os coleguinhas negros, com a entrada para a escola essa situação muda. A escola impõe padrões de currículo, de conhecimento, de comportamentos e, também, de estética. Para estar dentro da escola, é preciso se apresentar fisicamente dentro de um padrão, uniformizar-se. A exigência de cuidar da aparência é reiterada, e os argumentos para tal nem sempre apresentam um conteúdo racial explícito. Muitas vezes esse conteúdo é mascarado pelo apelo às normas e aos preceitos higienistas. Existe, no interior do espaço escolar, determinada representação do que é ser negro, presente nos livros didáticos, nos discursos, nas relações pedagógicas, nos cartazes afixados nos murais da escola, nas relações professor/a e aluno/a e dos alunos/as entre si. Na maioria das vezes, a questão racial existe na escola através da sua ausência e do seu silenciamento.

Na escola também se encontra a exigência de "arrumar o cabelo", o que não é novidade para a família negra. Mas essa exigência muitas vezes chega até a família negra com um sentido muito diferente daquele atribuído pelas mães ao cuidarem dos seus filhos e filhas. Em alguns momentos, o cuidado dessas mães não consegue evitar que, mesmo se apresentando bem penteada e arrumada, a criança negra deixe de ser alvo das piadas e dos apelidos pejorativos no ambiente escolar. Alguns se referem ao cabelo: "Ninho de guacho", "cabelo de bombril", "nega do cabelo duro", "cabelo de picumã"! Apelidos que expressam que o tipo de cabelo do negro é visto como símbolo de inferioridade, sempre associado à artificialidade (esponja de bombril) ou com elementos da natureza (ninho de passarinhos, teia de aranha enegrecida pela fuligem).

Esses apelidos recebidos na escola marcam a história de vida dos negros. São, talvez, as primeiras experiências públicas de rejeição do corpo vividas na infância e na adolescência. A escola representa uma abertura para a vida social mais ampla, onde o contato é muito diferente daquele estabelecido na família, na vizinhança e no círculo de amigos mais íntimos. Uma coisa é nascer criança negra, ter cabelo crespo e viver dentro da comunidade negra e outra coisa é ser criança negra, ter cabelo crespo e estar entre brancos.

A experiência da relação identidade/alteridade se coloca com maior intensidade nesse contato família/escola. Para muitos negros essa é uma das primeiras situações de contato interétnico. É de onde emergem as diferenças e se torna possível pensar um "nós" – criança e família negra – em oposição aos "outros" – colegas e professoras brancas. Embora o discurso que condiciona a discriminação do negro à sua localização na classe social ainda seja predominante na escola, as práticas cotidianas mostram para a criança e para o adolescente negro que o status social não é determinado somente pelo emprego, renda e grau de escolaridade, mas também pela posição da pessoa na classificação racial.

Pertencer ou não a um segmento étnico/racial faz muita diferença nas relações estabelecidas entre os sujeitos da escola, nos momentos de avaliação, nas expectativas construídas em torno do desempenho escolar e na maneira como as diferenças são tratadas. Embora atualmente os currículos oficiais aos poucos incorporem leituras críticas sobre a situação do negro e alguns docentes se empenhem no trabalho com a questão racial no ambiente escolar, o cabelo e os demais sinais diacríticos ainda são usados como critério para discriminar negros, brancos e mestiços. A questão da expressão estética negra ainda não é considerada um tema a ser discutido pela pedagogia brasileira.

Quanto mais aumentam as vivências da criança negra fora do universo familiar, quanto mais essa criança ou esse adolescente se insere em círculos sociais mais amplos como é o caso da escola, mais se manifesta a tensão vivida pelos negros na relação estabelecida entre a esfera privada (vida familiar) e pública (relações sociais mais amplas).

São nesses espaços que as oportunidades de comparação, a presença de outros padrões estéticos, estilos de vida e práticas culturais ganham destaque no cotidiano da criança e do/a adolescente negros, muitas vezes de maneira contrária àquela aprendida na família. Em alguns casos, é o cuidado da mãe, a maneira como a criança é vista no meio familiar que lhe possibilitam a construção de uma autorrepresentação positiva sobre o ser negro/a e a elaboração de alternativas particulares para lidar com o cabelo crespo.

> F. *Pra minha felicidade, a minha relação pessoa, mulher e o meu cabelo crespo foi ótima pelo fato de ter tido a minha mãe, que é uma cabeleireira conceituada aí já no mercado afro, que cuidou sempre do meu cabelo, eu nunca sofri.* Então, assim, eu nunca tive problemas com alisamento, a vida inteira alisei o cabelo. Nunca tive aqueles problemas famosos com queimaduras e tudo mais. Sempre tive o meu cabelo saudável. (F, 26 anos, cabeleireira) (grifo nosso)

A reação de cada pessoa negra diante do preconceito é muito particular. Como me disse uma cliente, muitas vezes as pessoas são preconceituosas por causa da desinformação. Elas precisam ser reeducadas.

> *Tenho amadurecimento pra isso. Então essa questão da história do cabelo é muito em função disso. Minha irmã, ela trabalhava na Usiminas, então ela tinha mais contatos... não muito com negros, mas com pessoas que tinham outra visão, que davam outro tipo de incentivo e eu custei a cair, vamos dizer assim, não vou chamar de mundo real não, mas a encontrar essa história do negro pra me identificar legal. Acho que por isso que foi esse processo... lento! Não sei... foi esse processo passo a passo. E eu estou aqui: cabelo maravilhoso! Que eu amo... e eu ainda achei interessante que... quando eu solto ele assim todo mundo fica escandalizado.* (risos) Um dia eu fui na padaria e a menina olhou pro meu cabelo: "Por que cê num corta seu cabelo?" (risos) Eu achei tão fantástico: *"Por que cê num corta seu cabelo?" Eu falei assim: "Porque eu gosto dele assim"*, de uma forma muito tranquila. E eu achei legal que ela virou e falou assim: *"Deve dar muito trabalho!"* Na visão dela, para eu colocar o meu coque assim, simplesmente amarrar... Ninguém entende esse coque no meu cabelo e todo mundo fica... principalmente os brancos que não sabem como que é o simples amarrado. *Todo mundo quer pegar e ver.* "Como é que seu cabelo fica assim, pra cima?" Entendeu? (D, 38 anos, contabilista e cantora) (grifo nosso)

Embora existam aspectos comuns que remetem à construção da identidade negra no Brasil, cada vez mais compreendo que para discuti-la precisamos sempre considerar como os sujeitos a constroem não somente no nível coletivo, mas também no individual.

Há, então, um campo mais íntimo que se refere à esfera da subjetividade, que nem mesmo a intervenção familiar e um debate crítico produzido no espaço da militância ou da escola não conseguem alcançá-lo na sua totalidade. Isso não significa ignorar o peso da história, da sociedade e da cultura, mas destacar que a subjetividade também tem a sua importância no processo do tornar-se negro. A relação do negro com o cabelo nos aproxima dessa esfera mais íntima.

A adolescência é um dos momentos fortes na construção da subjetividade negra. Alguns/mas depoentes ao falarem sobre a sua relação com o cabelo, relembraram as experiências vividas nesse ciclo da vida e falaram da sensação de "desencontro", de mal-estar e de desconforto em relação ao seu tipo físico, seu cabelo, sua pele e sua cor, vivida na adolescência. Dependendo do sujeito e da sua forma de lidar com essa experiência, temos, hoje, um adulto que acumula certos traumas raciais ou que lida com desenvoltura diante dos seus dilemas étnicos e raciais.

Essas experiências são acrescidas do aspecto racial, o qual tem na cor da pele e no cabelo os seus principais representantes. Tais sinais diacríticos assumem lugar diferente e de destaque no processo identitário de negros e brancos brasileiros. A rejeição do cabelo, muitas vezes, leva a uma sensação de inferioridade e de baixa autoestima contra a qual faz-se necessária a construção de outras estratégias, diferentes daquelas usadas durante a infância e aprendidas em família.

> F: *E eu cresci constrangida porque na escola eu fui barrada também... Teve bailado e eu quis participar do bailado e diziam que não, que não podia não. Que só iam as meninas brancas, as meninas bonitas.*
>
> N: E falaram isso com vocês claramente?
>
> F: Falaram, falaram, falaram, falaram... (pausa) Eu custei, eu sofri muito, muito, muito a entender que negro era gente também... Eu vim descobrir que negro tinha história quando fui pro colégio, porque até então, pra mim negro era um bicho, era um... uma... um defeito, sabe? *E morria de vontade de ser branca, por causa do cabelo,* pra frequentar assim essas coisas... pra aproveitar.

N: Isso te lembra alguma coisa? Você sente? Por que essa ênfase tão grande no nosso cabelo?

F: *Porque, assim, o branco tem o cabelo liso, né. Então o negro tem o cabelo já crespo, às vezes chega a ser carapinha mesmo. Mas vem daí a influência do branco sobre o negro, eu acho que, quando você não tem noção do que é ser negro, você se cobra muito aquele cabelo maravilhoso, aquela coisa bonita de passar a mão, de cair, de: "Ai, o meu cabelo é lindo, maravilhoso." Quando a gente tem uma noção do que é ser realmente negro, a gente se aceita com o cabelo que a gente tem. Eu, por exemplo, eu daria tudo pra ter o meu cabelo anelado, sabe, eu daria tudo para ter o meu cabelo anelado. Mas não consigo tê-lo crespo. Num sei te explicar por que, mas não consigo... Talvez seja, nem seja por mim mesma, seja pela cobrança...* cê chega num lugar pra trabalhar se você... eles olham. Você chega num lugar pra se divertir... às vezes cê tá passando na rua, aí um grita de lá: "Vamos pentear o cabelo?" Ou então *cantam aquela musiquinha, assim, "Nega do cabelo duro, qual é o pente que te penteia".* (F, 36 anos, professora) (grifo nosso)

Outras mulheres negras e clientes dos salões pesquisados me disseram:

NU: *Na adolescência era uma tragédia! Porque a testa era marcada de dentinho de pente, de ferro quente. Aquele cabelo é... aquele cheiro de gordura. Porque hoje em dia, tem muitas coisas, aperfeiçoou e tem o creme certo pra passar. Antigamente não, a gente assentava no fogão e vinha aquela coisa na cabeça cheia de fumaça, a gente queimava tudo.* É babyliss que eu usava também. *Era um trauma!* Janela do ônibus, jamais pedia para abrir. Nossa, pelo amor... aquele calor com as janelas fechadas... "porque meu cabelo vai espetar." Quando eu ia na danceteria, aquelas colegas tudo com cabelo lindo. Ia no banheiro, aquele calor, molhava o cabelo. Eu jamais podia... uma que não precisava, que já estava todo escorrido daquela fumaça que tinha na danceteria, já caía tudo, então não tinha como mesmo. Clube, não podia jamais, porque... nossa, como é que ia molhar o cabelo? "Nossa! Não gosto, tenho pavor de água, não sei nadar..." Porque, é lógico, como é que ia molhar o cabelo, não tinha como. (risos) Nossa, quando a pessoa pulava e vinha aquele tanto de água, eu morria, não aguentava... você colocava uma roupa bonita, mas não realçava. (NU, 26 anos, cabeleireira) (grifo nosso)

Há uma implicação mais profunda e desafiadora sobre a qual nos falam os depoimentos acima: entender a construção da raça na subjetividade e no cotidiano dos indivíduos.

Quando conversei com os/as entrevistados/as sobre a sua opinião, hoje, a respeito da relação do negro com o cabelo, deparei-me com momentos tensos, discursos ambíguos e respostas confusas. A pergunta remetia ao lugar do negro na esfera da subjetividade, e não somente ao sujeito político e cultural. Nesse momento, homens e mulheres negras eram convidados a falar de si, a partir de dentro, da sua própria pele. É possível que essa ebulição de sentimentos e emoções tenha trazido à tona, ao nível da consciência, aquilo que está submerso na esfera do inconsciente e, por isso mesmo, não é tão fácil de ser dito. A meu ver, essa situação apresenta algo mais complexo: a construção da identidade negra no Brasil passa pelo que Marcel Mauss, ao estudar as técnicas corporais, chamou de fatores fisiopsicossociológicos.

Essa maneira particular de se relacionar com o corpo, com a subjetividade e com a cultura se dá em determinado contexto social, histórico e político. E é esse contexto, juntamente com a experiência individual, que vai compor o complexo terreno da identidade negra. Homens e mulheres negras de diversas partes do mundo a constroem de formas variadas, embora tragam consigo algo que os une: um pertencimento racial, oriundo de uma mesma ancestralidade africana, cuja maneira de lidar com o cabelo é uma forte expressão da cultura.

Esse ponto comum que atravessa a história dos negros remete a uma questão que se apresenta cotidianamente no universo dos salões étnicos: nas sociedades em que a raça é um dos aspectos que estrutura as relações sociais de poder, o cabelo e a cor da pele, sendo os sinais mais visíveis da diferença racial e possuidores de forte dimensão simbólica, são vistos como símbolos de inferioridade (MERCER, 1994, p. 4). No entanto, no movimento dialético das relações sociais, a ação do racismo sobre os negros resulta em formas variadas, sutis e explícitas de reação e resistência. Nesse contexto, o cabelo e a cor da pele podem sair do lugar da inferioridade e ocupar o lugar da beleza negra, assumindo um sentido político. Esse é mais um dos motivos pelos quais considero os salões étnicos como espaços políticos.

Mas, para além de tanta particularidade, quais seriam os significados universais da relação do homem e da mulher com o cabelo? Segundo Queiroz (2000, p. 28), o estado dos cabelos pode revelar a trajetória de vida de uma pessoa, sua condição de existência e o momento vivido no interior de determinado grupo social. O autor chama a atenção para o fato de que é comum cortar ou raspar os cabelos da cabeça por ocasião dos ritos de passagem, o que também é comum entre nós quando do ingresso na Universidade, nas prisões, nas instituições militares ou religiosas. Há, também, uma relação entre cabelo, poder e potência sexual. Por isso, cortá-lo ou raspá-lo pode equivaler, simbolicamente, à castração. Essa é a condição dos novatos, dos recém-admitidos em determinadas instituições. Por outro lado, os cabelos rebeldes, soltos e descuidados podem expressar independência ou mesmo relutância às normas sociais, como é o caso de líderes religiosos, profetas, *rastafaris*.

Para além do significado social mais amplo e mais genérico do cabelo, existem variações de acordo com a cultura, classe, idade, sexo, nacionalidade, contexto histórico e político. Cortar o cabelo, alisar o cabelo, raspar o cabelo, mudar o cabelo pode significar não só uma mudança de estado dentro de um grupo, mas também a maneira como as pessoas se veem e são vistas pelo outro, um estilo político, de moda e de vida. Em suma, o cabelo é um veículo capaz de transmitir diferentes mensagens, por isso possibilita as mais diferentes leituras e interpretações.

O cabelo do negro como um estilo político

> E eu precisava disso, *uma coisa chique, porém, negra, que não tirasse a minha negritude, de alisar o cabelo, fazer escova, sabe, não era isso que eu queria...* então foi assim, moleza... (V, 33 anos, enfermeira) (grifo nosso)

Os diferentes estilos de cabelo do negro não se restringem ao espaço dos salões de beleza, nem das revistas de moda. Eles também fizeram parte dos movimentos internacionais e nacionais de afirmação política dos negros a partir da década de 1960. Kobena Mercer (1994, p. 9-16), ao analisar o cabelo do negro como um estilo político, lembra que o negro e a negra norte-americanos, durante um período da História, usaram um estilo de cabelo denominado "afro", que implicava o uso do cabelo crespo na sua textura natural. Esse estilo foi o preferido de ativistas negros norte-americanos, como os Panteras Negras.[2] Segundo o autor, esse penteado simbolizava uma

---

[2] Movimento de protesto dos negros norte-americanos surgido no final dos anos 1960, época marcada por forte tensão e conflito racial e pela luta do Movimento pelos Direitos Civis, cuja principal expressão foi Martin Luther King Jr. Os Panteras Negras surgiram como herdeiros políticos de Malcolm X, assassinado em 1965, principal porta-voz da organização Nação do Islã, que, diferentemente do Movimento pelos Direitos Civis, reivindicava o direito à autogestão do povo negro e de pensadores como Frantz Fanon. Aderiam à tática de guerrilha urbana como resposta à violência perpetrada à população

tentativa de reconstituição da África, integrando um processo de luta contra-hegemônico e ajudando a redefinir a classificação racial do povo negro norte-americano, não mais como negros, mas como afro-americanos.

O mesmo apelo à naturalidade e à originalidade africana ocorreu com o aparecimento do estilo *rastafari*, que, de forma semelhante ao estilo "afro" nos EUA, participou de um movimento que redirecionou a consciência negra no Caribe.[3]

O cabelo "afro", também considerado por alguns como *black power*,[4] foi considerado um estilo político pelo movimento de contestação dos negros desencadeado a partir da década de 1960. Esse momento, ao atribuir ao cabelo crespo o lugar da beleza, representava simbolicamente a retirada do negro do lugar da inferioridade racial colocado pelo racismo.

Assim como os Panteras Negras nos EUA, o Movimento de Consciência Negra na África do Sul nas décadas de 1960 e 1970 ajudou não só a pensar estratégias políticas de combate ao racismo, como também formulou

---

negra pelo Estado e por entidades racistas como a Klu Klux Klan. Os Panteras Negras formularam um novo conceito que definia política, social, cultural e esteticamente o povo negro nos EUA. Tinham como ideário a emergência do poder negro (*Black Power*) e desmistificavam o conceito de classe social que, desde o advento do marxismo, se tornara importante, mas, devido à sua amplitude e generalização, não dava conta da questão da diferença, obrigando parte da esquerda a redefinir seus paradigmas (SILVA, 2001, p. 33-34).

[3] No final dos anos 1960, a conjuntura internacional evidenciava que o conflito racial não era uma particularidade dos EUA. Se o assassinato de Martin Luther King, em 1968, acirrara as tensões raciais nos EUA, no continente africano persistia o colonialismo tardio nas chamadas províncias de ultramar. Essa fase colonialista trazia no seu seio o racismo. Ao mesmo tempo, crescia a política do Apartheid na África do Sul. Nesse país, o Congresso Nacional Africano, maior organização antiapartheid, vê-se fragilizado após uma série de ações policiais que prendera os principais líderes e articuladores com a sociedade. Essa situação estimulou um grupo de estudantes filiados à Organização de Estudantes da África do Sul (Saso) a se organizar politicamente, debruçando-se sobre os problemas históricos do país e construindo um conceito libertário intitulado Consciência Negra. O conceito de Consciência Negra teve como principal protagonista Steve Biko, assassinado pelo regime Apartheid. O conjunto de ideias do Movimento de Consciência Negra extrapolou as fronteiras sul-africanas e influenciou a organização dos negros em diversos países, inclusive o Brasil (SILVA, 2001, p. 34-37).

[4] Embora algumas vezes o afro seja usado como sinônimo de *black power*, há entre os dois estilos alguma variação. O *black power* é mais associado ao estilo de cabelo "crespo natural" bem cheio (às vezes chamado pejorativamente de tipo "capacete") e com cortes redondos ou quadrados (também chamado de estilo "marmitão"). O afro refere-se também ao cabelo "crespo natural", porém com corte mais baixo e, geralmente, formando desenhos geométricos, ondulados ou de figuras na nuca.

um conjunto de ideias que inspiraram o ativismo de jovens militantes negros em outros países. A rejeição de padrões estéticos que lembravam a herança branca e europeia e a exaltação dada à cultura africana como forma de promover o autoconhecimento e a autoestima do negro são duas bandeiras de luta desses movimentos herdadas pelas organizações negras de hoje.

A valorização da estética negra foi uma das estratégias de conscientização adotada pelos ativistas do Movimento de Consciência Negra na sua luta contra o regime do Apartheid. Havia, naquele contexto, a necessidade de reafirmação da cor da pele, dos traços físicos, não como meros dados biológicos, mas como marcas identitárias que recebiam tratamento desigual em sociedades marcadas pelo racismo. Os/as ativistas negros e negras entendiam que esses sinais diacríticos deveriam ser ressignificados a com base em uma leitura política.

Para esses/essas ativistas sul-africanos, a reversão do quadro de dominação só poderia ser feita através de uma conscientização do negro por meio de uma autocrítica profunda para a compreensão dos condicionamentos psicológicos do racismo que contribuem para que os negros desconheçam sua potencialidade e sua força como coletivo.

O Movimento de Consciência Negra difere de outras organizações negras no seu fazer político, uma vez que, além de denunciar o racismo, ele refletia sobre a existência de outros condicionamentos mais profundos que impediam a tomada de posição do negro diante do racismo e que se expressavam nas diferentes maneiras como o negro e a negra viam e tratavam o seu corpo. Talvez por isso o ideário da Consciência Negra tenha ganhado tanto espaço entre a comunidade negra oprimida em diferentes países do mundo e perdure até hoje entre nós. Ao ponderar sobre os condicionamentos profundos internalizados pelos negros e negras que viviam numa sociedade racista, esse movimento conseguiu explicitar tanto o racismo institucionalizado como os mecanismos do racismo de tipo ambíguo, como é o caso do Brasil. "Observar essa crise existencial que afeta a todos os negros, até mesmo os militantes, constituiu-se na pedra de toque da Consciência Negra" (SILVA, 2001, p. 37).

Mais do que observar a crise existencial, esse movimento tocava de perto no conflito rejeição/aceitação vivido pelo negro em relação à sua autoimagem.

É no seio desse misto de radicalidade e sensibilidade diante da questão racial que o Movimento de Consciência Negra cria estratégias de valorização do negro. Além do discurso de conscientização política, manifestações estéticas negras são ressaltadas. Constrói-se o slogan "*negro é lindo*", que tem repercussões internacionais. Silva (2001), ao citar a explicação dada pelo líder sul-africano Steve Biko ao seu advogado de defesa, David Soggot, durante um interrogatório, reflete sobre a importância desse slogan, transformado em palavra de ordem de vários movimentos negros de contestação à discriminação racial das décadas de 1960 e 1970.

> Soggot: Quando se usa uma frase como *"Negro é lindo"* então esse tipo de frase *combina com os princípios da Consciência Negra?*
>
> Biko: Combina sim.
>
> Soggot: *Qual a ideia que está por trás de um slogan como este?*
>
> Biko: Acho que a intenção é de que esse slogan sirva, e ele está servindo, para *um aspecto muito importante em nossa tentativa de alcançar a humanidade. A gente está enfrentando as raízes mais profundas da opinião do negro sobre si mesmo. Quando a gente diz: "Negro é lindo", o que na verdade a gente está dizendo para ele é: "Cara, você está bem do jeito que você é, comece a olhar para si mesmo como um ser humano. Agora, na vida africana especialmente, isso tem também certas conotações: as conotações sobre o modo como as mulheres se preparam para serem vistas pela sociedade, em outras palavras, o modo como sonham, o modo como se maquiam etc., que tende a ser uma negação do seu verdadeiro estado e, de certo modo, uma fuga de sua cor.* Elas usam cremes para clarear a pele, *usam coisas para alisar o cabelo* etc. Acho que de certo modo *elas acreditam que seu estado natural, que é um estado negro, não é sinônimo de beleza. Assim, só podem chegar perto da beleza se a pele delas for a mais clara possível, se os lábios ficarem bem vermelhos e as unhas bem cor-de-rosa.* De modo que em um certo sentido a expressão "Negro é lindo" desafia precisamente essa crença que faz com que alguém negue a si mesmo. (SILVA, 2001, p. 40-41) (grifo nosso)

A originalidade do pensamento da Consciência Negra era desvelar a introjeção de uma inferioridade não só intelectual como estética do negro pregada pelo Apartheid. A ideia central era de que o negro oprimido se libertasse dos valores racistas inculcados pela dominação branca, resgatando a riqueza da cultura africana. A consciência enfatizada por esse movimento incorporava e dava destaque à valorização do padrão estético negro, na tentativa de liquidar o mal-estar vivido pelo negro sul-africano em relação à sua própria imagem.

Nesse contexto, é compreensível a radicalização em torno do uso do cabelo crespo "natural" em contraposição a outros estilos de penteado assimilados e adotados pelos negros, sobretudo pelas mulheres. Naquele momento de luta era importante destacar e denunciar aquilo que os ativistas e as ativistas consideravam como imposição do Apartheid no sentido de desviar o negro e a negra sul-africanos das suas próprias expressões culturais e estéticas. Foi necessário construir politicamente o discurso da naturalidade do cabelo e da estética negra. É esse mesmo discurso e essa mesma radicalidade política que são incorporados pelos negros e negras norte-americanos das décadas de 1960 e 1970, quando passam a privilegiar e a divulgar o uso do cabelo no estilo "afro", numa releitura do que era enfatizado pelos ativistas do Movimento de Consciência Negra sul-africano.

Esse movimento de estetização negra se propaga e atinge negros e negras de vários países, inclusive, do Brasil. Constrói-se uma concepção estética revolucionária e, nesse momento, o conceito de "beleza negra" se expande, tornando-se, posteriormente, nome de revistas, de eventos e de blocos afros. Essa expressão é retomada pelos salões étnicos, a ponto de ser adotada como nome de um dos salões pesquisados. E não é por coincidência que, no universo pesquisado, esse é o salão que mais explicita e demarca politicamente um projeto de intervenção estética.

O movimento de estetização negra, que destaca a importância da beleza dos descendentes de africanos, também tem influências profundas na produção musical norte-americana dos anos 1960 e 1970. Nos Estados Unidos, durante os anos 1960, o *soul,* estilo musical negro cujos vários integrantes adotavam o cabelo estilo "afro", era usado como trilha sonora para o Movimento dos Direitos Civis e de Consciência Negra norte-americanos. (Fotos 39 e 40)

Em 1968, segundo Vianna (1997, p. 20), o cantor negro James Brown cantava: "*Say it loud – I'm black and I'm proud*".[5] Mas o autor também pondera que, no final dos anos 1960, o *soul* já se havia transformado em um termo vago, sinônimo de *black music* e perdia seu espírito revolucionário dos primeiros anos da década, passando a ser encarado por alguns músicos como rótulo comercial. É nessa época que a gíria *funky* (*offensive*) deixa de ter um significado pejorativo e começa a ser vista como símbolo de orgulho negro. Várias expressões estéticas poderiam ser consideradas *funky*: uma

---

[5]   Fale alto: eu sou negro e me orgulho disso

roupa, um bairro da cidade, o jeito de andar e uma forma de tocar música que ficou conhecida como *funk*. Se o *soul* já agradava aos ouvidos da maioria branca, o *funk* radicalizava suas propostas iniciais, empregando ritmos mais marcados (pesados) e arranjos mais agressivos (ofensivos).

Assim como o *soul* e outros estilos musicais, o *funk*, apesar de ser produzido por e para uma minoria étnica, acaba conquistando o sucesso de massa e sofre um processo de comercialização. A transversalização dessa expressão musical negra pelo mercado atinge também a estética. A partir dessa comercialização do *funk* e, mais tarde do *rap*, as roupas, os penteados, as cores usadas só pelos jovens negros da periferia e integrantes desses movimentos passam a ser consumidas pela classe média branca

Nesse movimento, surge nas ruas do Bronx, o gueto negro/caribenho localizado na parte norte da cidade de Nova York, fora da ilha de Manhattan, uma reação que Vianna (1997, p. 20-21) chama de "autenticidade" *black*. No final dos anos 1960, um *disk-jockey* chamado Kool-Herc trouxe da Jamaica para o Bronx a técnica dos famosos "*sounds systems*" de Kingston, organizando festas nas praças do bairro. Herc não se limitava a tocar discos, mas também usava o aparelho de mixagem para construir novas músicas.

Esse estilo é aperfeiçoado por admiradores e seguidores que introduzem outras técnicas e discursos improvisados acompanhando o ritmo da música, numa espécie de repente eletrônico que ficou conhecido como *rap*. O *rap*, conquanto um dos componentes do movimento *hip-hop*, configura-se não somente como um estilo musical e forma de sociabilidade juvenil, mas incorpora outras expressões estéticas como: as roupas, os bonés, as toucas, os óculos escuros e pretos, os cabelos curtos e a cabeça raspada.

Na década de 1970, o movimento *funk* é cunhado pela mídia carioca de *Black Rio* e, aos poucos, é popularizado entre a comunidade negra. O *Black Rio* se expande para *Black São Paulo*, *Black Salvador* e, além das características de pura diversão, passa a ser um meio de contestação ao racismo.

Vianna (1997, p. 28) afirma que os debates sobre o *Black Rio* giravam em torno, principalmente, do tema alienação e/ou colonialismo cultural, numa grande semelhança com as discussões políticas desencadeadas pelos movimentos negros norte-americanos. Entidades do movimento negro brasileiro da época, como o Instituto de Pesquisa da Cultura Negra (IPCN), decidiram apoiar os dançarinos *funk* contra os seus detratores, por exemplo, a polícia política, que suspeitava da existência de um movimento clandestino por trás das equipes de som responsáveis pelos bailes *funk*. O autor cita um trecho de um artigo de Carlos Alberto Medeiros, então membro da diretoria do IPCN, publicado no antigo *Jornal de Música*, onde esse denunciava a crescente co-optação do samba pela classe média branca. No mesmo artigo, o militante destaca a presença de uma expressão estética negra desenvolvida no interior do *funk*. Apesar de serem reconhecidos como possibilitadores de uma união da comunidade negra da época, o *soul* e o *funk* e suas expressões estéticas e musicais eram vistos com certa desconfiança por alguns militantes, uma vez que, naquele momento, muitos ativistas negros brasileiros separavam o estético do político, diferentemente do que vimos nos movimentos de Consciência Negra sul-africano e norte-americano. Mas, aos poucos, a junção entre estética e política passava a ser vista como possibilidade emuladora, incentivadora da formação de uma consciência racial entre os jovens, que lhes possibilitasse olhar a cultura negra, nos seus mais diversos aspectos, de forma positiva, resultando em uma mudança de comportamento ante a questão racial.

> É claro que *dançar soul e usar roupas e penteados* e cumprimentos próprios não resolve, por si só, o problema básico de ninguém. Mas pode proporcionar *a necessária emulação* – para que se unam e, juntos, superem as dificuldades. (*Jornal de Música*, n. 33, ago. 1977, p. 16) (VIANNA, 1997, p. 28) (grifo nosso)

Mas, no decorrer dos anos, no Brasil, os bailes *funk* vão se transfor-mando e se diferem daqueles promovidos nos anos 1970, no apogeu da *black music*. Nesse processo de mudança, a temática do orgulho negro vai se enfraquecendo e os espaços dos bailes deixam de ser considerados pelos militantes negros como fóruns de conscientização.

Na década de 1980, a militância negra vai, aos poucos, diminuindo o contato com esses espaços que privilegiam expressões estéticas negras para uma atuação em fóruns políticos considerados hoje mais tradicionais. Os partidos, os sindicatos, as associações de bairro passam a ser os espaços centrais dessa militância, no sentido de cobrar um compromisso da esquerda com a questão racial. Além disso, os atos públicos, os congressos, os debates e os encontros próprios da militância negra passaram a ter um maior peso na articulação interna do movimento negro.

Mas, embora determinado tipo de prática política muito comum dos movimentos sociais dos anos 1980 também passasse a fazer parte do fa-zer político dos negros, o trato do corpo, do cabelo, as roupas, as cores, as preferências musicais e artísticas dos ativistas continuaram privilegiando e destacando um padrão estético voltado para características culturais negras.

Na atualidade, os grupos políticos negros que não redefiniram o seu olhar sobre as novas formas de expressão estética negra, entre as quais estão incluídos diferentes estilos de cabelo, enfrentam o desafio de desenvolver práticas e discursos que unifiquem os negros na luta contra o racismo e, ao mesmo tempo, construam espaços em que os seus diferentes estilos de vida sejam tratados democraticamente dentro do próprio grupo.

Se antes atuar na comunidade negra significava estar inserido em um grupo em que a diversidade de expressão do ser negro se misturava com a força das representações e do imaginário racistas sobre os sujeitos, hoje, essa tarefa ainda é mais complexa.

Ainda, dentro da estetização da raça que apela para o uso do cabelo na sua textura crespa natural, encontramos mais um estilo: o *rastafari*. Nesse ponto, retomo as análises de Mercer (1994, p. 1-26). Segundo o autor, na realidade, *rastafari* é uma doutrina espiritual que, ao adotar o estilo de cabelo *dreadlocks*, expressa uma interpretação de ordem religiosa e bíblica que proíbe o corte de cabelo entre os membros do hinduísmo. Tornou-se muito popular em maior escala social, principalmente entre a militância do *reggae*. (Fotos 41 e 42)

Da mesma maneira que o "afro", o estilo de cabelo *dreadlocks* faz uma ligação simbólica com a África, por meio de uma interpretação de uma narrativa bíblica que identificou a Etiópia como "Zion" ou Terra Prometida. O surgimento desses dois estilos de cabelo do negro no contexto dos EUA, que apelam para a presença de uma naturalidade inscrita numa determinada representação de África, tinha como intuito a oposição política contra a hegemonia da Europa e dos EUA em relação aos outros países.

Dessa forma, esses dois estilos apresentam-se radicais na sua forma de existir. O seu apelo a uma estética "natural" é radical, e eles se opunham ao uso de adereços, pois os consideravam sinais da influência corrupta da Europa. Retomo novamente a análise de Mercer (1994, p. 12) para destacar que, apesar de proclamados como os mais "naturais", esses estilos foram estilisticamente "cultivados" e politicamente "construídos".

Ao apelarem para a África como a "essência" da negritude e de unificação racial, os movimentos negros das décadas passadas construíram o discurso da "naturalidade" da estética negra e de todos os atributos físicos que julgavam aproximar o negro da diáspora dos seus ancestrais africanos. O cabelo é, nesse momento, reforçado como ícone identitário e cultural.

Mas a questão que se colocava era da existência de uma tensão no campo da cultura, pois todo apelo à natureza ou essência africana produzido no seio da militância era, na realidade, uma construção política e cultural da raça no contexto da dominação. O que estava colocado em xeque naquela época eram as diferentes formas de dominação, colonização e exploração dos negros e negras, as quais interferiam não só nas condições materiais de existência, mas também na construção da subjetividade, na maneira como esse sujeito via a si mesmo e tratava a sua cultura e a sua estética. O apelo à ancestralidade africana tratava-se, portanto, de uma estratégia política contra o poder cultural e subjetivo da "brancura".

De fato, vários são os relatos sobre o cuidado e a importância que o cabelo assume para as comunidades africanas. A criatividade desses homens e dessas mulheres com o cabelo, os penteados, as tranças e os apliques foram motivos de admiração dos primeiros viajantes da época colonial. No contexto da África pré-colonial, o penteado do cabelo era dotado de complexa simbologia, era visto como uma maneira de distinguir o pertencimento étnico entre diferentes povos e de destacar hierarquias dentro dos grupos étnicos. O cabelo e o corpo eram vistos como emblemas étnicos.

No cenário do racismo contemporâneo, fez-se necessária aos negros sul-africanos e dos países da diáspora a politização de determinados estilos de cabelo e de expressões estéticas negras. Tal comportamento, naquele contexto histórico, significava a retomada e a reaproximação das culturas africanas, na tentativa de preservar a identidade negra, que sofria muitos golpes em decorrência do racismo. Assim, podemos dizer que, na diáspora, a simbologia do cabelo do negro não se perdeu totalmente, porém assumiu novos sentidos, e um deles é o político.

Dessa forma, reitero que tanto o estilo de cabelo construído na diáspora negra ocidental, chamado de "afro" ou *black*, quanto o *dreadlocks* são expressões culturais negras que operam no contexto da diáspora. Tanto que, nas sociedades africanas contemporâneas, esses estilos são considerados penteados do Primeiro Mundo. Sendo assim, mesmo que alguns negros e negras norte-americanos e brasileiros adotem tais estilos de cabelo com o intuito de "retorno à mãe África", não há como negar que eles o fazem valendo-se de uma orientação moderna e contemporânea e da representação de uma África mítica criada por sujeitos que vivem nas metrópoles e nos centros urbanos ocidentais de onde retiram a sua imagem da negritude. Para Mercer (1994, p. 17), os estilos de cabelo dos negros e negras norte-americanos representam criações da cultura negra do Novo Mundo. O mesmo pode ser dito para o negro e negra brasileiro/a.

Podemos afirmar que o "afro" que se utiliza hoje não é mais o mesmo nem possui a mesma força política como aquele existente entre os negros norte-americanos e brasileiros das décadas de 1960 e 1970. O penteado que hoje comporta o corte no estilo *black* é outro. Segundo um dos cabeleireiros, atualmente esse corte é chamado de *black* americano, já que é mais quadrado, mais baixo na nuca e inclui desenhos feitos com gilete ou navalha. Muitas vezes, os clientes dão um tom *fashion* a esse penteado, texturizando o cabelo antes, e depois fazendo desenhos na nuca.

Entre os negros e as negras entrevistados, apenas duas mulheres adotam o cabelo no estilo "afro" mais tradicional, mais próximo do *black power*, valorizando o volume do cabelo, e não incorporando o uso de desenhos na nuca. Durante o trabalho de campo, notei que, aos poucos, foi crescendo o número de mulheres negras que passaram a texturizar e a cortar o cabelo no estilo *"black* americano". Para os homens, essa escolha se dá de maneira diferente. O uso do cabelo texturizado já é uma constante no cotidiano de muitos e, para uma festa, desfile afro ou *show* a preferência é pela junção do cabelo texturizado com o corte no estilo *black* americano que inclua desenhos na nuca. (Foto 43)

O *dreadlocks* ou *rastafari* também tem a sua dimensão mítica e religiosa modificada pelos seus usuários dos dias atuais. Encontrei apenas dois clientes, um homem e uma mulher, que foram ao salão para dar manutenção, já que esse penteado dispensa o uso do pente e, geralmente, os seus adeptos cuidam pessoalmente do próprio cabelo. Contudo, outras vezes, vi clientes masculinos, principalmente jovens, que iam ao salão para fazer tranças jamaicanas, ficando com elas durante meses, até quase se tornarem *dreads*. Antes que o cabelo embolasse mais, eles voltavam ao salão para destrançar e fazer novamente o penteado. Esse cabelo era um dos mais difíceis de se trabalhar, visto que, destrançar um cabelo embaraçado, não é algo tão simples. As cabeleireiras gastavam quase um dia inteiro de trabalho para realizar essa tarefa.

Duas vezes cheguei a presenciar no Salão Beleza Negra e no Preto e Branco jovens brancos, de classe média, que trabalhavam com música e queriam adotar um visual despojado e que, segundo um deles, *"se identificava com esse lance da cultura negra"*. Esses jovens queriam saber o preço do penteado *dread*. Esse é um exemplo que demonstra que, mesmo quando um estilo de cabelo se populariza e extrapola os limites do grupo étnico que o originou, pode ser adotado por diferentes pessoas e com intencionalidades diversas. Contudo, ainda que uma intencionalidade política esteja ausente, as pessoas brancas e negras que atualmente usam o *dread* ainda o fazem na tentativa de simbolizar um espírito de ousadia, de liberdade ou de resistência.

Atualmente, vemos entre os ativistas negros o uso de tranças, alongamentos, alisamentos e cortes afros. Não mais se privilegia o "afro" e o *dread*. Essa mudança estética sofre influências da onda de produtos étnicos desencadeada nos anos 1990. Tudo isso faz com que as cabeleireiras e os cabeleireiros étnicos se atualizem em relação às novas formas de intervenção estética e ofereçam outros tipos de serviço. Estética, política, identidade, mercado e moda são, hoje, inseparáveis e mantêm entre si relações complexas e, por vezes, tensas.

Mas, na sociedade contemporânea, os estilos políticos de cabelo do negro não sofrem somente uma releitura mas, também, passam por um processo de esvaziamento e, muitas vezes, são interpretados e usados como simples "penteados". Isso implica que, hoje, nem sempre o sujeito que adota tal penteado ou aquele que o realiza como uma intervenção estética está vinculado a um grupo ou organização política em prol da negritude. Além disso, nem sempre esses sujeitos adotam tal comportamento com um sentido consciente de denúncia ao racismo.

Durante a pesquisa de campo, o meu olhar encontrava facilmente mulheres e homens negros usando diferentes estilos de cabelo nos mais diversos lugares. Quando encontrava na rua, na fila de banco ou dentro do ônibus mulheres que usavam o cabelo estilo "afro", geralmente eu começava algum tipo de conversa e, aos poucos, conduzia-a para questões estéticas. Um dia, ao perguntar para uma jovem sobre os motivos que a levaram a cortar o cabelo nesse estilo, recebi, com muita surpresa, a seguinte resposta: "O meu cabelo não dá nada, então é melhor usá-lo assim".

Tal resposta me leva a refletir que, de fato, determinados estilos de cabelo que em determinada época incorporaram um sentido político pode ser usado, em outro momento, pelos sujeitos com um sentido contrário. Assumem, portanto, uma conotação pessoal e podem ser vistos pelo seu/sua usuário/a como uma maneira pessoal – positiva ou negativa – de se expressar diante do mundo. Podem, então, tornar-se um estilo de vida.

O cabelo como estilo de vida

Pensar a passagem da manipulação do cabelo do negro e da negra do estilo político ao estilo de vida abre um leque de possibilidades para o entendimento das expressões estéticas negras da atualidade, que não se limitam à conscientização política. Coloca-nos no cerne da construção social e cultural da questão racial numa sociedade que, cada vez mais, privilegia e estimula as individualidades, a autoexpressão e uma consciência de si estilizada.

Essa passagem também revela o processo de recriação que certas práticas culturais assumem num contexto do encontro entre diferentes culturas sob o crivo da dominação e os efeitos desse encontro sobre os sujeitos que o vivenciam. O surgimento de um crescente mercado étnico estimulado pela indústria cultural traz contornos diferentes para a configuração das atuais políticas de identidade. Esse processo pode dispersar e alterar as formas de resistência dos negros, produzindo uma despersonalização, que facilita o crescimento de uma individualidade exacerbada. Pode, também, resultar em um sentimento de não-referência, impossibilitando a construção de um "eu" ligado a um grupo étnico, uma ancestralidade, uma genealogia ou uma linhagem. Com isso, há o perigo de introjeção de preconceitos e a produção de um desconhecimento, sobretudo das novas gerações, dos valores ligados à continuidade de elementos culturais africanos ressignificados no contexto da diáspora.

O fato de serem incorporadas tão prontamente pela indústria cultural e pelo mercado sugere também que as intervenções estéticas no cabelo do negro operam em um terreno já mapeado pelos códigos simbólicos de outras culturas e, mais precisamente, pelos grupos étnicos/raciais hegemônicos. Seria ingênuo ignorar que o trabalho desenvolvido pelos cabeleireiros étnicos se dá no seio de uma sociedade de consumo, marcada por uma profunda desigualdade social, que atinge de forma diferente negros e brancos. Assim, as mudanças na capacidade técnica da sociedade e a existência de maior variedade de produtos étnicos acabam construindo outros estilos de cabelo do negro, diferentes do "afro" e do *dreadlocks*. Tal situação possibilita o surgimento de maior diferenciação de penteados e estilos no mercado "étnico" nacional e internacional.

Estamos diante de um quadro que, ao mesmo tempo em que os negros e as negras tendem a consumir produtos específicos que apelam para a sua identidade étnico/racial, eles/elas também participam de uma sociedade que estimula imagens difusas, ambíguas e mestiças, manipulando o jogo das diferenças e a alteridade. Assim, o discurso liberal atinge a estética negra, manipulando-a ideologicamente, criando a ilusão de que é possível adotar um estilo de cabelo próprio, autêntico e livre do peso de uma leitura política de mão única.

A diferença, nesse caso, não só é reconhecida como estimulada pela sociedade de consumo. Entretanto, ao invés de agir como estímulo à construção de uma identidade étnica, fragmenta-a ainda mais, dissolvendo o sentido político de preservação de um grupo étnico/racial e canalizando as energias das pessoas para um comportamento isolado e individual.

Esse discurso de uma suposta liberdade aproveita-se da complexidade que permeia a identidade negra e das brechas deixadas pelo discurso racial produzido de forma muito radical por algumas tendências do movimento negro. Estas, apesar de conseguirem efeitos positivos de valorização do negro através de um firme posicionamento político que destaca a importância da beleza negra "natural", acabam se fechando na cristalização de um único tipo ideal de estética negra considerado aceitável. Assim, a classificação e a hierarquização dos penteados e estilos de cabelo dos negros realizadas por alguns grupos políticos no interior da comunidade negra podem resultar numa redução do significado social que esses grupos assumem no plano da cultura.

Os atuais cremes relaxantes produzidos pelo mercado de produtos étnicos são, na opinião dos cabeleireiros, das cabeleireiras e dos clientes entrevistados, menos agressivos ao fio do cabelo crespo, e não resultam na aparência "esticada" produzida pela pasta ou "frita" decorrente do uso do pente ou ferro quente. Nessa perspectiva, a adoção do alisamento, do relaxamento e da permanente afro[6] pode ser considerada como uma entre as diversas formas de estilização do cabelo do negro e da negra da atualidade. Esses produtos, geralmente de origem norte-americana, são exportados para vários países, inclusive para a África.

O mundo da estética e da cosmetologia sempre investiu em produtos para mulheres brancas, os quais eram generalizados para as de outros segmentos étnico/raciais. Desde os cremes faciais, batons, bases, sombras, *shampoos*, cremes redutores dos cachos dos cabelos até as cores das meias finas de *nylon*, a indústria de cosméticos durante anos privilegiou o padrão branco e investiu nesse tipo de consumidor, generalizando o fato de que, se era bom para os brancos, também o seria para os outros grupos raciais.

---

[6] Há muita polêmica entre os cabeleireiros e as cabeleireiras negras quanto ao uso da amônia, principal produto químico presente na composição de alguns cremes de permanente afro. Segundo alguns deles, a amônia atinge a corrente sanguínea, produzindo efeitos nocivos ao organismo humano e, por isso mesmo, o seu uso não é recomendado por dermatologistas. Esse produto é, segundo alguns informantes, proibido nos Estados Unidos, mas no Brasil tal restrição é inexistente.

Assim, a introdução de produtos étnicos no Brasil, via mercado norte-americano, pode ser vista não somente na perspectiva da exclusão gerada pela globalização. Contraditoriamente, no contexto capitalista, o racismo foi um dos motivos do surgimento do mercado de produtos étnicos como uma das muitas estratégias antirracistas.

Numa sociedade em que a beleza é cada vez mais produzida, as mulheres negras, principalmente as modelos ou atrizes que necessitam intervir e mudar sempre de visual, deparavam-se com muitos problemas. Além da luta para conseguir vencer a competição estabelecida pelo mercado, o seu pertencimento racial era (e ainda é) visto, em muitas ocasiões, como empecilho. No mundo da moda, o jogo de luz, a tonalidade da maquiagem, a cor da tinta para cabelo são instrumentos necessários para a produção das profissionais. A ausência de produtos voltados para a pele negra interpunha dificuldades às mulheres negras. O uso de maquiagem de tonalidade fosca não destacava nem realçava a beleza da cor negra. No Brasil, vivíamos a contradição da oferta de produtos pensados para a pele branca dentro de uma sociedade largamente miscigenada. O desenvolvimento do mercado de produtos étnicos pode ser visto, nesse contexto, como ganho e como direito conquistado. Esse processo revela a existência de uma dinâmica que se dá de maneira paralela e, muitas vezes, oposta. Políticas de identidade e mercado mantêm entre si relação tensa.

> S.: No primeiro comercial que eu fiz, eu fiz uma figuração tão ruim, que a produção sequer me cumprimentava. *Fui com a minha roupa, eu fiz a minha maquiagem, completamente errada, porque eu não sabia fazer maquiagem pra mídia. Completamente errado!* Só que aí um diretor viu e gostou do meu sorriso... e essa figuração foi muito rápida, me enviou para um outro trabalho. *E aí já me maquiaram, ainda não com muito boa vontade, mas me maquiaram. Me deixaram fosca, porque o maquiador na época não tinha maquiagem pra pele negra, que aliás até hoje são poucos que têm.* Isso é verdade, são pessoas muito boas, são bons profissionais, mas até hoje não têm... entendeu? *Então, invariavelmente eu carrego minha maquiagem. Então eu pergunto: quem vai me maquiar?* Então pode até achar chatíssimo... bem, mas *meu tipo de pele é assim... o que se usa em mulher branca nunca vai servir pra usar em mim, nem o que se usa em mim também não vai servir pra mulher branca, isso é muito claro...* e eu fiquei fosca no comercial e tal, mas ficou melhor do que o que eu tinha feito... porque também eu só sabia fazer maquiagem pro teatro, então tem

uma coisa... foi melhorando... as portas foram se abrindo devagar... muito devagar... cada vez que ia fazer um teste eu tinha que fazer 500 vezes melhor do que antes pra conseguir, ganhando muito pouco... (S, atriz) (grifo nosso)

Essa crescente onda de produtos étnicos diz respeito à emergência de um mercado que, para crescer, não tem escrúpulos de manipular o sentido político das identidades étnicas, apropriando-se de símbolos culturais dos negros, ressignificando-os e, por vezes, deturpando-os e devolvendo-os à sociedade. Assim, as propagandas desses produtos prometem um cabelo que realça a beleza "natural" e a "força nativa". Garantem ainda "valorizar o cabelo crespo". Esse movimento revela que os bens materiais da produção, troca e consumo não podem ser compreendidos fora do âmbito de uma matriz cultural.

A maioria das propagandas de produtos étnicos são veiculadas nas revistas especializadas para cabeleireiros como a *Etnic* ou voltadas para o público negro em geral como a *Raça Brasil Especial Cabelos Crespos*. Elas também estão nos rótulos dos produtos étnicos utilizados ou nos cartazes de divulgação desses, distribuídos gratuitamente em feiras, congressos étnicos, cursos e em festas da beleza negra. De modo geral, as propagandas apresentam modelos negros de ambos os sexos e, cada vez mais, vêm incorporando a presença de artistas negros de renome. (Fotos 44, 45 e 46)

Apesar de o apelo publicitário focalizar preferencialmente a mulher negra como consumidora, aumenta, cada vez mais, a presença da figura masculina, quer seja como modelo publicitário, fotográfico, de passarela, quer seja em encartes especializados dentro das revistas, por exemplo, a "Etnic homem". (Foto 47)

Ao ver a revista *Etnic*, mais encontrada no Dora Cabeleireiros e nos congressos étnicos promovidos pelo Beleza Negra, não posso deixar de pontuar a questão de gênero. Nos três números aos quais tive acesso, apesar de os homens negros aparecerem em poses sensuais, usando sungas, bermudas e peitos nus, a imagem masculina é mais associada a situações profissionais, em entrevistas sobre o perfil do negro bem-sucedido, ao passo que as mulheres, mesmo figurando em entrevistas sobre a vida profissional de artistas famosas, destacam-se mais nas poses sensuais, usando lingerie ou roupas "exóticas". As roupas, as poses e a maquiagem, juntamente com o tipo de penteado, compõem uma estética corporal negra moderna, erotizada e estilizada. Há aqui a reprodução de imagens estereotipadas de homem e de mulher que se associam ao aspecto étnico/racial, refletindo as representações de gênero que pesam sobre ambos os sexos na sociedade ocidental.

Vale destacar que, embora a mensagem veiculada pelos anúncios e propagandas pareça direcionada à comunidade negra em geral, o estilo de cabelo, as roupas, os preços dos produtos, os lugares escolhidos para a realização das fotos, as profissões representadas pelos modelos destinam-se, na sua maioria, à negra e ao negro de classe média. Elas parecem se inspirar em revistas destinadas ao negro e à negra norte-americanos como *Braids e More, Honey, Code, Essence*, e francesas como *Goyav*.

O universo da moda, do cabelo e da beleza é privilegiado tanto nas publicações estrangeiras quanto nas brasileiras, porém as primeiras incluem mais artigos sobre literatura, cinema, turismo e psicologia e apresentam vários perfis de negros e negras bem-sucedidos.

Contudo, não há como deixar de ponderar que a beleza e a plasticidade das fotos presentes nessas revistas retratando o negro fora do lugar da marginalidade, da opressão e da pobreza podem exercer também algum efeito positivo na construção da autoestima do cliente e da cliente que lê as reportagens e vê tais imagens. Diante da realidade racial brasileira e dos efeitos do racismo, o fato de algumas propagandas e anúncios de produtos étnicos retratarem o negro em situações que, na perspectiva do racismo, são consideradas como possíveis apenas para a classe média branca significa alguma mudança. (Foto 48)

Mesmo que alguns negros e negras se deixem seduzir por essas imagens, o quadro de desigualdades sociais e raciais no qual a população negra está inserida não é nada romântico. A produção de imagens positivas do negro em revistas destinadas especificamente a esse público revela a construção de um outro olhar do negro sobre si mesmo e pode influenciar de diversas maneiras na construção da autoimagem do leitor e da leitora negra.

O interesse dos/as empresários/as negros/as e de suas empresas não é necessariamente político e ideológico. É sobretudo o de atrair novos consumidores e consumidoras. Há, nesse caso, uma fusão do político, do ideológico e do mercado.

E é nesse jogo complexo e cheio de contradições entre raça, cultura e consumo que os apelos racistas aparecem. A ambiguidade do corpo mestiço pode ser vista em uma das propagandas que apresenta um produto milagroso. Esse apelo publicitário pode ser analisado como expressão do ideal de branqueamento. O produto em questão é capaz de "afinar o nariz", resultando em um "nariz sedutor e sexy" e ainda pode ser encontrado nos tamanhos pequeno, médio e grande. A modelo da propaganda é uma garota mestiça, com cabelos anelados e o nariz, um dos sinais diacríticos que atesta a sua origem negra, é o motivo de transformação mágica. (Foto 49)

Assim, os salões étnicos, ao produzir penteados pertencentes aos mais diversos estilos de cabelo do negro e vender os chamados produtos étnicos, encontram-se localizados no interior da cultura de consumo.[7] Eles participam dos efeitos da indústria cultural ao mesmo tempo em que cumprem a função de continuidade de elementos culturais africanos ressignificados no Brasil, por meio da valorização dos penteados, dos símbolos, do corpo e da beleza negra.

Mas, apesar de certas práticas culturais africanas continuarem presentes em nossa memória coletiva, o racismo se desenvolveu concomitantemente com as estratégias políticas e práticas racistas de impedimento da reconstrução da memória.

Mesmo que as cabeleireiras e os cabeleireiros étnicos, ao realizar penteados complexos e diferentes estilos de trança, façam-no sem ponderar de maneira consciente a proximidade dessas práticas com uma matriz ancestral africana, a força simbólica de tais atos continua presente. Ao analisar os momentos que as clientes e os clientes escolhem para realizar os penteados mais elaborados, veremos que alguns deles fazem parte de rituais. O significado ritual do penteado continua presente com muita força entre os negros e as negras contemporâneos. As festas de debutantes, os casamentos, os desfiles afros, os campeonatos de cabeleireiros/as, os encontros de congraçamento da militância negra e as formaturas são alguns exemplos. Alguns sujeitos que adotam tais penteados justificam esse comportamento como uma escolha individual e como parte do desejo de se apresentar com um visual diferente, *fashion*. Outros já percebem e explicitam que o desejo é manter um visual "afro", embora não tenham conhecimento muito profundo sobre o tipo de penteado usado pelos nossos ancestrais.

---

[7] Segundo Featherstone: "Usar a expressão 'cultura de consumo' significa enfatizar que o mundo das mercadorias e seus princípios de estruturação são centrais para a compreensão da sociedade contemporânea. Isso envolve um foco duplo: em primeiro lugar, na dimensão cultural da economia, a simbolização e o uso de bens materiais como 'comunicadores' são apenas como utilidades; em segundo lugar, na economia dos bens culturais, os princípios de mercado – oferta, demanda, acumulação de capital, competição e monopolização – que operam 'dentro' da esfera dos estilos de vida, bens culturais e mercadorias" (1995, p. 121).

Durante o trabalho de campo, porém, percebi que essas técnicas corporais representam mais do que escolhas individuais. Trata-se de um movimento coletivo, portador de um rico simbolismo. Ao observar a arte de trançar, cortar e pentear o cabelo crespo no interior do salão, percebi que alguns penteados apresentam estrutura muito próxima daquelas utilizadas por algumas etnias africanas do passado.

No cotidiano do trabalho de campo, vi alguns rapazes negros procurarem o Salão Preto e Branco para realizar cortes afros com figuras, letras ou símbolos desenhados na nuca. Eles o faziam quando desejavam expressar algo como: amor a uma garota, admiração pelo time de futebol, resistência negra, pertencimento a um grupo de *rap* ou quando queriam apresentar um visual arrojado para uma festa ou apresentação em algum *show* musical. Embora não seja essa a prática mais comum entre os jovens negros do terceiro milênio, a sua presença no espaço do salão nos dias atuais reforça a hipótese de que, mesmo que não seja considerado pela/o cabeleireira/o ou pela/o cliente como tal, o simbolismo do cabelo do negro continua presente.

Mas por que o negro e a negra investem tanto tempo no cuidado e na manipulação do próprio cabelo? Por que dispendem energia, dinheiro e preocupação com ele? Somos tentados a responder a essas questões enfatizando somente os fatores de ordem política e ideológica. Assim, a atenção dada ao cabelo pode estar relacionada à elaboração de respostas criativas dos negros diante do racismo, da experiência de opressão e da miséria. Também podemos responder a essas questões destacando o processo de introjeção do racismo pelos próprios negros, o que pode gerar um sentimento de recusa ou de rejeição ao cabelo. Nesse sentido, desenvolve-se um investimento não só de tempo e de dinheiro, mas, principalmente, de emoções. É importante considerar também outra possibilidade de resposta que destaca a manipulação do cabelo como prática cultural voltada para o corpo.

No processo de humanização, ao expressar, criar e ressignificar o corpo, o homem e a mulher encontram no cabelo uma gama de possibilidades de manipulação, já que ele é um dos elementos do corpo humano mais maleável e manipulável. Munanga, ao discorrer sobre a criação artística negro-africana, relata que "parece-nos que o próprio homem seria o primeiro motivo ou objeto de arte" (1988, p. 7).

Quando observamos os enfeites e a decoração que o homem e a mulher das mais diversas etnias africanas, e de outros grupos étnico/raciais, realizam no seu próprio corpo, encontramo-nos diante dessa realidade.

No caso das etnias africanas, Kabengele Munanga destaca ainda um processo mais complexo, ao refletir que, para essas, a decoração do corpo inclui deformações e mutilações. Elas revelam uma verdadeira função estética e o esforço de arranjo e de reestruturação do homem e da mulher em busca do belo. Os estilos de penteado são considerados, pelo autor, como o exemplo mais eloquente dessa busca.

> *Essas práticas revelam uma função estética, a qual está verdadeiramente presente pelo fato de que, nas práticas de mutilação e de deformação corporais, os homens fazem um esforço de arranjo e de reestruturação em busca do belo. O exemplo mais eloquente dessa busca da estética nos é fornecido pelos estilos de penteado. [...] a partir do momento em que* se desenvolvem estilos de penteado, isto é, procura-se colocar ordem na desordem, tem-se ali uma afirmação do homem e de sua condição, um sentido estético visível. (MUNANGA, 1988, p. 7-8) (grifo nosso)

A manipulação do cabelo pode ser vista como uma das muitas formas criadas pelo homem e pela mulher, no plano da cultura, para afirmar a sua condição humana. Para tal, são criadas técnicas e fabricados utensílios que, aos poucos, vão se tornando motivos de arte quando a eles é acrescentado algo mais que, no plano prático, não tem nenhuma utilidade. É o caso dos pentes usados para ouriçar o cabelo crespo, habilmente decorados, utilizado pelas africanas e africanos no período pré-colonial, e cuja versão moderna e estilizada é encontrada, até hoje, nos salões étnicos.

No processo cultural, as diferentes técnicas de manipulação do cabelo realizadas pelo negro encontraram na textura "crespa" a possibilidade de realização de uma infinidade de penteados. Assim, quando interpretamos o cabelo do negro como símbolo de pertencimento étnico, essa textura se apresenta como uma entre as múltiplas particularidades, construídas pela cultura, para marcar a diferença desse grupo étnico/racial em relação aos demais. Enquanto uma particularidade construída na cultura, a textura ou o tipo de cabelo do negro passa a receber leituras negativas e positivas, as quais estão relacionadas ao lugar ocupado historicamente por esse sujeito no contexto das relações de poder e aos processos políticos desencadeados por ele, na tentativa de superação do racismo. E é nesse contexto que surgem diferentes e criativas técnicas de manipulação do cabelo do negro que podem ser consideradas como um legado dos nossos ancestrais africanos, recriado e reinterpretado pelos negros da diáspora.

Quando observava o cotidiano dos salões, percebia que eu mesma me transformava e mudava a minha própria opinião sobre o meu cabelo, a minha estética e o meu corpo. Muitas vezes, quando estava junto da minha família e ouvia das mulheres negras comentários pejorativos sobre o nosso próprio cabelo e sua textura, tentava intervir e chamar a atenção para a riqueza e as múltiplas possibilidades de trato desse cabelo usadas pelas africanas e pelos africanos e, hoje, pelos salões étnicos. Também tentava ponderar o fato de que os diferentes olhares e as diversas opiniões sobre a textura do cabelo do negro são, na realidade, construções culturais, e não dados naturais. Mas, muitas vezes, meu discurso caía no vazio. Era como se fossem devaneios de uma antropóloga iniciante. Outras vezes, eu mesma me pegava repetindo frases e expressões pejorativas sobre o cabelo do negro (ou seja, sobre o meu próprio cabelo). Essas oscilações, tensões e conflitos confirmam o quanto as nossas opiniões sobre o negro e sua estética ainda se apoiam em julgamentos eivados de preconceitos e o quanto as informações sobre a estética negra e africana, as imagens positivas do negro, as experiências alternativas em relação ao cabelo e ao corpo negro precisam ser socializadas, vistas e divulgadas, construindo um contradiscurso estético, que se contraponha ao que já está impregnado no imaginário social. E, cada vez mais, vejo o quanto a educação é um caminho para a construção dessas novas práticas.

Conquanto processo, toda e qualquer identidade apresenta contradições. Nesse sentido, percebo que, mesmo os salões que privilegiam um discurso de afirmação identitária negra, ao se inserir no jogo do mercado e da indústria cultural, acabam maquiando as tensões raciais que se desenvolvem em torno da estética negra. Alguns até proferem o discurso da democracia racial. Mais do que comprovar a tese de que os salões são espaços de embranquecimento, essa contradição só reforça o fato de que, ao trabalharem diretamente com o cabelo crespo e o corpo negro – dois importantes ícones identitários –, os salões étnicos localizam-se no cerne das mudanças, oscilações, tensões e contradições vividas pelos negros e negras brasileiros/as em torno da identidade.

O mercado também apresenta estilos de cabelo dos negros prontos para consumo, num misto de caricatura e deboche. É possível encontrar perucas na versão "afro" e outras que mais parecem um simulacro do *dreadlocks* e das tranças jamaicanas. Essas perucas são usadas por comediantes, atores e atrizes e pessoas comuns nas propagandas e nas festas à fantasia. Embora à primeira vista tal situação possa ser vista somente como esvaziamento e banalização do significado cultural dos diferentes estilos de penteados dos negros, na realidade ela reforça a hipótese de que a nossa sociedade se estrutura em torno da questão racial. Seria interessante observar em que momentos as pessoas usam tais perucas, com que sentido e como se comportam. Esse tipo de comportamento social diz algo mais do que aparenta e, quem sabe, essa é uma das maneiras encontradas pelas pessoas para demonstrar como realmente veem o negro e sua estética.

O uso da peruca como arremedo do cabelo do negro afasta-se daquele usado por algumas culturas da África pré-colonial. Durante a escrita deste trabalho, em vários momentos, fui alertada pelo meu orientador de que algumas etnias africanas cortavam o cabelo da cabeça, guardavam e o retrabalhavam em forma de peruca. Essas eram usadas como forma de embelezamento, em momentos rituais e ajudavam a compor a estética corporal. A textura do cabelo, naquele momento, não era classificada como "feia" ou "crespa", mas como importante particularidade do corpo do africano, uma vez que lhe possibilitava diferentes tipos de modelagem dos fios.

Se consideramos que, no Brasil, elementos da cultura branca e indígena foram incorporados pelos negros e vice-versa, podemos pensar que, para o negro brasileiro, a referência de cabelo liso vem também dos indígenas. Dessa forma, o processo de recriação do padrão estético do negro brasileiro se deu, também, a partir da negociação com essa outra etnia. Um processo de negociação e troca realizado sob a égide da escravidão e, posteriormente, da desigualdade social.

Os salões étnicos, ao se mostrarem abertos tanto para a realização dos penteados que lembram estilos políticos de cabelo quanto para o visual *fashion* dos anos 1990, tornam-se espaços mediadores das tensões raciais para alguns e reprodutores da ideologia racial para outros.

Isso não retira a importância desses espaços na construção da identidade de homens e mulheres negras. Muitas vezes, é no salão étnico que homens e mulheres negras, que constroem a sua trajetória de vida a partir de uma vivência social restrita, deparam-se com um outro olhar sobre a cultura negra, o cabelo e o corpo. É também no espaço do salão que esse homem e essa mulher têm a possibilidade de participar de conversas sobre a questão racial, de conhecer pessoas que viveram experiências de racismo e reagiram a elas, de descobrir que o cabelo do negro pode ser usado com sentido político, de ler revistas que trazem imagens de modelos negros ou os apresentam em situações cotidianas, de conhecer as múltiplas possibilidades de penteados permitidos pela textura do cabelo crespo e de entrar em contato com símbolos étnicos e representações positivas sobre o negro, sua aparência, seu corpo e seu cabelo.

Nas idas e vindas ao salão étnico, alguns negros e negras têm a oportunidade de retrabalhar a identidade negra em conflito, possibilitando, mesmo que de maneira inconsciente, uma retomada de si mesmos conquanto sujeitos políticos e construir um olhar positivo sobre sua autoimagem e seu grupo étnico/racial. Esses sujeitos começam a participar de um processo de ressignificação do ser negro através da estética. Por isso, pensar o cabelo do negro no contexto dos salões étnicos é um exercício intelectual que não pode privilegiar somente a relação do negro com o consumo e o mercado.

Vivendo na "pele" as tensões da realidade racial

Ser cabeleireiro e cabeleireira étnica não é somente aprender a reproduzir estilos e penteados negros. É também aprender a "lidar" com um tipo de cabelo e com um padrão estético rejeitado socialmente. É ainda aprender a aceitar a si mesmo como negro ou negra e valorizar a própria imagem, já que esses profissionais vivem, na sua trajetória, conflitos muito semelhantes aos de seus clientes.

Durante o trabalho de campo, ao ouvir os discursos proferidos pelos sujeitos que frequentam esses espaços, percebi que o gradiente de cores usado pelo brasileiro e pela brasileira ao se autoclassificar segundo a cor, assemelha-se muito à classificação de texturas do cabelo. Assim, da mesma maneira que a cor, a textura do cabelo é nomeada das mais diferentes maneiras. Durante a realização dessa pesquisa, coletei 51 termos diferentes. São eles: liso, semiliso, bom, quase bom, macio, fino, anelado, volumoso, amassado, aneladinho, enrolado, enroladinho, cacheado, cacheadinho, ondulado, encaracolado, rebelde, retorcido, enroscado, enroscadinho, pimenta-do-reino, pimentinha, sarará, vassoura, juba, juba de leão, sasá, seco, ressecado, pixaim, pixaim-esquindô, ninho de guacho, teia-de-aranha, ingrequexé, tião-medonho, picumã, tuim, tuim-tuim, bucha, encarapinhado, carapinha, sem balanço, bombril, duro, ruim, pouco crespo, meio crespo, semicrespo, supercrespo, crespinho, crespo, entre outros.[8]

---

[8] Durante o trabalho de campo, recolhi os nomes atribuídos às diferentes texturas de cabelo no universo dos salões, nas propagandas das revistas especializadas para cabelos

Os diversos termos usados para nomear o cabelo expressam que, no nosso sistema de classificação racial, negros e brancos são olhados com lentes construídas no contexto do racismo. Dessa forma, reforçam-se os extremos liso/crespo, como dois tipos de cabelo considerados desejáveis e indesejáveis, atribuindo-lhes um juízo de valor na hierarquia social e na padronização estética.

As muitas mediações usadas para nomear o cabelo na tentativa de fugir a essa polarização podem ser vistas como algo mais do que a criatividade do brasileiro e da brasileira para brincar e jogar com a presença da mistura racial inscrita no seu corpo. Elas revelam o ideal do branqueamento, a ambiguidade do mestiço e a crença na democracia racial, oscilando entre uma origem étnica da qual se deseja aproximar e uma outra que se deseja negar.

Embora o enfoque sobre a (auto)classificação do cabelo não seja o objetivo deste livro, a pequena coleta dos diversos termos referentes ao cabelo usados pelas pessoas com as quais mantive contato durante o período de trabalho de campo possibilita-me algumas inferências. Uma delas é que é possível comparar, mesmo que timidamente, os diferentes termos que os sujeitos atribuem ao cabelo com as diversas categorias de cor coletadas tanto pelos censos do IBGE quanto por pesquisadores/as que investigam a relação raça/cor.

Para tal, faz-se importante retomar alguns pontos da análise de Silva (1999, p. 113), ao discorrer sobre "raça social". O autor retoma algumas observações da pesquisa realizada por Harris e Kotack (1963) na aldeia de pescadores de Arembepe, na Bahia. Segundo ele, os pesquisadores utilizaram com os entrevistados uma série de desenhos de rostos que apresentavam variações de textura e cor de cabelo, forma de nariz e lábios, assim como cor da pele, chegando a uma nomenclatura racial que abrange 40 termos diferentes.

Harris e Kotack (1963) perceberam que havia concordância quanto aos termos polares branco e preto e ampla discordância quanto aos termos referentes a tipos intermediários. O mesmo pode ser observado quando, durante o meu trabalho de campo, os sujeitos presentes no universo dos salões polarizam o seu tipo de cabelo na oposição liso e crespo, vistos socialmente de maneira pejorativa como "bom" e "ruim".

---

crespos, nos rótulos e nos anúncios de produtos étnicos. Além disso, passei a recolher os termos entre conhecidos/as, amigos/as e familiares. O resultado foi esse gradiente de texturas que oscilam entre dois extremos: o liso, visto socialmente como cabelo "bom", e o crespo, visto como o cabelo "ruim".

Na pesquisa de Harris e Kotack (1963), um mesmo indivíduo podia ser referido mediante nada menos que 13 termos raciais diferentes, e, ainda de maneira mais indeterminante, os informantes se mostraram capazes de mudar sua resposta de uma entrevista para outra. Assim, Silva destaca que "o mais notável no cálculo racial brasileiro não é, certamente, a multiplicidade de termos raciais, mas a indeterminação, subjetividade e dependência contextual de sua aplicação" (1999, p. 13).

O autor ainda analisa várias pesquisas que apresentam dados sobre a autoclassificação de cor do brasileiro, desde os primeiros trabalhos patrocinados pela Unesco até as mais recentes. Tais pesquisas apontam o fato de que a (auto)classificação de cor está contaminada pela situação socioeconômica do respondente. Assim, as correlações encontradas entre cor e situação socioeconômica são mais elevadas do que se poderia obter, caso o critério de classificação fosse mais biologicamente objetivo.

Durante a observação no interior do salão, ao conversar com as mulheres que passavam cotidianamente por aquele espaço, observava que aquelas que ocupavam profissões como professoras, médicas, bancárias, advogadas tendiam a usar mais produtos químicos e alongamentos para mudar a textura e a aparência do cabelo do que adotar tranças e cortes afros. Apesar de justificarem tal opção apelando para argumentos como escolha individual e estratégias de aceitação no mercado de trabalho, infiro que existe uma relação entre esse comportamento e a mudança de situação social dessas mulheres. Os homens também se encontram nesse quadro. Aqueles que trabalham como jornalistas, advogados, microempresários, jogadores de futebol tendem a solicitar mais a texturização do que os cortes afros ou os cortes tradicionais. Dessa forma, parece que, juntamente com a cor da pele e a condição social, a autoclassificação da textura do cabelo também aponta em direção a um *efeito embranquecimento*. As evidências da análise realizada por Nelson do Valle Silva, mesmo que baseadas na avaliação preliminar do autor sobre o efeito embranquecimento, apoiam a ideia de que "no Brasil, não só o dinheiro embranquece, como, inversamente, a pobreza também escurece". E ainda, "o termo com o qual as pessoas indicam a própria cor demonstra uma particular posição social e postura cultural" (SILVA, 1999, p. 116, 124).

Algumas pessoas que são socialmente vistas como brancas ou "morenas" podem se autoclassificar como negras, em razão de um posicionamento político, e nomear o seu cabelo como "crespo", fugindo do termo anelado, que é o mais comum para se referir às pessoas que, por meio do cabelo, apresentam características de mistura racial. Podem até frequentar um salão étnico e realizar penteados afros ou permanentes para valorizar uma ascendência negra e africana ou tornar público o seu compromisso político com a negritude.

Assim, a etnografia nos salões étnicos acrescenta mais um elemento nesse complexo quadro classificatório brasileiro. Parece que, da mesma maneira que a cor das pessoas tende a ser "embranquecida" de acordo com a sua situação socioeconômica, o tipo de cabelo também tende a ser nomeado como "menos crespo" ou "menos duro". Logo, como o termo "moreno" se evidencia como uma expressão vazada de ambiguidade, aplicável a quase qualquer conjunto de características raciais, o termo "anelado" também se mostra envolvido na mesma situação paradoxal, sendo aplicado para todas as variações do cabelo crespo.

As mesmas considerações feitas por Silva (1999, p. 110-114) sobre o uso do termo "moreno" podem ser feitas em relação ao termo "cabelo anelado". Parece que essa expressão só não é aplicada em uma circunstância: aquela em que a pessoa apresenta uma combinação de pele escura e cabelo "bem" crespo. Assim como a cor "preta", o cabelo chamado pejorativamente de "carapinha", em que o tipo de textura não permite nenhuma associação com o cabelo liso, é o que não apresenta nenhum tipo de ambiguidade. Esse é também o tipo de cabelo privilegiado para a realização de intervenções e transformações, a saber, alisamentos, relaxamentos, alongamentos ou tranças.

Contudo, diferentemente da cor, que não se pode mudar tão facilmente, o cabelo pode ser manipulado e transformado por meio de tipos diversos de intervenção estética. Por exemplo, uma mulher que possui cabelo crespo e realiza relaxamento ou permanente-afro pode classificar o seu cabelo como "anelado". No nosso sistema de classificação racial, possuir cabelo anelado é considerado mais distante do negro e mais próximo do branco. Dessa forma, os termos usados em relação ao cabelo servem de mediação e reforçam as polaridades construídas pelo racismo e encobertas pelo mito da democracia racial.

As cabeleireiras e as clientes femininas são as que mais proferem o discurso das diferentes texturas de cabelo. No caso das mulheres, somam-se ao aspecto étnico/racial vários estereótipos de gênero que atingem esse grupo. Na sociedade ocidental, os padrões ideais de beleza, sensualidade e corpo perfeito incidem com maior força sobre as mulheres do que sobre os homens, mesmo que, nos últimos anos, o universo masculino tenha se aproximado cada vez mais da "ditadura da beleza e do corpo".

As cabeleireiras e os cabeleireiros étnicos tentam avançar e sair dessa tensão e ambiguidade em relação à classificação do cabelo do negro. Essas/es profissionais, muitas vezes, proferem um discurso que aglutina todos os tipos de cabelo que não podem ser vistos como "lisos" na categoria "crespo". Mas, no complexo contexto das relações raciais desenvolvidas no Brasil, ao apelar para os dois extremos, corre-se o risco de reforçar a visão estereotipada "cabelo bom", "cabelo ruim", da qual os negros e mestiços tentam escapar. Não podemos nos esquecer de que existe no imaginário social o pensamento de que, quanto mais crespo for o cabelo, mais próximo o sujeito que o possui estará de um grupo étnico/racial ainda considerado como inferior tanto no sentido biológico quanto cultural.

Em meio a essa complexidade na qual estão inseridas as relações raciais brasileiras, há outro discurso proclamado pelas cabeleireiras e pelos cabeleireiros étnicos. É aquele que destaca que a existência de diferentes texturas de cabelo comprova a beleza da mistura racial do brasileiro. Esse discurso, porém, nem sempre encontra ressonância entre os clientes, principalmente as mulheres, o que pode indicar que ele não é suficiente para alterar o sentimento de rejeição/aceitação do cabelo.

Nos bastidores dos salões, percebe-se que os discursos sobre o cabelo crespo não andam sozinhos. Eles são construídos e proferidos em meio a subjetividades, símbolos, projetos, intenções comerciais e histórias de vida tanto das/os cabeleireiras/os quanto das/os clientes. Eles são formulados, também, na conjunção e no confronto entre tais fatores e questões históricas, sociais, culturais e políticas mais amplas que envolvem a vida do negro na sociedade brasileira. Tudo isso interfere no processo de intervenção e ressignificação do corpo e do cabelo do negro e da negra e está relacionado com a construção da estética e da identidade.

Ao oscilar entre o "bom" e o "ruim", o discurso sobre a diversidade de texturas do cabelo do brasileiro revela preconceitos e valores. Tal oscilação também pode ser vista quando as cabeleireiras e os cabeleireiros são chamados a explicar o que significa o termo "étnico" adotado pelo seu salão. Nesse momento, eles demonstram certo receio em construir um discurso político de afirmação racial que possa identificá-los com algumas tendências consideradas mais radicais do movimento negro e se limitam a divulgar a beleza da mistura racial, reproduzindo um discurso muito próximo do mito da democracia racial.

Embora tal atitude possa parecer apenas mais uma contradição, na realidade ela nos alerta para o fato de que, sendo estabelecimentos comerciais, os salões étnicos não deixam de fazer parte de uma dinâmica social, cultural, política e racial complexa. Tudo isso também contribui para que a sua função se torne cada vez mais diferente de outros salões de beleza, extrapolando a prestação de serviços. As cabeleireiras e os cabeleireiros étnicos participam e são chamados a opinar sobre questões que envolvem o contexto das relações raciais e o racismo ambíguo desenvolvido no Brasil. Mais do que uma confusão conceitual ou fuga de uma possível estigmatização dentro do mercado, essa oscilação entre proferir um discurso sobre a estética que afirma a negritude ou reforça a mistura racial expressa algo mais sério. Diante da tamanha complexidade em torno da sua vivência, nem sempre é uma tarefa fácil para o negro posicionar-se publicamente sobre as suas opções profissionais, ideológicas e políticas quando essas cruzam com a questão racial.

> M: *Étnico não quer dizer que é negro e não quer dizer que é branco... Tem aquele cara que é branco, de olho azul, mas o cabelo dele é mais crespo... o cabelo dele é mais assim... Tem aquela negra que o cabelo dela é mais liso, o cabelo dela é mais liso, liso, liso, entendeu? Então eu acho que étnico quer dizer que tá englobando todo mundo.* Não quer dizer que ele é negro, não quer dizer que ele é branco. Quer dizer que o cabelo dele é assim... que ele é assim... a pele dele é assim... ele vai tratar com esse produto que tá vindo e que ele não é branco alemão, nem é negro lá da África. *Acho que étnico tá colocando isso, tá colocando todo mundo, sabe, tá colocando aquele cara que é negão, mas tem cabelo liso, aquela menina que é loira, mas o cabelo já é mais crespo. Acho que o étnico coloca tudo isso.* Mais o quê? *Se for colocar assim: "Ah, o negão tá em alta"! Coloca o black fica legal. Coloca o afro, porque, às vezes, se colocar étnico, ninguém entende. Mas o afro, pra quem é negro e não sabe muito bem, o afro fica bem... Mas o certo mesmo é étnico, mas eu também acho que o afro é dez...* (M, 21 anos, cabeleireiro) (grifo nosso)

> J: Eu acho que as pessoas confundem o afro com o étnico. O afro, elas acham que é aquele tipo colorido. Eu não gosto de falar. Eles acham que afro é colorido, desenho. Não estou desmerecendo os desenhos não, eu acho... até já usei o cabelo também com desenho. Mas eu acho que o nosso estilo é um estilo mais sofisticado. *Portanto o étnico... o étnico é mais sofisticado.* Sofisticado assim... é pra uma festa, é pra você ir para o colégio, é pra você no seu dia a dia. Esse cuidado é pra todas as ocasiões, várias ocasiões. Você está pronta pra qualquer ocasião. *E também a gente parece muito com aqueles negros do Brooklin... lá*

de Nova York. Me espelhei muito, a maioria dos meus penteados, as tranças que eu fazia, têm mais um estilo nova-iorquino. (J, 23 anos, cabeleireira étnica) (grifo nosso)

Existem também interpretações mais argutas que problematizam a oscilação entre o étnico e o afro na sua complexidade política e identitária. Ao fazer essa problematização, a expansão do mercado norte-americano e sua influência sobre o negro brasileiro é pontuada e, de certa forma, criticada.

Eu acho é que pra cada um desses trabalhos, desses salões, o nome tá evidenciando mais o tipo de trabalho. Porque se a gente perceber, por exemplo, os salões com o nome étnico, são salões que estão mais voltados à questão da texturização e do relaxamento. Porque esse termo, ele é bastante nosso, é nacional, tal e coisa, mas ele vem de fora. A questão de falar cabelo étnico é uma expressão mais americana, eles trabalham mais é a questão de alisar cabelo mesmo, de relaxar cabelo, de deixar cabelo liso. Então isso veio de lá, porque isso veio com os produtos. A partir de um tempo pra cá, uns dez anos, onze anos mais ou menos, é que começaram a chegar esses produtos. Viram no mercado brasileiro um grande potencial pra poder enviar esses produtos e eles vieram com bastante propaganda, com bastante merchandising, vieram com esses cursos que a gente faz, porque tem que acompanhar... mas aí veio esse termo, esse termo veio pra poder diferenciar: cabelo étnico não é um cabelo afro. *Porque o cabelo afro é o cabelo, vamos dizer, é o que eu fazia antes de vir pra cá, o que a cabeleireira H. faz, que é mais a questão da trança, do corte, do desenho. Não usa química. Se usar algum tipo de química é só pra tingir o cabelo e não pra alisar. Então esse é o afro. Vai prevalecer mais o desenho, nos cabelos masculinos, o corte ou o corte quadradinho, redondinho, o corte que usava na época do black power que agora tá um pouquinho voltando... esse é o afro... as tranças também e tal. Agora o étnico já é mais pra usar... química e o black é mais um modismo, um modismo que... acho que envolve os dois... eu não sei se é uma análise muito rápida, mas eu acho que ela é bem consistente, eu acho que é isso mesmo.* Quando se fala – "ah, tal, o black e tal" o black envolve mais os dois, principalmente a ala mais jovem, o pessoal que gosta do funk, do rap, que trabalha mais, que o J.C. faz... (P, 40 anos, cabeleireiro étnico) (grifo nosso)

Mas não só os negros olham e emitem opiniões sobre os salões étnicos. Os brancos também constroem representações sobre esses espaços. Embora a sua presença comparada a dos negros seja mínima nos salões étnicos, há clientes brancos, de cabelo liso, que optam por frequentá-los. Alguns iniciam o primeiro contato de maneira temerosa, com medo de ser discriminados. Esse temor, por si só, já demonstra o quanto as relações entre negros e brancos não são tão "harmoniosas" como alguns ainda querem pensar. Em um dos meus retornos ao campo, em 2001, ouvi de uma das cabeleireiras do Beleza Negra o seguinte caso:

> Outro dia era feriado e só o nosso salão estava aberto. Chegaram três mulheres brancas, duas senhoras e uma jovem perguntando se o nosso salão estava aberto e falaram:
>
> – Vocês atendem brancos?
>
> – É lógico! Disse a atendente.
>
> – Não... – disseram elas – é porque a gente vê escrito na placa "Beleza Negra" e não sabemos se podemos ser atendidas.
>
> Então elas entraram e fizeram escova, e a mais nova fez trancinha. Você vê, não é tão lógico assim o fato de que nós atendemos todas as pessoas.

De fato, falar em étnico, etnia e raça no Brasil, geralmente, não atinge os brancos. Mas nem sempre se considera que a mesma "ausência de lógica" é sentida também pelos negros, sobretudo pelas mulheres, quando se deparam com os salões de elite localizados no centro urbano ou nos bairros mais nobres. Embora nenhum deles se intitule "beleza branca", geralmente adotam nomes com palavras em língua estrangeira, o que, em nossa sociedade, é considerado um símbolo de *status*. Nesses salões, as mulheres negras muitas vezes nem chegam a entrar por dois motivos, um mais visível e outro nem tanto. O primeiro porque os preços dos penteados e dos tratamentos são muito caros, uma vez que alguns desses estabelecimentos são destinados às pessoas com poder aquisitivo elevado. Só isso já exclui uma grande parcela de negros e negras, na sua maioria assalariados/as. O segundo motivo é que esses estabelecimentos são direcionados para pessoas brancas e isso é visível nos símbolos com os quais se cercam, na figura de mulheres brancas presentes nos logotipos, no tipo de cliente atendido, no pertencimento étnico do/a proprietário/a e nas modalidades de penteado e serviço oferecido. Como me diziam algumas clientes do Dora Cabeleireiros: "Salão de branco não sabe arrumar cabelo de negro. Muitas vezes eles falam para a gente que não há vaga para atender porque não querem mexer com o nosso cabelo".

Diante desse fato, observamos que os motivos que levam uma mulher branca a não frequentar um salão étnico ou a questionar se o seu cabelo pode ser tratado nesse lugar possui pontos comuns aos da mulher negra que também questiona, duvida e não frequenta um salão de "brancos". Tal situação fala de um tipo de segregação existente no Brasil que não é somente de classe social. É também racial. Vemos, nesse aspecto, raça e classe agindo de maneira conjunta nas escolhas, no acesso e na representação de negros e brancos em relação aos espaços de beleza.

> [...] *na época da minha mãe ou da minha avó... a mulher negra, ela não tinha um salão específico pra tá frequentando,* ela tinha que fazer, o que usava era o hené em casa ou fazia chapinha na vizinha... não tinha muitos recursos. Tanto é que *quando uma mulher negra trabalhava e tinha até condições de frequentar um salão, ela entrava num salão pra poder cuidar do cabelo – isso eu ouvi demais da minha mãe, da minha avó, de cliente – entrava num salão e "oh, aqui nós não mexemos com seu cabelo!" E simplesmente desfaziam, mandavam embora, só mexiam com cabelo liso e era uma coisa desprezada.* Com o passar do tempo... agora as coisas estão crescendo... descobriram que tem um enorme número de pessoas que tem o cabelo crespo, e essa coisa foi mudando, *porque antigamente a maioria dos salões desprezavam o negro, não sei se também, porque não sabia mexer, mas até por racismo, mas a realidade era que a mulher negra era desprezada dentro de um salão de cabeleireiro.* E agora a coisa tá mudando, porque perceberam, descobriram que o cabelo crespo dá dinheiro. (R, 38 anos, cabeleireiro étnico) (grifo nosso)

É nesse contexto que as cabeleireiras e os cabeleireiros étnicos constroem a sua identidade profissional de maneira muito interligada à identidade negra. Nos encontros de cabeleireiros acompanhados por mim durante o trabalho de campo, ao conversar com cabeleireiras negras participantes, algumas me disseram que se especializaram em "cabelos étnicos" porque não queriam passar o mesmo que as suas mães passaram na infância e na juventude ou então que não queriam deixar que suas filhas e outros familiares vivessem experiências de discriminação e segregação racial por causa do cabelo. Vemos, então, que as experiências negativas com o cabelo nem sempre resultam na introjeção de um complexo de inferioridade ou no imobilismo do sujeito. Elas podem, de maneira conflitiva e tensa, impulsioná-lo a um outro tipo de ação, como uma escolha profissional em que esse sujeito vai atuar sobre um fator que, na sua infância, adolescência e juventude, foi considerado objeto de exclusão.

Cabelo e autoimagem: uma nova lida para o negro

Os símbolos étnico/raciais presentes nos salões étnicos e a proposta de intervenção estética desenvolvida por esses espaços podem ser considerados como um apelo para que os sujeitos que adentram aquele espaço falem de si mesmos e da sua relação com o corpo e o cabelo. Algumas vezes, durante a observação em campo, vi homens e mulheres negros entrarem nos salões, assentarem-se diante do espelho e dizer: "Antes eu não gostava de mim. Não gostava do meu cabelo." "Demorei muito a ter coragem de mudar o meu visual." "Eu aprendi a lidar com o meu cabelo." "Hoje eu lido melhor com o meu cabelo."

Essas frases não se referem apenas a um olhar positivo sobre o ser negro e à abertura para a alteridade construídos a partir do contato com o salão étnico. Também não se referem somente à criatividade e à ressignificação do uso do cabelo crespo pelo negro contemporâneo. Elas dizem respeito a um desejo de mudança. Referem-se não só a um sentimento de inquietude diante de imagens padronizadas, mas à insatisfação com um determinado padrão estético e racial. Reportam ao desejo de alteração de uma aparência que desagrada. Falam do lugar do mal-estar. Há aqui duas dificuldades: assumir publicamente o descontentamento com a aparência e ter coragem de intervir para alterá-la. Essa mudança só pode ser conseguida através da *lida*, ou seja, da fadiga, da batalha.

Podemos entender o significado da palavra "lida" numa única via e associá-la com as interpretações que se apoiam nas relações sociais capitalistas construídas no decorrer do nosso processo histórico. Nesse caso, "lida" seria uma categoria social relacionada à exploração do trabalhador. O trabalho, nessa perspectiva, é visto como um fardo, e não como a possibilidade de realização pessoal.

Contudo, apesar de ser possível a inclusão dos sujeitos desta pesquisa na experiência universal do trabalho, não podemos prescindir da particularização que a "lida" assume na história de vida dos sujeitos desta pesquisa. É preciso pensá-la associada à experiência específica dos negros e negras da diáspora, cuja ideia de labuta, sofrimento e fadiga parece estar associada ao passado escravista, um processo anterior ao capitalismo. Nesse sentido, a ideia de "lida" aparece como algo específico na trajetória do povo negro e é reforçada, hoje, pelo lugar desse na estrutura de classes. Essa associação do negro com o lugar do escravo, da coisa e da mercadoria parece persistir no imaginário social brasileiro, atingindo a vida de negros e brancos. É contra essa associação, introjetada inconscientemente por uma parcela significativa de negros e negras da atualidade, que a comunidade negra desde muito cedo aprende a lutar. A valorização da estética negra faz parte dessa luta.

Alguns depoimentos expressam que o fato de ter cabelo crespo resulta sempre em um sofrimento para o sujeito negro. Exteriorizam a busca do negro em relação a um lugar que lhe falta ou que lhe foi negado. Uma busca de alguém que se localiza durante um período expressivo de sua vida ocupando o lugar da dor. Por isso é tão fatigante.

> N: Uma questão que eu tô curiosa pra saber... nessa sua trajetória... por que essa autoestima tão baixa?
>
> NU: Não sei... não sei...
>
> N: E o que resultou nessa mudança também...
>
> NU: Eu acho que sempre me senti sozinha... igual minha mãe sempre fala assim comigo: cê tá triste... e tal, eu falo isso muito com ela que eu não sou feliz, mas eu não sei... eu tenho isso dentro de mim, que eu não me sinto feliz... entendeu? *Eu sempre me senti sozinha... então eu falei: "Eu quero ter uma filha pra preencher essa solidão que eu tenho..." mas eu tenho ela e continua a mesma coisa, entendeu?* Minha mãe fala assim: cê foi a primeira neta, todo mundo te paparicando... mas eu me sinto sozinha... isso vem desde muito tempo. Eu faço tudo pros outros, mas as pessoas se esquecem de que eu também preciso de ajuda, de carinho... Eu sou aquela base, a pessoa que quer uma ajuda corre atrás de mim, mas ninguém vê que eu também preciso, entendeu, que é difícil ficar sozinha nisso tudo... *eu me sinto sozinha... até hoje... eu me sinto supersozinha, às vezes eu falo que eu não sou feliz e eu até peço perdão a Deus, porque, graças a Deus, pelo que eu tenho, hoje,* essa reviravolta que aconteceu, eu não posso ficar nem reclamando tanto, tenho que agradecer a Deus, mas não sei... *eu não sei o que falta... eu achava que era a minha filha, que sempre foi o meu sonho...eu sempre tive um sonho, a gente sempre fala, a gente sempre tem um orgulho na vida, e o meu é a minha filha... mesmo eu não estando com o pai dela.* [...]
>
> N: Então, ainda continua aquela garota...
>
> NU: *Um pouco... não aquela... não sei... não sei explicar... eu acho que eu devia até fazer... sabe... uma terapia... pra mim... conhecer... eu não sei... continua um pouco assim...* (NU, 26 anos, cabeleireira) (grifo nosso)

A "lida" está presente até mesmo no discurso que apresenta como um aspecto positivo do cabelo crespo o fato de ele ter uma textura que possibilita uma gama de oportunidades de transformação.

> Porque, por exemplo, *a gente tem opção de escova, que aí ele fica liso...* já aconteceu de eu fazer duas ou três vezes escova e ficou legal, todo mundo acha estranho. Claro! (risos) *Não tem uma aprovação assim cem por cento. Mas... é uma forma de ficar alisando assim sem radicalizar tanto, que eu acho que é mais pela coisa da opção, não pela negação. Antes com certeza era a negação, eu não aceitava o cabelo. Hoje posso colocar uma outra cor... acho que eu ainda tenho consciência de querer saber que eu quero mudar e antes eu não queria assumir.* Acho que são duas coisas totalmente... paralelas... opostas. E foi muito legal... B. (a cabeleireira) sempre com muito carinho. Acho que também que é em função disso que eu tenho o maior respeito pelo trabalho, pela forma que ela me acolheu. (D, contabilista e cantora, 38 anos) (grifo nosso)

> *Eu acho assim que a negra... não só a mulher, né... não só mulher, mas homem também, não curtem muito o cabelo que tem... são poucas... estão descobrindo agora que o nosso cabelo é bom, é bonito demais, versátil, cê faz realmente o que quer, olha, nós somos a única raça que podemos fazer o que quiser com o cabelo... e a mulher negra ainda não descobriu isso e eu te falo, porque eu faço o que eu quiser com meu cabelo e fico super bem... mas a mulher negra ainda não descobriu isso.* Então o que que acontece? Fica: "Ah, eu vou cortar, eu vou passar uma pasta, ah não vou fazer nada... o meu cabelo é ruim..." *Não. O seu cabelo não é ruim... ele é mau tratado... mas tudo isso é gostar de si mesmo, se aceitar antes de tudo como negra, porque eu conheço muita gente que não permite ser chamado de negro, acha que é uma ofensa... e não é.* Então, se você não se aceita como é, nunca vai aceitar, *volta tudo lá pro começo da conversa... autoestima, antes de tudo...* (S, atriz) (grifo nosso)

Essa "lida" também se expressa quando a busca de uma transformação se apresenta vinculada ao sofrimento quase insuportável de ter um cabelo que não possui a mesma textura nem o mesmo aspecto que o cabelo liso. Este último, quando tomado como referência, passa a ser considerado forte complemento do padrão de beleza brasileiro.

Até mesmo os homens negros apresentam esse misto de decepção e desejo mesmo que para eles a relação com o cabelo se apresente mais diluída socialmente. Atualmente é comum rapazes negros rasparem o cabelo alegando assumir o estilo "máquina zero", muito usado pelos jogadores de futebol. Durante as conversas informais realizadas no trabalho de campo, alguns jovens disseram que achavam difícil ter um cabelo crespo. No decorrer da entrevista, eles acabavam admitindo que achavam que a textura do cabelo não facilitava o ato de pentear e que por isso era necessário cortá-lo sempre. Quando a moda dos carecas passou a vigorar entre os homens, ela foi assumida com facilidade por esses rapazes, já que assim não precisavam "lidar com esse cabelo", como me disse um dos informantes.[9] Mas, após revelarem esse motivo primeiro, todos preferiam afirmar que, na realidade, a opção por determinado penteado só expressa as mudanças sofridas pelo homem moderno que, atualmente, assume a sua vaidade, o que não deixa de ser um fato real a ser considerado. Essa transformação também possibilita ao homem, de modo geral, uma maior liberdade no trato do seu visual, deixando-o livre para frequentar um salão de beleza, e não somente uma barbearia, para gastar dinheiro com sua aparência e adotar o penteado que considera mais adequado para si.

Para alguns homens negros a vaidade parece estar associada a certo mal-estar com a textura do seu cabelo e a uma sensação de inquietude ou de insatisfação com a sua autoimagem. Talvez para esses sujeitos, quando a moda lhes revela a possibilidade de, literalmente, "cortar esse mal pela raiz", através do estilo "careca", eles prontamente adotam o penteado. O corte de cabelo, nesse caso, não me parece associado a um momento ritual ou a alguma mudança de estado dentro de um grupo nem tampouco à adesão a um grupo religioso, mas, sim, a uma forma sutil de rejeição do cabelo crespo.

> N: Hoje eu entrevistei alguns homens e eles me falavam que preferiam cortar o cabelo e ficar careca, imitando a moda hoje, porque ela é mais fácil de lidar com o cabelo crespo... Você já teve a experiência de algum colega, algum parente falar uma coisa dessa?
>
> ED: (risos) Já sim. *Já aconteceu isso com o meu sobrinho. Ele sempre olhava: "Por que que você não raspa?" Eu sou assim meio vaidoso com*

---

[9] Durante o trabalho de campo, recolhi os nomes atribuídos às diferentes texturas de cabelo no universo dos salões, nas propagandas das revistas especializadas para cabelos crespos, nos rótulos e nos anúncios de produtos étnicos. Além disso, passei a recolher os termos entre conhecidos/as, amigos/as e familiares. O resultado foi esse gradiente de texturas que oscilam entre dois extremos: o liso, visto socialmente como cabelo "bom", e o crespo, visto como o cabelo "ruim".

> *o cabelo. Ele sempre olhava e falava assim: "Por que você não raspa
> esse negócio? Num instantinho você vai... penteia e não atrasa pra ir
> trabalhar!" Eu falei: "Não! O que é isso, meu filho! Isso aqui é um estilo
> e a gente tem que conservar!"* Então você corta, faz um corte bem-feito,
> e dá uma aparadinha ali, você passa uns quinze minutos na frente do
> espelho, mas quando você vê o resultado fica legal! *Agora, por que
> cortar? Ele fala: "Porque eu tenho o cabelo ruim ou crespo."* Ele raspa o
> cabelo e aí? *Vai usar ele a vida inteira assim, só raspar porque ele não
> é liso? Em termos de ter o cabelo crespo ou não, é como eu coloquei pra
> você: eu acho que é da identidade de cada um. A gente tem que saber
> trabalhar com isso!* (E, 30 anos, relações públicas) (grifo nosso)

Ao mesmo tempo, para outros rapazes, a adoção do estilo careca representa um passo a mais na sua afirmação identitária, inspirando-se até mesmo numa estética de protesto veiculada pelos integrantes do movimento *hip-hop*. Segundo um dos meus informantes: "Agora, sim, assumo que sou negro, pois não tenho vergonha de usar um corte radical, assim como os manos do rap." Dessa forma, a raspagem total dos cabelos assumida cada vez mais por negros e brancos nos anos 1990 pode ser considerada como um penteado surgido no seio da comunidade negra.

Uma vez em contato com sujeitos pertencentes a outros grupos étnico/raciais, incorporado pela mídia e reforçado por personalidades do esporte e da música, esse estilo de cabelo chamado de "careca" ou "máquina zero" transformou-se em moda e passou a ser usado de maneira indiscriminada por todos. Contudo, ao conversar com alguns dos jovens negros que o adotam, percebo que toda essa incorporação não retirou desse comportamento um conteúdo identitário de aceitação/rejeição.

"Fazer um tratamento", "trabalhar com isso" são frases que referem-se à alteração da estrutura do cabelo ou à mudança de corte e penteado no cabelo crespo. Toda essa mudança, porém, não fica só no cabelo. Muitas vezes, transforma-se o visual como um todo. É como se, através do cabelo, o corpo negro passasse por um processo de transformação interna e externa. Mudam-se o estilo de roupa, as cores, frequentam-se determinados locais a que até então "faltava coragem" para ir com "o cabelo daquele jeito".

> *Nossa... esse alongamento pra mim foi um achado... eu antigamente,
> quantas vezes eu perdi passeio, porque tinha esse negócio de fazer escova
> no cabelo*, então era assim, nem cê tinha que sair tinha sempre que
> marcar no salão, nem sempre tava disponível né, às vezes não tinha

horário, tava cheio tal, agora alongamento não, alongamento, nossa senhora...eu tô pronta pra qualquer hora... (E, auxiliar de escritório)

N: E como era antes do alongamento?

E: Era terrível, como eu te falei...

N: Terrível por quê?

E: Nossa Senhora! *Quantas vezes eu não podia passear porque eu não tava com o cabelo adequado pros lugares... na época de chuva era minha tristeza e eu tinha que sair, porque eu sempre trabalhei fora. Agora eu só sinto há mais tempo não ter feito isso, porque isso aí tem pouco tempo esse negócio de alongamento...* (E, auxiliar de escritório) (grifo nosso)

Como já foi dito, o uso de determinado estilo de cabelo pode estar relacionado às difíceis experiências da infância, à "lida" de ter que pentear e, muitas vezes, de ser obrigada a alisar o cabelo crespo. Nesse caso, a "lida" pode aparecer associada não à rejeição, à textura crespa do cabelo, mas à recusa em relação às práticas de alisamento e até mesmo às tranças, geralmente impostas à criança negra pela mãe ou por outro adulto. Para algumas mulheres negras e mestiças, o sentimento de rejeição a essa imposição durante a infância as impulsiona a adotar, quando adultas, o cabelo no estilo "afro", recusando qualquer tipo de alisamento, tranças e alongamentos.

N: E você estava falando da questão do físico, da boca e tal. Você faz alguma relação da beleza com o cabelo, já que a gente tá falando do físico?

V: Cabelo...o meu cabelo é... *eu deixei de cortar ele desde de menina, assim, pra arrumar pra escola era um sacrifício: "Vem pentear o cabelo"..., aí já ia choramingando, ia chorando porque ia doer... (risos), e o cabelinho era grandinho, era bonito, era bem tratado e hoje se ele tivesse inteirinho ia fazer o maior sucesso... quando chegava a hora de pentear o cabelo, eu falava, "Oh mãe, pelo amor de Deus, corta o meu cabelo"... com dez anos eu cortei meu cabelo no couro cabeludo mesmo, minha irmã caprichou... e, desde então, não deixei mais meu cabelo crescer... se crescia era até a altura do ombro e eu dava um jeito de cortar rapidinho... e... o cabelo pra mim sabe... (longa pausa) eu quero não precisar dele, quer dizer, eu não preciso dele... muitas vezes minha irmã fala pra eu deixar o cabelo crescer e cresce até rapidinho... há uns três anos eu comecei fazer permanente nele, ficou bonitinho, mas vai me dando uma gastura daquilo, de ver que aquele cabelo não é o meu, aquele brilho não é o meu cabelo, não combina comigo com a minha boca, meus traços, meu corpo... não combina com aquilo, então esse cabelinho baixinho, cortadinho, fresquinho é o meu... eu me sinto à vontade, mais eu, mais negra. Eu sou negra, hoje, não sou morena, não sou mulata, eu sou negra... (V, 33 anos, babá) (grifo nosso)*

Dessa forma, o discurso do negro sobre o cabelo pode funcionar ora como reafirmação daquele enunciado pela visão preconceituosa da sociedade, ora como inversão e ora como superação.

A história do negro e da negra brasileiros com o cabelo se dá no cerne de uma constante "lida" em redefinir e reconstruir uma representação estética repleta de riqueza e significado, entretanto, construída no contexto da dominação, da escravidão, da desigualdade social e racial. É nessa "batalha" que o negro constrói a sua identidade com força e coragem, mas sempre diante da possibilidade tensa e contraditória de tomar o branco como único modelo de beleza e de humanidade.

O corpo

O corpo existe e pode ser pego.
É suficientemente opaco para que se possa vê-lo.
Se ficar olhando anos você pode ver crescer o cabelo.
O corpo existe porque foi feito.
Por isso tem um buraco no meio.
O corpo existe, dado que exala cheiro.
E em cada extremidade existe um dedo.
O corpo se cortado espirra um líquido vermelho.
O corpo tem alguém como recheio.

(*Arnaldo Antunes*)

Nos contornos do corpo

E esse negócio de preconceito, assim... da gente assumir a nossa raça é muito importante, porque *a partir do momento que a gente assume ela, a gente sabe dos pontos bonitos que tem na gente. Uma coisa que eu não aguentava em mim era a minha boca, eu achava que ela era muito grande, meus lábios muito grossos,* principalmente quando a gente é criança, parece que tudo sobressalta, principalmente a boca, quando a gente é criança, é maior, mas quando a gente vai crescendo, vai virando mocinha, a gente ia vendo que aquela boca está se transformando, e eu fui vendo isso... *fui aos poucos trabalhando isso em mim, não tinha ajuda não, não tinha ajuda de ninguém...* não tinha não, a ajuda que eu tinha era dos meus colegas, que me achavam bonitinha, aquela ajudinha assim. Então foi isso que aconteceu, é só com o tempo mesmo que a pessoa aprende a se impor, antes de tudo, ser negro ou branco é ser gente... saber de tudo, de seus direitos... *hoje, assim, eu não tenho vergonha muitas vezes de exigir meus direitos, algo que me pertence...* (V, 33 anos, auxiliar de enfermagem) (grifo nosso)

A relação entre estética, beleza e identidade negra presente no universo dos salões étnicos insere-se em um campo mais amplo e mais complexo: a dupla natureza do corpo. Para a mulher negra entrevistada, "assumir a nossa raça" é passar a perceber e destacar os "pontos bonitos que tem na gente". Sem a pretensão de uma teorização acadêmica, o seu discurso nos remete à reflexão sobre o corpo na sua especificidade biológica e como objeto de domesticação exercida pela cultura. É na cultura que o homem e a mulher aprendem a classificar e a hierarquizar o corpo: bonito, feio, lábios grossos, lábios finos, cabelo liso, cabelo crespo. É por meio da cultura que as relações entre os povos e grupos específicos dentro de uma sociedade ganham sentido político: "É só com o tempo mesmo que a pessoa aprende a se impor, antes de tudo, ser negro ou branco é ser gente... saber de tudo, de seus direitos... hoje, assim, eu não tenho vergonha muitas vezes de exigir meus direitos, algo que me pertence...".

O corpo visto e vivido na cultura

O corpo localiza-se em um terreno social e subjetivamente conflitivo. Ao longo da História, ele se tornou emblema étnico, e sua manipulação tornou-se característica cultural marcante para diferentes povos. Ele é um símbolo explorado nas relações de poder e de dominação para classificar e hierarquizar grupos diferentes. O corpo é uma linguagem, e a cultura escolheu algumas de suas partes como principais veículos de comunicação. O cabelo é uma delas.

As reflexões do filósofo Merleau-Ponty (1971) são importantes para pensar a relação do homem com o corpo. O eixo fundamental da análise do seu livro intitulado *Fenomenologia da percepção* é o corpo como espaço privilegiado da nossa existência no mundo.

O corpo é tomado por Merleau-Ponty como um campo perceptivo por excelência. Segundo ele: "Se o corpo pode simbolizar a existência, é porque ele a realiza e é sua atualidade" (1971, p. 175). Assim, para o autor, o corpo, e não a consciência, é considerado o eixo que fundamenta a percepção.

Almeida Leitão (1992, p. 21), ao discorrer sobre "a noção do corpo-próprio em Merleau-Ponty", relata que esse filósofo faz uma crítica radical à noção de consciência, tanto aquela presente na Filosofia tradicional quanto aquela da Psicologia clássica. Ele estava interessado na formulação de um conhecimento mais concreto, sua filosofia deveria dar conta do homem como ser-no-mundo. Assim, o autor buscou um novo estatuto que desse conta da realidade do corpo pensado conquanto um corpo-sujeito, conquanto corpo-vivido.

Segundo a autora, para Merleau-Ponty, o corpo humano é da ordem fenomenal e, como tal, não pode ser redutível ao campo do acontecimento físico. Para além do físico, é necessário entendê-lo como da ordem do campo fisiológico (vital) e também na especificidade do comportamento simbólico, constituindo o campo mental (ALMEIDA LEITÃO, 1992, p. 20-30).

É no corpo que se dão as sensações, as pressões, os jul gamentos. Esses não acontecem de forma independente, mas estão intimamente entrelaçados, constituindo uma estrutura, uma unidade que tem uma ordem – a sua forma de corpo. É essa forma que garante o modo de ser-no-mundo e torna possível a compreensão de como as relações são construídas com o mundo e no mundo. Assim, visto como um campo fenomenal, podemos também compreender o corpo para além de suas ações puramente fisiológicas, aproximando-nos das suas relações de sentido e de significação. Ele se manifesta, então, pelo movimento ou comportamento, o qual se realiza numa ação que se projeta sempre para fora dela mesma, em direção ao outro, ao mundo, nos limites da percepção e do trabalho. O sujeito, por meio do corpo, expressa algo e realiza uma ação determinada.

A etnografia nos salões étnicos me leva a refletir sobre os sentidos e os significados do corpo negro para o próprio negro. Ao ser cotidianamente tocado, manipulado, objeto de reflexão, debate e intervenção estética, o corpo do negro é tomado, no contexto desta pesquisa, como expressão desse sujeito no mundo. As impressões sobre o ser negro, os sentidos dados ao cabelo crespo são dimensões simbólicas que também se fazem presentes e exprimem a forma como homens e mulheres negras pensam e tematizam o próprio corpo. Como já vimos, o olhar desses sujeitos sobre o corpo, a maneira de ver e sentir o cabelo revelam sentimentos confusos de rejeição, aceitação, prazer, desprazer, alegria e tristeza. Tais sentimentos expressam-se através da linguagem: "Adoro esse jeito do meu cabelo!", "no cabelo do negro dá para fazer tudo!", "esse cabelo não dá nada!", "vamos domar essa juba?", "corta logo esse pixaim!".

A visão de alguns clientes sobre o cabelo levanta algumas questões: o que a mulher e o homem negro veem ao se olharem no espelho do salão? Quem eles veem? Como se relacionam com sua imagem? Essa imagem é alterada no espaço do salão? Dessa forma, o comportamento das pessoas que frequentam os salões não se limita a uma alteração do cabelo. Ao desejarem "mudar o visual", essas pessoas tematizam e pensam a totalidade do corpo.

No relato da experiência de campo, a seguir, vemos que a mulher adulta, ao falar sobre o seu cabelo e o de sua família, remete à composição étnica da própria família. Ao relatar sobre a presença da mistura racial no seu meio familiar, ela expressa um sentimento de mal-estar. A rejeição da mãe "acabou passando para a própria filha". Ambas, ao se olharem no espelho, rejeitam não só o cabelo, mas a ancestralidade inscrita no seu corpo.

Cheguei ao salão por volta das 10 horas. Betina não estava. Havia uma mãe e uma filha aguardando. A mãe solicitava um retoque no cabelo da filha, uma garota em torno dos 16 ou 17 anos. Segundo a mãe, a filha queria o cabelo liso na frente e mais ondulado atrás.

Enquanto uma das cabeleireiras dava o retoque, a mãe ficou conversando comigo. Ela disse: *"É duro ter cabelo crespo! Ainda mais quando se tem pele clara. Eu relaxo o meu cabelo porque ele é igual ao seu"* (apontou para mim).

A mulher me contou que *a filha detestava o cabelo. Contou-me ainda que, na sua família, a mãe é negra e que ela foi a única filha que saiu com "esse cabelo" e acabou "passando" para sua própria filha.* A mocinha se olhava no espelho com um ar de aborrecimento e dizia: *"Um dia esse cabelo ainda melhora!..."*

Só depois de relaxar o cabelo novamente é que a garota saiu contente. (Diário de campo, 3/12/1999) (grifo nosso)

A maneira como pensam o cabelo e expressam os seus sentimentos em relação a ele é um dado importante para a compreensão da forma como essas pessoas se reconhecem como negras ou não. Tais situações nos aproximam da interpretação de Merleau-Ponty (1971, p. 159-209) de que é graças à corporeidade que o homem e a mulher fazem aparecer o mundo humano, o mundo do trabalho, da linguagem, ou seja, da cultura. Segundo ele, o corpo é simultaneamente vidente (eu vejo e eu me vejo) e visível (sou visto). É por meio dele que me percebo e percebo o outro, e vice-versa. Falamos, então, da relação de alteridade. Não podemos, porém, nos esquecer de que essa alteridade se dá dentro de contextos históricos, culturais, sociais, políticos e econômicos, que exercem influência na construção do nosso olhar, da nossa visão sobre nós mesmos e sobre o outro.

Em termos antropológicos, posso dizer que Merleau-Ponty percebia a dupla capacidade de o corpo ser, ao mesmo tempo, objeto e sujeito da natureza e da cultura. É o que também constata Paulo Sérgio do Carmo, ao realizar um estudo introdutório sobre o referido filósofo. Segundo ele, para Merleau-Ponty:

O corpo é natureza, na medida em que é do mesmo tecido das coisas do mundo e é submetido a elas, vive em relação a essas coisas e é dependente, também, do domínio biológico. Entretanto, transcende essas imposições: o corpo é também cultura, pois o homem ultrapassa a fronteira do animal, institui níveis da ordem simbólica, transforma o mundo, cria e recria culturas.

Há no corpo entrelaçamento entre natureza e cultura, pois os gestos mais simples, como um sorriso de criança, a alegria, a tristeza etc., são tanto naturais quanto culturais. O corpo deixa de ser um "mecanismo cego" ou a soma de sequências causais independentes. Assim, não há, então, homem-em-si, mas homem em situação. Nesse sentido, o corpo não tem um papel de passividade e inércia, mas sim o de colocar-nos em contato com o outro e com o mundo. (CARMO, 2000, p. 81-82)

Essa dupla capacidade do corpo é trabalhada, pioneiramente, na antropologia, por Marcel Mauss (1974), no seu ensaio intitulado "As técnicas corporais". O autor afirma que não se pode negar que o corpo humano constitui uma entidade biológica, sendo o mais natural e o primeiro instrumento do homem. Por isso ele encontra-se submetido a algumas imposições elementares da natureza, colocando a todos nós em uma mesma e única condição. Por outro lado, é preciso considerar que o corpo é objeto de alteração exercida pela cultura, sendo por ela modelado e modificado. Temos então, expressos no corpo, os universais e as particularidades da cultura.

Partindo da evidência de que cada formação social tem os hábitos que são próprios, Mauss descreveu e, de certo modo, inventariou uma enorme variedade de "técnicas corporais", ou seja, de "atos montados, e montados no indivíduo não simplesmente por ele mesmo, mas por toda a sua educação, por toda a sociedade da qual ele faz parte, no lugar que ele nela ocupa" (1974, p. 218).

Em cada uma dessas técnicas, está presente uma confluência de forças sociais, em relação às quais a base física do corpo não é senão a matéria sobre a qual essa convergência se aplica. Mauss percebe que o social se faz presente nas menores ações humanas. Nas diferentes culturas, as práticas que, a princípio, podem parecer insignificantes, traduzem mensagens, normalmente inconscientes, sobre o que é certo e o que é errado, o que é considerado "coisa dos homens" e o que é "coisa dos bichos", o que é igual e o que é diferente, o que é respeitoso e o que é profanação, o que é nobre e o que é indigno, o que é considerado feio e o que é bonito, entre outros. O efeito conotativo de tais práticas vai muito além do que se poderia esperar do seu fraco poder denotativo (RODRIGUES, 1986, p. 96-97).

As técnicas corporais são transmitidas por meio da educação. Elas são atos tradicionais e eficazes e, segundo Marcel Mauss, "é nisso que o homem se distingue sobretudo dos animais: pela transmissão de suas técnicas e muito provavelmente por sua transmissão oral" (MAUSS, 1974, p. 217). Assim, a educação é o meio através do qual o homem aprende a trabalhar o corpo, transmitindo de geração em geração as técnicas, a arte e os meios dessa manipulação. Tudo isso ela faz por meio da linguagem. Por isso podemos pensar que cada sociedade desenvolve a sua pedagogia corporal. Esse processo é mais do que imitação pura e simples. Ele é cultural.

O cabelo é um dos elementos mais visíveis e destacados do corpo. Em todo e qualquer grupo étnico, ele apresenta características como visibilidade, crescimento, diferentes cores e texturas, possibilitando técnicas diversas de manipulação sem necessariamente estar subordinado ao uso de tecnologias sofisticadas. Ao mesmo tempo, a forma como o cabelo é tratado e manipulado, assim como a sua simbologia, difere de cultura para cultura. Esse caráter universal e particular do cabelo atesta a sua importância como ícone identitário.

Se concordamos que o corpo carrega muitas e diferentes mensagens, podemos concluir também que o entendimento da simbologia do corpo negro e os sentidos da manipulação de suas diferentes partes, entre elas, o cabelo, pode ser um dos caminhos para a compreensão da identidade negra em nossa sociedade.

Na construção da sua identidade, na sociedade brasileira, o negro, sobretudo a mulher negra, constrói sua corporeidade por meio de um aprendizado que incorpora um movimento tenso de rejeição/aceitação, negação/ afirmação do corpo. Nem mesmo a família negra que valoriza as práticas culturais afro-brasileiras escapa dessa situação. Como vimos nos capítulos anteriores, para muitos negros o estar no mundo apresenta-se primeiro no plano da rejeição para depois aceitar-se e afirmar-se como pessoa, como sujeito e como alguém que pertence a um grupo étnico/racial. Essa aceitação vai depender da trajetória de vida, da inserção social, da possibilidade de convivência em espaços onde a cultura negra e as raízes africanas são vistas de maneira positiva. Desencadeia-se a partir daí um processo de construção da autoestima, do ver-se a si mesmo e ser visto pelo outro. Entretanto, não basta apenas para o negro brasileiro avançar do polo da rejeição para o da aceitação para ter essas questões resolvidas. Ver-se e aceitar-se negro implica, sobretudo, a ressignificação desse pertencimento étnico/racial no plano individual e coletivo.

Falar em corpo nos remete também aos padrões de beleza. É fato que cada grupo cultural define a beleza à sua própria maneira e que "o belo é subjetivo e se fixa no olho do contemplador" (MUNANGA, 1988, p. 7). Contudo, é também verdade que essa autonomia é parcial, uma vez que a beleza ainda está submetida a padrões etnocêntricos – e que, por isso mesmo, se pretendem universais – os quais primam pelo equilíbrio de formas e de proporcionalidade. Para além do princípio universal de apreensão do mundo, de conhecimento do objeto mediante os sentidos, temos presenciado que no decorrer do processo histórico, a partir do século XV, construiu-se um padrão hegemônico de beleza e proporcionalidade baseados na Europa colonial. A partir de então, quando aplicamos o conceito de beleza ao corpo, passamos por um processo muitas vezes rígido de classificação e hierarquização, e a aparência física passa a carregar significados ligados a atributos negativos ou positivos. Esse ideal de beleza visto por alguns como universal é, na realidade, construído socialmente, num contexto histórico, cultural e político e pode ser ressignificado pelos sujeitos sociais.

É ainda Rodrigues (1986, p. 62-68) que chama a nossa atenção para importantes questões envolvidas no estudo do corpo. Segundo ele, a utilização do corpo como sistema de expressão não tem limites. Além disso, o corpo pode ser considerado como um signo que marca assimetrias sociais e de desigualdade de distribuição de poder. É o mais íntimo e mais importante dos signos, uma vez que nunca pode ser desvinculado da pessoa a que pertence. Assim, a introjeção de regras sociais, de normas de comportamento, de higiene, enfim, aquilo que comumente chamamos de códigos de boas maneiras muitas vezes expressa e difunde valores, modelos de vida, de higiene e de comportamento de classes superiores em detrimento das classes trabalhadoras. Em consequência, gera naqueles que se veem diferentes e distantes de tal padrão sentimentos de vergonha em relação ao seu próprio corpo, ao seu estilo de vida e à sua classe e, eu acrescentaria, ao seu grupo étnico/racial. A mídia, as propagandas, os filmes expressam constantemente essa assimetria.

Imagens do corpo negro

Embora já tenha destacado sobre a imagem do negro veiculada nos anúncios e propagandas de produtos étnicos, retomarei essa ideia na tentativa de aprofundar alguns pontos e analisar de maneira mais específica como o cabelo crespo, associado ao corpo do negro, é retratado em alguns deles.

Já sabemos que nas propagandas e anúncios dos produtos étnicos o cabelo é a parte do corpo mais destacada. Entretanto, a imagem de negro veiculada nesse tipo de publicidade não se limita a essa parte. Ao proclamarem uma mudança na textura dos cabelos, as propagandas conduzem o olhar do leitor e da leitora para a possibilidade de uma transformação mais global, que atinge o corpo. É o apelo ao corpo negro bem delineado, trabalhado e sensual. Dessa forma, pairam sobre o corpo negro aspirações muito semelhantes àquelas que, ultimamente, vêm sendo acalentadas pela classe média branca. Podemos dizer que as revistas, os anúncios e as propagandas de produtos étnicos também exploram essa leitura do corpo, porém, numa versão "afro" ou étnica. Nessa perspectiva, a indústria de cosméticos argumenta que "se antes não existia uma maquiagem para o tom de pele de negras e mulatas, agora tudo mudou". Chegou a hora da "beleza negra". (Fotos 50 e 51)

Quando as propagandas referem-se aos produtos de alisamento e relaxamento para "cabelos étnicos", elas trabalham com a seguinte ideia: a aplicação do produto não só fará o cabelo do negro e do mestiço adquirir uma aparência "lisa", "menos crespa" ou "anelada" como também resultará numa mudança estrutural na vida da pessoa. Esse sujeito experimentará, graças à tecnologia cada vez mais aprimorada, uma vida "mais saudável", um "efeito espetacular", obterá "o resultado que procura e a segurança que exige", "terá seus sonhos realizados" e tudo o mais que se possa imaginar. E o cabelo? Como fica? O cabelo crespo ficará "com brilho", "leve", "forte". E, além disso, "seus cachos vão adorar!". (Foto 52)

A promessa da "melhora" do cabelo é associada à "melhoria" de vida, ao bem-estar não só do corpo e do físico, como também social. Os anunciantes tentam seduzir principalmente a consumidora negra, divulgando que a aplicação do produto colocará fim ao mal-estar causado pelo cabelo crespo, garantindo-lhe segurança e um ótimo resultado.

Todavia, na realidade, mesmo que tal magia se realize, ou seja, que a consumidora negra possa comprar, aplicar e obter a mudança desejada, esse mal-estar não poderá ser curado tão facilmente, uma vez que ele não se encontra no cabelo em si, mas na ligação do negro com o cabelo, construída nas relações raciais tensas e conflituosas desenvolvidas ao longo da História brasileira. Esse mal-estar atinge a construção da identidade negra.

Na emissão da mensagem publicitária é muito comum o uso de palavras ou expressões mediadoras e eufemísticas como "suavizar", "relaxar". Essas palavras sedutoras expressam uma visão sobre o cabelo e o corpo do negro construída desde a escravidão e reforçada pelo racismo: o cabelo crespo é sempre visto como um problema a ser solucionado. Por quê? Porque, no processo histórico, político e cultural brasileiro ele passou a ser considerado um dos sinais diferenciadores que mais atestam a referência negra e africana.[1]

---

[1] Uma das revistas especializadas para cabelos crespos apresenta a seguinte e interessante classificação de texturas de cabelo que, em muito, se assemelha com a classificação do

Assim, podemos inferir que, no interior dessas mensagens, está subentendida a ideia de que, já que o cabelo crespo é mesmo um "problema sem solução" e que nunca será liso igual ao do branco, resta somente tentar "atenuar" esse dilema. Logo, se o cabelo crespo é imediatamente associado ao corpo do negro, ou seja, a determinada aparência física, tomada pelo racismo como inferior, alguns negros poderão introjetar a ideia de que, ao mudar a textura crespa do cabelo, eles conseguirão, de maneira simbólica, "clarear" o corpo, "embranquecer-se". A força dessa mensagem é tão grande a ponto de "contaminar" e confundir o nosso próprio olhar, desviando a nossa atenção de questões que foram construídas no contexto da cultura e das relações de poder para o plano físico, corporal. Por isso, não é de se estranhar que, ao usar certas técnicas e certos penteados, as pessoas negras possam parecer, aos seus próprios olhos e aos dos outros, como "mais" ou "menos" negras, "mais" ou "menos" embranquecidas. Talvez por saber da complexidade dessas questões e de como elas atingem o estado emocional dos sujeitos é que algumas propagandas se proponham lançar "a primeira escova a entender a beleza da mulher brasileira" e a vender produtos capazes de "transformar a imagem da mulher". Além disso, o resultado será um "cabelo que fala por você", e, ao aplicar o produto, será possível realizar uma "terapia para os cabelos rebeldes". Será que a terapia é para o cabelo ou para o sujeito que o possui? (Fotos 53, 54, 55 e 56)

Dessa forma, é possível usar produtos que demonstrem que o cabelo crespo "nunca foi tão bem tratado", a ponto de deixá-los com "uma beleza natural". Isso sem falar na mensagem salvadora da propaganda que diz "permanente afro para cabelos brasileiros. Há 500 anos, esperamos por isso." Quanta pretensão!!! (Fotos 57, 58 e 59)

No conjunto das revistas encontradas nos salões, diferentes imagens do corpo do negro são veiculadas, desde o tipo físico que demarca de maneira contundente os sinais diacríticos negros como a cor da pele, o nariz, a boca e o cabelo crespo até o corpo miscigenado. (Foto 60)

---

brasileiro segundo a cor: "A textura dos cabelos de negros e mulatos é muito variável. Eles podem ser: crespos – mais ressecados e sem balanço. Supercrespos: com formação de pequenos anéis nos fios (que ficam mais evidentes quando os fios estão brancos). Lisos – em um tom marrom-achocolatado (quando há miscigenação com índios e brancos). Ondulados ou semicrespos – secos e mais fáceis de quebrar, principalmente na hora de pentear." (*Revista Cabelos e Cia Especial Beleza Negra*, n. 5, maio/ 2000, p. 42)

Nessa perspectiva, o material publicitário que circula no interior dos salões pode receber interpretações diversas e resultar em diferentes efeitos na vida do negro e da negra que a ele tem acesso. Esse resultado não depende simplesmente da capacidade crítica dos sujeitos, mas da inter-relação entre estes, da sua história de vida e da construção da identidade. Alguns clientes podem receber e perceber as mensagens contidas no material e interpretá-las criticamente, desvelando a presença do ideal do branqueamento e a reprodução do mito da democracia racial veiculados no texto, nas mensagens e nas imagens.[2] Outros clientes podem introjetar a ideia propagada pelo racismo de que, quanto mais o negro se afastar de uma estética corporal negra e africana e se aproximar, pelo menos, da estética mestiça, mais perto ele estará do padrão de beleza branco e, assim, mais facilmente se sentirá belo. Por outro lado, há clientes que se assentam na cadeira do salão, olham todas as revistas, admiram as imagens e, simplesmente, abstraem do seu conteúdo, prestando atenção nas formas, nas cores e no capricho da editoração. Fazem dessa prática um passatempo e não têm a intenção de realizar uma leitura do sentido político/ideológico das mensagens. É também possível que alguns considerem que a existência de revistas e dos próprios produtos étnicos represente um avanço da situação do negro em nossa sociedade.

Entretanto, se podemos criticar a grande presença de um padrão miscigenado de homem e, principalmente, de mulher negra veiculado nessas propagandas (pois as mulheres são as consumidoras preferenciais de produtos para corpo e cabelo), não há como deixar de observar que a sua existência também representa transformações no campo da estética corporal negra. Como já foi dito, os produtos étnicos não são simplesmente fruto das intenções comerciais e de mercado. Eles estão inseridos em relações sociais e políticas mais amplas e se constroem dentro de um campo conflitivo de avanços e recuos, aproximações e afastamentos, aceitação e rejeição.

Por isso, por mais que critiquemos que alguns materiais publicitários de cremes de relaxamento e permanente-afro tragam imagens de mulheres mestiças, com cabelos de textura anelada, há que se considerar também que há alguns anos, no Brasil, as revistas de moda e estilo não privilegiavam o

---

[2] Considero que, em algumas revistas e alguns rótulos de produtos étnicos, a ênfase dada ao corpo mestiço caracterizado, principalmente, pela cor da pele "morena" e pelo cabelo "cacheado" ou "anelado" é uma das formas de propagação do mito.

corpo negro nem o mestiço. Tampouco víamos a imagem do negro e da negra em outros veículos de comunicação de circulação nacional. Além disso, o fato de mulheres consideradas socialmente "morenas" aparecerem, hoje, em revistas étnicas ou em propagandas de produtos étnicos identificando-se e sendo identificadas como "negras" significa alguma mudança no campo das relações raciais. Não tem sido uma luta do movimento negro a inclusão de pretos e pardos na categoria negro?

Reitero que, apesar de todo o interesse comercial, o mercado não conseguiu impedir a politização da estética negra. Assim, a onda de produtos étnicos, por mais controversa que seja, teve que se adaptar ao negro e à negra contemporâneos os quais, a duras penas, se encontram em um momento mais afirmativo da identidade negra.

Embora os salões não atinjam todos os negros das camadas mais baixas da população, os cursos oferecidos, os trabalhos sociais realizados e, até mesmo, os seus erros, ganham dimensão pública e acenam para a possibilidade de uma mudança nos padrões estéticos do brasileiro e da brasileira. Uma mudança que não se dá no vazio. Ela se realiza graças à ação política dos movimentos sociais e às ações anônimas de negros e negras que lutam contra o racismo.

A reação das/os clientes diante dos apelos publicitários é a adesão ou não ao uso dos produtos étnicos. Nisso o mercado pode se considerar vitorioso, já que cada dia mais, o consumo vem aumentando. Há, porém, reações mais diversas acontecendo no meio das práticas de consumo dos negros e das negras. De maneira lenta e gradual, vemos emergindo um movimento inverso àquele pregado pela ideologia do branqueamento e pelo mito da democracia racial, ou seja, nem sempre há, da parte da consumidora e do consumidor negro que compram tais produtos, o desejo puro e simples de embranquecer-se ou "amorenar-se". Esse movimento pode ser visto principalmente ao observarmos as mulheres. A preferência das mulheres negras pela permanente-afro, pelo relaxamento e pela texturização em detrimento do alisamento é um bom exemplo. Num dos meus retornos ao campo, em 2001, um dos cabeleireiros me disse:

> Algumas clientes ultimamente têm ficado cansadas de usar química. Tenho cortado cabelos enormes, relaxados. Elas cortam o cabelo e texturizam, fazendo desenhos na nuca. (P, 40 anos, cabeleireiro étnico)

É interessante observar, nesse caso, os significantes *alisar* e *permanente*. *Alisar*, segundo o dicionário Aurélio, é desencrespar o cabelo e *permanente* é uma ondulação artificial, relativamente duradoura. Em alguns salões étnicos realiza-se a *permanente-afro*. Temos, então, a presença do significante *permanente-afro*, usado para falar de um produto cujo resultado da aplicação implica não esticar totalmente os fios do cabelo. Admite-se, então, a transformação do cabelo, mas tenta-se, de alguma maneira, recuperar referências africanas por meio do termo "afro". Como me disse uma cliente: tenta-se não descaracterizar a imagem do negro.

Estamos diante de um jogo simbólico que habilmente tem sido manipulado pelo mercado e pela mídia. E, ao agirem dessa forma, o mercado e a mídia não o fazem de maneira autônoma, visto que eles também estão presos nas malhas da cultura. Todavia, o impacto social e o alcance desse processo na vida dos homens e das mulheres negras não são possíveis prever, *a priori*, pois ele diz respeito à construção da identidade e da subjetividade negras.

O fato de as relações raciais se construírem em um campo de tensão e de conflito acarreta movimentos de reação. Assim, o olhar dominante, ou "do branco" sobre o negro e o seu corpo tem sido historicamente confrontado. Não é por mero acaso que, atualmente, a *permanente-afro* e o *relaxamento* sejam as intervenções químicas preferidas entre as mulheres negras, mesmo que o seu preço não seja tão acessível para muitas. Ao apelarem para esses produtos, essas mulheres demonstram uma identificação não com o produto em si, mas com um padrão estético negro que o uso de tal química poderá produzir. Como me disse uma informante: "Se até agora só usávamos produtos que esticavam o cabelo é porque a gente não tinha outra opção de produto. Agora, com o relaxamento e a permanente-afro, *a gente não fica tão descaracterizada*". (N, 46 anos, auxiliar de enfermagem) (grifo nosso).

Ao advogarem as vantagens da *permanente-afro*, as clientes destacam que essa técnica possibilita um efeito mais *natural*. O significante *natural*, nesse caso, remete não a um aspecto puramente biológico, mas à construção cultural de um padrão estético visto e considerado socialmente como negro, do qual a sociedade brasileira tenta afastar-se. Mesmo que questionemos que o resultado de tal intervenção é um cabelo "anelado" *artificialmente* e façamos toda a associação possível entre esse tipo de cabelo e a mestiçagem, suspeito que haja algo mais nessa situação. Quando conversava com clientes do sexo feminino na faixa dos 50 anos, elas relembravam que, na sua juventude, mesmo as mulheres brancas e mestiças que tinham o cabelo "cacheado" não aceitavam essa aparência. As que tinham poucos recursos "rodavam touca" todas as noites para que, no outro dia, o cabelo se apresentasse com uma aparência bem lisa. Outras iam ao salão para fazer escova. Quando pensamos que, hoje, muitas mulheres negras buscam o estilo de cabelo anelado, cacheado ou "afro" e que muitas brancas e mestiças com cabelos "anelados" exibem cortes que destacam os cachos, observamos que alguma mudança aconteceu. Estamos diante não só de novas tendências da moda, mas de alterações no campo da cultura e das relações raciais. Como me disse uma cliente durante uma conversa animada na sala de espera do salão:

> Ai, meu Deus! Antigamente a gente rodava touca e depois colocava aquela touca de meia fina na cabeça. Era horrível! Não sei como os maridos aguentavam. É por isso que eu digo: a moda hoje está mais livre. Você pode usar de tudo um pouco e usar o cabelo de uma forma mais natural.

Por outro lado, não podemos nos esquecer de que a ideologia racial dominante contra-ataca. No final de 2000 e em 2001, observei, principalmente no Salão Beleza Negra, aumento significativo de mulheres negras e mestiças que, além de relaxar, "pranchavam" o cabelo para deixá-lo com uma aparência lisa, como tem sido usado por várias cantoras e atrizes. Segundo uma cabeleireira: "Estamos na época da febre da prancha. Daqui a algum tempo, todo mundo vai voltar para tratar do cabelo, pois ele ficará todo danificado." Há que se lembrar que esse mesmo comportamento, atualmente, tem sido amplamente usado pelas mulheres brancas brasileiras. Será apenas moda? Será um retrocesso? Prefiro pensar que é mais uma manifestação da tensão e do conflito em torno da questão racial dos quais participamos todos nós, negros, mestiços e brancos brasileiros.

Assim, ao analisarmos a representação social do corpo do negro no interior dos salões, nas propagandas e na mídia, compreenderemos um pouco mais sobre a importância da estética corporal no campo das relações raciais e a sua forte presença na construção do sistema de classificação racial brasileiro. Dessa forma, entenderemos melhor o papel mediador exercido pelo corpo, já que ele nos coloca em contato com o mundo e marca a presença do mundo em nós (CARMO, 2000, p. 81).

Os salões étnicos e as experiências sensoriais

Todas as sociedades lançam mão de experiências olfativas, visuais, táteis, gustativas e auditivas para codificar o mundo. Como afirma Rodrigues

(1986, p. 103-104), toda sociedade codifica esses próprios sentidos, e todas as experiências humanas são mensagens percebidas por intermédio dos sentidos e devem ser decodificadas de alguma forma. Assim, cada mensagem percebida pela consciência corresponde a uma amálgama de experiências sensoriais. Cada uma dessas experiências corresponde a uma mensagem particular, que é capaz de afetar todas as outras percepções. Sendo assim, devem existir, além desse código que nos dá uma única experiência total, outros que podem permitir o acesso a essas experiências específicas: daí ser cada sentido governado por um código especial. Cada sociedade atribui a esses códigos sensoriais pesos especiais diferentes.

Tomemos o sentido da visão segundo Merleau-Ponty (1997). Ela é mais do que um sentido físico, antes, é um sentido metafísico já que ver remete ao que não se vê. O visível está acoplado ao não-visível, pois no corpo reside um enigma: ele é ao mesmo tempo vidente e visível. Ele, que olha todas as coisas, também pode olhar a si e reconhecer no que está vendo então o "outro lado", do seu poder vidente. Assim, o corpo se vê vidente, toca-se tateante, é visível e sensível por si mesmo (MERLEAU-PONTY, 1997, p. 257-259).

Nos salões essa realidade "salta aos olhos". O comportamento das clientes e dos clientes quando se reconhecem no espelho revela representações, impressões.

> "Porque você sabe, minha filha. *Quando a gente vai sair, a gente vê só o cabelo!*"
>
> "A senhora acha, mesmo?" – perguntei-lhe.
>
> "Mas é claro!!!!" – respondeu-me enfaticamente. (Diário de campo, 12/5/2000) (grifo nosso)

> Eu penso que beleza negra é criar seu estilo, *você se ver bem, se olhar no espelho e se achar bonito com seus traços, nariz "mais grande", o lábio mais grosso,* mas você se achar bonito do jeito que você é, beleza negra pra mim, é você se olhar, se achar bonito, gostar de você mesmo, se cuidar é claro... *eu sou negro, eu sou bonito e sair pelo mundo... ir em frente do jeito que você é...* (J, 32 anos, consultor) (grifo nosso)

A visão é também o sentido que orienta a ação do cabeleireiro. O seu ofício é transformar o cabelo do cliente de forma que, ao visualizar a si mesmo, o sentimento de mal-estar seja superado pelo prazer. Por outro lado, o cliente e qualquer pessoa que entra no salão tende a se olhar no espelho, ajeitar o cabelo, limpar o canto dos olhos, olhar o corpo todo e exclamar alguma coisa ligada ao seu corpo e à forma como os cabelos estão apresentados. É também ao se olhar no espelho que as pessoas testam batons, bijuterias, lenços e demais objetos vendidos no interior dos salões.

Nos salões, os espelhos, além de ser objeto de trabalho da/o cabeleireira/o, também possibilitam ao cliente o acompanhamento do trabalho. A avaliação é contínua, e o serviço é acompanhado passo a passo. Um dos rituais dos salões consiste em, após o término do penteado ou corte, mostrar ao cliente o trabalho realizado na parte de trás do cabelo.

Para realizar o seu trabalho, o cabeleireiro também deve ter sensibilidade no que diz respeito ao tato. É através do toque das mãos que os cabeleireiros e as cabeleireiras manipulam, trançam, modelam, penteiam, desembaraçam os cabelos. O toque no cabelo é um dos testes para ver se o fio está fraco ou forte, se ele aguentará receber uma química forte, média ou fraca ou se necessita de hidratação. A maneira correta de tocar o cabelo ou "amassá-lo" é pedagogicamente ensinada à cliente que relaxa o cabelo. O toque também é usado pela cliente para avaliar se a trança está bem-feita, se o relaxamento ou a hidratação deixou o cabelo sedoso ou seco. A massagem capilar é mais um elemento que compõe a predominância do sentido tátil no cotidiano dos salões. Depois da retirada das tranças, ela é um componente imprescindível na hidratação e ajuda a relaxar a mulher ou o homem que passa horas tendo o cabelo destrançado.

Em um salão étnico, o cheiro da amônia e das diferentes químicas é mais comum do que em outro tipo de salão. É também o olfato bem desenvolvido da cabeleireira e do cabeleireiro que denuncia o uso de amônia no cabelo de uma cliente que jura nunca ter aplicado nada e que insiste na aplicação de outra química, muitas vezes, incompatível.[3] O cheiro da amônia das tinturas, da permanente-afro impregna tanto o espaço do salão a ponto de causar náuseas àqueles que não estão acostumados. Os salões

---

[3] Além de reconhecer se a/o cliente usou algum tipo de química no cabelo, através do olfato, as cabeleireiras e os cabeleireiros realizam o "teste da mecha" para verificar a resistência e a qualidade do fio. Esse teste consiste na retirada de uma pequena porção de cabelo da nuca da/o cliente, que será imersa por alguns minutos em certa quantidade do produto químico a ser aplicado. Ao final do tempo de espera, a mecha é lavada. Se ela apresentar-se intacta, e o produto "pegar", a intervenção química poderá ser realizada. Mas, se o cabelo apresentar um aspecto quebradiço, o produto jamais poderá ser aplicado. Nesse caso, recomenda-se que primeiro a/o cliente realize várias sessões de tratamento dos fios.

são, portanto, espaços em que os sentidos são educados. O ofício do cabeleireiro/a desenvolve-se através de uma pedagogia dos sentidos que é ensinada aos clientes.

Nos salões étnicos, o corpo, os clientes, as clientes, os odores, o visual, o tato, tudo gira em torno do cabelo crespo. A competência profissional a ser adquirida implica conhecer e saber tratar da textura desse cabelo, desenvolver sensibilidade para se relacionar com clientes negros e mestiços e com a questão racial. Se já é comum às clientes e aos clientes que vão a qualquer salão chegar com baixa autoestima, sentirem-se feias/os ou rejeitadas/os em razão do corpo e do tipo de cabelo, quando pensamos no negro e nas representações construídas em nossa sociedade sobre o seu corpo e o seu cabelo, temos essa questão ampliada e mais complexa. Por isso, ao desenvolver sua pedagogia dos sentidos, os cabeleireiros e as cabeleireiras étnicas precisam considerar essas particularidades dos seus clientes, incorporando-as no tipo de serviço a eles prestado.

Cabelo e cor da pele: uma dupla inseparável

> T: Ah! Você precisa alisar seu cabelo? Eu falei assim: "É... meu cabelo é muiiiiito 'bom', não precisa alisar não." Então, não sei, muita gente, *às vezes, pelo fato de eu ser mais clara, não acha que meu cabelo é crespo. Assim, em função disso... eu nunca tive constrangimento nesse sentido não.* (T, 31 anos, contabilista) (grifo nosso)

O depoimento acima explicita a expectativa social construída em torno da relação cabelo e cor da pele. Geralmente, a expectativa é de que uma mulher de pele clara não precise alisar ou relaxar o cabelo porque a cor da pele clara é associada ao cabelo liso. Além disso, se essa mulher possui ascendência africana, o fato de ter a pele clara lhe possibilita "passar por branca", ou seja, manipular a cor na tentativa de fugir dos efeitos do racismo ou mesmo de "negar a raça". Também nem sempre se espera que os mestiços se identifiquem politicamente como negros e, muitas vezes, eles mesmos fogem a esse tipo de identificação.

A atribuição ao cabelo e à cor da pele como critérios definidores do pertencimento étnico/racial na sociedade brasileira não é uma novidade nem tampouco uma questão do negro contemporâneo. Na escravidão o tipo de cabelo e a tonalidade da pele serviam de critérios de classificação do escravo e da escrava no interior do sistema escravista, ajudando a definir a sua distribuição nos trabalhos do eito, nos afazeres domésticos no interior da casa-grande e nas atividades de ganho.

Após a escravidão e com o crescente processo de miscigenação, essa situação assume maior complexidade. Entre os demais sinais diacríticos escolhidos no campo da cultura para classificar o negro dentro de um grupo racial ou de uma etnia, o cabelo e a cor da pele passam a ocupar lugar cada vez mais destacado. Nesse sentido, dos anos 1920 aos 1950, período de afirmação da institucionalização das Ciências Sociais no Brasil, alguns dos primeiros intelectuais que se dedicaram ao estudo da questão do negro e, posteriormente, das relações entre negros e brancos, destacaram esses dois elementos como importantes aspectos na construção do sistema de classificação racial do brasileiro. Assim, o cabelo e a cor da pele passam a ser usados para atestar a inferioridade racial do negro em relação ao branco, provar a existência do branqueamento, comprovar a miscigenação racial, falar sobre a ambiguidade do mestiço e destacar a presença do preconceito.

Minha intenção é destacar a importância do cabelo e da cor da pele na configuração do olhar do brasileiro e da brasileira sobre si e sobre o "outro", o diferente que, no caso específico desta pesquisa, é o negro.

Oliveira Vianna (1933, p. 161-163), defensor do branqueamento, afirma que nem todos "os nossos mestiços são absolutamente inferiores e nem superiores". Segundo ele, o índio e o negro, considerados por ele como duas raças bárbaras, só se fazem agentes de civilização quando perdem a sua pureza e se cruzam com o branco. Assim, ele admite que o mulato (negro com branco) e o mameluco (índio com branco), dois tipos cruzados, são mais desenvolvidos e sensíveis. Assim, é possível existir entre nós os dois tipos raciais. Ele ainda argumenta que, embora algumas combinações "felizes" nem sempre sejam comuns pois, na sua maioria, os mestiços tendem a ficar abaixo do tipo superior de que provêm, é possível existir um "cruzamento feliz" de um tipo superior de negro ou de índio com um branco bem dotado de eugenismo, produzindo um mulato ou um mameluco superior. Entretanto, ele adverte: "isso só será possível se, porventura, pelo jogo das influências hereditárias, preponderar nesse cruzamento o eugenismo do tipo branco".

Ao reconhecer a possibilidade de um tipo mestiço superior, o autor afirma que os que podem ser assim classificados se esforçam para ascender às classes superiores e podem até mesmo consegui-lo, com mais rapidez, desde que apresentem uma aparência física mais próxima do branco, na qual se destaca o tipo de cabelo e a tonalidade da pele.

O que está fora de dúvida, porém, é que combinações de hereditariedades favoráveis geram, por vezes, mestiços superiores, que se esforçam, por todas as maneiras, para ascender às classes superiores: ao clero, à burocracia colonial, à militança e à aristocracia territorial – e o fazem com tanto mais quanto têm para auxiliá-los uma *caracterização anthropologica também favoravel, isto é, quanto mais se aproximam, pela côr da tez e pela fórma dos cabellos, principalmente, do typo anthropologico do homem branco.* [...]

Os mamelucos cruzados de branco e indio, têm sobre os mulatos, cruzados do branco e negro, *uma dupla superioridade: não descendem de uma raça escrava: aproximam-se mais do typo somatico do homem branco, não só pela pigmentação, como, principalmente, pelos cabellos, nitidamente negros e corredios. Ora, para o juizo empirico do vulgo, são os cabelos lisos e a tez clara os signaes indicativos de raça pura.* Por isso, os mamelucos se julgam brancos: "Muitos querem ser brancos – diz um chronista colonial – e alguns já são havidos por taes, desde que, por meio do cruzamento das raças, têm esquecido a sua origem. Taes são muitas familias novas de curta genealogia. [...]

Os mulatos superiores estão em situação diversa: a sua capillaridade social funcciona com um systema de vasos de calibre mais reduzido e de filtração mais apurada. Os preconceitos sociaes têm para com elles rigores selectivos de uma meticulosidade exaggerada. *Elles descendem de uma raça servil, sem nenhuma tradição de nobreza. Os estigmas da raça inferior,* ao demais, lhes recáem, em regra, justamente sobre aquelles *dous attributos, que aos olhos do povo são os indices mais seguros da bastardia de origem: os cabellos e a cor. Esta e aquelles os tornam, noventa e nove vezes sobre cem, indissimulaveis. Essa indissimulabilidade é o grande embaraço, o maior embaraço que elles deparam no seu incoercivel movimento de ascensão para as classes superiores...* (Vianna, 1933, p. 161-163)[4] (grifo nosso)

Donald Pierson,[5] no seu livro *Brancos e pretos na Bahia*, não advoga a tese do branqueamento como Oliveira Vianna, mas reconhece, com base

---

[4] Esta citação refere-se ao longo capítulo escrito pelo autor para o volume introdutório do censo oficial de 1920, mais tarde publicado em separata com o título *Evolução do povo brasileiro*. Segundo Skidmore (1989, p. 220), nesse livro Oliveira Vianna ofereceu prova empírica da ascensão do Brasil para a branquitude, processo a que dava a designação anacronística de "arianização".

[5] Pierson permaneceu no Brasil muito anos como professor e pesquisador, exercendo grande influência no perfil das nascentes Ciências Sociais. Ele foi o primeiro de uma série de pesquisadores estrangeiros a estudar as relações raciais no Brasil. Depois de dois anos de pesquisa, de 1935 a 1937, na Bahia, como assistente de pesquisa do

em sua pesquisa empírica, que os mestiços demonstram tendência para considerar-se como pontos de transição, num inevitável processo de branqueamento. Segundo o autor, "dos mulatos bem como dos brancos ouve-se sempre a expressão: 'Nós, brasileiros, estamos rapidamente tornando um só povo. Algum dia, não muito remoto, haverá em nosso país uma só raça'" (Pierson, 1945, p. 186).

No entanto, faltavam para o autor dados estatísticos que comprovassem essa crença no futuro branqueamento do Brasil presente nos discursos e na crença dos baianos, com os quais o sociólogo conviveu, da década de 1930. O autor registra que, nos anos 1930, o último recenseamento brasileiro abrangendo categorias raciais havia sido feito em 1890. Assim, no momento em que Pierson realizava seu trabalho de campo, as estatísticas demográficas ainda eram registradas, em Salvador, por categorias de cor, havendo três oficialmente reconhecidas. Eram elas: branco, preto e pardo. Mas em que se baseavam tais classificações? Segundo o autor: "Estas classificações se baseiam *na aparência física, sendo a pigmentação e contextura do cabelo* os critérios principais". (Pierson, 1945, p. 187) (grifo nosso).

Em outro momento, quando Pierson observa que o significado das categorias de cor varia dependendo do pertencimento étnico/racial e do nível socioeconômico de quem as emprega, a dupla cabelo e cor da pele reaparece. Todavia, nesse momento, o tipo de cabelo aparece como o elemento definidor do lugar do sujeito no sistema de classificação racial e na sua configuração estética. Quanto menos crespo o cabelo, mais próximo estará o sujeito que o possui do padrão branco. Então, o seu cabelo será considerado "bom": "*A contextura do cabelo é mais importante que a côr da pele, na classificação do indivíduo.* Frequentemente se ouve na Bahia, a expressão: '*Ele é um pouco escuro, mas o cabelo é bom*'". (Pierson, 1945, p. 201) (grifo nosso).

Na realização da sua pesquisa, Pierson ainda recolhe ditos e versos comuns aos negros, os quais são apresentados no apêndice do seu livro. Embora ele acredite que tais impropérios datem, provavelmente, dos primeiros

---

Social Science Research Committee da Universidade de Chicago, ele concluiu que o Brasil era uma "democracia racial", o que lembrava e muito Gilberto Freyre. Mas a evidência empírica dos dados por ele coletados iam além do seu argumento liberal e assimilacionista. Os dados estatísticos mostravam um quadro de desigualdade racial e econômica brutal entre negros e brancos na Bahia. Assim, ele admite que, paradoxalmente, os negros brasileiros tinham tido menos sucesso do que os norte-americanos na ascensão social de classe e de status apesar da ausência de barreiras formais e visíveis (HEALEY, p. 168-175).

anos da escravatura, esses provérbios sobre o negro sugerem, na realidade, um preconceito cotidiano.

> Preto tem *um cabelo*
> *Que não se adoma em banha*
> Quanto mais se passa o pente,
> Mais o cabelo se assanha.

> Negro não vai no céu
> Embora rezador
> Porque tem *cabelo duro*
> Espeta Nosso Senhor.
> (PIERSON, 1945, p. 434) (grifo nosso)

Thales de Azevedo (1955), em seu livro *As elites de cor*, ao discutir as relações inter-raciais e analisar o processo de mobilidade social da denominada população de "cor" da Bahia, apresenta-se bastante otimista. Como Pierson, ele conclui que a sociedade baiana é uma sociedade multirracial de classes e não de castas, que não existem barreiras intransponíveis que impeçam a ascensão social dos indivíduos por causa da cor. Contudo, as biografias de negros e mestiços entrevistados, as opiniões reveladas nas entrevistas demonstram a presença do preconceito e da discriminação. Mas a comparação quase linear com a realidade norte-americana e a de outros países leva o autor a acreditar que, no Brasil e mais especificamente entre os baianos, as manifestações de preconceito e discriminação são mais "brandas".

Segundo o autor, para compreender uma descrição da população local ou para interpretar uma estatística demográfica baiana, faz-se necessário conhecer "muito bem" o significado dos termos com que se designam os variados tipos físicos reunidos nesse grande *"melting pot"*. As expressões por ele consideradas mais usadas são: branco, preto, mulato, pardo, moreno e caboclo. O autor alerta para o fato de que:

> Aparentemente esses vocábulos descrevem tipos físicos determinados; na verdade o sentido dos mesmos é socialmente condicionado, muito embora basicamente relacionado com os traços raciais, especialmente, *a cor da pele, o cabelo* e as formas faciais. (AZEVEDO, 1955, p. 25) (grifo nosso)

E o autor continua sua descrição dos tipos físicos, os quais apresentam variações de significado na medida em que aparecem associados à condição social do indivíduo.

Brancos são, de modo geral, os indivíduos de fenótipo caucasoide; *as pessoas mais alvas, de olhos claros, de cabelos igualmente claros e finos* são muitas vezes, chamadas de brancos finos por não apresentarem indícios de mistura com tipos de cor. Podem ser chamados de brancos também os ricos ou pessoas de status elevado, seja qual for o seu aspecto: quem ouvisse uma pessoa humilde qualquer, uma empregada doméstica ou um trabalhador rural, branco ou preto, referir-se a "meu branco", dificilmente poderia convencer-se de que o termo está sendo aplicado a um mestiço bastante escuro. [...]

Pretos são os indivíduos que *têm as características físicas do negro africano particularmente a pele muito escura, "cor de carvão", os cabelos encarapinhados,* o nariz chato e os lábios muito espessos. Mas a expressão "negro" é considerada indelicada e por vezes ofensiva, desde os tempos coloniais. [...]

Fala-se em *mulato claro e mulato escuro segundo a predominância daqueles caracteres; os primeiros, quando têm cabelo mais parecido com o dos brancos,* são também chamados "cabo-verdes" ou "roxos". Uma moça com poucos traços de mestiçagem é uma "roxinha" ou ainda uma "cabrocha" [...] O *mestiço de cor trigueira, cabelos levemente crespos e traços fisionômicos brancoides é "moreno"*, sobretudo se for das classes mais altas.

O *albino negroide e o mulato ruivo, de cabelo vermelho ou alourado,* são conhecidos como *sararás*. (AZEVEDO, 1955, p. 25-27, 30, 32) (grifo nosso)

Costa Pinto (1953, p. 318), em sua obra *O negro no Rio de Janeiro*, aponta que há um círculo vicioso em relação à ascensão social do negro no Brasil. Na sua opinião, por mais paradoxal que seja a ascensão social do negro e o seu afastamento da posição tradicional que tem ocupado na sociedade, a situação econômica continua sendo fator de discriminação sofrida pelo negro. Segundo ele, mesmo os negros que ascendem encontram obstáculos e impedimentos na porta de carreiras, instituições, ambientes sociais e tantas outras esferas de convivência com os brancos. Essa situação se agrava, precisamente, porque já existem negros em condições de aspirar a essas oportunidades. Já naquela época ele advertia:

É nesse ponto, aliás, que se encontram os sinais mais evidentes de uma tensão em processo, *pois aqui se nota que a elevação profissional, cultural e social do negro, que de uma parte é apresentada como condição necessária para gozar plenamente a vida quotidiana, trans-forma-se* num dos fatores principais de sua frustração, tornando o próprio remédio um elemento de agravação do mal que pretende curar. Quando uma situação racial atinge esse círculo vicioso é que ela está seguramente rumando para um estado de crise, em relação ao qual a inadvertência, além de ser um erro, é quase um crime. (COSTA PINTO, 1953, p. 319) (grifo nosso)

O cabelo e a cor da pele também aparecem, aqui, como definidores de quem é negro e quem é branco no Rio de Janeiro. Uma definição inscrita no corpo e que, segundo o autor, não estava dissociada da representação do negro como escravo e das marcas deixadas por essa situação na vida e no imaginário de negros e brancos, originando tensões e problemas:

> O status social do negro no Rio de Janeiro é hoje condicionado pelas alterações que está sofrendo com um conjunto de coordenadas – econô-micas, sociais, culturais, psicológicas, originadas do padrão tradicional das relações de raças – e que hoje podem ser todas reunidas numa fór-mula única e muito usada na terminologia de combate das associações negras: a herança da escravidão. Mais de trezentos anos de status escra-vo, dentro de uma sociedade na qual ele passou a ser considerado livre há, apenas, 64 anos – quase que apenas há uma geração – *isto somado ao fato óbvio, mas por isso não menos fundamental, de uma compleição e aparência física onde a cor da pele, o cabelo, o nariz, os lábios e outros sinais servem de marca visível e ineludível de identificação desses traços da condição étnica* com tudo a que eles estão ligados no passado e no presente da estrutura social – eis o lastro donde foram gerados, nos costumes, nas instituições, na personalidade dos negros e dos brancos, nas opiniões que fazem sobre si mesmos e cada um sobre o outro, as expectativas arraigadas cuja transformação não se faz sem originar tensões e problemas de variável duração e gravidade. (COSTA PINTO, 1953, p. 316-317) (grifo nosso)

O autor também analisa os efeitos psicológicos do preconceito e da discriminação na construção de uma expectativa, um sentimento de insegu-rança do negro em relação ao outro e à sua relação em sociedade. O negro que introjeta tal sentimento vive, na sociedade racista, o medo de ser rejeitado por causa do seu corpo.

> Esta expectativa é que cria nos membros de um grupo vítima de discriminações de qualquer grau ou natureza – mesmo quando não

estão sendo vítimas de nenhum ato atual de discriminação – um sentimento de insegurança, de insatisfação, de instabilidade, de medo, de desequilíbrio e de angústia psicológica, *que resulta da convicção de que a discriminação ou o preconceito poderão atingi-los, em consequência de uma característica sua que não está ao seu alcance modificar – está no rosto, na pele, nos cabelos, nos lábios, na sua inevitável compleição e aparência.* (COSTA PINTO, 1953, p. 327) (grifo nosso)

O cabelo e a cor da pele como elementos importantes na construção de critérios de classificação racial no Brasil também aparecem na pesquisa *Brancos e Negros em São Paulo*, realizada por Bastide e Fernandes (1959).[6] Ao estudar

---

[6] Considero interessante uma breve contextualização do surgimento dos trabalhos desses autores no contexto de mudanças nacionais e internacionais, que afetaram os estudos socioantropológicos sobre relações raciais no Brasil. Thomas E. Skidmore (1989, p. 234-236) destaca alguns acontecimentos externos que afetaram o pensamento racial da elite brasileira, sobretudo na primeira metade do século XX. A libertação política na África e na Ásia do pós-guerra passou a confrontar as doutrinas racistas usadas para justificar o controle europeu. Todavia, apesar de tais doutrinas terem o seu apogeu científico e político localizado entre os anos de 1870 e 1920, o seu rastro não se apagou totalmente.

Skidmore (1989) ainda relata que, em meados da década de 1950, a tese do branqueamento deixou de ser objetivo respeitável para um país de Terceiro Mundo como o Brasil, se não por outros motivos, pelo menos devido ao constrangimento a que isso levaria nas relações com os governos nacionalistas africanos e asiáticos. Na década de 1960, já o fato seria constrangedor também para os Estados Unidos, pois a negritude, no contexto da luta pelos direitos civis, passava a ser vista, naquele país, como motivo de orgulho dos negros. Assim, os brasileiros foram forçados a abandonar a sua teoria do branqueamento, uma vez que a Europa e os Estados Unidos, considerados modelos de desenvolvimento a ser imitado, tinham repudiado política e cientificamente o racismo. Se antes a raça era fator essencial a ser considerado quando se tratava do futuro de qualquer nação, agora se discutem os fatores econômicos, especialmente o determinismo econômico dos marxistas.

Nesse sentido, o interesse já crescente entre os cientistas sociais brasileiros sobre as relações raciais estabelecidas em nosso país foi reforçado pela atenção muito maior dos especialistas estrangeiros. Em 1950, a Columbia University e o governo da Bahia iniciaram, em conjunto, um projeto de pesquisa sobre as mudanças sociais naquele Estado. No mesmo ano, o programa foi ampliado.

A Unesco forneceu fundos para financiar a pesquisa mais completa e minuciosa, principalmente de relações raciais. Segundo Skidmore (1989, p. 236) o trabalho realizado era parte de um estudo de larga escala das relações raciais no Brasil autorizado pela Unesco na presunção de que o Brasil pudesse ofertar ao restante do mundo uma lição *sui generis* de relações raciais harmoniosas. Entre os *scholars* estrangeiros que realizaram extensa investigação de campo no Brasil estavam Charles Wagley (Columbia University) e Roger Bastide (École Pratique des Hautes Études, Paris). Wagley e seus alunos trabalharam de maneira muito direta com Thales de Azevedo (Universidade da Bahia),

a formação, as manifestações recentes e os efeitos do preconceito de cor na sociedade paulistana dos anos 1950, os autores concluem que a cor age de duas maneiras: como estigma racial e como símbolo de um *status* inferior. Nesse momento eles se deparam com o "problema do mulato". A complexidade em torno da figura do "mulato" é vista quando, ao aplicarem vários questionários na tentativa de colher as representações coletivas que permitissem distinguir o mulato do negro, os pesquisadores concluem que a variedade de respostas não lhes permite construir uma definição sociológica de negro, como acontece nos Estados Unidos, onde, segundo os autores, aquele que tiver uma gota de sangue negro é um negro. O mulato se apresentava naquela época e é, até hoje, um tipo ambivalente. Eles ainda percebem que o mulato é mais aceito do que o preto "retinto" e que os obstáculos sociais diminuem à medida que a cor da pele clareia. No conjunto de traços que atestam um possível "clareamento" ou "embranquecimento" do "mulato", o cabelo se faz presente. "*Quanto mais o negro se aproximar do branco pela tez*, pelos traços do rosto, nariz afilado, *cabelos lisos*, lábios finos, *maiores as suas probabilidades de ser aceito*" (BASTIDE; FERNANDES, 1959, p. 188) (grifo nosso).

Julgo importante destacar também o trabalho de Oracy Nogueira, especialmente o texto "Relações raciais no município de Itapetininga,[7] publicado pela primeira vez em 1955. Nesse trabalho o autor destaca a importância dos sinais diacríticos no sistema de classificação racial brasileiro. A ideologia brasileira das relações raciais constrói um gradiente de cores como forma de classificar os indivíduos, aproximando-os ou distanciando-os da ascendência africana. Na construção desse sistema de classificação, há uma combinação entre o tipo de cabelo e a cor da pele (e outros sinais diacríticos) com outras condições, inatas ou adquiridas, vistas socialmente como de valor positivo

---

enquanto Bastide trabalhou com Florestan Fernandes, em São Paulo, também com a ajuda de recursos da Unesco. Uma terceira pesquisa patrocinada pela Unesco foi realizada no Recife por René Ribeiro (Instituto Joaquim Nabuco) e no Rio de Janeiro por Luís Costa Pinto (Universidade do Brasil). Florestan Fenandes fundaria, logo em seguida, uma escola de pesquisa de grande influência na Universidade de São Paulo, acompanhado pelos seus alunos Fernando Henrique Cardoso e Otávio Ianni.

[7] Maria Laura Viveiros de Castro Cavalcanti (1998, p. 9) destaca que, nesse trabalho, Oracy Nogueira combina dados históricos e estatísticos com etnografia e observação direta. O município de Itapetininga é o locus de um estudo de caso exaustivo sobre uma realidade mais ampla. Do decisivo confronto das ideias com os fatos, desvenda-se um padrão de discriminação racial existente não só no município de Itapetininga, mas também no Brasil: o preconceito de marca.

ou negativo, tais como: grau de instrução, ocupação, aspecto estético, trato pessoal, dom artístico, traços de caráter etc.

Dessa maneira, os elementos culturais e psicológicos se misturam à simbologia relacionada ao status social de um cidadão. As oportunidades de mudança social são determinadas pela posição do sujeito numa "escala étnica", e o seu sucesso depende da forma como a sociedade o vê e de como estão inscritos no seu corpo alguns elementos menos mutáveis, considerados como símbolos de *status* e de "superioridade" racial, como: o cabelo, a cor da pele, o formato do nariz etc. Assim, segundo Nogueira (1998, p. 199):

> A noção de desejabilidade dos traços "caucasoides", e, consequentemente, a indesejabilidade dos traços "negroides", *está intimamente ligada à ideologia do "branqueamento", que assinala como recomendável a miscigenação, por propiciar, ao mesmo tempo, a absorção ou diluição dos caracteres somáticos africanos e a ascensão social da ascendência através das gerações.* (grifo nosso)

Segundo o autor, a ideologia de relações inter-raciais, no Brasil, ao mesmo tempo que condena as manifestações ostensivas de preconceito e incita à miscigenação e ao igualitarismo social, oculta uma forma sutil e sub-reptícia de preconceito, cujas manifestações e intensidade estão condicionadas ao grau de visibilidade dos traços negroides e, portanto, à aparência racial ou fenótipo dos indivíduos. Ele diz: "No mínimo, os traços negroides inspiram a mesma atitude e o mesmo sentimento de aversão e pesar que costumam produzir os 'defeitos' ou deformações físicas" (NOGUEIRA, 1998, p. 199).

Oracy Nogueira reconhece que o preconceito racial tal como se apresenta no Brasil, não tem o mesmo poder que nos Estados Unidos de dividir a sociedade em dois grupos com consciência própria, como duas castas ou dois sistemas sociais paralelos, porém impermeáveis um ao outro, apesar de participarem, fundamentalmente, da mesma cultura. No Brasil, o preconceito tende, antes, a situar os indivíduos, uns em relação aos outros, ao longo de um *continuum* que vai de extremamente "negroide", de um lado, ao completamente "caucasoide", de outro. Assim, ele sintetiza:

> Em outras palavras, *os indivíduos são classificados e se classificam a si próprios* como brancos, pardos ou mulatos claros, pardos ou mulatos escuros e pretos – variando, até certo ponto, os "tipos" reconhecidos e as respectivas designações de uma para outra região do país

– levando-se em consideração, em cada caso, *a ausência ou concentração de traços negroides (densidade da pigmentação, contextura e cor dos cabelos*, formato do nariz e dos lábios etc.), ou seja, *a aparência resultante da combinação ou fusão de traços europeus e africanos*. Os indivíduos com traços de índio são encaixados, ao longo do continuum, numa posição variável que pode ir de branco ao pardo.

Na vida social, em geral, os caracteres negroides implicam preterição de seu portador quando em competição, em igualdade de outras condições, com indivíduos brancos ou de aparência menos negroide. Consequentemente, *o status ou o sucesso do indivíduo negroide depende,* em grande parte, *da compensação ou neutralização de seus traços – ou de seu agravamento – pela associação com outras condições, inatas ou adquiridas, socialmente tidas como de valor positivo ou negativo* – grau de instrução, ocupação, *aspecto estético,* trato pessoal, dom artístico, traços de caráter etc. (NOGUEIRA, 1998, p. 199) (grifo nosso)

Assim, no Brasil foi construído, ao longo da História, um sistema classificatório relacionado com as cores das pessoas. O cabelo, sinal considerado como o mais evidente da diferença racial e possuidor de inegável valor simbólico, soma-se à cor, para reforçar ideologias raciais. Nesse processo, as cores "branca" e "preta" são tomadas como representantes de uma divisão fundamental do valor humano – "superioridade"/"inferioridade". As diferenças em relação ao valor estético – "bonito"/"feio" – passam a ter um conteúdo político e ideológico e são utilizadas pelo racismo para dividir o mundo em duas partes opostas no julgamento do valor do ser humano (MERCER, 1994, p. 4-5).

Embora as ideologias raciais e a sua presença na sociedade brasileira venham sofrendo mudanças e questionamentos e tenham sido confrontadas pelos movimentos negros e cientistas sociais, a herança do racismo biológico ainda continua presente. Ela pode ser vista nos comentários diários feitos por pessoas de diferentes segmentos étnico/raciais e pelo próprio negro sobre a textura do seu cabelo e a cor da sua pele. É muito comum nas famílias, após o nascimento de um bebê, principalmente os filhos de relacionamentos inter-raciais, os familiares negros e brancos inspecionarem o cabelo do recém-nascido e fazerem previsões de como ele será quando o bebê crescer. Uns esperam que o cabelo fique crespo para "não negar a raça": "vai ficar durinho!" e outros anseiam que o cabelo do bebê fique liso (ou pelo menos anelado), o que, em outras palavras, significa que ele poderá ficar "bonito": "Será que o cabelo dele vai anelar?"

Uma das cabeleireiras negras casou-se com um rapaz também negro e tiveram um filho. Numa das festas do salão em que estive presente, ela me apresentou o bebê que, como muitos recém-nascidos negros, apresentava uma "coloração mais clara" e o cabelo com uma textura "fina". Em certo momento, enquanto passava a mão no cabelinho do filho, ela me confidenciou um dos seus receios: "Nilma, será que o meu bebê vai ficar branco? Tenho medo de que ele fique branco".

Apesar de todas as complexidades e contradições presentes no universo dos salões étnicos pesquisados, não há como negar que, ao tomarem o cabelo e o corpo como símbolos de beleza, eles participam de um movimento de mudança do olhar do negro sobre si mesmo e do olhar do outro sobre o negro. Ao passar em revista a forma negativa como a presença dos "caracteres negroides" têm sido historicamente vista por brancos, negros e mestiços na sociedade brasileira, não há como negar que encontrar espaços em que esses são vistos como belos e não como motivo de preterição possui um significado especial na construção das relações raciais brasileiras.

Negro, cabelo e cor da pele:
uma relação permeada de conflitos

O cabelo e a cor da pele vistos como fatores importantes na construção do sistema de classificação racial não é uma particularidade da sociedade brasileira. Nos Estados Unidos, país também marcado pela escravidão negra e pelo racismo, porém com contornos diferentes do nosso, esses dois elementos também podem ser considerados fonte de conflitos identitários e sociais.

Byrd e Tharps (2001, p. 16-20) relatam que a busca de um cabelo alisado pode ser considerada quase como uma obstinação dos escravos norte-americanos durante o período escravagista. Alisar (através de métodos desenvolvidos entre os próprios escravos) ou ter um cabelo anelado (devido ao processo de miscigenação) podia ser uma oportunidade de adaptação social e econômica. Muitos homens negros livres do século XIX eram "mulatos", descendentes das relações entre as primeiras africanas escravizadas e os europeus. Assim, uma pele mais clara e o cabelo menos crespo frequentemente significavam o estatuto de liberdade. Muitos escravos de pele clara tentavam passar como livres, na esperança de que a aparência próxima da europeia seria suficiente para convencer os caçadores de escravos de que eles pertenciam a uma classe privilegiada. Nesse caso, o cabelo era o elemento revelador do pertencimento negro e africano, mais do que a cor da pele.

Segundo as autoras, as relações sexuais entre senhores e escravos produziram tipos miscigenados e alguns saíram com a pele tão clara como de muitos brancos. Mas, se o cabelo se mostrasse um pouco enrolado ou crespo, isso já era suficiente para que a pessoa que o possuísse fosse considerada incapaz de passar por branca. Por isso alguns escravos do sexo masculino raspavam suas cabeças para tentar se livrar dessa evidência genética, na tentativa de fugir e conseguir sua liberdade.

Mas o cabelo anelado não significava somente a possibilidade de liberdade nos tempos da escravidão. Os escravos e as escravas que o possuíssem e ainda tivessem uma cor da pele mais clara eram os preferidos para o trabalho no interior da casa-grande ou nas plantações mais domésticas. Eles conseguiam ter alguma educação, recebiam melhor comida e, algumas vezes, a promessa de liberdade após a morte de seus senhores. Os outros escravos, que possuíam o cabelo crespo e a pele escura, eram destinados ao trabalho no eito e aos serviços braçais mais pesados. Pensando no contexto brasileiro, quem não se lembra da personagem Isaura, do livro de Bernardo Guimarães, e todo romantismo criado em torno de uma mulher escrava, de pele clara? A hierarquia cromática e racial invadiu o imaginário dos próprios negros a ponto de fazer parte da vida dessa comunidade.

Byrd e Tharps (2001, p. 18) relatam que, nos EUA, a organização das casas dos escravos era realizada de acordo com a cor da pele. Os escravos e as escravas que possuíam a pele clara e o cabelo menos crespo eram chamados de cabelo "bom", e os de pele escura, de cabelo "ruim". Já vimos que essas expressões também foram atribuídas ao negro brasileiro e os acompanha até os dias de hoje.

As autoras acima citadas ainda discorrem que a hierarquização da cor da pele e do tipo de cabelo era reforçada de diversas maneiras pelos brancos durante a escravidão. Um escravo de cabelo alisado ou anelado e pele clara era comprado, no mercado, por um preço superior em relação ao seu companheiro de cabelo crespo e pele escura. Essa hierarquização foi, aos poucos, sendo introjetada pelos próprios negros e, mesmo após a abolição, muitos continuaram considerando os sujeitos do seu grupo étnico/racial que apresentavam pele escura e cabelo crespo como menos atrativos, menos inteligentes e menos dignos. Os negros de pele clara conseguiram um nível de ascensão social superior em relação aos de pele escura e muitos conflitos e discordâncias surgiram em função de uma classificação arbitrária e hierárquica herdada da escravidão e reforçada pelo racismo.

No critério de classificação racial brasileiro e no processo de autoclassificação dos sujeitos, determinados penteados e estilos de cabelo possibilitam à mulher e ao homem negros e mestiços manipularem a sua cor. Como já disse ao relatar algumas das minhas experiências de transformação do cabelo durante o trabalho de campo, uma mulher negra que alonga o cabelo pode facilmente passar de "negra" para a categoria "mulata". E qual é o significado da mulata? Fruto da mistura do negro com o branco, no imaginário social, a mulata é vista como a mulher que traz no tom "bronzeado" ou "moreno" da pele e nos contornos do corpo a marca da mestiçagem. A ascendência negra está gravada na cor da sua pele e na textura do seu cabelo. No caso dos cabelos, para compor a representação social da mulata, eles devem ser, de preferência, longos e anelados e nunca muito crespos.

Ao retomarmos a origem da palavra *mulata*, tão usada no vocabulário do brasileiro, notamos o quanto ela, originalmente, não surgiu com a intenção de ser um elogio. Embora, atualmente, essa palavra possa fazer parte, inclusive, do cotidiano de negros e negras ao referirem a si e aos sujeitos pertencentes ao seu grupo étnico/racial, ao ser proferida está repleta de significações pejorativas. É difícil retirar de algumas palavras o peso do contexto em que elas surgiram. Assim, o uso da expressão "ser mulata" carrega, subliminarmente,[8] a violência das relações raciais. Nela estão imersas referências à crença na inferioridade "biológica" do negro, ao ideal do branqueamento e ao mito da democracia racial.

Segundo Skidmore (1989, p. 266) a palavra *mulato* ilustra a preocupação com a possível esterilidade. Tanto em espanhol, como em português, mulato vem de "mulo", animal incapaz (exceto em raros casos, na fêmea) de procriar. É o fruto do cruzamento de espécies diferentes, uma espécie híbrida. Ao consultarmos o dicionário, veremos que "a mula é híbrido do asno e da égua, ou do cavalo e da jumenta". Mulata pode ser considerada, então, uma metáfora que expressa o preconceito racial e demonstra a existência de uma hierarquia racial presente na sociedade e no interior da própria comunidade

---

[8] Segundo o *Dicionário Aurélio* (1986), o significado da palavra subliminar em psicologia refere-se a um estímulo que não é suficientemente intenso para que o indivíduo tome consciência dele, mas que, quando repetido, atua no sentido de alcançar um efeito desejado (p. 1620).

negra. Ao ser atribuído preferencialmente à mulher, o termo "mulata" nos coloca também diante das relações de gênero, revelando-nos a forma negativa como a mulher negra ainda é vista em nossa sociedade.

No imaginário do brasileiro, é possível que uma mulher negra de cabelo liso ou cacheado, quer seja natural, quer seja artificial, deixe de ser classificada como "negra". Já vimos que a textura "menos crespa" do cabelo é vista na cultura como fruto da mistura racial, ou seja, ela atesta a presença do branco na conformação do corpo negro. É a garantia de que estamos diante de alguém que já "subiu" alguns degraus na escalada rumo ao branqueamento. Já vimos, também, que esse tipo de associação remete-nos à crença na "pureza racial", tão abominada no discurso proclamado pelo brasileiro, mas tão presente na sua prática. E a existência desse ideal de pureza em uma sociedade que se diz uma democracia racial revela que, na realidade, vivemos ainda em uma estrutura racista.

Mas, então, como pode uma mulher negra de pele escura mudar de lugar dentro do nosso sistema de classificação racial? Tal situação é mais visível quando observamos as adolescentes negras que frequentam os salões e fazem alongamento nos cabelos. Essas garotas, ao descobrir esse penteado, agem como se tivessem encontrado a "saída" para o seu conflito com a aparência e a autoimagem. Como apresentei no primeiro capítulo, a eficácia do alongamento em relação à mudança de posição dessas garotas na classificação racial a elas atribuídas, sobretudo pelos rapazes brancos e negros, acaba resultando em uma prisão. Elas tornam-se prisioneiras de uma imagem alterada e recriada tomando-se por base uma intervenção estética.

No seu discurso, elas atribuem ao fato de frequentarem um salão étnico como uma postura política de afirmação da identidade e ao uso do alongamento como mais uma opção dada à mulher negra moderna. As suas atitudes em relação ao cabelo crespo, porém, podem ser localizadas dentro do conflito rejeição/aceitação vivido pelo negro na construção da sua identidade.

Em última análise, se o cabelo crespo, em nossa sociedade, pode ser considerado um ícone da identidade negra, ao rejeitarem o cabelo essas garotas rejeitam também o próprio corpo e a sua ascendência ancestral africana. Rejeitam a si mesmas. O alongamento, conquanto um estilo de cabelo do negro da diáspora, cumpre a função, nesse caso específico, de camuflagem de um pertencimento étnico/racial e de aproximação do padrão estético branco, considerado como o ideal em nossa sociedade.

Estamos diante de processos inconscientes, mas não inertes, que se expressam na linguagem corporal. Assim, a linguagem do corpo, no contexto dos salões étnicos, é usada não só como veículo de comunicação, mas de expressão do eu, como expressão do sujeito negro em nossa realidade social. É dentro desses processos que os cabeleireiros e as cabeleireiras étnicas localizam-se, encontram-se, perdem-se e contradizem-se e ainda avançam no seu projeto de afirmação da identidade através da valorização da beleza negra. É uma relação complexa, em que se cruzam interesses pessoais, coletivos, comerciais, culturais, políticos e econômicos. O alongamento, um dos trabalhos mais solicitados desses salões no final dos anos 1990 e início do novo milênio, oferece-nos muitos elementos para refletirmos sobre essa situação.

NU: É. Minhas clientes são assim: *quando uma senta na cadeira do meu salão pra fazer um alongamento, eu tenho certeza de que vai ser minha cliente pra sempre.* Pode não ser minha pra sempre assim: ela pode achar uma outra pessoa e gostar do trabalho e fazer com outra, mas não deixa de fazer alongamento não. *De dez clientes, só uma para de fazer alongamento. Uma, duas no máximo! Quando para, volta a fazer depois; fica uma época sem e volta de novo. Não sei! Eu acho que é porque a mulher se sente mais feminina, não sei... se sente mais feminina de cabelão, não tem nada a ver!* Mas se sente mais feminina, mais bonita. A autoestima, sabe? Tem cliente que coloca o cabelo a primeira vez, e me liga depois de uma semana: "*Tô te ligando pra agradecer! Nossa, antes eu não tinha ninguém, agora eu não tô aguentando o meu telefone, é tanto namorado que me liga!*" (risos)

N: É mesmo?

NU: É. Elas falam: "*Eu passo e os homens buzinam na rua. Eu paro o trânsito, eles me chamam de linda, o que seria de mim sem esse cabelo!*" Então é muito legal, eu acho muito legal! Mexe mesmo com a autoestima da pessoa. É muito legal.

N: Então a questão é ter o cabelo comprido...

NU: É, pra elas eu acho que elas dão valor é a isso: ter o cabelo comprido. Agora, outras não! O cabelo com cuidado...

N: E não crespo, quer dizer, menos crespo, anelado.

NU: É. É porque tipo assim: o cabelo crespo, ele tem essa dificuldade de crescimento, porque é um cabelo mais seco, tem essa questão da oleosidade; é um cabelo mais seco e a oleosidade não vai até as pontas, então ele demora mais pra crescer! *Então eu acho que o problema delas não é tanto ter um cabelo... por ser um cabelo crespo é um cabelo que não tem um crescimento, não tem um caimento, um balanço...* Até que tem! Aquelas que cuidam legal têm um cabelo... Cabelo relaxado, eu tenho clientes de cabelos relaxados no meio das costas, no ombro, entendeu? Só que, cuidam bem, tem que gastar...

N: Gasta mais do que o alongamento...

NU: Gasta mais do que um alongamento. Porque o alongamento assim: ele não sai barato, não posso falar que ele sai barato, mas é um caro que, olhando uma pessoa que relaxa, que tá sempre no salão... igual tem cliente, um cabelo pra desenvolver legal, tem que estar toda semana no salão! É um tratamento, é uma hidratação, usando os xampus, a manutenção certa, e não são todas que fazem isso. Elas preferem por um alongamento, já ficam com ele, lavou, passou um creminho e tal. Fica bonito, então eu acho que é isso! *Agora a maioria diz: eu não vou ficar careca! (risos)*

N: *Careca é ter o cabelo crespo sem nada...*

NU: Na parte assim dos vinte e poucos anos, vinte e cinco anos, quinze, quatorze, vinte e poucos... a partir de uma idade que a pessoa já toma uma consciência, uma certa... "Não, não tem nada a ver..." *Agora, as menininhas mais novinhas, de quatorze, quinze, dezoito, vinte anos e que tem essa neura toda de cabelo, entendeu? "Não vou sair careca, não vou estudar, não vou trabalhar...", agora as outras não! Tem pessoas que tiram o alongamento e vão com o cabelo pro salão... o que que tem! E hoje em dia é a coisa mais normal.* (N, 26 anos, cabeleireira étnica) (grifo nosso)

O depoimento acima expressa uma imagem de mulher *mais feminina* associada ao *cabelão*. Essa associação encontra-se no imaginário social quando esse tematiza o corpo da mulher e refere-se, também, ao significado libidinoso do cabelo presente nas mais diversas culturas. Não somente entre os setores populares, mas entre camadas significativas da classe média, existe essa imagem de mulher. Se essa é a aparência que, na fantasia masculina, associa a mulher ao lugar do desejo, do prazer e da atração física, o cabelo curto passa a ocupar lugar secundário. Nesse contexto, as negras de cabelo crespo e curto encontram-se distantes da possibilidade de serem vistas como belas e atraentes. Além de questões referentes à raça, o depoimento da cabeleireira mostra a presença do machismo nos julgamentos estéticos e como tal processo é incorporado pelas próprias mulheres. Dessa forma, ao não problematizar tais questões, o salão pode reforçar o racismo e o machismo.

Ao analisar esse processo, julgo importante destacar novamente que algumas garotas que alongam o cabelo como uma forma de encobrir e, nesse caso, rejeitar o cabelo crespo participam de um movimento tenso e confuso, chegando a afirmar que o cabelo implantado é realmente seu, uma vez que foi comprado por elas.

> Um dia entrei num ônibus e uma mulher ficou olhando pro meu cabelo. Aí, ela me cutucou e disse: "Ô menina! Esse cabelo é seu mesmo?" E eu disse: *"É meu, sim. Eu comprei. É meu e pronto."* (F, 19 anos, estudante) (grifo nosso)

Mais do que uma relação de compra e venda de uma mercadoria, elas pensam que o cabelo é seu porque esse é, na realidade, o tipo de cabelo que desejam ter. Mas será que é só o desejo de possuir um outro tipo de cabelo? Ou desejam ter um outro corpo? O cabelo longo e anelado altera o visual e a aparência dessas jovens. Elas acreditam transformar-se em mulheres mais sensuais, o que não é estranho, uma vez que o cabelo longo é considerado símbolo de sensualidade em diferentes culturas. Contudo, nesse caso, a universalidade do significado cultural do cabelo cruza-se com a particularidade da questão racial, e as garotas acabam reforçando o estereótipo da "mulata" sensual.

A possibilidade de ter o cabelo desejado, via uma intervenção estética específica, somada à rejeição do cabelo crespo natural, impulsiona algumas jovens a adotar atitude mais agressiva diante do mundo e, principalmente, dos homens. Já que a textura do cabelo tem sido um dos fatores da rejeição vivida e sentida pela mulher negra desde a infância (cabelo de bombril, nega do cabelo duro etc.), a ilusão de "ver-se livre desse cabelo" produz, em algumas delas, sentimento de autonomia. Essas, ao usarem o cabelo alongado, dizem sentir-se mais senhoras de si e, por mais paradoxal que possa parecer, mais negras.

Enquanto trançava o meu cabelo, a cabeleireira C. disse:

> *Eu rejeito o meu cabelo, porque o cabelo que eu tenho (alongamento) é o que na verdade eu gostaria de ter nascido. Mas isso não tem nada a ver com a cor. Quando alonguei meu cabelo, há dois anos, me senti melhor como negra. Passei a usar roupas coloridas, a me sentir melhor. O meu namorado, que é branco, detesta esse cabelo. Ele disse que eu fiquei mais topetuda com esse cabelo e que gosta de mim com o cabelo de negra. Mas eu me sinto mais confiante agora, com esse cabelo.* (Diário de campo, 12/1/2001) (grifo nosso)

Na medida em que algumas mulheres negras sentem-se mais satisfeitas com a sua própria aparência, elas são impulsionadas em direção à afirmação da negritude. Esse processo nos mostra as diversas estratégias criadas pelas mulheres negras para "lidar" com o conflito em torno da sua imagem e da sua aparência.

O depoimento também apresenta um pouco da complexidade dos relacionamentos inter-raciais e das relações de gênero. Quando a cabeleireira diz que o namorado branco a prefere com os cabelos "de negra", ou seja, crespos e sem alongamento, porque, dessa forma, ela se comporta como uma mulher menos "topetuda", podemos questionar: será que tal opinião expressa a existência de um sentimento machista da parte do namorado? Será que, juntamente com o machismo, podemos estar diante de um julgamento preconceituoso? Será que ele realmente prefere ver a namorada esteticamente chamando menos a atenção do que vê-la mais afirmativa, sentindo-se bem consigo mesma graças à segurança que, segundo ela, o penteado acaba por lhe assegurar? E será que esses sentimentos e julgamentos confusos e complexos também não estão presentes no imaginário da própria cabeleireira negra ao rejeitar o seu cabelo na forma crespa?

Topete é, na realidade, um penteado antigo muito usado por negras e brancas, que consiste em ressaltar os cabelos elevando-os na parte da frente da cabeça, dando-lhes destaque. E é assim, de uma maneira "destacada", que a cabeleireira se sente ao usar o alongamento. Dessa forma, o penteado que mais se aproxima do padrão miscigenado é aquele que, na opinião dessa mulher, consegue transformá-la em uma mulher negra mais confiante em si mesma.

Já vimos que, para as mulheres negras, quanto menos crespo é o cabelo, mais ela pode ser vista como um corpo "mulato" na classificação racial brasileira. Mas, para as mulheres brancas e mestiças, a presença do cabelo crespo tem efeito contrário, ou seja, atesta a sua ascendência africana e as aproxima do corpo negro. Ao invés do desejado branqueamento, elas se encontram na fronteira do temido enegrecimento. Ao tentar negar a realidade da mistura racial presente no seu corpo branco e mestiço, essas mulheres acabam afirmando a força da questão racial na sua vida, já que escolhem, entre tantos salões na cidade de Belo Horizonte, justamente aqueles que se diferem pela sua especificidade étnica.

> NU: *A maioria (das clientes) é assim: entre negras e brancas, porém com o cabelo crespo. Porque hoje em dia tem isso muito, porque antes não,*

era só... as pessoas, hoje, elas já têm consciência de que não é porque é negro que têm o cabelo crespo. Antes não! "Porque o meu cabelo...", ainda tem algumas brancas quando vêm a primeira vez... *"Meu cabelo não é duro não!" Liga pelo telefone e quando chega aqui é até mais crespo que o meu, entendeu? "Eu sou branca, meu cabelo não é duro!* Eu queria tal..." Mas a maioria, hoje em dia, já sabe, já tem... Esse negócio de ter entrado produtos pro cabelo, elas já sabem, entendeu? Eles já têm aquela noção de que saiu do liso... Eu já passo bem isso pro pessoal: *Saiu do liso é crespo.* (N, 26 anos, cabeleireira étnica) (grifo nosso)

NU: Várias histórias! *Teve uma história da cliente que foi parar no hospital com depressão porque não tinha o dinheiro pra comprar o cabelo. Ela foi parar no hospital... Não tinha dinheiro pra alongar. Teve outra que caiu no bueiro...*

NI: Caiu no bueiro?

NU: É. (risos) *Ela usava cabelo de escovinha, esse negócio de correr de chuva...* Até que ela, correndo da chuva, desceu do ônibus correndo, foi correr, foi entrar debaixo de uma marquise e caiu no bueiro, quebrou o maxilar...

NI: O que é isso!!

NU: (risos) Nó, são muitas histórias! Quebrou o maxilar, entendeu? Até que ela me conheceu, hoje em dia ela usa alongamento, ela diz que não vai deixar de usar nunca mais na vida dela, tem essa! (N, 26 anos, cabeleireira étnica) (grifo nosso)

Assim, da mesma forma que muitas adolescentes negras, as mulheres brancas e mestiças também podem tornar-se prisioneiras de alongamentos e de alisamentos à base de química. Tornam-se, ainda, presas a mais uma forma de intervenção química: a tintura do cabelo. Elas tingem o cabelo de louro, clareando-o o máximo possível. Ultimamente, essas mulheres que antes não frequentavam salões étnicos, têm descoberto que tais estabelecimentos possuem *know-how* e, muitas vezes, possuem melhores técnicas para a realização de tais penteados e intervenções estéticas. Abre-se a esses estabelecimentos a oportunidade de conquistar outra clientela que, muitas vezes, chega arredia na sua primeira visita ao salão, perguntando: "Vocês mexem em cabelo como o meu?"

NU: Tem uma que teve... *Ela tem um relacionamento... durante quatro anos ela namorou, noivou e casou. Ela usa alongamento e o marido não sabe! Ele acha que ela faz trancinha pra crescer. Homem é bobo!*

Eles não sabem nada e hoje em dia... esse dela é "bocó" porque não tem condição! Teve um dia que ele falou que ia levar o almoço e ela entrou em pânico no telefone: "Não, pelo amor de Deus, não precisa, a N. me dá o almoço, não sei o quê... N., se ele chegar aqui e me ver careca...", e nem careca ela é, entendeu? E ele não sabe! Eu acho assim: quando esse homem descobrir, pra ele vai ser uma tragédia! *Porque tem outra cliente minha que tem dois anos... Aliás, dois anos que ela namorou e ela tem dois meses de casada... Ela chegou um dia desses no salão assim, super pra baixo... Ela disse: "Não, eu tô tão mal...", ligou pra mim: "Tô precisando ir aí conversar, arrumar o cabelo, sabe?"; eu pensei que... falei: "Gente, o que aconteceu?"; ela: "Tô superchateada com o meu marido, ele tá passando por uma crise..."; eu tô pensando que é alguma coisa mais prática, quando fui ver era coisa de cabelo!*

N: É mesmo?

NU: De cabelo! Por que ela tá passando crise? *Porque o marido dela, com dois meses de casado, descobriu que ela não é loira e que o cabelo dela não é liso! Você acredita? E entrou em conflito por causa disso. "Você me enganou..."*

N: (interrompendo) *Ela é branca?*

NU: *Ela é branca, mas ela tem o cabelo preto. Ela descolore... Ela descolore não, ela tinge, o cabelo dela é um castanho.* Ela é uma mestiça, assim, não é branca, branca... *Ela tem o cabelo castanho, só que ela tinge de loiro e relaxa o cabelo!*

N: Então ela tem o cabelo crespo...

NU: Tem a raiz crespa e preta.

N: Ah, ela é branca do cabelo crespo e relaxa!

NU: Isso, isso! *Um crespo, assim, bem... não tão pro crespo, muito crespo. É um crespo anelado. E ele viu a raiz preta e anelada e não se conforma, porque ela enganou ele, porque ela falou que era loira do cabelo liso.*

N: E ela falou pra ele que era loira!

NU: Não sei, ela deve ter falado, eu não sei! *Ela relaxa e faz muita escova, entendeu? Ela tem feito muita escova. Relaxa, escova e loira; ela põe um loiro claríssimo, então o cabelo dela não é tão claro, mas é muito bem cuidado, ela cuida muito bem, tá direto no salão, só que...* uai, casou! Gente, um dia ele ia descobrir! Sabe? – "Dois meses e já tô passando por uma barra, uma coisa no meu casamento, dois meses

de casamento, já tô passando essa... Oh! (risos) Pelo amor de Deus!".
(N, 26 anos, cabeleireira étnica) (grifo nosso)

Quando estudamos o campo das relações raciais no Brasil, ele apresenta particularidades que dizem respeito à construção mais íntima e às histórias de vida e às reações dos sujeitos. Se o estudo da relação negro e cabelo constitui-se um recorte dentro de uma esfera macro, perceber os sentidos que os sujeitos atribuem a essa relação constitui-se um olhar numa esfera micro. Ambas não escapam aos estudos antropológicos. Posso dizer que estamos diante de uma temática que não escapa à antropologia das emoções.

Nesse processo complexo e, muitas vezes, contraditório, os salões étnicos oferecem ao homem e à mulher negra que os frequentam a possibilidade de construção de um outro olhar sobre si mesmo e de expressão de sentimentos em relação ao corpo e ao cabelo considerados inconfessáveis.

Podem, também, configurar-se como espaço no qual as ambiguidades que acompanham a construção da identidade negra aparecem no discurso, nas escolhas, na forma como os clientes negros veem-se a si mesmos e sua estética. Os salões, por vezes, são lugares onde as pessoas negras falam de si e da forma como veem a sua estética corporal numa sociedade racista, de uma forma mais aberta, diferentemente do que poderiam professar nos fóruns de militância, no trabalho, nas relações amorosas. Muitas vezes, é diante daquele universo de espelhos, em que várias imagens do negro e da negra são refletidas, em diferentes e variados ângulos, é que as máscaras caem, e a insegurança e a insatisfação com o próprio corpo aparecem. É uma situação tão complexa que, nem sempre, os próprios cabeleireiros e cabeleireiras sabem como lidar, principalmente porque, no plano subjetivo, muitos vivem tensões semelhantes. Aqueles cuja trajetória profissional e de vida se apresenta com maior maturidade e reflexão conseguem apontar caminhos mais interessantes aos clientes. Nesse caso, a relação profissional se transforma em cumplicidade e amizade, o que garante, por outro lado, uma certa fidelidade do cliente em relação ao salão.

A beleza negra se apresenta como uma ideologia racial, gestada no interior da comunidade negra, na tentativa de devolver ao negro brasileiro, que vive o aqui e agora, o *status* de humanidade roubado desde os tempos da escravidão. O negro, no contexto dos salões, visto como sujeito de beleza, é colocado como possuidor dos mesmos direitos de humanidade atribuídos aos brancos. Ele é senhor do seu próprio corpo e sobre este possui a liberdade e o direito de alterar e transformar. Por mais que os salões incorram na reprodução de estereótipos raciais que desejam negar, eles se localizam em um plano mais profundo: a tentativa de superação da imagem do negro como possuidor de um corpo servil. O corpo negro é visto como belo e não mais como coisa e mercadoria. O negro é também sujeito de beleza. Todavia, se nem os brancos escapam dos efeitos nefastos do racismo e da exclusão social, não seria incoerente perceber tensões e contradições na construção da identidade dos negros e das negras.

Entre as tensões advindas desse processo, encontram-se aquelas que envolvem o atendimento e o serviço prestados pelas cabeleireiras e pelos cabeleireiros étnicos. As cobranças das clientes e dos clientes extrapolam os motivos profissionais. São tensões raciais.

Durante o trabalho de campo, ouvi depoimentos de ex-clientes e de profissionais de outros salões de beleza comuns, que falavam sobre vários tipos de descontentamento. Há casos de processos movidos na Justiça em que mulheres negras acusam cabeleireiras étnicas de usarem uma química inadequada nos seus cabelos, resultando em queda capilar. Essas clientes, ao retornarem aos salões, nem sempre são bem recebidas.

Ao sentir resistência por parte das profissionais, as clientes questionam o trabalho de afirmação da negritude apregoado pelo salão, "porque esse salão seu, cê prega uma coisa e faz outra", comentam o caso com várias pessoas dentro da família e do seu círculo de amizade e, geralmente, migram para o salão concorrente. Segundo algumas informantes, essas mulheres afirmam ser mais rigorosas no seu julgamento pelo fato de serem negras relacionando-se com profissionais que pertencem ao mesmo segmento étnico/racial. Nesse momento, cobram dos salões étnicos uma espécie de solidariedade étnica, que nem sempre é correspondida. Na verdade, elas jogam e manipulam a identidade racial.

> Ih! Minha filha! *Ela passou um negócio no meu cabelo e depois de um tempo ele começou a cair e fiquei quase careca aqui na frente.* Liguei para a cabeleireira e ela me disse que é assim mesmo, que uma certa queda é comum. Eu disse: "Certa queda? O meu cabelo está caindo e você vai ter que devolver o meu dinheiro". Ela não quis. Eu fui até lá e discutimos. *Eu entrei na Justiça e ela teve que devolver o meu dinheiro todo.* (J, 37 anos, professora e ex-cliente) (grifo nosso)
>
> *A gente sabe que ela já jogou muito cabelo no chão.* E, quando as pessoas vão até lá e reclamam, ela xinga, briga e não quer devolver

o dinheiro. *Ela é obrigada a dar tratamento de graça pra pessoa que prejudicou.* (M, 30 anos, ex-cabeleireira) (grifo nosso)

Uma ex-cliente minha fez alongamento e foi até eu que recomendei porque eu não trabalho com esse tipo de penteado. *Ela chegou aqui com a cabeça doendo de tão apertado que ficou e eu tive que retirar tudo. Outra chegou aqui com o cabelo do alongamento soltando todo e me pediu para relaxar.* (M, 30 anos, ex-cabeleireira) (grifo nosso)

A auxiliar da cabeleireira me contou que teve uma cliente que foi nesse salão afro e *saiu de lá esculhambando com o salão, falando que tinham cobrado caro e não tinham tratado direito do cabelo dela e que aproveitavam o fato dela ter uma situação financeira boa para explorá-la.* (E, 25 anos, auxiliar de cabeleireira) (grifo nosso)

As reclamações das clientes e os processos abertos na Justiça contra as cabeleireiras expressam também um avanço na consciência dos direitos. Um cliente negro pode, tanto quanto qualquer outra pessoa, reclamar e exigir um serviço de qualidade. E, ao sentir-se lesado, tem o direito de tomar as providências cabíveis. As cabeleireiras e os cabeleireiros étnicos, aos poucos, vêm percebendo que o processo de afirmação identitária do negro com o qual desejam contribuir implica, também, a garantia do exercício da cidadania. Neste, o respeito ao consumidor e à consumidora negra precisam ser incorporados como um dado da nossa atualidade e como uma conquista. Esses profissionais vão se tornando mais cuidadosos, mais seletivos tanto na escolha e uso dos produtos étnicos quanto no trato da clientela. Constroem, então, uma seriedade profissional necessária a qualquer estabelecimento comercial. As cabeleireiras e os cabeleireiros étnicos sabem que, por mais que apelem à afirmação da identidade negra, eles são profissionais dentro de um mercado competitivo e, se não atuarem de maneira competente, podem perder clientes e ter o seu estabelecimento fechado.

Muito cuidado com o cabelo dos outros. As clientes estão mais exigentes. Elas agora descobriram que existe advogado, viu gente? Elas saem do salão e vão direto para o advogado dar queixa. (F, 28 anos, cabeleireira étnica durante palestra em um curso de reciclagem para cabeleireiros) (grifo nosso)

Eu já contei da coisa que aconteceu e mesmo assim... a pessoa continuou a ser amiga da gente, aquela da cola do cabelo. *A pessoa continuou sendo amiga, porque, se não fosse eu, tinha condições de fechar o salão por causa disso.* (B, 38 anos, cabeleireira étnica) (grifo nosso)

Todos os casos de brigas e conflitos entre clientes e cabeleireiras/os que me foram contados recaem, principalmente, sobre dois tipos de intervenção estética. A primeira refere-se à aplicação de produtos químicos e a segunda corresponde ao alongamento. As reclamações sobre a aplicação inadequada dos produtos químicos partem principalmente das mulheres, já que os homens geralmente se submetem com menor frequência a essa intervenção. Além disso, o fato de usarem o cabelo com cortes mais baixos ou então rasparem a cabeça lhes exime de certas complicações. Nesse sentido, a aplicação equivocada de um produto químico que resulta em queda de cabelo, além de ser um erro profissional que acarreta sérios problemas de saúde, como queimaduras e alergias, assume proporções ainda maiores para o universo feminino do que para o masculino, pois, ao atingir o cabelo, isso incide sobre a vaidade feminina e sobre as experiências complexas das negras em relação à aparência.

As cabeleireiras e os cabeleireiros étnicos argumentam que há pessoas que são "mestras em tirar vantagem" pois "só de olhar para o cabelo dela eu vi que ela tinha passado outra química em cima da minha. E depois saem por aí dizendo que o erro foi meu." Eles sabem e percebem que, além dos seus próprios erros profissionais, alguns negros e negras tentam usar a questão racial como justificativa para encobrir suas próprias práticas equivocadas em relação ao tratamento do cabelo.

Em outros momentos, a recusa do cabeleireiro ou da cabeleireira de alisar um cabelo que já se apresenta danificado é recebida com muita resistência pela cliente que, segundo as cabeleireiras, em represália, *espalha boatos sobre o mau atendimento*. E há ainda situações em que, realmente, o tratamento foi inadequado, e o salão deveria arcar com as despesas e a responsabilidade de recuperação do cabelo da cliente e não o faz. Tal comportamento resulta em vários problemas, como a abertura de processos na Justiça. São conflitos nos quais se cruzam raça, estética e ética profissional no terreno da identidade.

Se os conflitos dessa natureza são comuns no interior de qualquer salão de beleza, os salões étnicos, pela sua proposta de intervenção estética e pela complexidade que envolve a história de vida e os processos de construção da identidade da sua clientela preferencial, caminham em um terreno mais delicado. Parece existir, em torno desses estabelecimentos e dos seus profissionais, uma expectativa mais forte do que aquela que conseguem suportar. Pela própria especificidade do seu ofício, eles se encontram emaranhados no mesmo campo do preconceito que desejam superar. Essa expectativa da comunidade negra em relação aos cabeleireiros e às cabeleireiras étnicas assemelha-se muito à cobrança enfrentada pelo negro na sociedade branca: ser o melhor, o mais capaz, superar os próprios erros com maestria ou nunca falhar (o que é impossível!).

As clientes que reclamam ter recebido um tratamento inadequado no salão sentem-se extremamente decepcionadas ao ver frustrado o seu desejo de ter o cabelo alisado, relaxado ou alongado. Além disso, o pavor dos clientes, sobretudo das mulheres, refere-se ao fato de que todas sabem que o resultado de uma intervenção estética equivocada, principalmente se esta se referir à aplicação de um produto químico é, no limite, "a tesoura". E nem sempre as mulheres que possuem ou desejam o cabelo longo mantêm uma relação "amistosa" com esse instrumento de trabalho da cabeleireira. Lembramos, novamente, das análises de Leach (1983) sobre o sentido libidinoso do cabelo nas mais diversas culturas. Dessa forma, o ato de cortar o cabelo pode estar associado à ideia de castração, que os psicanalistas acreditam ser um dos componentes do inconsciente feminino.

Mas não só de queixas vive a relação comercial entre salões e clientes. Esses estabelecimentos adotam estratégias diferenciadas de atendimento. As cabeleireiras e os cabeleireiros étnicos adotam a "ficha de *anamnese*" que, como já foi dito no primeiro capítulo, é mais do que uma coleta de informações técnicas sobre o cabelo da cliente. A *anamnese* realizada pelas cabeleireiras étnicas consiste em uma técnica de entrevista. Segundo uma depoente, tal técnica não é ensinada nos cursos de formação de cabeleireiros e nem sempre é adotada pelos salões de beleza comuns.

> Olha, *isso não se aprende no curso básico do profissional cabeleireiro, não*. Hoje nós temos, até esse campo enorme, o leque que se abriu em torno dos produtos afro-étnicos. *Nós até temos algumas empresas que ensinam para o profissional cabeleireiro como fazer essa avaliação prévia e essa anamnese. Mas isso vem muito do profissional que está assistindo. Porque vem mais do cabeleireiro mesmo, da vontade desse cabeleireiro estar trabalhando o cabelo e a autoestima dessa cliente*. E, hoje, *muitos salões afro-étnicos já aderiram a esse sistema, mas ele é um sistema que ele foi desenvolvido mesmo por nós, não é um sistema que vem de escola de cabeleireiro, não*. E nós já temos muitos cabeleireiros, depois dos nossos cursos, das nossas palestras, que já estão aderindo ao sistema, que já estão colocando em prática esse sistema. (F, 26 anos, cabeleireira étnica) (grifo nosso)

A partir do preenchimento da ficha, entabula-se uma conversa com a/o cliente, com a qual as/os profissionais colhem informações sobre a relação entre negritude e cabelo. Também incluem o quesito cor na ficha da/o cliente. Tal estratégia foi observada com maior frequência nos Salões Beleza Negra e Dora Cabeleireiros. Já o Preto e Branco e o Beleza em Estilo não se atêm a um trabalho tão detalhista, mas não deixam de ter uma conversa inicial com a/o cliente.

A diferença entre a conversa realizada pela cabeleireira e pelo cabeleireiro étnico em relação aos outros profissionais da beleza é que, nesse momento, o cabelo serve de pretexto para que eles destaquem um olhar positivo sobre a raça negra, o corpo e o cabelo crespo. Ao agirem dessa maneira, as/os cabeleireiras/os retomam, de maneira intuitiva, o sentido original da *anamnese* como um procedimento que objetiva fazer com que a memória apareça, como uma evocação voluntária sobre o passado. Esse procedimento amplamente usado no campo da medicina intenciona colher informações do sujeito interrogado sobre a história da sua doença. As cabeleireiras e os cabeleireiros étnicos, assim como os médicos, lidam com a saúde. Tratam de cabelos doentes, ressecados, desidratados e danificados pelo uso indiscriminado de produtos químicos. Em decorrência dessa técnica, constrói-se, em algumas situações, uma relação de transferência entre cliente e cabeleireira. Homens e mulheres negras desabafam, choram e falam da sua frustração com o cabelo crespo e de como essa relação invade outras áreas da sua intimidade e da sua vida pessoal. Nesse momento, o salão étnico transforma-se em algo mais do que um estabelecimento comercial. Torna-se um ambiente que problematiza e traz à tona a questão racial. Transforma-se, de maneira consciente e inconsciente, em espaços "terapêuticos". Entre os quatro salões pesquisados o Dora Cabeleireiros é o que mais adota e investe nesse procedimento.

> Porque às vezes *as pessoas chegam no salão, elas não chegam querendo mudar o visual, não é o cabelo, não é a pele. Ela está com... muitos problemas. E a gente senta, conversa e a pessoa sai do salão totalmente diferente, totalmente mudada.* Então essa semana mesmo, semana passada, teve uma que foi na Casa do Barbeiro e lá na Casa do Barbeiro, eles falaram com ela assim: "Vai lá na D. que só ela é que pode resolver o seu problema." Ela disse que deitou e ficou pensando que ia chegar aqui no salão, ia pegar na minha mão e falar: "*Pelo amor de Deus, me ajuda, me ajuda, que eu tô em tempo de morrer por causa desse*

cabelo." Mas na realidade *não era totalmente por causa do cabelo. Eu comecei a conversar com ela, perguntei se ela tinha alguma atividade, se ela estudava, que ela era uma mulher negra muito bonita, que ela era uma negra linda, porque ela estava naquela... naquela depressão, naquela ansiedade?* Que para o cabelo dela eu podia oferecer pra ela um tratamento, mas que eu nunca ia mudar a cor do cabelo dela, que eu não ia fazer relaxamento no cabelo dela. Porque ela na realidade, ela estava precisando não era de mudar a cor do cabelo, nem de fazer relaxamento. *Ela estava precisando de começar fazer um trabalho interno, começar a trabalhar de dentro pra fora. Ela começou a contar pra mim que ela estava tendo problema, que ela estava... assim... que ela estava tendo problema com o marido dela, que ela estava maltratando o marido dela, que o marido dela era muito bom. Eu falei com ela assim: "Você vai chegar hoje em casa e eu vou fazer um trabalho no seu cabelo... Vou escovar o seu cabelo, vou te arrumar e você vai chegar em casa, você vai dar um abraço no seu marido. Você vai ver o que está errado em você. Você vai começar a olhar no espelho e ver que você é uma mulher maravilhosa, agradecer a Deus por isso, seus filhos vão ficar felizes, seu marido vai ficar feliz."* E comecei a conversar com ela, conversei com ela muito tempo. A hora que eu terminei, ela falou assim: "Olha D., você sabe que eu falei que ia chegar no salão e pegar na sua mão e agora você está conversando comigo e pegando nas minhas mãos do jeitinho que eu pensei." Na semana seguinte, ela voltou e me agradeceu muito. *Porque mudou tudo na vida dela. A cabeça dela assim... ela... ela voltou uma nova... uma mulher diferente.* Ela chegou em casa, conversou com o marido dela, tratou os filhos dela melhor. *Ela começou a se olhar no espelho e começou a se valorizar mais, a mulher que ela era.* Então eu tento passar pras pessoas assim... que não adianta você chegar no salão... por exemplo, aqui é um salão de beleza... as pessoas querem cortar o cabelo e fazer relaxamento. *Eu falo assim: "Eu não vou fazer relaxamento no seu cabelo, não é disso que você está precisando." E ela mudou realmente, ela voltou na semana seguinte, toda produzida, maquiada, de salto e falando: "Meu marido quer conhecer você, meu marido está superfeliz. Meus filhos, a minha filha chegou em casa e falou: papai, ela (a cabeleireira) é melhor do que a psicóloga da mamãe."* (Risos) (D, 45 anos, cabeleireira) (grifo nosso)

A rotina dos salões na sua proposta de intervenção estética apresenta várias questões em torno da identidade negra. Quando os salões são acusados de reproduzir penteados que se assemelham àqueles usados pelos brancos, eles nos mostram que a identidade – assim como qualquer outra – não se constrói apenas mediante um processo de recriação e ressignificação. É possível à identidade construir-se como reprodução de modelos existentes na própria cultura. Dessa forma, se já sabemos que nenhum processo identitário pode ser visto como algo pronto e acabado, os salões étnicos, na sua caminhada em prol da construção da "beleza negra", mostram-nos que a identidade negra no Brasil é muito mais complexa do que a afirmação de uma autenticidade africana. Além disso, somos negras e negros brasileiros e não africanas/os. Isso implica lidar com toda a complexidade que essa localização no tempo, no espaço e na cultura acarreta.

Assim, mesmo se reportando aos valores e às tradições africanas, é possível pensar que, no Brasil, a beleza negra é construída e reconstruída com base em escolhas e contatos dos negros com um padrão estético que já está dado no campo das relações de poder, ou seja, o branco. Mesmo que seja para contrapor-se a esse padrão, não se pode desconhecer que ele existe e ainda é hegemônico na sociedade, posto que é construído num processo histórico e político de dominação. Vista dessa forma, a construção da beleza e da identidade negras trava-se numa constante negociação e articulação entre semelhantes e diferentes. Essa é uma das funções desenvolvidas pelos salões étnicos no seu fazer cotidiano.

Alguns salões negociam a beleza e a identidade negras valendo-se de uma perspectiva mais afrocentrada, e outros não. Mas, de modo geral, todos desenvolvem práticas voltadas para a valorização das características referentes à negritude, uns de forma mais expansiva e aberta, e outros mais defensivos e tímidos. Nesse processo de negociação, expresso através do trato do corpo e do cabelo, ora são reforçadas raízes negras e africanas, ora incorporam-se e adaptam-se padrões estéticos brancos, ora trabalha-se, de maneira imbricada, com esses dois tipos de referência.

Os salões, ao "lidar" com a beleza e a estética no plano social, apontam-nos como se dá a construção da identidade negra na esfera privada e no seu aspecto micro. Mostram-nos também as estratégias individuais escolhidas pelo sujeito no seu cotidiano para "lidar" com esse processo. Algumas delas, se olhadas de longe, podem até nos parecer "embranquecidas", mas, ao nos aproximarmos da história de vida desses sujeitos, veremos que, muitas vezes, as experiências adquiridas no confronto entre padrões estéticos opostos possibilitam aos negros da diáspora um encontro consigo mesmo e com suas raízes africanas. Mostram-nos que tanto o padrão estético negro quanto o branco são construções sociais e culturais. Apesar de opostos, eles são complementares, faces de uma mesma moeda.

Por mais que politicamente seja importante resgatar as raízes ancestrais africanas, não podemos nos esquecer de que, para nós, negros e negras brasileiros, essas referências apresentam-se profundamente alteradas. Tal processo atinge o homem e a mulher negra nas mais diversas dimensões da sua vida. Possibilita até o surgimento de diferentes versões sobre a beleza negra e a recriação de estilos de cabelo e de penteado.

Por outro lado, essa necessidade de busca de referências ancestrais africanas coloca-nos diante de uma séria constatação: após anos de abolição, o negro e a negra brasileiros continuam estrangeiros na sua própria terra. Por mais que já tenhamos construído experiências culturais tipicamente brasileiras, elas não são suficientes para a construção da nossa identidade conquanto grupo étnico/racial. Precisamos nos reportar à África, como raiz da nossa identidade. Tudo isso coloca por terra a tão propalada identidade nacional e a democracia racial. Pensar o povo brasileiro não é pensar somente a existência da miscigenação e da diversidade cultural. É construir estratégias de reversão do quadro de desigualdades sociais e raciais em que os sujeitos considerados "diferentes" se encontram. E isso inclui atuar sobre os mais diversos setores da vida social: políticos, culturais, econômicos, educacionais e... estéticos.

Elas levam a vida nos cabelos

"Por mais negros que crucifiquem ou pendurem em ganchos de ferro que atravessam suas costelas, são incessantes as fugas nas quatrocentas plantações da costa do Suriname. Selva adentro, um leão negro flameja na bandeira amarela dos cimarrões. Na falta de balas, as armas disparam pedrinhas ou botões de osso; mas a floresta impenetrável é o melhor aliado contra os colonos holandeses.

Antes de escapar, as escravas roubam grãos de arroz e de milho, pepitas de trigo, feijão e sementes de abóbora. Suas enormes cabeleiras viram celeiros. Quando chegam nos refúgios abertos na selva, as mulheres sacodem as cabeças e fecundam, assim, a terra livre."

(Galeano – Mulheres)

"Não me canso, sobretudo, de contemplar a arte das cabeleireiras negras; as velhas adornam as mais jovens, durante horas a fio, realizando aquelas obras-primas complicadas e sábias de cabeleireiras bem arrumadas: suas mãos negras são apenas carícias, tecendo cabelos como se fossem os fios do tecelão."

(Bastide – Estudos Afro-brasileiros)

Beleza negra e expressão estética

Beleza Pura

Caetano Veloso

Não me amarra dinheiro não/mas formosura/dinheiro não/
A pele escura/
Dinheiro não/ a carne dura/dinheiro não
Moça preta do Curuzu/beleza pura/Federação/beleza pura/
Boca do Rio/beleza pura/dinheiro não/
Quando essa preta começa a tratar do cabelo/é de se olhar/
Toda a trama da trança a transa do cabelo/conchas do mar/
Ela manda buscar pra botar no cabelo/toda minúcia/toda delícia/
Não me amarra dinheiro não/mas elegância/
Não me amarra dinheiro não/
Mas a cultura/dinheiro não/
A pele escura/dinheiro não/a carne dura/ dinheiro não/
Moço lindo do Badauê/beleza pura/do Ilê Aiyê/
Beleza pura/dinheiro yeah/
Beleza pura/dinheiro não/dentro daquele turbante do Filho de Ghandi
É o que há/tudo é chique demais, tudo é muito elegante/manda botar/
Fina palha da costa e que tudo se trance/todos os búzios/todos os ócios/
Não me amarra dinheiro não, mas os mistérios

Quando o cantor baiano Caetano Veloso registra de forma poética o seu encantamento diante dos costumes, dos lugares (*Federação/beleza pura/ Boca do Rio/beleza pura/dinheiro não*) referentes ao povo negro da cidade de Salvador, ele usa e abusa de maneira intencional da expressão "beleza pura". Atribuir ao negro, às suas práticas, ao seu corpo e à sua cultura uma "beleza pura" é, no mínimo, ousado em um país que, como já vimos em vários momentos deste trabalho, nega a esse sujeito o lugar do belo.

Se já é consenso que a beleza não se encontra nas coisas nem é um atributo objetivo que determinados objetos detêm e outros não, ou seja, de que não existe uma beleza intrinsecamente pura assim como não existem "raças puras", cantar e chamar de "puro" um padrão estético historicamente colocado no polo da exclusão apresenta-se como tentativa de dar tratamento político à questão do negro e à herança cultural africana, partindo do princípio de igualdade que deveria ser válido para todos os grupos étnicos/raciais do nosso país. Dessa forma não é o dinheiro, mas é essa beleza que amarra o cantor.

No corpo negro, o cantor vê e destaca a formosura, toda minúcia, toda elegância e toda delícia. Se no pensamento racista o corpo é a objetivação da inferioridade e da impureza racial, na letra da música o cantor inverte essa suposta certeza, dando ao corpo negro o destaque de portador de supremacia estética.

Será que a poesia e a intencionalidade política implícita na música, no sentido de superar os estereótipos raciais, são encontradas, de modo geral, na prática da sociedade brasileira? Ou continuamos associando beleza, sucesso e nível socioeconômico ao pertencimento étnico dos sujeitos? Será que, em nosso país, quando falamos em estética do corpo, a beleza e a feiura ainda se encontram como expectativas e representações que se apropriam da raça para classificar e hierarquizar? Segundo Renato da Silva Queiroz e Emma Otta:

> Nas sociedades ocidentais modernas, estabelece-se uma identidade entre beleza corporal, inteligência e poder aquisitivo elevado. Dito de outro modo: a expectativa geral é que as pessoas bonitas sejam capazes e bem-sucedidas. Sobre os que são considerados feios, pesa sempre a suspeita de que sejam pobres, rudes, carentes de instrução e portadores de reduzida capacidade intelectual. (QUEIROZ; OTTA, 2000, p. 59)

A experiência humana diante de determinados objetos percebidos como belos não se dá apenas na esfera das emoções e dos sentimentos. Ela é também corpórea. A associação entre beleza corporal e uma série de atributos de classe, de raça, de sexo e de idade não é um tema presente só no nosso século. Ela acompanha o homem e a mulher ao longo da história humana.

A classificação do corpo como belo ou não faz parte da história da corporeidade. Assim, se privilegiamos neste trabalho um estudo sobre a identidade negra inscrita no corpo, um diálogo com a estética faz-se necessário.

A relação entre estética, corpo negro e cabelo crespo pode ser pensada dentro de uma antropologia dos sentidos ou da sensibilidade. Por mais que o apelo à racionalidade seja o que ecoa no universo acadêmico, não há como negar que estamos em um momento histórico em que a separação rígida entre razão e emoção tem sido amplamente questionada. É nesse contexto que o estudo da construção social, cultural e histórica da sensibilidade que temos hoje – tátil, auditiva, olfativa, gustativa e visual – começa a encontrar lugar nos cânones acadêmicos, e obras pioneiras sobre o tema são retomadas. Essa sensibilidade, como nos diz Rodrigues (1999, p. 16), tem uma história e principalmente uma significação.

Esse mesmo autor nos alerta para o fato de que aquilo que os homens pensam ou dizem que pensam e o que sentem não se coaduna obrigatoriamente. É nessa perspectiva que podemos considerar que nossas reações à violência, nossos sentimentos do medo, nossos cuidados com a saúde e com a higiene, nossa preocupação com a estética, o tempo, o horário, nossas preferências sexuais e amorosas e todas as outras coisas que nos parecem familiares e naturais foram construídas historicamente na sociedade e na cultura. O passado não está somente no que deixamos para trás: ele é o responsável pela construção da nossa sensibilidade e continua de alguma maneira presente em nossa vida. É nesse contexto que os penteados africanos, artesanalmente realizados nos cabelos crespos de nossos ancestrais, permanecem vivos, de forma recriada, na arte de pentear das negras e dos negros brasileiros de hoje. Essa prática cultural ancestral educou a sensibilidade do negro em relação ao seu cabelo. Esse aprendizado continua até hoje entre nós, das formas mais variadas possíveis, mesmo sofrendo pressões de uma sociedade alicerçada no racismo e nas modificações da indústria cultural, que transforma as informações estéticas em mercadoria. Há, em meio a esse processo tenso e contraditório, a recomposição de uma memória estética, própria de uma coletividade, de um grupo étnico/racial, que se expressa na linguagem dos gestos, nas práticas corporais e na importância dada à manipulação do cabelo pelo negro brasileiro da atualidade.

Mas a construção da sensibilidade varia de acordo com a cultura. No caso do corpo, os diferentes povos constroem sensos estéticos variados. Compreender essa realidade poderá nos ajudar a aprofundar o estudo sobre a relação do negro contemporâneo com o cabelo, tendo como referência os variados estilos por ele utilizados e, como já foi dito, extrapolando as análises precipitadas e supostamente lógicas que classificam certos comportamentos como simples introjeção do racismo e imitação dos padrões estéticos brancos.

Destacar a possibilidade da existência de uma positividade nas práticas do negro diante do cabelo, hoje, quer seja trançando, implantando, quer seja alisando-o, pode ser um interessante exercício intelectual que nos afasta das análises que primam pelo olhar da introjeção do branqueamento. Poderemos resgatar e encontrar muitas semelhanças entre algumas técnicas de manipulação do cabelo realizadas pelos negros contemporâneos e aquelas que eram desenvolvidas pelos nossos ancestrais africanos, a despeito do tempo e das mudanças tecnológicas. Esse processo pode ser visto como a presença de aspectos inconscientes, como formas simbólicas de pensar o corpo oriunda das diversas etnias africanas das quais somos herdeiros e que não se perderam totalmente na experiência da diáspora. Em todos esses momentos, a busca da beleza por meio da manipulação do cabelo destaca-se como uma virtualidade histórica e atuante.

A historiadora e antropóloga Nahoum-Grappe (1995, p. 7) relata que as questões levantadas pela estética corporal têm relação com uma iconologia semiótica, com uma fenomenologia da percepção, mas também com uma sociologia interativa. Nessa última, os estudos de Goffman (1988) podem ser considerados como uma tendência sociológica que dá um tratamento heurístico às maneiras de aparecer e de se apresentar. Nesse caso, a superfície das coisas, ou seja, a sua "pele" é tomada como um terreno com base no qual podem emergir estudos profundos.

É justamente essa "superfície" do sujeito e as questões ordinárias com as quais lidamos cotidianamente, como a pele, o corpo e o cabelo – e que nem por isso podem ser consideradas "superficiais" –, que o desenvolvimento de uma etnografia nos salões étnicos nos suscita e nos instiga a pensar. A beleza negra aparece no universo dos salões como uma forma de expressão estética específica de um grupo étnico/racial.

Por isso, reconhecer a existência de uma beleza negra remete à percepção da alteridade, à construção das identidades, aos conflitos entre os diferentes padrões estéticos oriundos dos povos da diáspora africana e o padrão ocidental. Não se trata apenas da percepção vinda do polo dos grupos étnico/raciais que, historicamente, se encontram no poder. Trata-se, também, de uma percepção construída pelos integrantes do outro pólo, de uma ressignificação de um padrão estético do ponto de vista do negro, como agente político. Já vimos que essa ressignificação ora oscila pela busca de uma expressão estética africana quase mítica, ora oscila por uma outra construída no Brasil, já totalmente contaminada pelo encontro cultural. Nesse sentido, pensar a beleza do negro sempre incluirá uma dimensão política.

O negro, quando se impõe perante a sociedade, quando debate politicamente, quando produz cultura e se insere nos mais diferentes espaços sociais, traz em si a marca da corporeidade e se expressa esteticamente. Essa é uma dinâmica que deve ser vista do ponto de vista da cultura e longe da tendência de ver o corpo somente de uma perspectiva biológica.

O cabelo crespo original, que é transformado no interior dos salões, quando somado à cor da pele e aos outros sinais diacríticos, compõe a totalidade do corpo negro. Esse mesmo corpo tem sido indesejado por negros e brancos brasileiros nas mais diversas situações. Dessa forma, o apelo à beleza negra inspira atenção, pois não somente pode promover a autoestima, mas pode falar de corpos segregados que, por vezes, tomam o corpo do outro como ideal. Mas, ao adjetivar a beleza como negra, os salões também destacam e ajudam a legitimar, das mais diversas maneiras, um padrão estético de raízes africanas, ressignificado na experiência brasileira.

É comum olharmos uma multidão andando nas ruas e nas calçadas dos centros urbanos e julgarmos, a princípio, de que se trata de algo sem diferenciação, observa Nahoum-Grappe (1995, p. 6-7). São simplesmente pessoas, cada uma com seu destino, seu cotidiano. Contudo, sabemos que elas são diferentes. Para captar essa diferenciação, não basta fazermos apenas uma análise sociológica ou antropológica. Realizamos também um julgamento estético.

Segundo a autora, a construção da identidade passa igualmente por uma questão estética. Nessa perspectiva, as interpretações sobre a beleza ou a feiura corporal podem ser consideradas julgamentos coletivos. Essa afirmação poderá nos afastar do campo dos julgamentos pessoais e nos colocar no âmago das questões históricas e sociais, explicitando como o "apresentar-se" diante do outro e o olhar sobre o corpo foram sendo construídos ao longo da História. Corpos negros e brancos, de homens e mulheres, crianças, jovens, adultos e velhos sofrem leituras e interpretações distintas de acordo com os contextos culturais, o processo histórico e as relações de poder.

De acordo com Flahault (1995, p. 14), podemos inferir que a classificação de objetos e pessoas como belos pode ser considerada uma prática comum nas mais diferentes culturas. A questão principal que essa pesquisa nos aponta, porém, não está colocada somente na universalidade de padrões estéticos e de classificações como componentes da cultura, mas na existência da imposição de determinada particularidade estética, pertencente a um grupo étnico/racial específico em detrimento de outros. Essa é uma perspectiva etnocêntrica em que a beleza e a estética ainda são pensadas sem nenhum tipo de relativização, sem considerar as mudanças culturais e históricas e sem considerar o contexto político.

A beleza como categoria estética culturalmente construída

Sabemos que a palavra estética é originária do grego *aisthesis* e etmologicamente significa a faculdade sensível, a faculdade de recepção das sensações.[1] Designa, então, a ciência do sensível, que apreende pelos sentidos o objeto considerado belo. Segundo Duarte Jr. (1998, p. 8), "estética é a parcela da filosofia dedicada a buscar os sentidos e os significados para aquela dimensão da vida na qual o homem experiencia a beleza. Estética é a 'ciência' da beleza".

Ao refletirmos sobre os salões étnicos no campo da estética, tomamos de empréstimo algumas contribuições da Filosofia, não com o intuito de fazer um relato sobre a história das teorias do belo ao longo dos tempos ou uma explanação das correntes estéticas contemporâneas. Discute-se, nesta pesquisa, o corpo negro, a manipulação do cabelo crespo e os penteados de origem africana como formas de expressão estética. Importa mostrar o estatuto prioritariamente antropológico da beleza.

A etnografia dos salões étnicos diz respeito ao negro, conquanto sujeito que sente e experimenta a beleza, bem como ao corpo e ao cabelo, como objetos, já que, no universo investigado, o propósito que conduz à manipulação desses dois últimos é, essencialmente, estético. Uma vez construída por sujeitos que participam de um grupo étnico/racial e de um universo cultural, a relação estética estabelecida no interior dos salões étnicos não pode ser entendida como uma experiência individual, mas coletiva.

Sahlins (1997, p. 36) nos diz que "a beleza enquanto algo que existe apenas nos olhos de quem vê, é necessariamente uma relação social." O autor chega a essa conclusão ao estudar as relações políticas entre os havaianos e os seus chefes. Nessa cultura, a beleza ideal do/a chefe é considerada como

---

[1] Segundo a *Enciclopédia Luso-Brasileira de Filosofia* (LOGOS, 1990, p. 271-272), "enquanto instituição oficialmente reconhecida no âmbito das ciências filosóficas, a Estética é muito recente: só no século XVIII os estudos de Estética foram impulsionados no sentido de constituírem um sector autónomo da reflexão filosófica (Baumgarten, Kant...) [...] Contudo, a tarefa que esta disciplina atribui a si própria desenvolve-se implicitamente ao longo de toda a história do pensamento: a tarefa de se interrogar acerca da beleza, da arte, nas suas múltiplas relações internas, enquanto conteúdos effectivos do conhecimento intuitivo da concepção estética".

complemento da sua potência ideal. O chefe supremo é "divino" e isso inclui atributos estéticos considerados ideais: ele deve ser enorme, gordo, ter a pele clara por sempre estar protegido do sol, o corpo brilhoso devido aos óleos perfumados e enfeitado por um magnífico manto de plumas que é o tesouro do seu reino.

Nesse caso, o belo funciona como paradigma natural do político. O autor nos revela que a beleza singular do chefe, por prender sobre si, de forma magnética, o olhar da multidão, institui uma relação de atração e coerência que não é apenas centrada ou hierárquica, mas que faz, da subordinação daqueles que a contemplam, um ato amoroso. Tanto que, no Havaí, a relação política é também chamada de *aloha*. O termo significa "amor" e, nesse caso, é a consciência do povo de sua própria servidão, a maneira como é descrita e justificada a lealdade para com o chefe. Como falamos de norma de reciprocidade, o chefe também deveria ter *aloha* por sua gente. Ele deveria demonstrar compaixão, mas, por ser dotado de uma beleza particular, é ele o objeto da afeição universal. A qualidade específica da beleza do chefe é um brilho, certa luminosidade que os havaianos relacionam ao sol nos seus mitos, cantos e ritos. Essa beleza é chamada de divina, pois, como os próprios deuses, faz com que as coisas se tornem visíveis. E é por esse motivo que ela é ligada à potência sexual dos chefes, já que, no plano humano, tem o mesmo efeito criativo. Assim, para os havaianos, onde reina a beleza, o reino será belo.

A beleza pode ser, então, entendida como uma categoria estética e construção social, como uma maneira de nos relacionarmos com o mundo. Ela não tem a ver com formas, medidas, proporções, tonalidades e arranjos pretensamente ideais que definem algo como belo. Sendo assim, beleza não se refere às qualidades dos objetos, mensuráveis, quantificáveis e normatizáveis. Ela diz respeito à forma como nos relacionamos com eles, por isso ela é a relação entre sujeito e objeto (DUARTE JR., 1998, p. 13-14).

Quando falamos em beleza, referimo-nos a uma construção cultural e histórica, uma vez que nenhum objeto encarna a "beleza pura" cantada por Caetano Veloso. Essa construção presente nas mais diversas culturas possibilita o surgimento de padrões estéticos que diferem de acordo com a experiência cotidiana dos grupos sociais e dos sujeitos dentro desses grupos. Como dito anteriormente, no contexto desta pesquisa a beleza negra surge como um substantivo adjetivado, um estilo construído, um padrão estético entre os demais, que se realiza com base na experiência dos negros em nossa sociedade, no contraste, no confronto e no encontro com outros padrões, sobretudo o branco. Como me disse uma entrevistada: "Pra mim a beleza negra é a forma do ser humano se expressar" (D, 38 anos, contadora).

A beleza negra no universo dos salões possui um sentido não só semântico, mas político, cultural, racial e identitário.

> Porque eu acho que beleza é beleza, é isso que minha mãe colocava pra gente: *Beleza! Você é belo! Negro. Você é bonito, lindo! Com a suas características, sabe, com o seu nariz, com a sua boca, com a sua... lógico! a nossa raça, com o seu cabelo.* Isso é... isso faz bem pra gente, faz bem. Você escutar isso aos 20 anos tem um efeito, mas *você escutar com dois, com um ano, você realmente vai ter... o efeito vai ser muito melhor... muito...* mais abrangente do que você imagina. (G, 36 anos, representante comercial) (grifo nosso)

No universo dos salões étnicos, a beleza negra funciona também como uma linguagem produzida num contexto específico. Para os sujeitos que frequentam esse espaço ela é uma forma de expressão de sentimentos, uma maneira de perceber, organizar e conferir sentido ao mundo. É um modo de conhecimento produzido por sujeitos que fazem parte de um grupo étnico/racial específico e que constroem a sua história no contexto da diáspora. Assim, ela fala sobre esse pertencimento de maneira intencional, mas não necessariamente consciente. Aí está o seu caráter simbólico. Quando se expressa conscientemente, a beleza negra, conquanto linguagem, assume dimensão política. Tanto os cabeleireiros e as cabeleireiras quanto os clientes dos salões étnicos usam dessa linguagem para comunicar algo relacionado com a sua condição racial. Assim, a beleza negra se processa no jogo dialético de sentimentos, simbolizações e identidades.

> *Eu já até falei que o negro não precisa malhar muito, ele já é bonito. Sem querer também desvalorizar o branco, o oriental. Acho que cada qual tem a sua beleza. Só que a gente foi muito tempo desvalorizado, e hoje a gente vê que não é assim.* Então quando você vê um negro, são pessoas bonitas, pele bonita, cabelo crespo. (S, 28 anos, técnica de enfermagem) (grifo nosso)

Por se localizar nesse campo complexo, construído em uma sociedade concreta em que as relações raciais ocorrem no contexto de um racismo ambíguo, alimentado pelo mito da democracia racial, a beleza negra como linguagem, materializada nos penteados, nos desfiles e no tratamento de cabelos crespos realizados pelos salões, extrai a sua vitalidade de algo mais que o apelo estético neles contido, por mais que esses possam parecer, à primeira vista, o seu objetivo principal. Essa vitalidade é extraída de uma ascendência africana que não conseguiu ser apagada pela experiência da escravidão nem pela diáspora.

Dessa forma, a beleza produzida no contexto dos salões estudados é um feito cultural seja aquela dos penteados elaborados durante os campeonatos de cabeleireiros, seja o simples relaxamento, seja o corte afro realizado cotidianamente pelos clientes. Ela diz respeito a práticas não inatas, mas adquiridas através da experiência total de vida: neste caso, a de ser negro, ter uma ascendência africana, nascer no Brasil e acumular experiências de discriminação racial. Há uma interação entre natureza, cultura, linguagem e conhecimento. Para entendermos esse processo, é preciso estarmos atentos ao que se diz e ao que se fala, dentro dos salões, para além do discurso reconhecido como estético.

> O próprio cabelo, por exemplo: *quando a minha mãe cortava meu cabelo quando eu era pequeno, era "pelezinho", era cabelo "presidiário", era aquela coisa. Hoje não! Hoje você vê tanto um senhor de terno com corte, com a cabeça raspada, artistas famosos, quanto qualquer um,* quanto qualquer criança, quanto qualquer um. Isso eu *acho que foi uma vitória, essa questão da aceitação dessa cultura. Porque isso é uma cultura, não é moda! Agora pode estar na moda mas eu falo isso de experiência pessoal. Eu sempre usei isso! Então não é moda, é uma cultura. Meus irmãos mais velhos usavam, quer dizer... meu filho já usa!* E é uma coisa que não é moda, é cultura, que vai continuar! Isso não para! Deus queira que esteja evoluindo e não pare por aí, *mas é uma cultura, é uma identidade!* (J, 27 anos, agente judiciário) (grifo nosso)

Para alguns cabeleireiros/as, falar sobre a beleza negra é uma redundância, já que o negro sempre foi belo. Esse discurso expressa, além do orgulho de ser negro, o reconhecimento da negritude inscrita na cor da pele, no cabelo e nos demais sinais diacríticos.

> *O negro sempre foi belo. É lindo, você vê aquela criancinha negra, aqueles traços mais bonitos. Aquele olhinho mais perfeito, aquela boca. É lindo! Independentemente de ter cortado o cabelo, de ter feito qualquer visual no cabelo, você vê, aquela criança, é lindo!* Eu vejo a foto da minha avó, ela usava o cabelo só trançado, pra trás, sem passar produto, nem nada. E tinha uma feição... linda! Perfeita! Aquele rosto bonito, aquela boca detalhada. *Eu acho a beleza negra muito rica. Muito*

bonita, ainda mais... o homem negro. Eu acho que ele destaca bem, apresenta um perfil muito bom. Um visual muito legal. *O pessoal que mexer com beleza negra, principalmente a gente que mexe no salão, tem que tomar cuidado pra não deixar remeter ao racismo que hoje em dia tá aí.* (JC, 28 anos, cabeleireiro étnico) (grifo nosso)

No seu discurso, o cabeleireiro étnico entrevistado, ao atribuir um caráter inato à beleza do negro, desvela o conteúdo etnocêntrico de certos julgamentos estéticos que colocam o negro no polo da inferioridade e veem o seu padrão estético como feio e indesejável. Podemos pensar que, da mesma forma que os brancos podem ser considerados belos, os negros também o são. Por isso, para alguns entrevistados/as, usar a expressão "beleza negra" para se referir ao negro é redundante. Entretanto, alerta para o fato de que a insistência no discurso da beleza negra, principalmente se for proclamado pelas cabeleireiras e cabeleireiros étnicos, deve ser feito com cautela. Pode-se cair numa cilada da diferença e, ao exaltar a beleza do negro, "remeter ao racismo que hoje em dia tá aí". (JC, 28 anos, cabeleireiro étnico).

O discurso sobre a construção da beleza negra nos salões nos ajuda a compreender que, na vida social, vários temas culturais e sociais se entrelaçam para gerar a sensibilidade. Ao fazer um penteado, as cabeleireiras e os cabeleireiros jogam com diferentes aspectos dessa sensibilidade: falam sobre a sua história de vida, escutam as experiências, dúvidas e frustrações dos sujeitos, colocam o/a cliente em contato com referências simbólicas africanas, americanas e afro-brasileiras e, quando necessário, falam de seu posicionamento perante o racismo, suscitando longas conversas.

Nesse diálogo, a beleza negra como uma linguagem aparece ligada não só ao cabelo, mas ao estado emocional da pessoa. As cabeleireiras e os cabeleireiros étnicos trabalham com a sensibilidade das/os clientes. Se não considerassem o estado emocional da/o cliente, resultante das experiências desastrosas com o cabelo, o trabalho desses/as profissionais não seria bem-sucedido. É preciso que a/o cliente sinta-se negra/o e, ao fazê-lo, passe a valorizar o corpo, a cor da pele e o cabelo. Só quando esse processo começa a se instaurar é que a cabeleireira e o cabeleireiro étnico encontram espaço para realizar o tratamento capilar e vender o seu serviço.

Olha, Nilma, nós denominamos esses sistemas de avaliação ou anamnese do couro cabeludo dessa cliente. E existem muitas resistências. *Eu acho que a maior delas é pelo fato de que 99% dessas clientes, elas vêm de experiências trágicas, horríveis de outros salões ou até mesmo de aplicação inadequada de produto em casa mesmo, então ela já vem traumatizada desse sistema de tratamento capilar: alisamento, relaxamento, entre outros processos do salão. Elas chegam muitos resistentes, você tem que despender não só alguns segundos, mas às vezes horas pra estarmos explicando pra essa cliente, como funciona o tratamento, o verdadeiro tratamento capilar.* [...] Quando nós vamos trabalhar a avaliação desse cabelo, dessa cliente, *além da gente observar o estado do cabelo, a gente vai observar o estado emocional dessa cliente, como ela está emocionalmente, como a autoestima dessa cliente se encontra... Então nós vamos trabalhar tudo isso pra gente poder chegar num denominador comum que é tratar o cabelo, recuperar o fio e fazer com que essa cliente seja feliz. E, pra isso, às vezes a gente precisa de muito conversar, de muito argumentar com essa cliente...* (F, 26 anos, cabeleireira étnica) (grifo nosso)

A eficácia da manipulação dos temas da história de vida do/a cliente é o que confere maior credibilidade e destaque à cabeleireira e ao cabeleireiro. Muitas vezes, ela transforma a relação profissional em amizade e supera até mesmo as insatisfações dos clientes diante do serviço oferecido. Mesmo fazendo críticas ao lado profissional da cabeleireira, alguns clientes continuam frequentando o salão.

A capacidade de um penteado despertar os sentidos assim como a pintura, o poema, a escultura ou uma peça teatral, varia de um povo para outro e de sujeito para sujeito. Ela é, como todas as outras capacidades plenamente humanas, um produto da experiência coletiva que vai bem além dessa própria experiência. O mesmo se aplica à capacidade de criar essa sensibilidade onde ela não existe. Esta última capacidade é colocada em prática pelas cabeleireiras, principalmente com os/as clientes que entram pela primeira vez no salão, trazendo os cabelos totalmente danificados e que relutam, inicialmente, a adotar um penteado afro durante dois ou três meses de tratamento, julgando-o estranho, esquisito ou pouco usual. A sensibilidade provocada pelas cabeleireiras nessa cliente consegue levá-la a apreciar o novo penteado ou outro tipo de corte. Além do contexto do salão, do contato com a cabeleireira, as conversas com outras clientes que narram histórias parecidas e a leitura de revistas especializadas que apresentam diversos tipos e estilos de cabelo do negro interferem nesse processo.

Durante a realização do trabalho de campo e das entrevistas pude notar como a frequência ao salão étnico e o contato com o discurso, as práticas e experiências que exaltam a beleza do negro possibilitam aos sujeitos uma afirmação do "eu", uma autopercepção como um ser distinto no mundo, um sujeito mais reflexivo. A introdução do espaço do salão na rotina desses sujeitos coloca-os ante as questões da beleza do negro vividas na família e na infância e os leva a um posicionamento, no qual estão presentes dúvidas e contradições, diante dessa situação.

> *Não é querer estar bonito pros outros, eu quero ficar melhor pra mim, pra combinar mais com o meu "eu".*

> Olha, antigamente quando a gente falava na beleza negra, todo mundo assemelhava muito a traços dos negros, essa coisa toda. *De repente, houve uma mudança: o negro começou a se cuidar mais, a se preocupar mais com a imagem e também teve essa parte na mudança, mas a que eu acho que foi a mudança melhor pro estereótipo de beleza negra foi o negro se assumir como negro e bonito!* Por isso que o negro hoje em dia não tem vergonha mais de ser preto. Ele é negro e gosta de ser negro, tem a moda negra, hoje em dia já tem produtos direcionados à pele e por isso que eu acho que a melhor parte foi essa. *Quando se diz beleza negra: É ele se assumir como belo interiormente. Não a estética, o fora, como por exemplo: porque o negro é bonito, ele tá de terno... Não é isso! É aquela coisa assim: eu sou negro. Eu me sinto bem sendo negro e eu sou bonito assim!* É um ponto que eu acho que faltava nos negros, essa autovalorização deles. Essa coisa [...] de descobrir a beleza do negro. *Não só... aquela coisa que todo mundo sempre pensava, associava beleza negra a poderio econômico: o negro, não! O negro, porque tá na favela, não cuida da pele, não cuida... não é isso! A cultura negra é bonita, a música negra é bonita, tudo! Era só descobrir isso e se autovalorizar! Quando fala em beleza negra comigo, o conceito que eu tenho é esse: esse que tá vindo de dentro pra fora.* (J, 27 anos, agente judiciário) (grifo nosso)

O fato de serem espaços comerciais construídos por negros que estão desenvolvendo uma trajetória de sucesso, quando comparados com a situação socioeconômica da maioria da população negra brasileira, também cria uma identificação e possibilita a construção de um tipo de sensibilidade na relação estabelecida entre cabeleireira/o e cliente. As origens, as histórias, a luta dentro da comunidade negra, a batalha para se estabelecer profissionalmente no mercado de trabalho, no mundo da moda e da estética vividas pelas cabeleireiras e pelos cabeleireiros são muito semelhantes à trajetória dos clientes na sua busca pela ascensão social. De certa forma, os cabeleireiros e as cabeleireiras tornam-se uma referência étnica e racial positiva.

N: Você falou de quando conheceu o JC. Como é que fica o espaço do salão pra você? O que esse espaço significa pra você?

T: Nossa! Pra mim, acho que muita coisa, ouviu? *Porque... se você tem facilidade pra cortar o cabelo, mas tem, assim, o lance da amizade é que fica forte.* Apesar de ir uma vez por mês, sempre quando vou fico umas quatro a seis horas. Lá tudo... cara! É amizade, respeito, dignidade, honestidade, entendeu? Sem falar que o que eu acho mais importante neles, tipo assim, cara, são uns caras que estão sempre a fim de olhar pra frente, crescer. *Que eles são periferia, entendeu? O bom que eu acho... eu gosto deles porque são periferia. Então, eles conhecem a "merda" que vem lá do fundo. Os caras são... eles vieram de lá...* (T, 31 anos, jardineiro) (grifo nosso)

A construção cultural das categorias estéticas e a questão racial

Se concordamos que a estética tem relação com a sensibilidade humana, cabem, no campo estético, não somente as categorias do belo e da beleza, como também as do feio e da feiura, do sublime, do majestoso, do trágico, do cômico e do grotesco. Segundo Sánchez Vásquez (1999, p. 39-160), por mais importante que seja, o belo é apenas uma categoria particular entre outras, embora esteja relacionada com todas elas e, sobretudo, com a categoria mais geral do estético. Portanto, é válido afirmar que todo belo é estético, porém nem todo estético é belo.

Nesse sentido, as categorias estéticas que conhecemos não são construídas no vazio, mas na experiência sensível do homem com o mundo, localizadas no tempo e no espaço e mediadas pela cultura. A sua existência nas mais diversas culturas nos mostra que até mesmo as atividades consideradas mais racionais desempenhadas pelo homem e pela mulher são perpassadas pelo sentimento estético.

No estudo sobre a construção de uma estética do corpo, as categorias beleza e feiura são as mais utilizadas. Elas podem ser vistas como construções dentro de um sistema cultural e por isso não podem ser separadas da história e da realidade das quais são sua expressão e tampouco de sua própria história: a dos ideais estéticos e das realizações artísticas desses ideais.

De um ponto de vista antropológico, a relativização dessas categorias está intimamente ligada ao acento dado à diversidade cultural com base na qual elas ganham diferentes significados. Essa diversidade acontece tanto dentro quanto fora de determinado país ou continente, assim como pode apresentar variações dentro de um mesmo grupo cultural. Vejamos alguns exemplos de padrões de beleza africanos citados por Francine Vormese:

> Até os nossos dias, a África tribal desenvolve suas técnicas de sedução.
>
> *No Zaire, os Mangbetu desbastam os dentes incisivos superiores para formar um triângulo escuro e melhorar o sorriso. Os crânios dos bebês são enrolados e pressionados para alongar o rosto e, mais tarde as moças trançam com esmero seus cabelos num coque no alto da cabeça, encimado por uma fina coroa rígida.* Um perfil que pôde ser visto na coleção em que Jean-Paul Gautier apresentou exclusivamente manequins negras em seu desfile do Outono-Inverno de 96/97.
>
> Vieram os Níger, os homens que fascinaram o Ocidente nas últimas décadas. *Todo ano, em setembro, os pastores nômades Peul, os Wodaabe, encontram-se após a época das chuvas. É uma ocasião de folguedos: os homens se maquiam e se enfeitam antes de dançarem, para que as jovens elejam o mais belo dançarino e para que se formem amores sazonais. Sem se preocupar com o calor úmido, maquiam o rosto com uma pasta pura e uma linha amarela central, lábios negros, olhos cingidos de kajal e linhas de pontos brancos acima das sobrancelhas. Untam os cabelos com manteiga e os separam simetricamente em tranças espessas. Com frequência, raspam totalmente os cabelos da frente para aumentar a testa e valorizar mais as joias e o turbante branco coroado de tecidos.* É perturbadora sua graça feminina, seus traços finos, seus olhos faiscantes. Nessa festa, chamada do Geerewol, os homens dançam girando os olhos, com uma força mímica que a maquilagem acentua.
>
> Nos confins da África central e austral, numa sociedade pastoril, como a do Burundi de antes da guerra civil que devasta esse país desde 1993, *uma certa naturalidade é sinal de beleza. A mulher bela é alta, esguia sem ser magricela (ela precisa de força para executar os trabalhos dos campos). Dizem que sua silhueta é como o céu que desce à terra. Ela é louvada por seus olhos de "bezerro" – expressão inocente – e por sua córnea muito branca, seus dentes espaçados, sua pureza comparável com à água límpida. É apreciada pelas formas discretas, testa arredondada, às vezes raspada como entre o Ganwa, o clã da realeza, que, no começo do século XX, exibiam uma faixa de pérolas ressaltando a cabeça raspada.* (VORMESE, 2000, p. 242-244) (grifo nosso)

Sabemos que as variações de padrões estéticos acontecem entre grupos étnicos/raciais diferentes. Alguns antropólogos e antropólogas brasileiros destacam que a percepção de certos grupos indígenas sobre a estética corporal dos brancos e dos negros é pautada numa hierarquização. Estes, geralmente, tendem a considerar o branco como feio. Contudo, essa hierarquização aumenta quando é pensada em relação ao negro. É o que nos mostra Viertler (2000, p. 163-170), ao estudar os ideais de beleza do povo alto-xinguano.

Associada à brancura da pele está o ideal do ser humano forte, esteticamente expresso por uma estatura grande e maciça, corpo gordo e grosso. Indivíduos magros, de estatura delgada, são vistos como pouco resistentes ao trabalho e às batalhas, doentes, feios e pouco desejáveis. Além da pele e da estatura, o indivíduo belo deve ter o cabelo liso. Cabelos crespos não possibilitam o efeito estético do tipo de corte usado pelos alto-xinguanos e, juntamente com a pele escura, são considerados ingredientes de feiura.

Os índios classificam o "civilizado" como portador de maior fealdade que os indivíduos estranhos de outras aldeias ou tribos alto-xinguanas. É visto como tendo aparência de macaco, com pelos no corpo e no rosto, além de indumentária grotesca e posturas exageradas. Uma atitude tão etnocêntrica quanto a que os diferentes grupos da sociedade brasileira têm em relação a eles.

Um ponto que merece a nossa atenção nas constatações etnográficas da autora refere-se ao negro. Segundo Renate B. Viertler:

> E *dentre as distintas variedades raciais de "civilizados", os negros são considerados ainda mais feios, já que, além de possuírem hábitos estranhos, também possuem pele preta e cabelos crespos, atributos enfaticamente desvalorizados.* Por outro lado, os japoneses são vistos como belos e desejáveis, pois se assemelham ao fenótipo dos próprios alto-xinguanos. (VIERTLER, 2000, p. 170) (grifo nosso)

Há aqui um detalhe importante para a nossa reflexão: índios e negros não tiveram um processo histórico de colonização e exploração entre si. O que leva, então, os índios a "estranharem" o negro e sua estética? Será que o fato de ambos viverem no contexto da sociedade brasileira, com seus preconceitos e representações negativas, é o que leva a produção dessa atitude etnocêntrica? Ou é a diferença em si que produz tais comportamentos?

A utilização cultural de alguns aparatos sensoriais e a identificação das sensações variam culturalmente. Assim, as sensações de prazer e desprazer, a atribuição de beleza e de feiura àquilo que captamos por meio da visão e de outros sentidos, não são as mesmas para as diferentes culturas. Dizer que uma mulher é linda como uma gazela pode significar muito para um árabe, o que não será para uma jovem negra de Salvador. Mas, para essa jovem, ser chamada de deusa de ébano, e conferir ao bloco afro do qual faz parte um perfil azeviche, pode ser visto como um elogio. Dessa forma, ao tomarmos contato com uma cultura diferente da nossa, aquilo que, aos nossos olhos, pode parecer esdrúxulo, exótico ou deformado pode ser, para as pessoas daquela comunidade, sinônimo de beleza e de sensualidade. Por isso é importante que entendamos o que o grupo considera belo nos seus próprios termos.

Engana-se quem pensa que a construção cultural da beleza apresenta como principal característica o fato de ser inclusiva. De fato, ela pode servir de critério para aproximação e afirmação de um "nós" em relação a um "outro". Entretanto, quando a ideia de beleza é construída por um grupo, num contexto de dominação ou de diferenciação cultural, ela pode servir não só de marca distintiva como também discriminatória. Em nome da ausência de beleza, pode-se excluir e segregar. Nesse caso, a beleza é usada como referência para a criação do seu oposto: a feiura. E, ao eleger a feiura como aquilo que está fora do que atinge positivamente nosso campo sensorial, pode-se usar determinada concepção de beleza como hegemônica e hierarquizar pessoas, grupos, povos, raças e etnias. A feiura é uma construção cultural que atua como oposto da beleza. Ambas dizem respeito à relação exclusão/inclusão. Na tentativa de reverter uma realidade social que toma essas construções culturais como dados naturais é que os negros construíram politicamente o conceito de beleza e estética negra.

Desse modo, podemos concluir que tanto a beleza como a feiura são dois julgamentos coletivos, cuja eficácia depende do consenso que geram. Esse consenso varia muito no decorrer do processo histórico, das relações políticas, de poder e de uma cultura para outra. Todavia, em um mundo globalizado, os novos padrões de mercado e de consumo acabam construindo e tentando impor ao mundo certos padrões de beleza e de feiura considerados pelo Ocidente como universais e válidos para todos.

Apesar das esperanças e expectativas em torno do processo de globalização e sua decorrente quebra de fronteiras, a distância entre países ricos e pobres, entre o Ocidente e o Oriente, não diminuiu. As ditas universalização e hibridização dos padrões estéticos e culturais não têm sido acompanhadas de relações democráticas entre os diferentes povos. Apesar de reconhecer que esse movimento possibilitou certa flexibilização no padrão estético considerado universal, basta ligar a televisão, abrir as revistas de moda, observar o perfil dos artistas, as academias de ginástica e a ânsia pelo emagrecimento que invade tanto as classes médias quanto os setores populares para ver que ainda impera a crença de que a beleza é branca, o corpo bonito é o magro, e o cabelo liso é o "bom".

Esse padrão ideal invade a comunidade negra, cujo biótipo, principalmente feminino, não se encaixa na representação de magreza exigida pelo mundo da moda e que migrou para a sociedade mais ampla. Durante a 16ª Noite da Beleza Negra/2001, observei o silêncio e o clima de descontentamento de algumas pessoas presentes quando o salão Beleza Negra colocou homens mais velhos para desfilar, assim como mulheres gordas. Algumas delas eram formandas de um curso de cabeleireiro ministrado pelo salão. O público, majoritariamente negro, assustou-se quando viu as egressas do curso entrarem na passarela, ao som da música, muito bem penteadas, maquiadas e vestidas. As jovens, por sua vez, ficaram extremamente envergonhadas.

Quando pensamos o corpo conquanto um *locus* de expressão estética, é imperioso considerar que certas tendências atuais, que buscam uma estética corporal associada à ideia de uma coerência entre forma e proporcionalidade, também são julgamentos estéticos construídos no tempo e no espaço.

No caso da cor da pele, a produção de melanina, uma parte ínfima da nossa dotação genética, responsável pela diferença na aparência física, tem sido imperiosa na história das distinções humanas, relata Bonniol (1995, p. 186-187). Na construção da trama social, a cor da pele passa a ser um problema biocultural para aqueles que a possuem de maneira mais destacada no seu corpo.

Depois dos ataques terroristas ao *World Trade Center*, no dia 11 de setembro de 2001, nos EUA, assistimos a mais recente onda de xenofobia e racismo dos norte-americanos contra árabes e muçulmanos. Nesse caso, a religião como uma marca étnica não foi suficiente para aqueles que desejavam discriminar e excluir. Junto ao dado étnico, representado por uma religião secular professada pelos muçulmanos, o aspecto físico, expresso no corpo, por meio da cor da pele e dos demais sinais diacríticos, foi considerado como um elemento importante no critério de classificação usado pelos norte-americanos para hierarquizar e discriminar os povos árabes e seus descendentes.

Não foram poucas as reportagens mostrando que, nesse contexto de exacerbação da xenofobia norte-americana, qualquer pessoa cujo biótipo lembrasse os árabes seria agredida e discriminada. Dentro dessa classificação xenófoba e racista, vários mestiços brasileiros residentes nos EUA sofreram ataques violentos. Provavelmente, algumas dessas pessoas viveram suas primeiras experiências de discriminação racial e sofreram um impacto negativo diante do simbolismo atribuído à cor da sua pele num país de Primeiro Mundo. Nesse momento, a cor da pele é chamada à cena para discriminar.

A mestiçagem é um fenômeno que acompanha a história da humanidade. Mas o que nos intriga é o fato de que ela é sempre acompanhada de certo estranhamento. Talvez porque ela seja a concretização, por vezes visível, da mistura entre diferentes etnias e raças, muitas das quais se veem com base em uma perspectiva etnocêntrica. Dessa forma, a existência de um corpo mestiço e o desenvolvimento de uma lógica da mestiçagem associada ao corpo não são características exclusivas da sociedade brasileira.

Avaliando a presença de uma lógica mestiça na Europa, Bonniol (1995, p. 196-201) reflete sobre o fenômeno do bronzeamento. Segundo o autor, tal fenômeno pode ser entendido como das inovações culturais mais radicais do século XX, como uma mudança nos valores da humanidade, que antes privilegiava a brancura da pele e estigmatizava o bronzeado como aquilo que a estragava e a tornava feia. Atualmente, porém, é comum observarmos o crescimento de uma apologia ao corpo bronzeado, com o surgimento de técnicas sofisticadas por meio de aparelhos de bronzear, pela importância dada pela Medicina ao "banho de sol", pela busca das praias nos países tropicais. O bronzeamento, nessa perspectiva, pode ser visto de duas maneiras: como a manifestação de uma variação individual, uma modificação voluntária, que permite uma aproximação do "outro", a partir de critérios essenciais da diferença, e como a assimilação de uma lógica da mestiçagem, que remete ao questionamento da supremacia branca.

Ao lançarmos mão dessas reflexões para pensarmos sobre a especificidade racial da realidade brasileira, é fato que nos últimos anos, entre nós, o fenômeno do bronzeamento espontâneo também se tornou uma prática, sobretudo das classes médias. Quer seja por meios naturais, quer seja por meios artificiais é comum observarmos artistas, cantores/as e músicos/as ostentando um corpo bronzeado juntamente com cabelos pintados de louro ou totalmente descoloridos. Esse comportamento pode nos ajudar a problematizar ainda mais a questão racial e apontar alguns questionamentos: o bronzeamento pode ser visto como uma das facetas de um movimento de revisão ideológica do simbolismo do corpo do brasileiro, uma tentativa de liberação das marcas raciais construídas socialmente e que sempre privilegiaram a brancura da pele? Será que o bronzeamento na experiência brasileira também pode apontar para uma forma simbólica de aproximação do corpo mestiço? E essa aproximação poderia significar uma valorização de outro padrão estético, que não o branco hegemônico, no Brasil?

Diferentemente de outros países ocidentais onde esse fenômeno acontece, no Brasil, com o tipo de relações raciais aqui desenvolvido, a busca do corpo mestiço parece estar mais associada não ao questionamento da brancura da pele, mas ao distanciamento do padrão negro. Já vimos que esse é um processo tenso. As 136 categorias de cores com as quais o brasileiro e a brasileira se autoclassificaram no censo de 1980 revelam a presença de um conflito que se expressa por meio do nosso sistema de classificação racial. Dessa forma, o corpo mestiço do/a brasileiro/a, mesmo aquele produzido mediante bronzeamento artificial, não pode ser entendido fora do contexto do mito da democracia racial. Isso faz diferença quando comparamos o Brasil com outros países ocidentais em que pode ser observada a presença de uma lógica mestiça, seja ela qual for.

A fuga de uma realidade discriminatória, construída ao longo de um processo histórico e cultural baseado num passado escravista, leva o brasileiro ao escamoteamento do seu pertencimento ou das suas origens étnico/raciais. É a tentativa de se aproximar do tipo estético ideal, visto como representante da superioridade étnica, valorizado e aceito socialmente, a saber, o branco. No Brasil, o branco não é somente uma referência social, mas também estética.

No Brasil, ao mesmo tempo em que encontramos um quadro de negação e afastamento de um padrão negro desenvolvido, entre outras maneiras, através da apologia ao corpo mestiço, deparamo-nos com práticas conscientes e inconscientes de aproximação desse mesmo padrão negro que, socialmente, tanto se deseja negar.

Concluo, então, que esse movimento de negação/afirmação não é suficiente para apagar o peso da presença negra na discussão da mestiçagem no Brasil; pelo contrário, reforça-a ainda mais. Assim, até que ponto não podemos considerar que, ao falarmos e buscarmos um padrão mestiço, estamos, na realidade, afirmando o negro que pensamos negar? A imposição do padrão estético mestiço pode, em alguns casos, remeter-nos ao polo da negritude, e não ao da branquitude.

Por isso não é estranho encontrarmos uma gama ampliada de práticas culturais que privilegiam os sinais diacríticos negros presentes no corpo mestiço brasileiro e que vão além do bronzeamento. Basta lembrarmos de que ainda é uma prática comum entre nós encontrarmos mulheres brancas, de cabelos lisos, que adotam técnicas de manipulação do cabelo, por exemplo, a permanente, na tentativa de anelá-los e deixá-los com o aspecto crespo. Também encontramos rapazes brancos que adotam tranças e *dreadlocks*. Além disso, no imaginário social, a mulher brasileira considerada bela de corpo é aquela que apresenta o quadril e o bumbum avantajados e a cintura fina, algo típico das nossas raízes africanas.

Mesmo sob o crivo do preconceito, que é estrutural nas nossas relações raciais, podemos inferir que existe no Brasil um movimento ambíguo de aproximação/afastamento das referências negras e africanas. Muitas vezes isso se dá de maneira difusa e se mistura com questões de moda e estilo. Na minha opinião, trata-se de algo mais, de uma polissemia identitária, que nem sempre é discernida por aquele ou aquela que a vivencia. Os salões étnicos têm ocupado lugar importante na efetivação dessa mudança estética, já que são os espaços privilegiados onde essa polissemia se expressa.

No entanto, a mudança que se efetiva no campo da cultura ainda se faz insuficiente para que a cultura negra seja vista de maneira positiva, e a estética corporal africana seja vista como portadora de beleza tanto no Brasil quanto em outras sociedades. Encontramos o mito do branqueamento representado não só na imagem apresentada pelo cantor norte-americano Michael Jackson, nos anos 1980, mas também em alguns rituais de países africanos. Segundo Vormese (2000, p. 248), ácidos, detergentes, coquetéis à base de água sanitária ou de revelador fotográfico fizeram estragos em países da África Ocidental. A autora cita uma experiência existente em Dakar – nomeada *rhassel* – cuja aplicação de produtos provoca um amarelamento da pele. Segundo ela, o crescimento do apelo ao orgulho da cor negra pode ser considerado como um dos fatores que conseguiu amenizar essa prática, embora ainda seja possível encontrar revistas femininas africanas, como é o caso da *Amina*, que ainda enaltece os produtos clareadores.

Bonniol (1995, p. 199-200) também nos fala sobre práticas africanas de clareamento da pele. Algumas delas consistem na utilização de produtos químicos ou farmacêuticos, que normalmente são empregados para o tratamento de dermatoses, com outra finalidade: clarear a pele. O autor discorre sobre o *xessal*, um termo utilizado atualmente no Senegal para designar as práticas brutais de despigmentação voluntária da pele.

Para a realização de tal prática, os africanos já utilizavam variada farmacopeia popular. No entanto, Bonniol (1995) destaca o *xessal* como um novo rito que diz respeito, essencialmente, às futuras esposas dos homens de classe média ou superior, as quais passam por um processo de reclusão antes do casamento, a fim de se consagrarem inteiramente a uma espécie de metamorfose, longe dos olhos alheios.

Em primeiro lugar, surge a fase da "queimadura", que se efetua com os produtos detergentes industriais. A pele toma então um aspecto de crosta muito parecido com a de um leproso ou evocando uma doença de pele. Decorre, então, uma segunda fase – o "aplainamento" –, destinada a limpar a pele morta e alisar a pele. O efeito do branqueamento pode então começar, uma vez que esse preâmbulo abrasivo tenha sido efetuado. Ele é realizado a partir da ação de produtos à base de cortisona (cremes dermatológicos) ou de cosméticos. No dia do casamento, a jovem mulher sai da reclusão, "mais clara" e "bonita". Ela deve apresentar a pele com uma cor "amarelo-mostarda" para merecer a admiração de todos.

Essa prática, ainda segundo Bonniol (1995, p. 200), provoca, evidentemente, diversas manifestações mórbidas, visto que as peles tratadas nesse ritual tornam-se muito frágeis e podem desenvolver doenças. Mas os perigos não impedem a difusão da moda. Temos aí uma situação ambígua entre o desejo de identificação com um padrão branco e a existência de determinada realidade biológica. No caso estudado, os homens negros manifestam preferência implícita por mulheres mais claras, de onde emerge, da parte das mulheres negras, uma resposta estética a esse desafio colocado em torno da aparência física.

O estudo do *xessal* revela o quanto essa prática cultural pode ser considerada, também, como uma nova manifestação da crença na possibilidade de uma beleza obtida ao preço da dor.

Estamos diante de uma dominância histórica difícil de se apagar pela forma como se impôs. No Brasil, a representação da estética corporal reside ainda, malgrado as variações e particularidades, marcada pelo racismo que prima, entre outras coisas, pela categorização e hierarquização cromática. Daí se origina, sem dúvida, uma pregnância particular: a beleza é colocada sob o signo da fatalidade biológica (BONNIOL, 1995, p. 201). Vemos, então, a força do preconceito, impressa na forma como a cor da pele é vista pela sociedade. Em torno dessa são construídos os mais variados estereótipos, associando-a à beleza e à feiura. O racismo científico se aproveitou dessa construção histórica e cultural e usou do argumento estético como mais uma justificativa, entre as muitas por ele criadas, para atestar a suposta inferioridade racial dos negros.

Algumas reflexões sobre a arte negra
e a expressão estética ocidental

O início do século XX é marcado pelo reconhecimento, por parte da elite ocidental, da dimensão estética das civilizações africanas como a arte negra ou africana. Esse momento histórico pode ser considerado como um passo em direção ao declínio da supremacia da brancura e marca o olhar contemporâneo sobre outros padrões estéticos, provocando o alargamento dos padrões ocidentais (BONNIOL, 1995, p. 197).

O pintor espanhol Pablo Picasso foi um dos que se encantou com a arte negra a ponto de deixar-se influenciar por ela. Ao visitar uma exposição do Museu de Trocadero, hoje Museu do Homem, em Paris, o pintor se maravilhou com a força simbólica das máscaras africanas. Para ele, elas eram mágicas, eram como se fossem armas usadas pelos africanos para se libertarem dos espíritos, tornando-se independentes. Segundo o filósofo Somé (1998, p. 125), a "integração do objeto no espaço da tela" pode ser considerada uma das contribuições da arte negra para os problemas plásticos encontrados por Picasso. Esse mundo negro passou a fazer parte do repertório artístico do pintor espanhol, resultando em repercussões positivas para a consolidação da expressão estética africana no mundo das artes (ABREU FERNANDES, 2000, p. 60-61).

A arte negra também trouxe contribuições para o trabalho de Matisse. Segundo Somé (1998, p. 125), ela o ajudou a resolver o "problema da expressividade da linha e da composição". Roger Somé ainda acrescenta que esses pintores, naquela época, não podiam imaginar o quanto o seu interesse pela expressão estética africana seria decisivo para o reconhecimento da arte negra, na Europa. O autor também afirma que essa arte significou expressiva fonte de inspiração para Gauguin, considerado o pioneiro do "primitivismo".

No entanto, apesar desse reconhecimento, quando refletimos sobre a arte africana, encontramos, ainda hoje, uma tensão entre esta e a produção estética ocidental. Essa tensão não se localiza apenas no campo mais restrito da arte, mas, como já vimos nesta pesquisa, amplia-se para as mais diversas expressões estéticas negras e africanas, entre estas, a estética corporal, a arte dos penteados e dos adornos.

Tentando problematizar essa tensão no campo específico da arte, Somé (1998) levanta algumas considerações sobre a relação entre a arte africana e a estética ocidental, as quais nos dão elementos para pensar, de uma forma mais alargada, o objeto dessa pesquisa. É com base nessa perspectiva que ele analisa a estatuária "lobi" e "dagara" do país africano Burkina Faso, localizando-a no contexto da Antropologia, da Filosofia e da Arte.

No desenvolvimento da sua argumentação, Somé (1998) coloca duas questões centrais: como podemos pensar a obra de arte africana no interior da Estética conquanto uma disciplina filosófica, fundada no fim da primeira metade do século XVIII por Baumgarten e que continua, principalmente, em Kant? Qual poderia ser a pertinência dos conceitos filosóficos na abordagem dessa arte?

Para responder a essas questões, o autor dialoga, especialmente, com a concepção de belo e de beleza em Baumgarten (1714-1762) e em Kant (1724-1804), a fim de refletir em que condições um discurso de tipo estético poderia ser formulado a propósito da obra de arte africana. Segundo ele, o filósofo alemão Baumgarten concebia a beleza como a manifestação sensível, a aparição fenomênica da perfeição de um objeto.

> *O fim visado pela Estética é a perfeição do conhecimento sensitivo como tal. Esta perfeição, todavia, é a beleza. A imperfeição do conhecimento sensitivo, contudo, é o disforme, e como tal deve ser evitada.* [...] Enquanto ainda nos abstraímos da sua ordem e dos seus signos, a beleza universal do conhecimento sensitivo será: 1) o consenso dos pensamentos entre si em direção à unidade; consenso este que se manifesta como a beleza das coisas e dos pensamentos, que deve ser distinguida, por um lado, da beleza do conhecimento, da qual é a primeira e principal parte, e, por outro, da beleza dos objetos e da matéria, com que é errônea e frequentemente confundida, devido ao significado genérico da palavra "coisa". As coisas feias, enquanto tais, podem ser concebidas de modo belo; e as mais belas, de modo feio. (BAUMGARTEN, 1997, p. 78-79) (grifo nosso)

Para Somé (1998, p. 281-286), na medida em que a beleza é definida, através da perfeição, como uma adequação entre a aparência e a essência das coisas, torna-se difícil perceber essa mesma beleza nas produções da arte negro-africana. Ele questiona: é possível aplicar à arte negro-africana essa definição de estética, fundada sobre a noção de perfeição? Qual adequação pode ser encontrada na estátua de um ancestral *dagara*, por exemplo, muito sumária na sua morfologia (ela se apresenta na forma de um "Y" ao contrário)? Como podemos saber, mesmo por um *lobi* ou por um *dagara* "puros" que as estátuas antropomórficas destinadas à adivinhação, em certos casos, têm uma aparência sensível adequada à sua essência, quando se sabe que essas estátuas são, na realidade, presentificação de divindades sobre as quais não se conhece a morfologia?

Figura 1. Dáñívr (altar da família), país dagara-lobr/fev., 1990. In: SOMÉ, Roger. *Art africain et esthétique occidentale*. Paris: L'Harmattan Inc., 1998. p. 75.

Figura 2. Estatuetas de adivinhação, país lobi. In: SOMÉ, Roger. *Art africain et esthétique occidentale*. Paris: L'Harmattan Inc., 1998. p. 124.

De acordo com Somé, mesmo quando essas estátuas são consideradas como imagens de gênios da floresta, sua forma apresenta uma adequação aproximativa à morfologia humana, de onde se origina uma ausência de perfeição. Podemos afirmar, então, que as estátuas são, nesse caso, pelo menos símbolos, e, como tais, não haverá jamais adequação entre a forma sensível, aparente, e a essência da coisa representada. Se alguma adequação fosse possível, ela seria parcial, o que significa que a perfeição não teria sido atingida.

A tentativa de aplicação da definição baumgarteana do belo às estátuas *lobi* e *dagara* revela que não há uma conformidade entre esta e a arte negro-africana, porque o fundamento verdadeiro dessa arte é a religião. Não existe estátua negro-africana tradicional que não seja a presentificação de uma divindade, com exceção das estátuas de comemoração (as esfinges dos reis ou as placas comemorativas das cenas de guerra). Para Roger Somé, a noção de adequação perfeita constitui, então, um obstáculo à consideração dessa arte no discurso estético ocidental.

Além desse primeiro obstáculo, Roger Somé discute que alguns outros dados da estética ocidental não autorizam a integração da arte negro-africana ao seu domínio. Encontramo-nos, então, diante das discussões em torno da estética kantiana. Desse ponto de vista, a beleza é definida na "relação do sujeito com o objeto". Kant opõe à estética do conhecimento de Baumgarten uma estética do sentimento, já que pensou "o belo" do ponto de vista universal. Para ele, o belo emerge unicamente da subjetividade; é por essa razão que a universalidade da qual ele fala é uma "universalidade subjetiva". De acordo com Kant (1997, p. 98):

> [...] os conceitos não oferecem nenhuma passagem ao sentimento de prazer ou desprazer (exceto em leis práticas puras, que, porém, levam consigo um interesse, semelhante ao qual não se encontra nenhum ligado ao juízo de gosto puro). Consequentemente, se tem que atribuir ao juízo de gosto, com a consciência da separação nele de todo interesse, uma reivindicação de validade para qualquer um, sem universalidade fundada sobre os objetos. *Isto é, uma reivindicação de universalidade subjetiva tem que estar ligada ao juízo de gosto.* (grifo nosso)

Ainda segundo Kant: "É belo aquilo que apraz universalmente sem conceito" (1997, p. 104). O objeto do prazer ou do desprazer, isto é, um sentimento que o sujeito experimenta, pode ser tanto um objeto natural quanto uma obra de arte. Em consequência, a "estética", em Kant, trata tanto do belo natural quanto do belo artístico. O belo em Kant não reside no objeto nem no sujeito, mas na relação de um com o outro. "Para distinguir se algo é belo ou não, referimos a representação, não pelo entendimento do objeto em vista do conhecimento, mas pela faculdade da imaginação (talvez ligada ao entendimento) ao sujeito e ao seu sentimento de prazer ou desprazer" (KANT, 1997, p. 93).

Somé (1998, p. 282-283) discorre que, com Kant, a sensibilidade como domínio de expressão da estética deixa de ser uma maneira de conhecimento para tornar-se a enunciação de um sentimento que o sujeito pode formular na presença de uma obra de arte. Para Kant, a atitude estética consiste no fato de o sujeito poder anunciar um julgamento desinteressado sobre a obra. Isso significa que não se deve levar em conta, no momento do julgamento, alguma outra consideração senão aquela da beleza do objeto. É porque para Kant o gosto é a faculdade de ajuizamento ou de um modo de representação de um objeto sem nenhum interesse por uma satisfação ou insatisfação (KANT, 1997, p. 98). Dessa forma, para poder julgar é indispensável que o objeto possa afetar nossa sensibilidade (daí o nome julgamento do gosto).

Valendo-se da perspectiva kantiana, é difícil conceber uma estética negro-africana ou, ao menos, submeter a arte negro-africana à análise da estética ocidental (SOMÉ, 1998, p. 282-284). Com efeito, a maioria das obras de arte africanas, com exceção daquelas guardadas ainda nos museus, principalmente no Ocidente, é mantida em segredo e encontra-se, por conseguinte, na impossibilidade de afetar um sujeito.

No entanto, Somé (1998, p. 282-283) admite que existem na África negra obras de arte que não estão escondidas em câmaras escuras. Esses objetos são perceptíveis por todo indivíduo. Poderíamos pensar, então, que o fato de essas obras serem acessíveis a todo indivíduo é uma ocasião para o sujeito poder enunciar um julgamento. Isso realmente acontece. No entanto, se esses objetos são vistos, eles o são por acidente. Dito de outra maneira, a exposição de que se trata não é desejada. Ela responde a uma necessidade, e não a uma escolha. Assim, se o altar do mercado entre os *lobi* e os *dagara* está instalado sobre uma superfície do território da vila consagrada a esse fim, é porque ele manifesta a presença da divindade destinada a manter a segurança tanto das pessoas quanto dos bens que estão nesse lugar. Mesmo estando expostos, esses produtos de arte negro-africana não estão instalados com o objetivo da observação e da contemplação. Ainda que sejam vistos por todos, logo, capazes de afetar a sensibilidade de um sujeito, eles permanecem envolvidos em um profundo segredo que não é sempre fácil de penetrar. Essa persistência do segredo no "apercebimento", ou melhor ainda, essa impossível visão no visível é o que atesta que esses objetos não são destinados à exposição.

Nesse sentido, Somé (1998, p. 283) considera que essa ausência de liberdade dos produtos de arte negro-africana constitui um segundo obstáculo à entrada dessa arte no horizonte da estética ocidental. Essa ausência é, além do mais, reforçada pela submissão do objeto a um uso que lhe confere uma função social. Com efeito, toda obra de arte na África negra tem um caráter religioso e, como tal, serve sempre a um dado culto. Esses objetos são produzidos num contexto religioso e todos os reconhecem, pois, até mesmo nas exposições de arte negro-africana, eles geralmente são acompanhados de notas explicativas e comentários assinalados no catálogo, a fim de expor a função religiosa de cada peça na sociedade à qual ela pertence.

Segundo Somé (1998, p. 284), ao observarmos essas peculiaridades, um discurso estético sobre a obra africana, na perspectiva kantiana, parece comprometido na medida em que ela é feita inicialmente para uma função religiosa. Para sairmos desse impasse, faz-se necessário o desenvolvimento de uma estética africana e de uma filosofia de base africana capazes de abarcar as especificidades estéticas desse povo, ou seja, a sua forma de ser, pensar e de relacionar-se esteticamente com o mundo.

As colocações mais gerais de Roger Somé sobre o campo da estética parecem se aproximar da reflexão de Adolfo Sánchez Vásquez de que: "Longe de desligar forma e função, e de considerar estético o que perdeu sua função original, a relação estética se enraíza em sua própria unidade. Com isso, o campo dos objetos, atos ou processos com os quais cabe entabular uma relação estética se estende consideravelmente" (SÁNCHEZ VÁSQUEZ, 1999, p. 103).

Também as contribuições do antropólogo Geertz (1999, p. 146) ajudam a ampliar a reflexão sobre a produção estética que se dá fora dos padrões ocidentais. Geertz observa que, em qualquer sociedade, a definição de arte nunca é totalmente intraestética. Na verdade, na maioria das sociedades, ela só é marginalmente intraestética. O maior problema colocado pelo surgimento da mera presença do poder estético, seja qual for a maneira como ele se apresente ou a habilidade que o produziu, é como anexá-lo às outras formas de atividade social, como incorporá-lo na textura de um padrão de vida específico. E essa incorporação, esse processo de atribuir aos objetos de arte um significado cultural, *é sempre um processo local.*

Assim, o que é arte na China ou no Islã, nos seus períodos clássicos, não é a mesma coisa do que é considerado arte no Sudeste Pueblo ou nas montanhas da Nova Guiné, mesmo que partamos do pressuposto de que as qualidades intrínsecas que transformam a força emocional em coisas concretas possam ser universais (GEERTZ, 1999, p. 146).

Uma das contribuições trazidas pelas análises de Geertz (1999) e de Somé (1998) para a presente pesquisa refere-se ao fato de que ambas ponderam que a abordagem utilizada por algumas correntes da estética ocidental e por qualquer tipo de formalismo *a priori* nos cega diante da existência de dados culturais e históricos. Quando são considerados, esses dados possibilitam a construção de estudos comparativos e nos liberta de julgamentos estéticos etnocêntricos.

Nesse sentido, a discussão sobre beleza e expressão estética negra apresentada nesta pesquisa não se limita ao campo da filosofia da arte pois:

> [...] embora para a Estética a arte seja um objeto de estudo fundamental, não pode ser exclusivo. Por mais importante que seja para ela, é apenas uma forma do comportamento estético do homem. A importância que a arte alcança na relação estética do homem com o mundo é um fenômeno histórico: surge e se desenvolve no Ocidente a partir dos tempos modernos. *Mas a relação estética, como forma específica da apropriação humana do mundo, não se dá apenas na arte e na recepção de seus produtos, mas também na contemplação da natureza, assim como*

no comportamento humano com objetos produzidos com uma finalidade prático-utilitária. (SÁNCHEZ VÁSQUEZ, 1999, p. 42) (grifo nosso)

Diante do exposto, afirmo que é possível pensar a produção da beleza e da expressão estética negras no universo dos salões étnicos. A problematização realizada principalmente por Somé (1998) em relação à arte africana no interior da Estética nos ajuda a refletir sobre as outras produções artísticas dos povos africanos e dos seus descendentes espalhados na diáspora. Assim, a música, os adornos, os grafismos corporais e os penteados podem encontrar um lugar nas discussões sobre a estética. Essa postura intelectual poderá nos ajudar a construir uma outra concepção de estética mais alargada e mais local, sendo possível, então, falar de "beleza negra".

Penteados "afros": continuidade e recriação de elementos culturais africanos no Brasil

A arte africana demonstra a estreita relação dos africanos e das africanas com o corpo. As esculturas, na sua maioria, trazem detalhes como tipo de penteado, tatuagens, escarificações, sinais de prestígio etc. São, pois, representações da vida social das diferentes etnias que povoam o continente africano.

Nesse sentido, não há como estudar a produção artística africana sem considerar o lugar dado aos amuletos, aos instrumentos musicais, às joias, às máscaras, às danças na sua relação com um simbolismo muito complexo. De modo geral, essa arte expressa a forte presença da mulher e o simbolismo do corpo, dois elementos fundamentais no modo de ser das diferentes etnias.

Segundo o historiador da arte Neyt (1993, p. 170), ao analisarmos a cultura dos *luba* (República Democrática do Congo – antigo Zaire), poderemos ver com clareza como a representação da mulher está presente, de forma simbólica, nas diferentes expressões artísticas desse povo. A mulher está intimamente ligada às forças telúricas. Ela guarda uma ligação com a terra, em razão de receber desse elemento da natureza energias benéficas, o que pode justificar certos ritos ligados ao nascimento e praticados pelas mulheres, tais como: enterrar a placenta e o umbigo da criança e ainda colocá-la sob o sol. A mulher é a fonte do sagrado sempre venerada e respeitada como aquela que transmite a vida porque é ela que ouve a mensagem dos deuses e, pelos seus dons de vidência e de magia, pode interpretá-la.

Assim, entre os *luba*, o corpo da mulher destaca-se tanto nas representações esculpidas quanto na vida cotidiana. Em ambas, os penteados apresentam-se como uma característica marcante. Eles são extremamente sofisticados e exprimem, ao mesmo tempo, a unidade da cultura *luba* e sua grande diversidade.

As esculturas *luba* contribuíram muito para o conhecimento da história da evolução dos penteados desses grupos culturais. Essas esculturas, não só dos *luba*, mas de outros povos africanos, uma vez que reproduzem com maestria certos penteados, atestam a importância simbólica deles. Entre os africanos, os artistas eram considerados membros especiais da comunidade, e acreditava-se que o ofício por eles desenvolvido fora aprendido com os espíritos, e não com os mortais. Essa representação da figura do artista demonstra por si só a importância, para os africanos, não só do uso de diversos penteados, como também das pessoas responsáveis pela sua realização.

Os estudos sobre as esculturas africanas, ao mostrar a evolução histórica dos penteados, revelam-nos todo um percurso de mudança, recriação e extinção de alguns deles. Ao estudá-los juntamente com dados históricos, relatos dos viajantes e exploradores, mapas e desenhos, podemos recompor um pouco do contexto cultural e histórico de povos que viveram séculos passados e que nem sempre nos deixaram registros escritos.

Um bom exemplo dessa recomposição é o estudo sobre o penteado em forma de cruz usado pelos *luba*, desaparecido progressivamente na primeira metade do século XX. De acordo com François Neyt, esse penteado aparecia entre todos os povos que compunham os *luba* orientais na região de *Lukuga*, de *Luvua* até os arredores de *Upemba*, na região de *Mwanza*. Além de representar os signos de vidência, esse penteado refletia o papel real e simbólico da mulher. Vejamos, de maneira resumida, uma descrição etnográfica desse penteado:

> O volume semiesférico do chifre de cabrito, prolongando de forma cheia e arredondada da fronte e do alto da cabeça raspada, evoca o céu. As quatro tranças que se dobram sobre a nuca simbolizam as direções do universo: o levante e o poente, o norte à direita e o sul à esquerda. O penteado se apresenta, então, como um cruzamento onde os espíritos se juntam e depois se dispersam. A forma de diadema, composta de triângulos alternativos, evoca a complementaridade dos homens e das mulheres, tem relação com a célebre divisa dos adivinhos mbudye, "todos por um e um por todos" e testemunha o status social da mulher que porta tal penteado. Num outro sentido, essa mulher está ligada à autoridade política do reino. (NEYT, 1993, p. 172) (tradução livre)

O penteado em forma de cruz refletia o status social de certas princesas. Assim, um penteado ritual feito de ráfia chamado *kibanga* identificava as mulheres encarregadas da cozinha real. Entre os *sungu*, outra forma de penteado particularmente elaborado servia para distinguir os membros de uma classe dos da aristocracia.

Além da mulher, a dimensão econômica também era representada nos cabelos. Neyt (1993, p. 172) relembra um mito *tabwa* que narra como *Kyombo Nkuwa*, o chefe da migração, teria transportado no espaço oco do cabelo recoberto pelas tranças, os elementos essenciais da cultura: os grãos das plantas comestíveis, considerados o fogo vital. A cabeleira funcionava como cesto. Mais ainda, posteriormente, sacudindo os cabelos em seus rituais de lamentação, o herói seria a origem da agricultura. A história de *Kyombo* corrobora o poder mágico da cabeleira para os africanos.

O autor enfatiza que os penteados elaborados dos povos do norte de *Shaba* e do *Maniéma* chamaram a atenção dos primeiros exploradores europeus, entre os quais citamos Edward C. Hore e V. L. Cameron. O segundo encantou-se com a elaboração e a arte dos cabelos dos africanos. Ao observar a forma como esses povos se penteavam, Cameron também destacou a existência de um penteado cruciforme. Segundo ele, alguns povos africanos dividiam o cabelo em quatro partes, de cada qual surgiam montes que se cobriam como almofadas. Em seguida, esses montes eram trançados e completados com falsos cabelos, caso fosse necessário. As quatro tranças eram, em seguida, presas por último a um chifre de cabrito onde formavam uma cruz. O penteado se completava com espetos ou numerosos alfinetes de ferro ou prata, plantados na nascente dos cabelos da cabeça formando uma fita, às vezes, substituída por duas filas de *cauris*.

Ainda de acordo com Neyt (1993, p. 173), Joseph Thompson, em 1880, teve a chance de assistir como eram feitos os penteados na vila de *Makalumbi*, sobre o médio *Lukunga*, perto do rio *Niemba*. Ele ficou fortemente impressionado pelas técnicas que, para compor o penteado, utilizavam óleo e pó vermelho misturados com água. Após acompanhar a realização de um penteado durante dois dias inteiros,[2] Thompson concluiu (com surpresa!) que a lei da moda imperava na corte africana tanto quanto nos círculos sofisticados de Paris ou Londres.

---

[2] Nos salões étnicos investigados, a realização das tranças jamaicanas e alongamentos dura em média 12 horas.

Quando retomamos alguns penteados contemporâneos realizados no interior dos salões étnicos, podemos ver algumas evidências africanas nas práticas da diáspora, sobretudo entre os negros brasileiros e os norte-americanos. Nas revistas especializadas, nacionais e importadas, encontradas nos salões, nas recordações das entrevistadas sobre os penteados usados durante a infância e nos desfiles afros acompanhados durante o trabalho de campo, pude perceber a presença de penteados complexos e de tranças elaboradas. Juntamente com coques, alongamentos, alisamentos e cabelos pranchados, os penteados configuram a arte e a técnica de pentear dos cabeleireiros e das cabeleireiras étnicas.

Os campeonatos de cabeleireiros, os *shows*, as feiras étnicas e os congressos de estética e de beleza são os locais privilegiados pelas cabeleireiras e pelos cabeleireiros étnicos para a realização de penteados complexos e criativos. Alguns profissionais dos salões investigados já foram várias vezes premiados pela exuberância e criatividade do seu trabalho. (Fotos 61, 62 e 63)

Ao conversar com mulheres negras sexagenárias, encontrei uma descrição de um penteado usado com frequência durante a infância que muito se assemelha, em alguns aspectos, ao penteado em forma de cruz, usado pelos *luba*. Eis a descrição narrada pela minha mãe durante uma das nossas muitas conversas sobre penteados usados pelas mulheres negras. Segundo ela, no seu tempo de menina, as negras usavam sempre um mesmo penteado. Ela não se lembra de um nome específico, mas o resultado era uma divisão de todo o cabelo em quatro partes, formando uma cruz. Na confecção desse penteado, primeiro dividia-se o cabelo no meio, do alto da testa até a nuca. Depois fazia-se outra divisão de uma orelha a outra. Ao final, tínhamos todo o cabelo dividido em quatro partes ou montes, formando, no meio, uma cruz. Cada um dos montes de cabelo era trançado, dando origem a quatro grupos de tranças, parecidos com almofadas. O acabamento variava de acordo com o comprimento dos cabelos. Nos cabelos longos, no sentido da testa para a nuca, tanto do lado direito quanto do esquerdo, embutiam-se as tranças uma na outra. As quatro pontas viravam duas, as quais eram enroladas na nuca, formando um coque ou uma grande pituca. Esse resultado era preso com um grampo para ficar bem firme. Podia-se, também, em vez do coque, dobrar as pontas das duas tranças embutidas na nuca, nas quais amarrava-se uma fita branca. Se o cabelo era curto, no lugar de embutir as tranças, procedia-se de outra maneira. Cada um dos quatro grupos de cabelos trançados eram enrolados, formando pitucas ou pequenos coques. Ou, então, procedia-se da mesma maneira usada para os cabelos longos, embutindo as tranças, porém não formando um coque.

Esse tipo de penteado era feito de dois em dois dias, já que ele não desmanchava fácil. No intervalo desses dois dias, molhava-se o cabelo por cima e passava o pente alisando os fios que ficavam levantados e, assim, as crianças, moças e mulheres adultas viviam o seu cotidiano. Entretanto, segundo minha mãe, uma coisa era certa: ninguém usava o cabelo crespo solto naturalmente. Ele estava sempre preso. Só quando o pente quente e os cremes de alisar começaram a ser mais divulgados e usados pelas negras é que o penteado em forma de cruz deixou de ser usado. Esse mesmo penteado em forma de cruz, hoje, é feito numa versão mais moderna e estilizada pelos salões étnicos e tem sido muito usado pelas jovens negras da atualidade. (Foto 64)

Outro estudo realizado por Neyt (1977) sobre os penteados, as perucas, as tatuagens e os emblemas de prestígio dos *hemba* (República Democrática do Congo – antigo Zaire) é também uma rica fonte para refletirmos sobre os penteados africanos como forma de expressão artística e da cultura. Esse estudo também retoma os documentos escritos pelos primeiros exploradores europeus e os dados recolhidos da tradição oral, destacando que esses oferecem denso panorama da cultura dessa etnia africana expressa na sua estatuária. Esses penteados luxuosos e complicados adornavam a cabeça tanto dos homens quanto das mulheres.

Tomando-se por base o estudo da estatuária *hemba*, tornou-se possível a realização de uma tipologia dos penteados, os quais refletem os costumes oriundos de tradições ancestrais e também fornecem elementos para percebermos a sua continuidade, mesmo de forma recriada, nas técnicas corporais dos negros e das negras contemporâneos.

Segundo Neyt (1977, p. 401), na segunda metade do século XIX, diversas causas afligiram o poder dos *urua*[3] e das grandes famílias que os compunham: brigas internas dos clãs e entre grupos étnicos, as quais eram favorecidas pelos árabes, pela expansão escravagista, pelas doenças e pelas mudanças

---

[3] Esses povos designam todo o país compreendido entre o Lualaba ao Oeste e o lago Tanganika ao Leste. Explorados por seis expedições diferentes, foram penetrados sucessivamente por Livingstone em 1870, Cameron em 1874, Stanley em 1876, Thomson em 1878, Wissmann em 1882, e Reichard em 1886.

sociais. Mas apesar desses fatores, além do prestígio dos grandes chefes de *Uguha*, o que causava admiração até ao viajante mais desapercebido eram os exuberantes penteados desses africanos e de suas princesas.

Ao olhar algumas revistas norte-americanas direcionadas para cabeleireiros étnicos, é possível perceber semelhanças entre os penteados realizados pelos *hemba*, estudados por Neyt (1977) e os negros contemporâneos. (Fotos 65, 66 e 67)

Os costumes das diferentes etnias africanas, no que se refere às artes e aos adornos corporais, não eram iguais em todas as regiões. Havia diferenças na forma como o cuidado com os dentes se apresentava, como confeccionavam arcos e flechas e também na feitura dos penteados, principalmente os que eram produzidos com chifres de cabrito e couro. Tais peculiaridades foram notadas pelos exploradores europeus. Segundo Neyt (1977, p. 404), Cameron descreveu que alguns povos africanos recobriam os cabelos de lama e óleo, enrolando-os e dando-lhes o aspecto de cristas bem contorcidas que davam à sua cabeleira certa semelhança com a peruca de um magistrado inglês. Não era de se estranhar a comparação. Diante de uma cultura tão diversificada e tão rica, só restava ao europeu tentar encontrar no "outro" evidências que o assemelhavam ao seu mundo. É nesse contato, em que buscamos e encontramos algo de familiar naquilo que é estranho, que reside o encontro cultural, marcado pela existência, em todo grupo humano, em qualquer lugar e em qualquer época, de elementos universais e particulares.

Neyt (1977, p. 404) ainda relata que depois de *Kolommanba* e *Louloumbidjé*, a expedição de Camerom atingiu *Maniéma* e chegou à *Kabambare*. O explorador europeu notou diferenças radicais nos penteados, as quais merecem ser destacadas. Segundo a sua descrição, geralmente os penteados masculinos eram empapados de argila e trabalhados de maneira a formar cones e placas. Algumas vezes, escamas pendiam em torno da cabeça, e nos cones eram passados anéis de metais. Entre essas placas de argila, os cabelos eram completamente curtos ou rapados.

Figura 4. NEYT, François. *La grande statuaire hemba du Zaire.* Louvain:-la-Neuve/Institut Superieur d'Archéologie et d'Histoire de l'Art, 1977. p. 403

O autor ainda discorre que Stanley, outro explorador europeu, também registrou observações sobre os cabelos dos africanos. Ao se encontrar com o chefe *Kitete*, ele ficou impressionado com a riqueza da sua barba trançada, ornada com pérolas azuis e seus cabelos levantados e puxados para trás, formando um chifre de cabrito, feito com muito esmero.

Os diversos povos africanos reproduziam nos seus penteados formas encontradas no seu meio natural. Além disso, usavam elementos da natureza para compor os adornos dos penteados, tais como búzios, plantas e sementes coloridas. Também nas estampas das roupas eles reproduziam as cores presentes no seu *habitat*.

Podemos observar que, embora apresentem transformações, os penteados complexos continuam sendo uma forte marca na estética do negro da diáspora. Ao compararmos os penteados reproduzidos na estatuária das etnias africanas aqui estudadas com os que são realizados hoje pelos cabeleireiros e pelas cabeleireiras étnicas, vemos que, a despeito de todas as perdas causadas pela diáspora, algo ficou, ou melhor, nem tudo se perdeu e muito se recriou, quando refletimos sobre o simbolismo e a manipulação do cabelo do negro.

Figura 5. NEYT, François. *La grande statuaire hemba du Zaire.* Louvain:-la-Neuve/Institut Superieur d'Archéologie et d'Histoire de l'Art, 1977. p. 406

Figura 6. NEYT, François. *La grande statuaire hemba du Zaire.* Louvain:-la-Neuve/Institut Superieur d'Archéologie et d'Histoire de l'Art, 1977. p. 407

Figura 7. NEYT, François. *La grande statuaire hemba du Zaire.* Louvain:-la-Neuve/Institut Superieur d'Archéologie et d'Histoire de l'Art, 1977. p. 418

Estermann (1970), ao estudar os penteados, adornos e trabalhos dos *muílas* – povo do Sudoeste de Angola pertencente ao grupo étnico *nhaneca-humbe* –, discorre sobre o senso estético desses africanos. Segundo o autor, no período do neocolonialismo africano, a estética desse grupo expressava-se, entre outras formas, através do emprego de artigos de adorno pessoal e na feitura dos penteados. Assim, entre os costumes desse povo estava presente a ênfase nas diversas modalidades de penteados femininos.

Não só os penteados eram considerados fonte de curiosidade para o autor, mas, principalmente, as alterações que esses sofreram ao longo dos anos. No seu inventário, de todos os penteados observados, só um, bem antigo e complexo, foi considerado extinto pelo autor. Os outros continuaram a existir, apesar de sofrerem algumas modificações.

Tradicionalmente, os penteados dessas africanas cumpriam função simbólica importante ao classificar as mulheres em diferentes idades, de acordo com o ciclo biológico. Eram, portanto, uma forma de identificação. Entretanto, o que Estermann observa é que os atuais arranjos da cabeleira – antigos e modernos – deixaram de possuir esses significados tradicionais, não indicando mais com muito rigor as classes de idade. Tornam-se, aos poucos, práticas nas quais "reina agora o capricho e a moda na escolha da maior parte dos penteados. Escapam a esta baralhada as modalidades imediatamente antecedentes e subsequentes à cerimônia da puberdade" (ESTERMANN, 1970, p. 15).

As transformações, o uso e o simbolismo do cabelo fazem parte da dinâmica cultural. Assim, é possível que um penteado tradicional, que durante um período ocupava uma função e carregava determinado significado, dê lugar a transformações plásticas e estéticas e, consequentemente, sofra alteração de sentido e significado para os sujeitos que passam a adotá-lo.

Por outro lado, como bem observa Estermann (1970), ao estudar os *muílas,* é possível que algumas modalidades de penteado escapem a essa transformação. No caso estudado pelo autor, essa situação recaía sobre aquelas modalidades que, geralmente, se relacionavam a importantes momentos como o ritual de iniciação à puberdade. Para esse fim, existiam penteados que antecediam e sucediam o ritual. Nesse sentido, tais penteados podem ser compreendidos como uma modalidade estrutural daquela cultura e daquela sociedade.

Breve trajetória sobre o cabelo do negro

A escritora Ayana D. Byrd e a jornalista Lori L. Tharps publicaram um interessante livro intitulado *Hair Story: untangling the roots of black hair in América* (BYRD; THARPS, 2001), em que articulam vários momentos da história da África com a trajetória do cabelo do negro. Mesmo que a abordagem feita pelas autoras (ambas são negras) privilegie a realidade do negro norte-americano, as análises e o resgate histórico presente no seu livro apresentam detalhes importantes para pensar a trajetória do cabelo do negro no Brasil.

As autoras registram que, no início do século XV, o cabelo funcionava como um condutor de mensagens na maioria das sociedades africanas ocidentais. Muitos integrantes dessas sociedades, incluindo os *wolof*, *mende*, *mandingo* e *iorubás*, foram escravizados e trazidos para o Novo Mundo. Nessas culturas o cabelo era parte integrante de um complexo sistema de linguagem. Desde o surgimento da civilização africana, o estilo do cabelo tem sido usado para indicar o estado civil, a origem geográfica, a idade, a religião, a identidade étnica, a riqueza e a posição social das pessoas. Em algumas culturas, o sobrenome de uma pessoa podia ser descoberto simplesmente pelo exame do cabelo, uma vez que cada clã tinha o seu próprio e único estilo.

O significado social do cabelo era uma riqueza para o africano. Dessa forma, os aspectos estéticos assumiam lugar de importância na vida cultural das diferentes etnias. Várias comunidades da África Ocidental admiravam a mulher de cabeça delicada com cabelos anelados e grossos. Esse padrão estético demonstrava força, poder de multiplicação, prosperidade e a possibilidade de parir crianças saudáveis.

Segundo a antropóloga Sylvia A. Boone, especializada no estudo da cultura *Mende* de Serra Leoa, citada por Byrd e Tharps (2001, p. 4), uma cabeça grande e com muito cabelo eram qualidades que as mulheres africanas queriam ter. Mas era preciso mais do que uma quantidade abundante de cabelo para ser bonita. Ele deveria ser limpo, asseado e penteado com determinado estilo, geralmente um desenho específico de trança, conforme a tradição de cada grupo étnico.

Um estilo particular de cabelo poderia ser usado para atrair a pessoa do sexo oposto ou como sinal de um ritual religioso. Na Nigéria, se uma mulher deixava o cabelo despenteado, era sinal de que alguma coisa estava errada: a mulher estava de luto, deprimida ou suja. Para os *mende*, um cabelo despenteado, desleixado ou sujo implicava que a mulher tinha "perdido" a moral ou era insana.

A interpretação e a descrição etnográfica de Sylvia A. Boone também se aplicam às mulheres senegalesas. Segundo ela, as mulheres *wolof* gostam de manter seus cabelos lustrosos e longos. Esse não era cortado, mas artesanalmente penteado. Um cabelo despenteado era frequentemente interpretado como um sinal de demência. Os homens também se enquadravam em tais padrões estéticos. Deles era sempre esperado que mantivessem seus *locks* limpos e arrumados, usados em estilo mais simples ou com uma criação mais elaborada.

Ao ler sobre essa prática cultural das nigerianas e das senegalesas, lembrei-me de uma das entrevistas realizadas durante a pesquisa de campo na qual ouvi o seguinte depoimento de um homem negro: "E quando eu tive uma fase, eu fiquei bastante deprimido e tudo, eu deixei, não cortava cabelo mais. Foi até bom que eu fiz *dreadlocks* no cabelo! Eu experimentei usar *dreads* e tudo!" (J, 27 anos, agente judiciário). Esse depoimento revela a associação realizada pelo depoente entre o sentimento de tristeza e os cabelos despenteados ou sem a intervenção do pente. No entanto, ao analisar tal associação, enfatizo que não é minha intenção reforçar a ideia de que o uso do cabelo no estilo *dreadlocks*, pelo depoente, signifique que, nesse período, ele tenha deixado os cabelos sujos. Como já foi dito antes, esse tipo de pensamento está eivado de preconceitos.

Aos homens e às mulheres devotos de certos deuses e deusas *iorubás* era requerido que os cabelos fossem mantidos trançados e com um estilo específico. Byrd e Tharps (2001, p. 4-5) também apresentam algumas explicações de Mohamed Mbodj, professor associado da área de História da Universidade de Columbia, nascido em Dakar-Senegal, sobre o poder espiritual do cabelo. Segundo ele, os cabelos mantêm uma indicação de poder. Ele é o ponto mais elevado do corpo, o que significa que está próximo da divindade. Por ser o cabelo o elemento do corpo mais próximo dos céus, ele possibilita a comunicação com os deuses e os espíritos. Essa é feita através do cabelo, com o intuito de alcançar a alma. Um encanto pode ser retirado ou o mal pode ser trazido para outra pessoa por meio da aquisição de um fio de seu cabelo.

Ao ler essas explicações, lembrei-me de uma lição aprendida em família, durante a minha infância. Ao pentearmos o cabelo, meu pai exigia que todos recolhêssemos os fios que caíssem no chão, enrolando-os e colocando-os no lixo. Segundo ele, se alguma pessoa maldosa ou invejosa os pegasse poderia fazer um feitiço, colocando os fios de cabelo na boca de um sapo, que, em seguida, seria amarrado, colocado debaixo de uma pedra e pressionado. Tal feitiço provocava uma tremenda dor de cabeça na pessoa, podendo levá-la à loucura. São interpretações do poder mágico do cabelo, que podem possuir uma origem africana. Mesmo com toda dispersão causada pelo tráfico negreiro e pela escravidão, elas não deixaram de chegar até nós, sofrendo as recriações possíveis no contexto do encontro cultural.

A crença no poder espiritual do cabelo cultuada pelos africanos também deixou sua influência na religião afro-brasileira. Durante o trabalho de campo, uma mãe-de-santo me falou que, no candomblé, o cabelo também é visto como um símbolo de poder. É sabido que um dos rituais de iniciação do candomblé é a feitura do santo. Essa consiste, entre outras coisas, na raspagem do cabelo. Segundo a mãe-de-santo, esse ato representa o renascimento do sujeito. Assim como o cabelo raspado cresce novamente, o iniciado renasce para a orixalidade. O cabelo raspado é recolhido e também passa por outro tipo de ritual. A pessoa iniciada precisa, então, guardar certos preceitos em relação à cabeça e ao cabelo. Um deles é que ela passa a ter um período certo para cortá-lo, e não é qualquer pessoa que pode tocar a sua cabeça.

O professor Mohamed Mbodj, citado por Byrd e Tharps (2001, p. 5-7), ainda assinala mais alguns dados importantes sobre o poder religioso dos cabelos na tradição *wolof*. Segundo ele, as mulheres tinham o poder de fazer os homens se apaixonarem por elas chamando o poder dos gênios e dos espíritos sobre o seu cabelo. O cabelo era pensado como tão poderoso que, em Camarões, os pajés usavam cabelos humanos para adornar os vasos e recipientes nos quais carregavam suas poções curandeiras, o que significa a crença na proteção e na eficácia da sua potência.

Por causa da crença de que os espíritos das pessoas estavam, supostamente, aninhados e abrigados nos cabelos, o cabeleireiro sempre guardava um lugar especial na vida da comunidade africana. Ele era sempre considerado o indivíduo mais confiável. Em algumas culturas, o cabelo era enfeitado por um membro da família porque somente a um parente poderia ser confiada uma tarefa tão importante.

Na tradição *iorubá*, todas as mulheres eram ensinadas a trançar, mas qualquer garota que mostrasse talento na arte de ser cabeleireira era encorajada a se tornar uma "mestra", assumindo a responsabilidade diante de toda a comunidade de cabeleireiras. Antes do seu falecimento, uma mestra passava a sua caixa de ferramentas para sua sucessora, escolhida dentro da mesma família, durante uma cerimônia sagrada. E ainda, entre os *wolof*, quando uma criança nascia, ela herdava um cabeleireiro ou uma cabeleireira. Tal acordo era fundamentado nas relações de parentesco, e esse serviço perdurava por toda a vida.

Essa relação entre cabelo e parentesco, em que o saber do cabeleireiro era considerado uma herança, foi observada em três dos salões pesquisados. Como já disse no início deste trabalho, dois deles, o Beleza Negra e o Dora Cabeleireiros, são formados por pessoas da mesma família que aprenderam umas com as outras a arte de mexer com cabelo. No outro salão, o Beleza em Estilo, a arte de manipular o cabelo é vista pela proprietária como uma herança a ser deixada para a filha. Também nesse mesmo salão, a cabeleireira-sócia aprendeu o ofício de trançadeira dentro da própria família.

Quando nos reportamos aos nossos antepassados africanos e descobrimos que o ofício de cabeleireiro possuía importância social e simbólica para várias etnias, somos levados a pensar que esse comportamento das cabeleireiras e dos cabeleireiros étnicos da atualidade carrega algo mais do que o tino comercial. Ele leva consigo um simbolismo aprendido com nossos ancestrais.

> Eu *já trançava cabelo, já mexia com cabelo em casa, por causa das minhas tias que já faziam trança a domicílio.* Com isso eu fui tendo mesmo aquela visão e me interessei também pelo cabelo. E comecei. Minhas tias passaram os fregueses delas pra mim. Comecei a trançar em casa, adquirindo experiência. (J, 23 anos, cabeleireira étnica) (grifo nosso)
>
> NU:... Eu gosto e eu acho que a I. vai pro mesmo caminho!
>
> N: Por que *você acha que a sua filha vai...*
>
> NU: *Porque ela já penteia o cabelo de boneca, tem um ano e oito meses, penteia o cabelo de boneca, às vezes eu tô sentada e ela vem: "Mãe, vou arrumar o cabelo!". Aí vem: põe o meu cabelo todo pra cima...* [...] *Quando ela tiver uns doze, quatorze anos, ela vai estar comigo no salão, se Deus quiser! Se ela quiser ir pro outro lado, tudo bem!* Mas, se for pro meu lado, eu prefiro! (risos) Porque aí a gente vai viajar juntas. Eu já imagino assim, a I. participando de campeonato de cabelo, imagina? (NU, 26 anos, cabeleireira étnica) (grifo nosso)

A complicada e longa tarefa de arrumar o cabelo entre os africanos incluía lavar, pentear, untar, trançar, enrolar e decorar o cabelo com um número significativo de adornos, incluindo tecidos, contas e conchas. O processo poderia durar várias horas e, como foi observado pelos exploradores europeus anteriormente citados, vários dias.

Frequentemente, a única ferramenta que o cabeleireiro usava era um entalhador de mão feito de madeira (talvez o correspondente ao pente ouriçador usado hoje nos salões étnicos). Esse instrumento possuía dentes longos e arredondados para desembaraçar os fios e os nós sem causar dor excessiva. Além disso, o manuseio do cabelo era feito untando-o com óleo, o que ajudava a desembaraçá-lo. Todo esse processo demonstrava anos de experiência e conhecimento.

Esse processo tão rudimentar e tão doméstico é ainda muito utilizado no interior dos salões étnicos e cotidianamente pelas famílias negras, principalmente ao pentearem o cabelo das mulheres. Nos quatro salões estudados, o ouriçador de ferro ou de madeira é o instrumento usado. Sua descrição é a mesma do objeto usado pelos cabeleireiros africanos dos séculos XV e XVI, e o processo de desembaraçar o cabelo crespo é ainda muito semelhante.

Em vez de óleos naturais, atualmente usam-se produtos étnicos que, segundo as cabeleireiras e os cabeleireiros, são feitos com tecnologia especializada para ajudar a desembaraçar cabelos crespos. Contudo, por mais avanços tecnológicos, esses produtos guardam, na composição química, alguns componentes usados pelos nossos ancestrais africanos, por exemplo, a manteiga de *karité*[4] e, dependendo do tipo de penteado a ser realizado, os adornos como lenços, conchas, búzios, cabelos artificiais também são utilizados pelos cabeleireiros e pelas cabeleireiras étnicas da atualidade.

Embora não mantenha o lugar de honra que antes possuía o cabeleireiro dentro da comunidade africana, um bom profissional da beleza negra, hoje, alcança o reconhecimento da clientela e, ao ser comparado com profissionais brancos de outros salões de beleza, ele é visto como mais conhecedor do trato do cabelo crespo, em razão de possuir um cabelo com textura semelhante.

Esse reconhecimento é construído em torno de alguns mitos e preconceitos raciais que demonstram o quanto a hierarquização racial construída historicamente na sociedade brasileira pode ser introjetada pela própria comunidade negra. Quando criança, ouvia comentários de que era preferível que um negro deixasse um cabeleireiro branco mexer no seu cabelo, já que

---

4   Segundo Vormese (2000, p. 246): "Quanto aos cuidados da pele, tanto a mulher senegalesa como suas irmãs do Mali e de Burkina Fasso usam a manteiga de karité para conservá-la macia. O karité é tirado de uma árvore comumente chamada de árvore-de-manteiga, cuja semente contém uma substância gordurosa e comestível. Também é usado em Abidjan, na Costa do Marfim, misturado com óleo de coco, o karicoco. O karité serve, além disso, para amaciar os cabelos".

a tendência era de que ele ficasse menos "duro". Esse comentário também foi narrado por clientes e cabeleireiros dos salões pesquisados. Apesar da introjeção da ideologia do branqueamento subjacente a esse pensamento, há outro lado por ele apresentado. É a confirmação do simbolismo e do poder do cabelo partilhado pelos africanos e seus descendentes. Mesmo imerso em leituras que reproduzem o preconceito, o cabelo é representado como veículo de transformação e dotado de magia.

Durante o trabalho de campo, observei também como o tempo continua sendo um fator integrante na confecção dos penteados. As tranças jamaicanas levam de oito a doze horas para ser produzidas e antes de realizá-las o processo de lavar, pentear e desembaraçar é importantíssimo. O tempo varia de acordo com a quantidade de cabelo da cliente e da agilidade do/a cabeleireiro/a. Os alongamentos também demoram um tempo muito semelhante. Em um dos salões, o alongamento é feito durante dois dias, pois é costume da cabeleireira trançar e emendar a parte do alto da cabeça em um dia, terminando a nuca somente no dia seguinte. Assim, além de variar de cabeleireira/o para cabeleireira/o, a técnica aplicada depende do estilo de cada estabelecimento. Esses são, portanto, os penteados mais caros.

Nos campeonatos de cabeleireiros, também é muito comum arrumar a primeira parte dos cabelos do modelo a ser penteado um dia antes do evento. Esse tipo de arranjo deve seguir os critérios estabelecidos pela comissão julgadora para que ninguém fique prejudicado. Nesses momentos, mesmo o Salão Beleza Negra, que apela para um estilo mais moderno de penteado, retorna às referências africanas e explora a textura do cabelo crespo, principalmente nas mulheres. Esses penteados elaborados são feitos com a ajuda de muito creme, ferro *marcel* e *spray* para provocar um aspecto endurecido e emoldurado no alto da cabeça.

Byrd e Tharps (2001, p. 6) relatam que, entre os *Mende*, oferecer para trançar o cabelo de alguém era uma maneira de demonstrar o interesse de criar um elo de amizade. A antropóloga Sylvia A. Boone, num de seus relatos etnográficos, registra que as sessões de trançar o cabelo são um tempo de compartilhar confidências e de risadas.

Algo semelhante aconteceu nas minhas primeiras experiências no movimento negro em Belo Horizonte. Lembro-me de que, durante os nossos encontros, era costume entre nós, mulheres negras, trançar o cabelo umas das outras. Eram momentos de muita descontração, bebida, risadas e fofocas. Todavia, não era qualquer pessoa que podia trançar o cabelo da outra. Essa atividade era realizada pela colega considerada mais competente para tal e que, de preferência, fosse nossa amiga, visto que tocar no cabelo significava algo muito sério. Essa seriedade refere-se à crença de que não é recomendável deixar qualquer um tocar em nossa cabeça e nosso cabelo, uma vez que ambos são fonte de energia, possuem *axé*. Se me perguntassem, antes da realização desta pesquisa, como cheguei a elaborar tais aprendizados, certamente diria que foram aprendidos em família. Hoje vejo que eles fazem parte de uma história ancestral, que vem de muito longe...

Em comunidades como Gana e Senegal, de acordo com Byrd e Tharps (2001, p. 6), não era permitido às mulheres enfeitarem o cabelo dos homens e vice-versa, em razão de um tabu social que restringia interações entre os sexos. As únicas pessoas que tinham permissão para trabalhar o cabelo eram os griôs e os ferreiros. A justificativa era de que eles trabalhavam com processos de criação e tinham contato com material não perecível, como o ferro para a fundição. Eles transformavam a matéria bruta em uma coisa nova. A associação entre a criatividade e a transformação do ferro e a elaboração dos penteados aponta para a imbricada relação natureza e cultura.

A etnografia dos penteados africanos nos mostra que o cabelo nunca foi considerado um simples atributo da natureza para os povos africanos, sobretudo os habitantes da África Ocidental. O seu significado social, estético e espiritual constitui um marco identitário que tem-se mantido forte por milhares de anos. É o testemunho de que a resistência e a força das culturas africanas perdura até hoje entre nós através do simbolismo do cabelo.

Para Byrd e Tharps (2001, p. 7), esse simbolismo presente na forma como os africanos tratavam e penteavam os seus cabelos colocou em xeque a representação dos viajantes europeus que exploram a África por volta de 1444. Ao entrarem em contato com as culturas ali representadas, esses europeus, carregados de fantasias sobre o continente, foram confrontados com outra dinâmica cultural. Encontraram nações organizadas socialmente, com intensa variedade de costumes, povos que dominavam técnicas agrícolas e de fundição. Viram-se, então, diante da possibilidade de estabelecer novas relações comerciais. Por mais de cem anos, essas relações comerciais foram mantidas, trocando-se armas, tecidos, bebidas, ouro, ferro e, algumas vezes, um pequeno número de escravos humanos, que poderiam ser levados para o continente europeu e vendidos.

Esse foi um tempo produtivo para a exploração europeia na costa ocidental africana, e muitos exploradores escreveram sobre a majestade dos africanos que encontraram ao longo do caminho. Não só o desenvolvimento da agricultura – o milho, o amendoim, o tabaco – ou as técnicas sofisticadas de pinturas de tecidos lhes impressionaram. Os penteados eram considerados verdadeiros trabalhos de arte. Há registro de que em Benin (BYRD; THARPS, 2000, p. 9) podia-se encontrar sessenta diferentes estilos de cabelo nas diversas etnias, cada um indicando uma combinação de gênero e status dentro de uma mesma comunidade.

Para atender a sua necessidade exploratória e de força de trabalho braçal para as novas terras colonizadas, os europeus se voltaram para os seus antigos vínculos comerciais no ocidente africano, mas em outros termos. Desde que alguns grupos africanos estivessem dispostos a negociar cargas humanas por um lucro por eles considerado expressivo, os europeus procuravam explorar tal situação. Tudo isso fortaleceu o comércio de escravos.

Segundo Byrd e Tharps (2000, p. 10-12), não satisfeitos de levar alguns escravos para a Europa e para suas novas colônias, e, estimulados pelo lucro advindo de tal transação, os novos colonizadores europeus intensificaram a exploração e a captura de africanos. Um africano feito escravo passa a valer muito. Impelidos pela demanda dos colonizadores e pela aparente riqueza da venda de braços humanos, as cidades-Estado poderosas do Ocidente africano aumentaram as invasões sobre as nações do interior, procurando escravos para vender. Membros de uma mesma família começaram a vender seus parentes; devedores e prisioneiros de guerra eram vendidos, garantindo o tráfico escravo.

Por aproximadamente quatrocentos anos, uma estimativa de vinte milhões de homens, mulheres e crianças foram removidos à força das suas casas e arrastados para o mercado de escravos de maneira desonrosa. Os cativos eram vendidos para comerciantes de escravos europeus e árabes. A maioria dos escravos estava entre dez e vinte e quatro anos e era levada da África Central e Ocidental. Mais tarde, os habitantes do Senegal, da Gâmbia, de Serra Leoa, de Gana e da Nigéria também foram muito procurados graças às suas habilidades especiais na agricultura, na feitura de joias, na tecelagem do algodão e trabalhos com madeira.

Nesse processo de escravização, a primeira coisa que os comerciantes de escravos faziam com a sua carga humana era raspar a cabeça, se isso já não tivesse sido feito pelos seus captores. Era uma tremenda humilhação para um africano ser capturado por um membro de outra etnia ou por um mercador de escravos e ter seu cabelo e sua barba raspados, dando-lhe a aparência de um prisioneiro de guerra. Se era um membro da realeza, um sacerdote ou um cidadão comum, pouco importava para o tráfico, que visava somente lucro e riqueza. Nesse sentido, quanto mais elementos simbólicos fossem retirados, capazes de abalar a autoestima dos cativos, mais os colonizadores criavam condições propícias para alcançar com sucesso a sua empreitada comercial.

Hoje, podemos compreender que dada a importância social e simbólica do cabelo para o africano, ter a cabeça raspada era um ato de violência, um crime indizível. Naquele contexto, a cabeça raspada era interpretada como perda de identidade.

Nesse sentido, quando hoje assistimos no interior dos salões e na sociedade à moda de raspar os cabelos, sobretudo entre os jovens negros, vale a pena perguntar que processo tal comportamento está indicando. Uma nova forma de afirmação identitária ou a confirmação de sua fragmentação? Como já foi dito neste trabalho, na complexa trama da construção da identidade negra, ambos os processos podem estar ocorrendo de maneira ambígua e entrelaçada.

Presumivelmente, os mercadores de escravos alegavam razões sanitárias para a realização de tal empreitada, mas o seu efeito era mais insidioso. A cabeça raspada era uma das estratégias dos colonizadores europeus na tentativa de erradicar a cultura dos africanos escravizados, alterando radicalmente a sua relação com o cabelo. Além da separação de indivíduos das suas famílias e da sua comunidade, durante a escravidão homens, mulheres e crianças eram entulhados em navios negreiros para fazer a passagem para o outro lado do Ocidente. Uma passagem que pretendia, entre outras coisas, aliená-los em relação às suas raízes, ao seu povo e à sua terra. Chegando sem a assinatura do seu estilo de cabelo, *mandingos*, *fulas*, *ashantis* entravam no Novo Mundo do jeito que os colonizadores europeus pretendiam, como pessoas anônimas.

Mas a identidade do africano continuou inscrita no seu corpo, no seu cabelo, nas suas crenças, na sua cultura. Mesmo que não lhe fosse permitido esculpir e adornar majestosamente os seus cabelos, essa prática continuou guardada na memória.

E não só na memória. A prática de manipular e enfeitar os cabelos foi sendo, aos poucos, mesmo sob o domínio da escravidão, transformada e ressignificada. Os africanos escravizados não perderam o seu objetivo de enfeitar os cabelos e fazer deles uma assinatura. De acordo com Byrd e Tharps (2000, p. 16-17), no decorrer dos anos, o contato com os brancos e outros povos do Novo Mundo trouxe para o negro e para a negra maneiras e inspirações diferentes de lidar com o cabelo. Dos penteados elaborados, repletos de simbologia até a imitação do estilo de cabelo dos brancos adaptada aos cachos do cabelo crespo, uma longa história de transformação foi sendo, aos poucos, construída, da qual somos hoje os herdeiros.

Os africanos escravizados e seus descendentes nascidos no Novo Mundo sob a égide da escravidão continuaram atentos ao cabelo. Nesse novo contexto, tanto o homem quanto a mulher negra viram-se imersos em outras representações estéticas e foram despertados para a prática de alisar o cabelo, inspirados pelo padrão estético dos brancos colonizadores, considerado sinônimo de beleza. Essa situação, certamente, interferiu na forma negativa como alguns negros e negras passaram a se relacionar com o próprio cabelo desde então.

Para um povo que, na sua terra, cultivava o hábito de pentear e adornar o cabelo, o confronto com novos padrões estéticos impostos como autênticos e belos não poderia deixar de causar uma situação de conflito. O olhar do branco colonizador classificava e hierarquizava os escravos de acordo com a cor da pele e o tipo de cabelo. Nesse imaginário, o cabelo anelado (fruto da mistura racial) passa a ocupar, entre os negros, o lugar principal no processo de padronização estética, transformando-se em objeto de desejo.

Mesmo nessa situação adversa, os negros e as negras escravizados desenvolveram formas e estratégias na tentativa de reconstrução do significado social e simbólico do cabelo. Todavia, sabemos que quando um grupo se encontra imerso num processo de dominação e escravidão não basta apenas o desejo de resistência para que a sua identidade e os elementos da sua cultura sejam valorizados. É fato que a cultura se constrói no contexto. Assim, ao levarmos em consideração o que representou o processo da escravidão para as diversas etnias africanas, deparamo-nos com uma situação complexa, que resultou na retirada abrupta e forçada de determinados sujeitos do seu contexto cultural de origem. Tal situação trouxe sérios empecilhos ao processo de construção e afirmação da identidade pessoal e social dos negros.

A situação da nova geração de escravos nascida no cativeiro trouxe aspectos peculiares em relação aos seus ancestrais. De um ponto de vista estético, essa geração já nasceu num contexto em que o significado social e simbólico do cabelo fora transformado pelo olhar da escravidão e pela opressão branca. Esses sujeitos nasceram em um momento histórico pautado na imposição do padrão estético branco. Por mais que histórias, lembranças e ensinamentos sobre a importância do cabelo para o africano fossem ensinadas de pai para filho e de mãe para filha, o contexto agora era outro, e o olhar construído pelo negro em relação a si mesmo e a partir do olhar do outro assumiu novos contornos.

Na África, mesmo com lutas, disputas e discordâncias étnicas, ser negro era ser livre e, mais, era ser humano. Como já vimos, o cabelo do negro era símbolo de força, de energia, um emblema étnico. Com o processo da escravidão, ser negro passa a ser confundido com ser escravo, objeto e propriedade de outro. O seu corpo agora serve para trabalhar e satisfazer os desejos e as necessidades do branco. O seu cabelo e o seu padrão estético são relegados ao lugar da feiura, e para se tornar belo ele deverá ter a aparência transformada, ou seja, deverá tornar-se liso. Não há como negar a influência desse processo na construção da autoestima e na configuração da identidade negra das novas gerações.

Mesmo assim, as novas gerações guardaram, nesse processo tenso, a herança dos antepassados em relação ao cabelo. As técnicas de manipulação do cabelo e a continuidade dos penteados elaborados podem ser consideradas como exemplos dessa herança recriada no Novo Mundo. Essa é a chama que continua viva não só no corpo do negro norte-americano, mas também no do brasileiro, no entanto, com intensidade e possibilidades de realização que diferem de sujeito para sujeito.

Byrd e Tharps (2001, p. 16-17) trazem detalhada descrição das técnicas de manipulação do cabelo desenvolvidas pelos africanos escravizados no contexto norte-americano. Segundo as autoras, sem os pentes, os unguentos vegetais e os óleos usados na África para se pentear, os africanos e seus descendentes nascidos no cativeiro foram forçados a usar produtos e equipamentos encontrados no Ocidente, que faziam parte do seu cotidiano, para realizar alguns estilos de cabelo. Em vez de óleo de palmeira, eles usaram óleos baseados em banha de porco, toucinho e manteiga para condicionar, amaciar, alisar e manter o cabelo brilhoso. O fubá e a querosene eram usados para limpar o couro cabeludo, e o café tornou-se uma tintura natural para as mulheres. Vários métodos de alisamento de cabelo foram engenhosamente forjados pelos negros e pelas negras, retirados de produtos usados no dia a dia. Os homens usavam graxa do eixo das rodas dos vagões para obter uma combinação de tintura e alisamento. As mulheres cobriam seus cabelos com manteiga, gordura de porco ou de ganso e então o alisavam usando uma faca de manteiga aquecida em uma lata colocada sobre o fogo, como se fosse um ferro torcido. Algumas vezes um pedaço de pano aquecido sobre a chama do fogo era colocado sobre a cabeça e usado por um curto espaço de tempo para esticar os cachos.

Algumas mães escravas cobriam o cabelo de suas crianças no intuito de "educá-las" desde a infância. A estratégia mais mordaz usada para alisar o cabelo era lixívia (solução de carbonato de sódio ou de potássio usada para lavagem de tecido, remoção de tinta e outras aplicações) misturada com batatas, as quais diminuíam a natureza cáustica da mistura. Lamentavelmente, tal técnica poderia também corroer imediatamente o couro cabeludo da pessoa que o aplicava.

Hoje, ao ler sobre a engenhosidade dos negros do passado na construção de estratégias para amaciar e alisar o cabelo, relembro as técnicas utilizadas por minha mãe no período da minha infância, com o mesmo intuito. Lembro-me da minha mãe cozinhando pedaços de toucinho juntamente com folhas de hortelã e elevante. Depois de bem cozida, a mistura era colocada dentro de um pano para ser coado. A gordura que saía era deixada em repouso para esfriar e depois colocada dentro de uma lata. Ela era aplicada no meu cabelo e da minha irmã antes de penteá-los. A gordura empapada no cabelo tornava-o mais macio e fácil de desembaraçar. Minha mãe dizia para nós que essa mistura possibilitaria o bom crescimento dos cabelos. Esse creme capilar caseiro tinha também uma variação: podia ser cozido no leite. Mais tarde, experimentei também o pente ou ferro quente esquentado no fogão a lenha ou a gás. Antes da aplicação do pente, o cabelo era untado com vaselina para não queimar.[5]

Ao perguntar a minha mãe como ela tomou conhecimento da "técnica do toucinho", ela me disse: "Aprendi com a minha mãe que fazia no meu cabelo e ela aprendeu com a mãe dela, sua bisavó! Só que, hoje, você me leva para arrumar o cabelo num salão afro." Mal sabe ela que, nessa simples frase, está resumida uma prática cultural e parte da história de todo um grupo étnico/racial.

---

[5] A descrição dessa prática me foi concedida pela minha mãe, Maria da Glória Lino Gomes, durante a realização da pesquisa.

Quando estava um pouco mais crescidinha, experimentei também a pasta à base de soda cáustica que queimou não só a minha cabeça como a de milhares de homens, mulheres e crianças negras brasileiras. Técnicas e produtos que foram aos poucos sendo aperfeiçoados e transformados até que, nos anos 1990, deram lugar aos sofisticados cremes de relaxamento e permanente-afro. O pente quente cedeu lugar ao babyliss, à escova, à prancha e, mais recentemente, ao ferro *marcel*. A banha de porco e a vaselina cederam espaço a uma diversidade de produtos étnicos usados para amaciar, desembaraçar, alisar, relaxar e dar brilho ao cabelo crespo. Contudo, mesmo as técnicas consideradas, hoje, como arcaicas ainda continuam sendo usadas em muitas casas, pelos negros dos setores populares, configurando um misto de passado e presente, tradição e modernidade, somado às reais condições econômicas da comunidade negra.

Como se vê, o comportamento cultural de manipular e pentear o cabelo com a ajuda de elementos encontrados na natureza ou produzidos pelo homem continua sendo uma constante nos hábitos de beleza, higiene e nos costumes dos negros e das negras contemporâneos.

Como vimos neste trabalho, no decorrer dos anos, o cabelo alisado passou a ser um estilo de penteado construído pelo negro do Novo Mundo. Esse processo, junto com a imposição da religião cristã, do batismo, do nome cristão e do trabalho forçado, acaba por reduzir, dispersar e desaparecer com grande parte do simbolismo do cabelo, entre nós, descendentes de africanos escravizados.

A diferenciação dos penteados que, na África, ganhava uma explicação simbólica de status, de realeza, de riqueza e de confiança vai se perdendo, aos poucos, e transformando-se em simples diferenciação estética. Essa diferenciação, ao perder o caráter étnico e identitário de "assinatura" presente nos penteados africanos, torna-se mais uma possibilidade estética, dentro de modelos já padronizados pela cultura ocidental, por isso os vários estilos de penteados do cabelo do negro podem ser vistos, atualmente, como uma questão de moda e como um estilo de vida.

A manipulação do cabelo como continuidade de elementos culturais africanos

Por mais que a escravidão e a diáspora negra tenham obtido sucesso na despersonalização do negro, por mais que a mistura racial tenha mesclado corpos, costumes e tradições e por mais que o contato com o branco tenha disseminado um processo de discriminação intrarracial entre os negros e introduzido uma hierarquização racial que elege o tipo de cabelo e a cor da pele como símbolos de beleza ou de feiura, todo esse processo não conseguiu apagar as marcas simbólicas e reais que nos remetem à ascendência africana. O corpo, a manipulação do cabelo são depósitos da memória.

No caso da pesquisa aqui realizada, a atenção dada ao cabelo pelos povos africanos, que inclui a sofisticação dos penteados, a mistura de técnicas artesanais com elementos da natureza apresenta semelhanças em relação as que são adotadas no interior dos salões étnicos, o que confirma a continuidade de elementos culturais africanos recriados e ressignificados no Brasil.

Apesar da ruptura na estrutura social causada pela transplantação dos africanos para o Novo Mundo, pelo processo de despersonalização e de fragmentação da identidade, essas formas de recriação cultural, vistas no decorrer do trabalho de campo e vividas por mim e tantos outros negros e negras na sua história familiar, continuam impregnadas de africanidade. Os salões étnicos são espaços que expressam esse movimento e esse processo. Podemos dizer, então, que os salões étnicos e suas práticas não nos falam apenas da modernidade, da estilização de penteados, da reprodução da ideologia do branqueamento e do mito da democracia racial, mas também de processos de resistência. Como diz Kabengele Munanga:

> Para que os elementos culturais africanos pudessem sobreviver à condição de despersonalização de seus portadores pela escravidão, eles deveriam ter, a priori, valores mais profundos. A esses valores primários, vistos como continuidade, foram acrescidos novos valores que emergiram do novo ambiente. (2000, p. 99)

Esta pesquisa revela que não é só por mera vaidade ou por não se sentirem satisfeitos com a sua aparência que os negros e as negras dão tanta atenção ao cabelo. Para o homem e a mulher negra, manipular o cabelo representa uma entre as múltiplas formas de expressão da corporeidade e da cultura, as quais remetem a uma raiz ancestral.

Nesse sentido, os penteados realizados pelas cabeleireiras e pelos cabeleireiros étnicos mantêm certa inspiração africana mesmo que essa não esteja no plano da consciência. Dessa forma, esta pesquisa não pretende descobrir e universalizar permanências, mas compreender a manipulação do cabelo dentro do processo de recriação da cultura brasileira. Parafraseando Munanga (2000, p. 99) quando esse escreve a respeito da arte afro-brasileira, posso dizer que descobrir a africanidade presente ou escondida na manipulação do cabelo do negro e da negra da atualidade e nos penteados por eles realizados constitui uma das preocupações primordiais para a sua definição.

Assim, como Bastide, citado por Munanga (2000, p. 99), mostrava-se intrigado ao pensar como uma arte afro-brasileira se construiu a partir de um povo que teve suas raízes arrancadas, podemos refletir também em relação ao penteado e à manipulação do cabelo que "o problema que se coloca em primeiro lugar é o de compreender como tantos elementos culturais africanos puderam resistir ao rolo compressor do regime servil" (MUNANGA, 2000, p. 99).

A continuidade de elementos culturais ou artísticos de tradição africana, na qual insiro os penteados realizados pelos salões étnicos, pode ser vista dentro de um movimento de circularidade cultural. O fato de haver uma circulação desses elementos da África para o Novo Mundo e dele retornando e influenciando, inclusive, a moda e o estilo dos africanos contemporâneos, reforça a minha hipótese da sua profunda capacidade de enraizamento.

Dessa forma, não seria ousado acrescentar que, ao lado da religiosidade, vista como um campo cultural muito resistente, no qual se pôde nitidamente observar o fenômeno de continuidade de elementos culturais africanos, encontramos também, no Brasil, a manipulação do cabelo através dos cortes, tranças, penteados e diferentes estilos.

Ainda me aproximando das reflexões do autor acima citado ao pensar a arte afro-brasileira, concluo que a continuidade e a recriação dos elementos da estética corporal africana no Brasil, mais especificamente no que diz respeito à manipulação do cabelo e aos penteados, não se constituem em um processo integral. A totalidade das estruturas sociais, políticas, religiosas e estéticas das quais tais penteados faziam parte não foi transportada para o Novo Mundo. Nesse sentido, a continuidade de algumas formas artísticas de pentear os cabelos só foi recriada parcialmente, em função das novas condições de vida dos africanos e das africanas dentro do sistema colonial e servil. Outras não foram recriadas, pois, tendo em vista que muito dessa arte tratava-se de penteados ligados a uma esfera religiosa e à posição social do indivíduo dentro do seu grupo étnico, esses não encontraram, no contexto da escravidão, espaço e sentido para sua existência e sua realização, apesar de continuarem presentes na memória coletiva.

Além dessa situação mais geral, a manipulação do cabelo do negro e da negra vista como continuidade e recriação de elementos culturais africanos, depara-se com diferentes contextos históricos, políticos e culturais vividos pelos afrodescendentes. No caso do Brasil, muito já foi dito neste livro sobre a especificidade das relações raciais aqui desenvolvidas e de como tal situação interfere na construção da identidade de negros, mestiços e brancos. Os salões étnicos são, portanto, espaços comerciais, sociais e culturais que expressam parte significativa da riqueza e da tensão impregnadas nesse processo.

O trabalho (de investigação) deve ser colhido no desejo. Se esse desenvolvimento não se realiza, o trabalho é moroso, funcional, alienado, movido unicamente pela necessidade de passar um exame, de obter um diploma, de assegurar uma promoção de carreira. Para que o desejo se insinue no meu trabalho, é preciso que esse trabalho me seja pedido, não por uma coletividade que entende certificar-se do meu labor (da minha pena) e contabilizar a rentabilidade das prestações que me consente, mas por uma assembleia de leitores na qual se faz ouvir o desejo do Outro (e não o controlo da Lei).

(Barthes – O rumor da língua)

Conclusão

Quando tentamos "concluir" uma pesquisa, vemos o quanto o campo se abre para novas investigações e nos deparamos com novos textos, autores e reflexões que poderiam enriquecer ainda mais o que foi analisado. Isso nos causa certo sentimento de ansiedade ou de insegurança, mas, por outro lado, atesta o dinamismo do trabalho de campo e o nosso próprio amadurecimento intelectual ao rever a nossa própria escrita e reconhecer pontos que poderiam ser aprimorados e reflexões que deveriam ser incorporadas. Contudo, é necessário colocar um "ponto final", não no trabalho de pesquisa – pois este nunca acaba –, mas nessa etapa da pesquisa.

Ao iniciar esta "conclusão", remonto à minha infância. Vejo-me uma menina negra, muito magra, sentada no chão, presa entre as coxas grossas da minha mãe, tendo que me submeter ao ato de pentear a espessa cabeleira crespa. O pente entrava no meu cabelo crespo desde a raiz até as pontas, causando uma dor alucinante. O fato de não existir, naquela época, investimento maior em produtos especializados para cabelos crespos, obrigava a usar pentes de dentes finos, próprios para cabelos lisos. Isso tornava o processo ainda mais doloroso.

Minha mãe, uma mulher negra, gorda, bonita e enérgica, não atendia aos meus apelos para me deixar brincar, livre, com minha cabeleira despenteada e solta ao vento. Não. Era preciso que os seus filhos e as suas filhas se apresentassem sempre asseados e bem penteados. A cena era tão cheia de resmungos, choros e dor, que mobilizava toda a família. Afinal, era a caçulinha que chorava. Minha irmã mais velha brincava comigo, um irmão tentava me distrair e o outro começava a dançar e pular na minha frente para ver se eu relaxava um pouco e sorria. Tudo isso acontecia em um tempo específico e num momento certo: o ritual de pentear os cabelos. Depois que tudo terminava, eu saía alegre e saltitante para me olhar no espelho e ficava feliz com o que via. Do outro lado do espelho, sorria para mim, uma menina negra, com grandes olhos escuros – um pouco repuxados devido à pressão do cabelo amarrado –, com duas bochechas salientes e cabelos habilmente penteados em forma de trança ou de coque. Talvez ali eu estivesse aprendendo uma das primeiras lições muito difundidas entre as mulheres de modo geral e entre as negras, em específico: para ficar bela é preciso sofrer. Naquele momento da minha vida, mais um passo na construção da identidade negra estava sendo dado e mais um aprendizado – mas não sem dor – sobre o "ser negra", o cabelo, o corpo e a beleza. Encontrei essa mesma associação entre beleza e sofrimento nos depoimentos das mulheres negras entrevistadas, um misto de prazer e dor, tristeza e alegria.

Essa experiência e aprendizado de menina no espaço doméstico vi reproduzidos mais tarde no espaço dos salões étnicos investigados. Possivelmente, seja esta a imagem mais forte que encontrei na pesquisa realizada.

A associação entre beleza e dor está presente nesses espaços. Nos relatos das cabeleireiras, dos cabeleireiros e das/os clientes negros, a relação com o cabelo é associada à ideia de "lida". Quando nós, os negros e as negras, aprendemos a gostar e a cuidar do cabelo crespo, passamos a "lidar" com ele de maneira diferente. Podemos transformá-lo, pintá-lo, cortá-lo, alongá-lo, mas uma coisa é certa: nunca deixamos de "trabalhar", "labutar" e nos "ocupar" do cabelo.

Esse processo assume contornos diferentes para o negro uma vez que a sua "lida" está relacionada com a imagem e a condição social da população negra na sociedade brasileira. Na realidade, o problema não está no cabelo em si nem na sua textura, mas nas representações coletivas negativas construídas em torno do negro no contexto da cultura e das relações raciais brasileiras. O cabelo crespo na sociedade brasileira funciona como uma linguagem e, conquanto tal, ele comunica e informa sobre as relações raciais.

A pesquisa nos mostrou que, para alterar essa autoimagem e mudar essa imagem social, é preciso uma mudança profunda que vai além de ações individuais. Será necessário alterar radicalmente a forma como se estruturam as relações raciais na sociedade brasileira, superar o racismo que coloca empecilhos na mobilidade individual, social, política, econômica e educacional dos negros e das negras.

Os homens e as mulheres negras continuarão construindo, nas suas idas e vindas aos salões, estratégias de sobrevivência e de resistência, no sentido de revalorizar a si mesmos e ao seu grupo étnico/racial, de aumentar a própria autoestima, de "invadir" espaços sociais, políticos e educacionais, que, em tese, são direitos sociais a ser oportunizados para todos os cidadãos e as cidadãs, independentemente de raça/etnia, idade, religião, classe social.

Nesse contexto, os salões étnicos destacam-se como espaços de resistência. Esse é um ponto forte desta pesquisa. Os salões revelam-se mais do que como microempresas ou como lugares de embranquecimento. Eles são espaços da comunidade negra. As pessoas que por ali circulam e as que ali trabalham enfrentam, cotidianamente, o desafio de "lidar" com as questões concernentes à construção da identidade negra. Nesses espaços, a identidade negra, conquanto processo, é problematizada, discutida, afirmada, negada, encoberta, rejeitada, aceita, ressignificada e recriada. Tudo isso acontece ao mesmo tempo e de uma só vez. Nesse sentido, ao estudar os salões étnicos, encontramo-nos no cerne das tensões e, ao mesmo tempo, das possibilidades de recriação, vividas por homens, mulheres, crianças, jovens e adultos negros.

Desde a escravidão, a mulher e o homem negro convivem com o desafio de desconstruir o olhar negativo sobre o seu corpo e o seu cabelo. Um olhar que impregnou as várias técnicas corporais desenvolvidas pelos descendentes de africanos. A manipulação do cabelo é uma delas. Esta, considerada de importância fundamental para os nossos ancestrais africanos, assume, com base no contexto da escravidão e do racismo, outros contornos, significados e sentidos.

Os salões se apresentam como espaços conflitivos. Neles circulam pessoas que viveram e vivem experiências por vezes traumáticas em relação ao cabelo e ao corpo negro. Também circulam homens e mulheres que aprenderam a construir um olhar positivo em relação à sua pertinência étnico/racial pelo fato de crescerem e viverem ricas experiências socializadoras no convívio com os setores populares e com a comunidade negra. Esses procuram os salões com o intuito de afirmar ainda mais essa positividade.

Um dos aspectos que pude perceber na etnografia é que algumas pessoas negras que constroem sua identidade em ambientes de maior aceitação do negro, frequentemente, entram em conflito com o seu cabelo e o seu corpo, quando fazem a passagem para espaços sociais historicamente ocupados pelos brancos, como a escola, determinados setores profissionais, o meio artístico etc. Nesses momentos, a identidade construída em um contexto de aceitação e afirmação da cultura negra passa a ser confrontada com valores, preconceitos e olhares que rotulam o cabelo e a cor da pele como sinônimos de inferioridade e ausência de beleza.

A pesquisa nos mostra que essas pessoas tendem a realizar dois tipos de movimento: procurar os salões étnicos como estratégia de afirmação da sua identidade negra ou como forma de "adaptação" às exigências sociais de transformação da aparência, nos moldes dos padrões estéticos brancos. Por isso, ao possibilitarem a reflexão sobre o corpo e o cabelo como ícones da identidade negra, os salões étnicos revelam dimensões importantes a respeito do negro que extrapolam a estética. Eles nos mostram como as relações raciais têm sido construídas historicamente em nossa sociedade.

Essa construção se dá por meio de uma história que vem da África e está impregnada na cultura, na pele, no corpo, no cabelo do brasileiro e da brasileira, mesmo que esses se recusem a aceitá-la. Essa história e a força da africanidade recriada no Brasil manifestam-se de maneira inconsciente nos penteados, nas tranças e no tratamento dos cabelos por meio das práticas e técnicas adotadas pelas cabeleireiras e pelos cabeleireiros étnicos.

Outro aspecto que aparece com destaque na etnografia é que os salões étnicos são espaços culturais. A sua existência, no contexto de uma sociedade racista, faz diferença, já que eles trabalham com a diferença. Uma diferença que, aos nossos olhos, pode nos parecer somente física, mas é, na realidade, uma construção cultural, manipulada politicamente. Por isso os salões étnicos podem ser considerados como espaços socioculturais, políticos, identitários e de subjetividades. Ao intervir cotidianamente sobre o cabelo e o corpo do negro, alterando a sua aparência e a sua imagem, as cabeleireiras e os cabeleireiros étnicos tocam em processos tênues e tensos: identidades, autoestima, autoimagem e imagem social do negro.

O cabelo, um dos sinais diacríticos que faz parte da diversidade do gênero humano, foi capturado pela cultura e, a partir daí, passou a receber diferentes significados e sentidos diversos. No contexto da África pré-colonial, ele era visto pelas diversas etnias como símbolo de status, de realeza e de poder. No contexto da invasão colonial e da escravidão, passa a ser visto como marca de inferioridade racial, como uma entre as muitas justificativas para se manter o racismo e o mito da inferioridade do negro.

O cabelo do negro pode ser visto como símbolo de beleza e, incoerentemente, de inferioridade racial. As tensões e os desencontros entre essas representações refletem a presença de relações sociais autoritárias, hierárquicas e conflituosas entre negros e brancos ao longo da História. Esse processo não resulta somente em introjeção do racismo e do mito da inferioridade pelo negro e pela negra. Contraditoriamente, ele os impulsiona a diferentes tipos de reação, expressos na ressignificação do cabelo crespo, transformando-o em símbolo de afirmação racial e estética.

Cada pessoa que adentra o espaço do salão desenvolve uma relação específica com seu cabelo, seu corpo e sua identidade. Tornar-se sensível a esse processo e aos seus efeitos nas escolhas e nas trajetórias de vida dos/das clientes é uma competência profissional a ser desenvolvida pela cabeleireira e pelo cabeleireiro étnico. Uma competência adquirida mediante de cursos e palestras? Também. Mas antes mesmo da profissionalização na área da estética e da beleza, esses sujeitos aprenderam a desenvolver essa sensibilidade na própria família negra, nas suas experiências de rejeição/aceitação do próprio cabelo, na imagem construída sobre o seu próprio corpo, ou seja, no seu processo particular de construção da identidade negra. Assim, os salões articulam competências e técnicas de trato do cabelo e do corpo com vivências étnicas.

A multiplicidade de experiências sociais, étnicas e raciais e a maneira como as cabeleireiras e os cabeleireiros as constroem na sua trajetória de vida e profissional possibilitam diferentes visões sobre "ser negra e ser negro". Essas se fazem presentes de maneira consciente e inconsciente nos discursos, nos símbolos, no projeto político implementado e no tipo preferencial de serviço que cada um oferece aos/às clientes negros/as.

A etnografia revela as tensões que acompanham esse processo tanto na vida dos adultos quanto na dos jovens e na das crianças negras, quando a questão racial cruza-se com a idade, o gênero e a condição social. No caso específico das jovens negras, as cabeleireiras étnicas, principalmente as mais antigas no mercado, parecem intuir e perceber os dilemas dessas ao lidar com o cabelo, o corpo e a aparência. Elas compreendem o significado do ser jovem negra na nossa sociedade, convivendo e lidando com as dificuldades profissionais, econômicas e de vida interpostas pelo racismo, especialmente no mundo da moda. Algumas cabeleireiras até viveram situações semelhantes na sua juventude. Dessa forma, essas profissionais investem na formação das novas gerações, mesmo que possuam poucos recursos financeiros. Inserem as garotas e os garotos nos desfiles de beleza negra, insistem para que se profissionalizem como modelos, criam cursos de modelos a preços módicos, realizam palestras e desfiles para jovens em escolas públicas, enfatizam a força e a persistência do negro nos cursos, nos congressos, nos campeonatos e nos desfiles afros que realizam. Em torno do cabelo os salões étnicos desenvolvem uma pedagogia da cor e do corpo. São espaços educativos.

Essas intervenções podem ser consideradas como ações afirmativas, desenvolvidas pela comunidade negra junto às novas gerações. Essa forma de solidariedade e de resistência é uma prática secular desenvolvida desde os tempos da escravidão, em que os libertos se organizavam para comprar a alforria dos negros e negras escravizados e, com toda dificuldade interposta pelo regime escravista, tentavam integrar-se e integrá-los na sociedade.

Tensões, contradições, recriação, ressignificação, contestação e luta pela sobrevivência. Para além do que é próprio da atividade realizada por qualquer salão de beleza, esses processos permeiam o ofício das cabeleireiras e dos cabeleireiros étnicos e lhes exigem competência e artes específicas. Corpo e cabelo são a sua matéria-prima. O racismo, a ideologia do branqueamento e o mito da democracia racial fazem parte do contexto no qual estão inseridos. A ênfase na beleza e a reversão de imagens estereotipadas sobre o negro fazem parte desse ofício. Por isso, abrir, manter, sustentar e divulgar um salão étnico não é uma simples escolha profissional. Sabendo-se de todos os dilemas que envolvem as relações raciais na sociedade brasileira, podemos perguntar o que leva alguns homens e mulheres negras a optar profissionalmente pela área da beleza. Os motivos são particulares, de acordo com a vivência e a trajetória de vida de cada um. Mas também são coletivos, já que se referem a uma dimensão do humano que, historicamente, tem sido negada ao negro e à negra. Por isso, ao trabalhar e destacar a "beleza negra", tais profissionais realizam uma ruptura política e cultural com uma história de opressão. Eleger o negro e a negra como belos é dar a eles o estatuto de humanidade que lhes foi roubado pelo racismo.

A etnografia nos salões também revela que a identidade negra, no Brasil, passa, necessariamente, pela experiência do "ser negro e negra da/na diáspora". Essa é uma experiência não somente social e política, mas também corpórea.

Um ponto que permeia todos os aspectos destacados na pesquisa é que os salões étnicos são espaços repletos de ambiguidades e tensões, próprias da realidade racial brasileira. No seu cotidiano, podemos observar o conflito aceitação/rejeição do cabelo e do corpo. Observamos, também, a tensão entre a reprodução do mito da democracia racial e do ideal do branqueamento e a afirmação da identidade negra. Tais ambiguidades e tensões estão presentes nos discursos, nos símbolos, nas propagandas de produtos étnicos, nas brincadeiras, em alguns tipos de intervenção estética e nas expectativas das/os clientes e cabeleireiras/os.

Entender o significado social e o sentido do cabelo crespo e do corpo negro para homens e mulheres que trabalham e frequentam os salões étnicos em Belo Horizonte nos possibilita uma aproximação não somente do que esses sujeitos pensam sobre a sua aparência ou sobre a sua estética corporal, mas como pensam a si mesmos no contexto das relações raciais. Parafraseando Rodrigues (1986), significa descobrir, compreender e interpretar as fórmulas inconscientes das lentes com as quais os homens e as mulheres negras enxergam o mundo e nele projetam sentido.

Fotos

Foto 2. Salão Beleza Negra (cartão pessoal de Betina Borges/logomarca)

Foto 1. Salão Beleza Negra (fachada)

Foto 3. Capa da pasta dos participantes do V Congresso Étnico de Cabeleireiros/1999

Foto 4. Folheto de divulgação da 13ª Noite da Beleza Negra/1999

Foto 5. Projeto Adote um Morro (equipe do Salão Beleza Negra corta o cabelo de pessoas do bairro Taquaril)/1999

Foto 6. Desfile: Beleza Negra do 3º Milênio (V Congresso Étnico de Cabeleireiros/1999)

Foto 7. Feira Étnica/1999: Anjos Negros na passarela

Foto 8. A cabeleireira Betina Borges (Salão Beleza Negra)

Foto 9. Rua Rio de Janeiro, onde está localizada a Galeria Praça Sete, na qual se encontra o Salão Preto e Branco

Foto 10. Placa do Salão Preto e Branco

Foto 11. Salão Preto e Branco (cartão pessoal de Juraci Dias/logomarca)

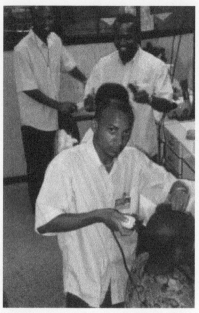

Foto 12. Os cabeleireiros no cotidiano do Salão Preto e Branco. Em primeiro plano, JC, seguido de Juraci e Márcio

Foto 13. Público assiste atento à apresentação do Salão Preto e Branco durante o I Congresso Mineiro de Beleza Solidário às Vítimas das Enchentes do Estado/2000

Foto 14. Apresentação do trabalho de Márcio durante o I Congresso Mineiro de Beleza Solidário às Vítimas das Enchentes do Estado/2000

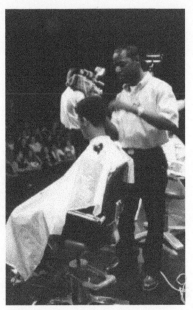

Foto 15. Apresentação de Juraci durante o I Congresso Mineiro de Beleza Solidário às Vítimas das Enchentes do Estado/2000

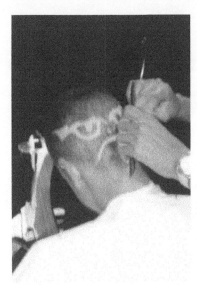

Foto 17. Corte feito por JC para o cartaz de divulgação do Salão Beleza Negra no seu V Congresso Étnico de Cabeleireiros

Foto 16. A destreza de JC, realizando em público um dos seus modelos de corte afro: o *bad boy*

Foto 18. Galeria (ou Shopping) São Vicente. No último andar localiza-se o Salão Dora Cabeleireiros

Foto 19. Placa de divulgação

Foto 20. Vista interna do Salão Dora Cabeleireiros no ano 2000. Ao fundo, Dora atende uma cliente

Foto 21. Público assiste ao trabalho ao ar livre e gratuito de Dora na programação *Brasil de Todos os Tons*/abril de 2001 – Parque Municipal de Belo Horizonte

Foto 22. Dora e Ana Maria, da Via Afro, durante desfile do Salão realizado no Batuque Brasil/abril/2000 e desfile do Dora Cabeleireiros no SESC Tupinambás/2000 (desfile da 3ª idade)

Foto 23. Durante o curso, a cabeleireira Dora Alves leva clientes como modelo ou escolhe, dentre as/os integrantes, uma pessoa para aplicar os produtos e realizar penteados

Foto 24. *Banner* do Salão Dora Cabeleireiros

Foto 25. Cartão pessoal de Dora

Foto 26. Noite Africana apoiada pelo Salão Dora Cabeleireiros/2000. Dora encontra-se à direita. No centro está Marlene Silva, dançarina e professora de dança afro de Belo Horizonte

Foto 27. A cabeleireira Dora Alves (Salão Dora Cabeleireiros).

Foto 28. Localização do Salão Beleza em Estilo

Foto 29. Momento de formação da cabeleireira Núbia durante o curso ministrado pela Dudley University no Brasil. (Foto cedida pela cabeleireira).

Foto 30. Placa do Salão Beleza em Estilo

Foto 31. Cartão pessoal das cabeleireiras do Salão Beleza em Estilo

Foto 32. Jack e Paulo (Beleza em Estilo) durante a Feira Mineira da Beleza/2000

Foto 33. Da esquerda para a direita: Jack (Beleza em Estilo), JC (Salão Preto e Branco) e Núbia (Beleza em Estilo), durante a Feira Mineira da Beleza/2000

Foto 34. Desfile do Salão Dora Cabeleireiros

Foto 35. Desde cedo as crianças são educadas, por meio de participação nos desfiles e manipulação do cabelo, para a valorização da beleza negra

Foto 37. Modelo de trança jamaicana para crianças: *Revista Raça Brasil* Especial – ano 1, n. 1

Foto 36. Cabelo masculino após o processo de texturização – trabalho realizado pelo cabeleireiro Juraci, do Salão Preto e Branco/2000

Foto 38. Modelo de trança africana (ou "agarradinha") feito no cabelo de crianças: *Revista Raça Brasil* Especial – ano 1, n. 1

Foto 39. Penteados do ano 2000 no estilo afro ou *black power*. Revista Etnic, n. 8, mar./abr. 2000

Foto 40. Estudantes do Spelman College (1972) usando penteados no estilo *black power* Revista Ebony, março 2001

Foto 41. Modelo masculino usando penteado no estilo *dreadlocks* ou rastafari Revista Etnic, n. 8, mar./abr. 2000

Foto 42 Modelo usando penteado no estilo *dreadlocks*. Revista Raça Brasil Especial Cabelos Crespos – ano 1, n. 1

Foto 43. Paulo (*in memoriam*), cabeleireiro do Salão Beleza Negra, realizando um corte afro durante o 6º Congresso Étnico de Cabeleireiros/2000

Foto 44. Anúncio publicado na *Revista Etnic* – ano 3, n. 15

Foto 45. Anúncio publicado na *Revista Etnic* – ano 3, n. 15

Foto 46. Anúncio da Cosmoétnica – Feira Internacional da Cultura e Beleza Negra. No centro, modelos negros com vários tipos de cortes e penteados. *Revista Etnic* – ano 3, n. 15

Foto 48. Entrevista com o empresário Nilton Ribeiro publicada na *Revista Etnic* – ano 3, n.15

Foto 47. Anúncios publicados na *Revista Etnic* – ano 3, n. 14

Foto 49. Anúncio publicado na *Revista Etnic* – n. 10, jul./ago. 2000

Foto 50. *Revista Etnic*, n.13, jan./fev. 2001. p. 32

Foto 51. *Revista Etnic*, n.13, jan./fev. 2001. p. 33

Foto 52. *Revista Etnic*, n. 7, jan./fev. 2000. p. 15

Foto 53. *Revista Etnic*, n. 9, mai./jul. 2000. p. 35

Foto 54. *Revista Etnic*, n. 9, mai./jul. 2000. p. 13

Foto 55. Propaganda de produto étnico exposta durante a Feira Mineira da Beleza/1999

Foto 57. *Revista Etnic*, n. 7, jan./fev., 2000. p. 9

Foto 56. Painel colocado na parede do Salão Beleza em Estilo, feito com propaganda de produto étnico

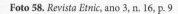

Foto 58. *Revista Etnic*, ano 3, n. 16, p. 9

Foto 59. *Revista Cabelos e Cia. Especial Beleza Negra* – n. 5, maio 2000. p. 51

Foto 60. Capa da *Revista Etnic*, n. 9, mai./jul. 2000.

Foto 61. Da esquerda para a direita, as cabeleireiras Jaqueline e Núbia (Salão Beleza em Estilo): cabelos relaxados com cortes modernos e acabamento em Marcel (foto cedida pelas cabeleireiras)

Foto 62. Núbia no 25º Festival Nacional de Cabeleireiros. O penteado ficou em 3º lugar na categoria "penteados afro", RJ, 1999 (foto cedida pela cabeleireira)

Foto 63. Paulo Santos (Salão Beleza em Estilo) desenvolvendo um penteado com ferro Marcel (foto cedida pelo cabeleireiro)

Foto 64. *Revista Raça Brasil –* Especial Cabelos Crespos, ano 1, n. 1. p. 17

Foto 65. Modelo de trança contemporânea. Revista *Braids & More, spring,* 2002. p. 58

Foto 66. Penteado afro contemporâneo. Revista *Braids & More, spring,* 2002. p. 30

Foto 67. Penteado afro contemporâneo. Revista *Braids & More, spring,* 2002. p. 20

Glossário[1]

Anamnese: Diagnóstico capilar. Em alguns salões a anamnese é acompanhada do preenchimento de uma ficha na qual os/as clientes registram informações cadastrais e o histórico do cabelo como, por exemplo: se usa ou já fez uso de produtos químicos, há quanto tempo utiliza produtos químicos que desestruturam o fio do cabelo, a base química do produto usado, tipos de alergia, uso de medicamentos etc. Quando o/a cliente pretende se submeter à aplicação de um produto químico, a cabeleireira e o cabeleireiro, após realizarem a análise dos fios, também registram na mesma ficha informações sobre: porosidade (condição de absorção dos cabelos), densidade (quantidade de cabelos por centímetro quadrado), elasticidade (característica do cabelo de esticar e contrair sem se romper) e textura (diâmetro do fio capilar – fio, médio ou grosso). Nos salões étnicos, a anamnese também implica uma conversa com os/as clientes sobre as suas impressões a respeito do cabelo, os seus sentimentos diante do fato de serem negros/as ou mestiços/as e possuírem cabelos crespos, ou seja, a autoestima é um tema privilegiado.

Alisamento: intervenção química muito parecida com o relaxamento. Os produtos para alisar cabelos podem ser à base de hidróxido de sódio, tioglicolato de amônia ou hidróxido de guanidina. A diferença desta técnica em relação ao relaxamento está no tempo de ação do produto e no resultado alcançado, pois resulta no alisamento total dos cachos. Dura em torno de três meses.

---

[1] O significado dos termos: alisamento, babyliss, bob, escova, hidratação, marcel, relaxamento e texturização foram retirados da revista *Raça Brasil*, ano 5, n. 44, p. 76-81, abril 2000.

Alongamento: consiste no implante de cabelos naturais ou artificiais junto aos fios do cabelo da cliente. Penteado muito usado a partir dos anos 1990 por mulheres negras e brancas. Existem vários tipos de alongamento e de aplicações. Vejamos alguns:

– *entrelaçamento*: uma trança rasteira é realizada para unir o próprio cabelo às mechas costuradas em uma tela. Esse tipo de alongamento é recomendado para quem possui cabelos crespos por opção ou porque é sensível a químicas de relaxamento. Deixa os próprios cabelos escondidos sob os fios alongados.

– *nó italiano*: uma pequena trança é realizada para unir as mechas do próprio cabelo e o arremate é feito com *elastet* (um elástico bem fininho, próprio para o trabalho). Esse tipo de alongamento é recomendado para quem tem cabelos cacheados ou com permanente-afro.

– *megahair*: é realizado fio a fio, com um tipo de cola quente. É recomendado para quem tem cabelos lisos ou cabelos crespos previamente relaxados. Quando bem cuidado esse penteado pode durar aproximadamente seis meses, sendo que, nesse período, os fios devem passar por uma manutenção.[2]

Babyliss: instrumento muito confundido com o ferro marcel. O seu aspecto é semelhante ao de uma tesoura, porém apresenta uma pequena mola que facilita a manipulação. Para ser usado, o cabelo é separado em pequenas mechas, nas quais é aplicado um protetor à base de silicone. Os fios são alisados com um secador e depois modelados com o babyliss. O cabelo pode ficar liso de maneira uniforme ou com um cacheado mais definido.

Bob ou **rolinho**: processo muito antigo e que tem sido retomado ultimamente. Consiste em enrolar os cabelos úmidos em tubinhos de plástico vazado. O resultado são cachos com uma leve ondulação, podendo durar até uma semana.

Coque, **coquinho**: penteado que consiste em juntar todo o cabelo no alto da cabeça, prendendo-o com elástico.

Dreadlocks: consiste em deixar o cabelo crescer livremente sem o uso de pente, sem desembaraçar e sem a intervenção de processos químicos, até formar longos cachos "naturais". Algumas vezes esses cachos são enrolados e

---

[2] A definição de alongamento baseou-se nas informações da sessão "Tirando dúvidas" da *Revista Etnic*, n. 7, jan./fev. 2000, p. 76, escrita por Flávia Castro de Brito, cabeleireira especializada do salão Wagner Company.

untados com algum tipo de óleo, para obter uma forma mais arredondada. É muito comum a expressão "criar cabelos" quando alguém resolve usar *dreads*.

Escova: Alisamento ou ondulação do cabelo realizado através da aplicação do calor pela ação do secador e de uma escova apropriada. Cada mecha do cabelo úmido é borrifada com produtos modeladores e protetores termo-ativadores e depois enrolada com uma escova. O penteado pode durar de dois a três dias.

Hené: produto químico usado para alisamento de cabelos à base de magnésio.

Hidratação: consiste em um tratamento dos cabelos, principalmente os que são submetidos a processos químicos como alisamentos e tinturas. É a aplicação de vitaminas e produtos químicos que recuperam a umidade dos cabelos. Após a aplicação dos produtos o cabelo é enrolado com uma touca de alumínio, permanecendo abafados por 40 minutos. Logo em seguida, retira-se o produto e o cabelo pode ser penteado da forma desejada pela/o cliente.

Máquina zero: raspagem de todo o cabelo com máquina apropriada.

Marcel: o ferro marcel é composto por várias tesouras que são aquecidas em uma temperatura ideal para modelar o cabelo. A arte, desenvolvida em 1875 pelo francês Marcel Grateau, pode ser feita de duas formas: com ferros elétricos ou através de uma estufa. Após o cabelo ser lavado, é feito uma touca, utilizando-se alguns produtos de manutenção, como o *spray* fixador e a pomada, que ajudam a dar forma ao penteado. Em seguida os fios são modelados com o ferro marcel. O cabelo fica totalmente liso. O penteado pode durar de dois a quatro dias.

Pente quente ou **ferro quente**: instrumento de ferro com cabo de madeira, no formato de um pente. É aquecido em uma temperatura ideal e passado no cabelo para modelar os fios. Antes, porém, o cabelo deve ser protegido, sendo untado com vaselina ou com uma pomada específica. Esse instrumento é talvez um dos mais antigos usados por negros e negras para alisar o cabelo. O pente quente pode ser facilmente aquecido no fogão a lenha ou a gás, não necessitando de estufa. O efeito pode durar até uma semana desde que o cabelo não tenha nenhum contato com água.

Permanente-afro: intervenção química à base de tioglicolato de amônia. Diferentemente do alisamento e do relaxamento que deixam os cabelos lisos e semilisos, respectivamente, a permanente-afro resulta em cabelos cacheados.

Além disso, a sua composição química é incompatível com a dos processos químicos mais tradicionais. Dura em torno de três meses.

Piercing: objeto de metal, implantado no corpo por meio de perfuração, com a finalidade de adorno e de enfeite.

Pituca: penteado que consiste em dividir todo o cabelo em pequenas mechas e enrolá-las em forma de caracol, prendendo-as com grampos ou com buchinhas coloridas.

Prancha: instrumento feito em alumínio com corpo em *nylon* que serve para modelar os cabelos, deixando-os bem lisos.

Rastafari: no universo dos salões esse termo é usado como sinônimo de *dreadlocks*.

Relaxamento: essa técnica nasceu na década de 1950 nos Estados Unidos e chegou ao Brasil no início dos anos 1990. É uma intervenção à base de substâncias químicas que, segundo as cabeleireiras, não maltratam os fios. Os produtos podem ser à base de hidróxido de sódio, de guanidina e de cálcio. O resultado são cabelos semilisos. Dura em torno de três meses.

Texturização: intervenção química que tem a mesma origem do relaxamento. Realizada à base de substâncias que, segundo as cabeleireiras, não maltratam os fios. Os produtos podem ser à base de hidróxido de sódio, de cálcio e de guanidina. Essa intervenção é muito usada pelos homens e pelas mulheres de cabelo curto. Permite variações de estilo que vão desde o cacheado ao semiliso. Dura em torno de três meses.

Topete: penteado realizado na parte da frente do cabelo. Consiste em separar uma grande mecha de cabelo na parte dianteira da cabeça, enrolando-a para cima e prendendo-a com grampos.

Touca: técnica de enrolar os cabelos ao redor da cabeça, no sentido horário, para mantê-los lisos. Para que os cabelos se mantenham nessa posição, costuma-se colocar uma touca feita com a parte superior de uma meia fina de *nylon* na cabeça, a fim de prendê-los. Essa técnica é usada principalmente à noite, ao deitar. Para que a touca funcione é necessário que, após um período com os cabelos enrolados no sentido horário, proceder a mesma técnica, porém enrolando-os no sentido contrário. Esse procedimento possibilitará um aspecto uniforme após a retirada da touca.

É uma técnica muito usada pelas mulheres de cabelos crespos e "anelados" para desanelar os cachos ou para manter a aparência alisada resultante da realização de uma escova.

Trança africana: são tranças realizadas no próprio cabelo a partir da divisão dos fios em pequenas mechas proporcionais ou não. Muitas vezes essas mechas são divididas na forma de linhas sinuosas no alto da cabeça. Esse penteado pode ser complementado com cabelos sintéticos para formar coques e topetes. Dura, em média, quinze dias a um mês.

Trança jamaicana: longas tranças finas de material sintético (*kanekalon*) emendadas no próprio cabelo. No final de cada trança costuma-se arrematar queimando as pontinhas do cabelo sintético com a chama de um isqueiro para que o penteado não desmanche. Podem ser feitas em qualquer tipo de cabelo, mas são mais recomendadas para os cabelos crespos. Quando bem cuidado, esse penteado pode durar aproximadamente três meses, sendo que, nesse período, os fios devem passar por uma manutenção.

Referências

ABREU FERNANDES, Sueli Teresinha de. *Pánta Reî*: o sentido do devir na obra artística de Pablo Picasso. 2000. Dissertação (Mestrado em Ciências e Valores Humanos) – Universidade de Uberaba, Uberaba.

ALMEIDA LEITÃO, Elizabeth Engert Milward de. *Corpo, imagem, desejo*: itinerários da subjetividade encarnada. 1992. Dissertação (Mestrado em Filosofia) – Faculdade de Filosofia e Ciências Humanas, Universidade Federal de Minas Gerais, Belo Horizonte.

AUGÉ, Marc. *Por uma antropologia dos mundos contemporâneos*. Rio de Janeiro: Bertrand Brasil, 1997.

AUGÉ, Marc. Agora somos todos contemporâneos. *Sexta-feira*. São Paulo, n. 2, 1998. p. 112- 119.

AZEVEDO, Thales de. *As elites de cor*: um estudo de ascensão social. São Paulo: Cia Editora Nacional, 1955. v. 282. (Coleção Brasiliana).

BANKS, Ingrid. *Hair Matters*: beauty, power, and black women's consciousness. New York: New York University Press, 2000.

BARTHES, Roland. *O rumor da língua*. Lisboa: Edições 70, 1984.

BASTIDE, Roger. *Estudos afro-brasileiros*. São Paulo: Perspectiva, 1983, p. 273.

BASTIDE, Roger; FERNANDES, Florestan. *Brancos e negros em São Paulo*: ensaio sociológico sobre aspectos da formação, manifestações atuais e efeitos do preconceito de cor na sociedade paulistana. São Paulo: Cia Editora Nacional, 1959. v. 305. (Coleção Brasiliana).

BAUMGARTEN, Alexander G. Parte III da estética. In: DUARTE, Rodrigo (Org.). *O belo autônomo*: textos clássicos de estética. Belo Horizonte: Ed. UFMG, 1997. p. 75-92.

BHABHA, Homi. *O local da cultura*. Belo Horizonte: Ed. UFMG, 1998.

BIRMAN, Patrícia. *Beleza negra*. Rio de Janeiro: CIEC, [s.d.]. (Papéis Avulsos, 17).

BONNIOL, Jean-Luc. Beauté et couleur de la peau. In: *Communications*: Beauté, laideur. Paris, n. 60, p. 185-203, jun. 1995.

BORGES PERERIA, João Batista. Racismo à brasileira. In: MUNANGA, Kabengele. *Estratégias e políticas de combate à discriminação racial*. São Paulo: EDUSP, 1996. p.75-78.

BORGES PERERIA, João Batista. A linguagem do corpo na sociedade brasileira: do ético ao estético. In: QUEIROZ, Renato da Silva (Org.). *O corpo do brasileiro*: estudos de estética e beleza. São Paulo: SENAC, 2000. p. 67-94.

BRITO, Flávia Castro de. Tirando dúvidas. *Revista Etnic*, São Paulo, n. 7, p. 76, jan./fev. 2000.

BYRD, Ayana D.; THARPS, Lori L. *Hair story*: untangling the roots of black hair in America. New York: St. Martin's Press, 2001.

CALDEIRA, Tereza P. A presença do autor e a pós-modernidade. *Novos Estudos Cebrap*, São Paulo, n. 21, 1988.

CANCLINI. Néstor García. *Consumidores e cidadãos*: conflitos multiculturais da globalização. Rio de Janeiro: Ed. UFRJ, 1995.

CARDOSO, Fernando Henrique. Classes sociais e história: considerações metodológicas. In: CARDOSO, Fernando Henrique. *Autoritarismo e democratização*. Rio de Janeiro: Paz e Terra, 1975. p.112.

CARDOSO, Ruth. (Org.). *A aventura antropológica*: teoria e pesquisa. Rio de Janeiro: Paz e Terra, 1988.

CARMO, Paulo Sérgio do. *Merleau Ponty*: uma introdução. São Paulo: EDUC, 2000.

CARNEIRO, Fernanda. Nossos passos vêm de longe. In: WERNEC, Jurema; MENDONÇA, Maisa; WHITE, Evelyn C. *O livro da saúde das mulheres negras*: nossos passos vêm de longe. Rio de Janeiro: Pallas/Criola, 2000.

CAVALCANTI, Maria Laura Viveiros de Castro: apresentação. In: NOGUEIRA, Oracy. *Preconceito de marca*: as relações raciais em Itapetininga. São Paulo: EDUSP, 1998. p. 9-19.

CHAUI, Marilena. *Conformismo e resistência:* aspectos da cultura popular no Brasil. São Paulo: Brasiliense, 1993.

CLIFFORD, James. *A experiência etnográfica*: antropologia e literatura no século XX. Rio de Janeiro: Ed, UFRJ, 1998.

COLOMBO, Sylvia. A filosofia desmonta o homem-máquina. *Folha de S.Paulo*, São Paulo, 27 fev. 2001. Folha ilustrada, p. E1.

COSTA, Emília Viotti da. *Da senzala à colônia*. São Paulo: Brasiliense, 1989.

COSTA, Jurandir Freire. Da cor ao corpo: a violência do racismo. In: SOUZA, Neusa Santos. *Tornar-se negro* ou as vicissitudes da identidade do negro brasileiro em ascensão social. Rio de Janeiro: Graal, 1990.

COSTA PINTO, Luiz de Aguiar. *O negro no Rio de Janeiro*: relações de raças numa sociedade em mudança. São Paulo: Cia. Editora Nacional, 1953. v. 276. (Coleção Brasiliana).

CUNHA, Olívia Maria Gomes da. *Corações rastafari*: lazer, política e religião em Salvador. 1991. Dissertação (Mestrado Antropologia Social) – Museu Nacional, Universidade Federal do Rio de Janeiro, Rio de Janeiro.

d'ADESKY, Jacques. *Racismos e antirracismos no Brasil*; pluralismo étnico e multiculturalismo. Rio de Janeiro: Pallas, 2001.

DAMASCENO, Caetana Maria. Em casa de enforcado não se fala em corda: notas sobre a construção social da "boa" aparência no Brasil. In: GUIMARÃES, Antônio Sérgio Alfredo; HUNTLEY, Lynn (Orgs.). *Tirando a máscara*: ensaios sobre o racismo no Brasil. São Paulo: Paz e Terra, 2000. p. 165-199.

DA MATTA, Roberto. Você sabe com quem está falando? Um ensaio sobre a distinção entre indivíduo e pessoa no Brasil. In: *Carnavais, malandros e heróis*; para uma sociologia do dilema brasileiro. Rio de Janeiro: Zahar, 1983. p. 139-193.

DA MATTA, Roberto. Relativizando o interpretativismo. In: CORRÊA, Mariza e LARAIA, Roque (Orgs.). *Roberto Cardoso de Oliveira*: uma homenagem. Campinas: Ed. Unicamp/IFCH, 1992.

DA MATTA, Roberto. *Relativizando*: uma introdução à antropologia social. Rio de Janeiro: Vozes, 1981.

DAVIS, Angela. *Mulheres, raça e classe*. São Paulo: Boitempo, 2016

DOLTO, Françoise. *A imagem inconsciente do corpo*. São Paulo: Perspectiva, 1992.

DUARTE Jr., João Francisco. *O que é beleza*. São Paulo: Brasiliense, 1998.

DUARTE, Rodrigo (Org.). *O belo autônomo*: textos clássicos de estética. Belo Horizonte: Ed. UFMG, 1997.

DURKHEIM, Émile; MAUSS, Marcel. Algumas formas primitivas de classificação. In: RODRIGUES, José Albertino (Org.). *Durkheim*. São Paulo: Ática, 1990, p. 183-203.

ESCÓSSIA, Fernanda da. Brasil negro é 101º em qualidade de vida. *Folha de S.Paulo*, São Paulo, 6 jan. 2002. Caderno cotidiano, p. C1.

ESTERMANN, Carlos. *Penteados, adornos e trabalhos das muílas*. Lisboa: Junta de Investigações do Ultramar, 1970.

Etc.OFF, Nancy. *A lei do mais belo*: a ciência da beleza. Rio de Janeiro: Objetiva, 1999.

FANON, Frantz. *Pele negra, máscaras brancas*. Rio de Janeiro: Fator, 1983. 190 p.

FAUX, Dorothy Schefer. *Beleza do século*. São Paulo: Cosac e Naify, 2000.

FEATHERSTONE, Michael. *Cultura de consumo e pós-modernismo*. São Paulo: Studio Nobel, 1995.

FERNANDES, Florestan. *A integração do negro na sociedade de classes*. 3. ed. São Paulo: Ática, 1978.

FERREIRA, Aurélio Buarque de Holanda. *Novo dicionário da língua portuguesa*. Rio de Janeiro: Nova Fronteira, 1986.

FERREIRA, Ricardo Franklin. *Afrodescendente;* identidade em construção. Rio de Janeiro: Pallas; São Paulo: Fapesp/Educ, 2000.

FIGUEIREDO, Angela. *Beleza Pura*: símbolos e economia ao redor do cabelo do negro. 1994. Monografia. Faculdade de Filosofia e Ciências Humanas, Universidade Federal da Bahia, Salvador.

FIGUEIREDO, Angela. O mercado da boa aparência: as cabeleireiras negras. *Bahia Análise & Dados*, Salvador, v. 3, n. 4, p. 33-36, mar. 1994.

FLAHAULT, François. La beauté, la convoitise et la peau. In: *Communications*: Beauté, laideur, Paris, n. 60, p. 13-27, jun. 1995.

FREYRE, Gilberto. *Casa-Grande & senzala*: formação da família brasileira sob o regime de economia patriarcal. 26. ed. Rio de Janeiro: Record, 1989.

GALEANO, Eduardo. *Mulheres*. Porto Alegre: L&PM, 1999, p. 5.

GEERTZ, Clifford. *A interpretação das culturas*. Rio de Janeiro: LTC, 1989.

GEERTZ, Clifford. *O saber local*: novos ensaios em antropologia interpretativa. Petrópolis: Vozes, 1999.

GEERTZ, Clifford. *Tras los hechos*: dos países, cuatro décadas y un antropólogo. Barcelona: Paidós, 1996.

GEERTZ, Clifford. *Nova luz sobre a antropologia*. Rio de Janeiro: Zahar, 2001.

GODOLPHIM, Nuno. *A fotografia como recurso narrativo*: problemas sobre a apropriação da imagem enquanto mensagem antropológica. Porto Alegre. 10 f. Mimeografado.

GOFFMAN, Erving. *Estigma*: notas sobre a manipulação da identidade deteriorada. Rio de Janeiro: LTC, 1988.

GOMES, Cláudia; DUQUE-ARRAZOLA, Laura Susana. Consumo e identidade: o cabelo afro como símbolo de resistência. *Revista da Associação Brasileira de*

Pesquisadores/as Negros/as (ABPN), [S.l.], v. 11, n. 27, p. 184-205, fev. 2019. Disponível em: <http://abpnrevista.org.br/revista/index.php/revistaabpn1/article/view/496>. Acesso em: 8 jun. 2019.

GOMES, Nilma Lino. *A mulher negra que vi de perto*. Belo Horizonte: Mazza Edições, 1995.

GOMES, Nilma Lino. Cabelo e cor da pele: uma dupla inseparável. In: BARBOSA, Lúcia Maria de Assunção; GONÇALVES E SILVA, Petronilha Beatriz; SILVÉRIO, Valter Roberto (Orgs.). *De preto a afrodescendente*: trajetos de pesquisa sobre relações étnico/raciais no Brasil. São Carlos: Ed. UFSCAR, 2003, p. 137-150.

GOMES, Nilma Lino. *Corpo e cabelo como ícones de construção da beleza e da identidade negra nos salões étnicos de Belo Horizonte*. São Paulo: FFLCH, Universidade de São Paulo, 2002. (Tese de Doutorado em Antropologia Social).

GOMES, Nilma Lino. Educação cidadã, etnia e raça. In: AZEVEDO, José Clovis et al. (Orgs.). *Utopia e democracia na educação cidadã*. Porto Alegre: UFRGS/Secretaria Municipal de Educação, 2000, p. 245-257.

GOMES, Nilma Lino. Educação cidadã, etnia e raça: o trato pedagógico da diversidade. In: CAVALLEIRO, Eliane. (Org.). *Racismo e antirracismo na educação*: repensando nossa escola. São Paulo: Selo Negro, 2001. p. 83-96.

GOMES, Nilma Lino. Educação, identidade negra e formação de professores/as: um olhar sobre o corpo negro e o cabelo crespo. In: *Educação e Pesquisa*, São Paulo, v. 29, n. 1, p. 167-182, jan./jun.2003.

GOMES, Nilma Lino. *O movimento negro educador. Saberes construídos nas lutas por emancipação*. Petrópolis: Vozes, 2017.

GOMES, Nilma Lino. Trajetórias escolares, corpo negro e cabelo crespo: reprodução de estereótipos ou ressignificação cultural? In: *Revista Brasileira de Educação*, Campinas, Autores Associados, n. 21, p. 40-51, set./out./nov./dez., 2002.

GORENDER, Jacob. *Escravidão reabilitada*. São Paulo: Ática, 1990.

GREENAWAY, Peter. Corpo e cinema pela boca aberta. *Sexta-feira*, n. 4, 1999, p. 22. Entrevista.

GUEDES, Ivanilde; SILVA, Aline. Vicio cacheado: estéticas afrodiaspóricas. *Revista da ABPN*, v. 6, n. 14, p. 214-235, 2014. Disponível em: <https://abpn.org.br/Revista/index.php/edicoes/article/viewArticle/478>. Acesso em: 7 mai. 2015.

GUIMARÃES, Antonio Sérgio Alfredo; HUNTLEY, Lynn (Orgs.). *Tirando a máscara*: ensaios sobre o racismo no Brasil. São Paulo: Paz e Terra, 2000.

HALL, Stuart. *A identidade cultural na pós modernidade*. 10. ed. Rio de Janeiro: DB&A, 2005.

HARRIS, Marvin; KOTAK, Conrad. The structural significance of Brazilian racial categories. *Sociologia*, v. 25, n. 3, p. 203-208, set. 1963.

HASENBALG, Carlos A. *Discriminação e desigualdades raciais no Brasil*. Rio de Janeiro: Graal, 1979.

HASENBALG, Carlos; SILVA, Nelson do Valle; LIMA, Márcia. *Cor e estratificação social*. Rio de Janeiro: Contra Capa Liv., 1999.

HEALEY. Mark. Os desencontros da tradição em Cidade das Mulheres: raça e gênero na etnografia de Ruth Landes. In: *Cadernos Pagu*. Campinas, v.6-7, p. 153-199, 1996.

HERSCHAMANN, Michael. *O funk e o hip-hop invadem a cena*. Rio de Janeiro: Ed. UFRJ, 2000.

HOOKS, bell. Alisando nosso cabelo. *Revista Gazeta de Cuba* – Unión de escritores y artista de Cuba, jan-fev. 2005. Tradução do espanhol: Lia Maria dos Santos.

IANNI, Otávio. Escravidão e história. *Debate e crítica*, São Paulo, n. 6, p. 131-144, jul.1975.

JORNAL DE MÚSICA. n. 33, ago. 1977.

KANT, Imannuel. Parágrafos selecionados da crítica da faculdade do juízo. In: DUARTE, Rodrigo (Org.). *O belo autônomo*: textos clássicos de estética. Belo Horizonte: Ed. UFMG, 1997. p. 93-122.

LARAIA, Roque. Ética e antropologia: algumas questões. *Série Antropologia 157*. [Brasília, DF]: Universidade de Brasília, 1993.

LEACH, Edmund. *As ideias de Lévi-Strauss*. São Paulo: Cultrix, 1973.

LEACH, Edmund. *Cabelo mágico*. In: DA MATA, Roberto (Org.). Coleção Grandes Cientistas Sociais. São Paulo, n.38, p.139-169, 1983.

LÉVI-STRAUSS, Claude. *Antropologia Estrutural 1*. Rio de Janeiro: Tempo Brasileiro, 1975.

LOGOS enciclopédia luso-brasileira de filosofia. Lisboa/São Paulo: Verbo, v. 2, p. 271-272, 1990.

LOVELL, Peggy A (Org.). *Desigualdade racial no Brasil contemporâneo*. Belo Horizonte: Cedeplar/Face/Ed. UFMG, 1991.

MAGGIE, Yvonne. Aqueles a quem foi negada a cor do dia: as categorias cor e raça na cultura brasileira. In: MAIO, Marcos Chor; SANTOS, Ricardo Ventura (Orgs.). *Raça, ciência e sociedade*. Rio de Janeiro: Fiocruz/CCBB, 1998, p. 225-234.

MAIO, Marcos Chor. *A história do Projeto UNESCO*: estudos raciais e ciências sociais no Brasil. 1997. Tese (Doutorado em Ciência Política) – Instituto Universitário de Pesquisas do Rio de Janeiro, Rio de Janeiro.

MAIO, Marcos Chor; SANTOS, Ricardo Ventura (Orgs.). *Raça, ciência e sociedade*. Rio de Janeiro: Fiocruz/CCBB, 1998.

MAGNANI, José Guilherme C.; TORRES, Lilian de Luca (Orgs.). *Na metrópole*: textos de antropologia urbana. São Paulo: EDUSP, 1996.

MALCOLM X. *Autobiografia de Malcolm X*: com a colaboração de Alex Haley. Tradução de A. B. Pinheiro de Lemos. Rio de Janeiro: Record, 1992.

MARCUS, George; FISCHER, Michel J. A crisis of representation in the Human Sciences. In: *Antropology as Cultural Critique*. Chicago University Press, 1986.

MARCUS, George. Identidade passadas, presentes e emergentes: requisitos para etnografias sobre a modernidade no final do século XX ao nível mundial. *Revista de Antropologia*, São Paulo, USP, n. 34, 1991, p. 197-221.

MARCUS, George. O que vem (logo) depois do pós: o caso da etnografia. In: *Revista de Antropologia*, São Paulo, FFLCH/USP, v. 37, 1994.

MARTINS, José de Souza. A dialética do corpo no imaginário popular. In: *Sexta-feira*: antropologia, artes, humanidades. São Paulo: Pletora, n. 4, p. 46-54, 1990.

MAUSS, Marcel. *Ensaio sobre a dádiva*. Lisboa: Edições 70, 1950.

MAUSS, Marcel. As técnicas corporais. In: *Sociologia e Antropologia*. São Paulo: EPU, 1974. p. 209-233.

MERCER, Kobena. Black Hair: style politics. In: *Welcome to the jungle*: new positions in Black Cultural Studies. New York: Routledge, 1994. p. 97-128.

MERLEAU-PONTY, Maurice. *Fenomenologia da percepção*. Rio de Janeiro: Freitas Bastos, 1971.

MERLEAU-PONTY, Maurice. O olho e o espírito. In: DUARTE, Rodrigo (Org.). *O belo autônomo*: textos clássicos de estética. Belo Horizonte: Ed. UFMG, 1997. p. 257-286.

MONTES, Maria Lucia. Olhar a si mesmo. *Mostra do redescobrimento*. Negro de corpo e alma. Associação 500 anos Brasil artes visuais, 2000, São Paulo. São Paulo: Fundação Bienal de São Paulo, 2000, p.174-175.

MOSTRA DO REDESCOBRIMENTO ARTE AFRO-BRASILEIRA. Associação 500 anos Brasil artes visuais, 2000, São Paulo. São Paulo: Fundação Bienal de São Paulo, 2000. p. 98-111. Arte afro-brasileira o que é, afinal?

MUNANGA, Kabengele. A criação artística negro-africana: uma arte situada na fronteira entre a contemplação e a utilidade prática. In: *África Negra*. Salvador: Prefeitura Municipal de Salvador/Fundação Gregório de Mattos/Museu de Arte de São Paulo Assis Chateaubriand, 11 maio a 26 jun. 1988. p. 7-9.

MUNANGA, Kabengele. (Org.). *Estratégias e políticas de combate à discriminação racial*. São Paulo: EDUSP, 1996.

MUNANGA, Kabengele. *Rediscutindo a mestiçagem no Brasil*. Petrópolis: Vozes, 1999.

MUNANGA, Kabengele. Arte afro-brasileira: o que é afinal? *Mostra do redescobrimento arte afro-brasileira*. Associação 500 anos Brasil artes visuais, 2000. São Paulo: Fundação Bienal de São Paulo, 2000. p. 98-111.

NAHOUM-GRAPPE, Véronique (dir). Présentation. *Communications*: Beauté, laideur, Paris, n. 60, p. 5-11, jun. 1995.

NEYT. François. *Luba:* aux sources du Zaire. Paris: Dapper, 1993. p. 169-178.

NEYT. François. *La grande statuaire hemba du Zaire*. Louvain: Louvain-la-Neuve/ Institut Superieur d'Archéologie et d'Histoire de l' Art, 1977. p. 400-429.

NOGUEIRA, Isildinha Batista. *Significações do corpo negro*. 1998. Tese (Doutorado em Psicologia) – Instituto de Psicologia, Universidade de São Paulo, São Paulo.

NOGUEIRA, Oracy. *Preconceito de marca*: as relações raciais em Itapetininga. São Paulo: EDUSP, 1998.

NOVAES, Adauto (Org.). *A outra margem do Ocidente*. São Paulo: Cia. das Letras, 1999. p. 7-14.

NOVAES, Sylvia Caiuby. *Jogo de espelhos*. São Paulo: EDUSP, 1993.

NOVAES, Sylvia Caiuby. O uso da imagem na antropologia. In: SAMAIN, Etienne. *O Fotográfico*. São Paulo: Hucitec/CNPq, 1998. p. 113-119.

OLIVEIRA, Danielle Christina do Nascimento. Meu cabelo não é só estética, é também política: Os movimentos sociais e as narrativas visuais. In: SEMINÁRIO INTERNACIONAL AS REDES EDUCATIVAS E AS TECNOLOGIAS: MOVIMENTOS SOCIAIS E EDUCAÇÃO, 8., 2015, Rio de Janeiro, RJ: UERJ, 2015. Disponível em: <http://www.seminarioredes.com.br/adm/diagramados/TR17.pdf.>. Acesso em: 10 jul. 2015.

PEIRANO, Mariza. *Uma antropologia no plural*: três experiências contemporâneas. Brasília: Ed. UnB, 1992.

PIERSON, Donald. *Brancos e Pretos na Bahia*: estudo de contacto racial. São Paulo: Cia Editora Nacional, 1945. v. 241. (Coleção Brasiliana).

QUEIROZ, Renato da Silva; OTTA, Emma. A beleza em foco: condicionantes culturais e psicológicos na definição da estética corporal. In: QUEIROZ, Renato da Silva (Org.). *O corpo do brasileiro*: estudos de estética e beleza. São Paulo: SENAC, 2000. p.13-66.

QUEIROZ, Renato da Silva (Org.). *O corpo do brasileiro*: estudos de estética e beleza. São Paulo: SENAC, 2000.

QUEIROZ, Suely Robles Reis de. *Escravidão negra no Brasil*. São Paulo: Ática, 1990.

RACINET, Albert. *Enciclopédia histórica do traje*. Tradução de Maria Ivete Colaço. Lisboa: Ed. Replicação, 1994.

REIS FILHO, José Tiago. *Ninguém atravessa o arco-íris*. 1997. Dissertação (Mestrado) – Faculdade de Filosofia e Ciências Humanas, Universidade Federal de Minas Gerais, Belo Horizonte.

RODRIGUES, José Carlos. *O tabu do corpo*. Rio de Janeiro: Dois Pontos, 1986.

RODRIGUES, José Carlos. *O corpo na história*. Rio de Janeiro: Ed. FIOCRUZ, 1999.

SAHLINS, Marshall. *Ilhas de história*. Rio de Janeiro: Zahar, 1997.

SÁNCHEZ VÁZQUEZ, Adolfo. *Convite à estética*. Rio de Janeiro: Civilização Brasileira, 1999.

SANT'ANNA, Denise Bernuzzi de. É possível realizar uma história do corpo? In: SOARES, Carmem. *Corpo e história*. Campinas: Autores Associados, 2001.

SANTOS, Jocélio Teles dos. *O negro no espelho*: imagens e discursos nos salões de beleza étnicos. São Paulo: FFLCH/USP, 1996. Notas de aula.

SANTOS, Nadia Regina Braga dos. *Do Black Power ao cabelo crespo. A construção da identidade negra através do cabelo*. 2015. Trabalho de Conclusão de Curso (Especialização em Mídia, Informação e Cultura) – Centro de Estudos Latino-Americanos sobre Cultura e Comunicação (CELACC), Escola de Comunicações e Artes, Universidade de São Paulo, São Paulo, 2015.

SCHUCMAN, Lia Vainer. *Entre o encardido, o branco e o branquíssimo: Branquitude, hierarquia e poder na cidade de São Paulo*. São Paulo: Annablume, 2014.

SCHULER, Evelyn; LEHMANN, Thomas. Corpo e ciência pela boca aberta de Peter Greenaway: campo e contracampo. *Sexta-feira*, antropologia, artes, humanidades, São Paulo, n.4, p.22, 1999.

SCHPUN, Mônica Raisa. *Beleza em jogo*: cultura física e comportamento em São Paulo nos anos 1920. São Paulo: SENAC/Boitempo, 1999.

SCHWARCZ, Lilia K. M. No país das cores e nomes. In: QUEIROZ, Renato da Silva (Org.). *O corpo do brasileiro*: estudos de estética e beleza. São Paulo: SENAC, 2000. p. 95-130.

SCHWARCZ, Lilia K. M. Questão racial e etnicidade. In: MICELI, Sérgio (Org.). *O que ler na ciência social brasileira*: 1970-1995. São Paulo: Sumaré/ANPOCS, Brasília: CAPES, 1999. p. 267-325.

SEXTA-FEIRA, antropologia, artes, humanidades. São Paulo: Pletora, n. 4, 1999.

SILVA, Cândida. Ela faz da beleza negra a sua riqueza. *Viva Mais*, São Paulo, n. 73, p. 20-21, fev. 2001.

SILVA, Vagner Gonçalves da. *O antropólogo e sua magia*; trabalho de campo e texto etnográfico nas pesquisas antropológicas sobre religiões afro-brasileiras. São Paulo: EDUSP, 2000.

SILVA, Nelson Fernando Inocêncio da. *Consciência negra em cartaz*. Brasília: Ed. UnB, 2001.

SILVA, Nelson do Valle. Uma nota sobre raça social no Brasil. In: HASENBALG, Carlos; SILVA, Nelson do Valle; LIMA, Márcia. *Cor e estratificação social*. Rio de Janeiro: Contra Capa, 1999. p. 107-125.

SKIDMORE, Thomas E. *Preto no branco*: raça e nacionalidade no pensamento brasileiro. Tradução de Raul de Sá Barbosa. Rio de Janeiro: Paz e Terra, 1989.

SOARES, Carmem. *Corpo e história*. Campinas: Autores Associados, 2001.

SODRÉ, Muniz. *A verdade seduzida*. Rio de Janeiro: Francisco Alves, 1988.

SOMÉ, Roger. *Art africain et esthétique occidentale*: la statuaire lobi et dagara au Burkina Faso. Canadá: L'Harmattan, 1998.

SOUZA, Neusa Santos. *Tornar-se negro*: ou as vicissitudes da identidade do negro brasileiro em ascensão social. Rio de Janeiro: Graal, 1990.

TAGUIEFF, Pierre-André. *La force du préjugé*. Paris: La Découverte, 1988.

TODOROV, Tzvetan. *A vida em comum*: ensaios de antropologia geral. Campinas: Papirus, 1996.

TURNER, Victor W. *O processo ritual*. Petrópolis: Vozes, 1974.

VAZ, Henrique C. de Lima. Senhor e escravo: uma parábola da filosofia ocidental. *Síntese*, v. 8, n. 21, p. 7-29, jan./abr. 1981.

VELHO, Gilberto. *Individualismo e cultura*: notas para uma antropologia da sociedade contemporânea. Rio de Janeiro: Zahar, 1987.

VELHO, Gilberto. *Projeto e metamorfose*; antropologia das sociedades complexas. Rio de Janeiro: Zahar, 1994.

VIANNA, Hermano. *O mundo funk carioca*. Rio de Janeiro: Jorge Zahar, 1997.

VIANNA, Oliveira. *Evolução do povo brasileiro*. São Paulo: Cia Editora Nacional, 1933. v. 10. (Coleção Brasiliana).

VIDAL, Lux (Org.). *Grafismo indígena*: estudos de antropologia estética. São Paulo: Studio Nobel/ FAPESP/ EDUSP, 2000.

VIERTLER, Renate B. A beleza do corpo entre os índios brasileiros. In: QUEIROZ, Renato da Silva (Org.). *O corpo do brasileiro*: estudos de estética e beleza. São Paulo: SENAC, 2000. p. 153-181.

VORMESE, Francine. A beleza étnica. In: FAUX, Doroty Schefer et. al. *Beleza do século*. São Paulo: Cosac & Naify Edições, 2000. p. 225-280.

WOOD, Charles H. Categorias censitárias e classificações subjetivas de raça no Brasil. In: LOVELL, Peggy A (Org.). *Desigualdade racial no Brasil contemporâneo.* Belo Horizonte: Cedeplar/Face/UFMG, 1991.

ZALUAR, Alba. Teoria e prática do trabalho de campo: alguns problemas. In: CARDOSO, Ruth. (Org.). *A aventura antropológica*: teoria e pesquisa. Rio de Janeiro: Paz e Terra, 1988, p. 107-125.

Revistas

BOA FORMA. São Paulo: Ed. Abril, n. 167, maio 2001. Encarte: Boa Forma Cabelos.

BRAIDS & MORE. New York: Advertising & Editorial Offices, Spring 2002.

CABELOS E CIA ESPECIAL BELEZA NEGRA. Rio de Janeiro: Ediouro, n. 5, maio 2000.

EBONY. Illinois, Chicago: Johnson Publishing Company, v. LVI, n. 5, mar. 2001.

ETNIC. São Paulo: Cusman Ed. Especializada/JL&D Planejamento Ed., v. 3, n. 5, [1999].

ETNIC. São Paulo: Cusman Ed. Especializada/JL&D Planejamento Ed., n. 7, jan./fev. 2000.

ETNIC. São Paulo: Cusman Ed. Especializada/JL&D Planejamento Ed., n. 8, mar./abr. 2000.

ETNIC. São Paulo: Cusman Ed. Especializada/JL&D Planejamento Ed., n. 9, maio/jun. 2000.

ETNIC. São Paulo: Cusman Ed. Especializada/JL&D Planejamento Ed., n. 10, jul./ ago. 2000.

ETNIC. São Paulo: Cusman Ed. Especializada/JL&D Planejamento Ed., n. 13, jan./fev. 2001.

ETNIC. São Paulo: Cusman Ed. Especializada/JL&D Planejamento Ed., n. 14, maio/jul. 2001.

ETNIC. São Paulo Cusman Ed. Especializada/JL&D Planejamento Ed., n. 15, [2001].

RAÇA BRASIL. São Paulo: Símbolo, v. 1, n. 1, [s.d.]. Especial Cabelos Crespos.

RAÇA BRASIL. São Paulo: Símbolo, v. 1, n. 1, [s.d.]. Especial Black Music.

RAÇA BRASIL. São Paulo: Símbolo, v. 5, n. 44, abr. 2000.

RAÇA BRASIL. São Paulo: Símbolo, v. 5, n. 46, jun. 2000.

Este livro foi composto com tipografia Minion Pro e impresso
em papel off-white 80 g/m² na Formato Artes Gráficas.